Peter Massing, Gotthard Breit,
Hubertus Buchstein (Hrsg.)

Demokratietheorien

W0180793

Peter Massing, Gotthard Breit,
Hubertus Buchstein (Hrsg.)

unter Mitarbeit von Antonia Geisler

Demokratie-
theorien

Von der Antike
bis zur Gegenwart

Texte und Interpretationshilfen

**WOCHEN
SCHAU
VERLAG**

Bibliografische Information der Deutschen Nationalbibliothek

Die Deutsche Nationalbibliothek verzeichnet diese Publikation in der Deutschen Nationalbibliografie; detaillierte bibliografische Daten sind im Internet über http://dnb.d-nb.de abrufbar.

© WOCHENSCHAU Verlag,
  Dr. Kurt Debus GmbH
  Schwalbach/Ts., 9. Auflage 2017

Umschlaggestaltung und Titelbild: Wochenschau Verlag
Printed in Germany
Gedruckt auf chlorfrei gebleichtem Papier
ISBN 978-3-89974640-2

Inhalt

V. Anhang: Auszüge aus Verfassungstexten
ausgewählt von Gotthard Breit

Peter Massing/Gotthard Breit/Hubertus Buchstein

Vorwort

Nachdem das Buch *Demokratietheorien. Von der Antike bis zur Gegenwart,* das 2001 von Peter Massing und Gotthard Breit herausgegeben wurde, auch nach mehreren Nachauflagen immer noch auf rege Nachfrage stößt, haben sich die Herausgeber und der Verlag zu einer erweiterten und überarbeiteten Neuauflage entschlossen. Erweitert wurde dabei zum einen der Kreis der Herausgeber – als Dritter im Bunde ist nun Hubertus Buchstein dabei. Zum anderen wurden gegenüber der ersten Auflage nicht nur einige Quellentexte hinzugefügt, sondern einige andere auch herausgenommen. Wieder andere Quellentexte werden in dieser Auflage mit Textauszügen, die noch deutlicher auf das Thema ‚Demokratie' bezogen sind, präsentiert.

Die Autorenauswahl für die Quellentexte spannt sich – wie bereits in den vorherigen Auflagen – von der Antike bis zur Gegenwart. Ihre Verfasser lassen sich mindestens einer der vier folgenden Gruppen zuordnen: Die meisten Autoren der hier versammelten Quellentexte betrieben in dem Sinne aktiv Demokratietheorie, indem sie versuchten oder heute weiterhin versuchen, Grundsätze der Demokratie zu begründen, einen kritischen Blick auf real existierende Demokratien zu bewahren und Chancen der Weiterentwicklung der Demokratie auszuloten (z.B. Max Weber, Jürgen Habermas, Heidrun Abromeit). Einer zweiten Gruppe von Autoren ging es in erster Linie darum, unter ausdrücklicher Berufung auf die ‚Demokratie' weit reichende politische Reformen oder gesellschaftliche Veränderungen anzustoßen (z.B. Baruch de Spinoza, der junge Karl Marx, Abraham Lincoln). Autoren einer dritten Gruppe beschäftigten sich mit Fragen und Problemen der Demokratie, ohne die Demokratie zu befürworten (z.B. Platon, Aristoteles, Thomas Hobbes). Die Autoren der letzten Gruppe diskutierten in ihren Schriften Grundsätze und -kategorien, die später für die moderne Demokratietheorie eine zentrale Bedeutung gewonnen haben, wie z.B. die Ideen der Repräsentation (z.B. John Stuart Mill), der Gewaltenteilung (z.B. Charles de Montesquieu), der Rechtsstaatlichkeit (z.B. Immanuel Kant) oder der sozialen Gerechtigkeit (z.B. Karl Marx). Mit dieser Auswahl werden neben den Verfechtern der Demokratie auch solche Klassiker der politischen Ideengeschichte berücksichtigt, die der Demokratie im Verständnis ihrer jeweiligen Zeit zwar kritisch gegenüber standen, dennoch aber zu Wegbereitern der modernen Demokratie gezählt werden können.

Wie bereits in der ersten Auflage, wendet sich das Buch gleichermaßen an Studie-

rende der Politikwissenschaft und der Geschichte, Lehrende in der politischen Bildung
sowie Schülerinnen und Schüler der Sekundarstufe II.

Warum ist die ideengeschichtliche Entwicklung der Theorien über die Demokra-
tie ein wichtiges Thema für die politische Bildung? Die Demokratie hat im letzten
Jahrhundert eine Erfolgsgeschichte erlebt. Ließ sich die Zahl der Demokratien zu
Beginn des Jahrhunderts noch an zwei Händen abzählen, so ist ihre Zahl zu Beginn des
21. Jahrhunderts auf 87 gestiegen, was einem Anteil von 45 Prozent aller Staaten der
Welt entspricht.[1] Diese Zahlen sind angesichts der Krisen und Rückschläge, die der
Demokratie in den letzen hundert Jahren ebenfalls widerfahren sind, beeindruckend;
allerdings darf dabei nicht vergessen werden, dass die Mehrheit der Weltbevölkerung
gegenwärtig immer noch in autokratischen oder diktatorischen Systemen lebt.

Auch auf Seiten der Demokratie sieht nicht alles so rosig aus, wie es ein Blick auf
die reinen Zahlen vermuten lässt. Die Demokratie als „Projekt des 21. Jahrhunderts"[2]
scheint seit einigen Jahren in eine Krise geraten zu sein. Soziale und wirtschaftliche
Veränderungen haben eine grundlegende Reflexion der sozialen, sachlichen, zeitlichen
und räumlichen Bestandsbedingungen und Bestandsvoraussetzungen der Demokratie
ausgelöst.[3] Politikverdrossenheit, zunehmender Rechtsextremismus und Fremdenfeind-
lichkeit, wachsende Distanz – insbesondere junger Bürger – zum staatlichen System,
Vertrauensverlust gegenüber den Institutionen, Entsolidarisierung und Erosion der
Gemeinschaftsbindungen scheinen sie von innen auszuzehren.[4] Solche Krisendiagnosen
sind umso bemerkenswerter, als noch vor zwei Jahrzehnten nach dem Zusammenbruch
der politischen Systeme im Ostblock die Dinge für die Demokratie nicht schlecht
standen. Mit dem Ende des Ost-West-Konflikts glaubten viele, die Demokratie würde
nun in eine neue, glanzvolle Epoche eintreten. Mittlerweile ist dieser Optimismus
verflogen und durch skeptischere, teilweise sogar pessimistische Erwartungen abgelöst
worden. Manche Beobachter sehen die Demokratie vor ihrer größten Belastungsprobe
und dafür nur schlecht gerüstet. Vielfach werden auch die Ergebnisse demokratischer Entscheidungen als falsch und unzureichend kritisiert. Christoph Möllers hat
in diesem Zusammenhang auf ein gleichsam psychologisches Motiv der vielfachen
Unzufriedenheit mit der Demokratie aufmerksam gemacht: „Unser Unbehagen an
der Demokratie hängt nicht zuletzt an unseren widersprüchlichen Erwartungen an
demokratische Herrschaft und der Kränkung darüber, dass demokratische Herrschaft
allen anderen genauso viel Raum gibt wie uns selbst."[5]

Wie häufig im Leben geben weder die optimistischen noch die pessimistischen
Varianten solcher Zukunftsszenarien die Realität angemessen wieder, die immer
noch am besten mit der abgewandelten Churchill-These gekennzeichnet ist, wonach
die Demokratie zwar eine ziemlich schlechte Staatsverfassung ist, aber besser als alle
anderen bisher erfundenen politischen Regimeformen.[6] Oder anders formuliert: Die
Demokratie ist das beste politische System, das wir haben – was nicht ausschließt,
dass es bessere Demokratien geben kann.

Die beiden Tatsachen: die weltweite Konkurrenz der Demokratie mit anderen politischen Systemen sowie die Verbesserungswürdigkeit real existierender Demokratien bieten genügend Anlass, sich selbstkritisch mit demokratischen Systemen auseinanderzusetzen, sie einer Bestandsaufnahme zu unterziehen und nach Reformmöglichkeiten und Verbesserungen zu fragen. Ohne ideengeschichtliche Vorbereitung wird man dabei zu sehr unter den tagespolitischen Eindrücken stehen. Um die notwendige Distanz zu gewinnen, ist es gut, sich mit Grundgedanken, Werten und Zielen der Demokratie, so wie sie im Verlauf von Jahrhunderten vorgedacht wurden, auseinanderzusetzen.

Ein dritter Grund, warum es wichtig ist, über Demokratie nachzudenken, liegt auf einer anderen Ebene. Die Stabilität der Demokratie hängt nicht zuletzt davon ab, dass die Bürger die Demokratie sowie ihre eigene Rolle darin angemessen verstehen. Für die deutschen Politikwissenschaftler der ersten Stunde, die nach 1945 die Politische Bildung und das Fach Politikwissenschaft aufbauten, stand die Einsicht in diese Bestandsvoraussetzung der Demokratie im Zentrum ihrer Bemühungen. Sie wird noch in der Aussage von Theodor Eschenburg, einem der Gründerväter der Politikwissenschaft, deutlich, der 1994 in einem Interview anlässlich seines neunzigsten Geburtstages betonte, dass man Demokratie klarmachen müsse: „Das ist eine so komplizierte Staatsform, daß man sich in ihr nur zurechtfinden kann, wenn man es gelernt hat. Mit den Gemütsdemokraten kann ich überhaupt nichts anfangen. Wenn ich die Freiheit will, muß ich auch wissen, wie ich sie organisiere."[7] Ähnlich drastisch lautete vor mehr als einem halben Jahrhundert das Credo von Ernst Fraenkel, einem anderen Gründungsvater der bundesdeutschen Politikwissenschaft: „Die Demokratie ist nicht nur die komplizierteste, sie ist auch die gefährdetste aller Regierungsmethoden. Ihr Funktionieren setzt voraus [...] die Einsicht in das Funktionieren der Bewegungsgesetze des demokratischen Willensbildungsprozesses, damit nicht die Demokratie an einer Todesursache zugrunde geht, die sie mehr als jede andere Regierungsmethode bedroht: dem Selbstmord."[8] Von diesem bildungspolitischen Impuls getragen, verstand sich die Politikwissenschaft der frühen Bundesrepublik im Wesentlichen als eine Demokratiewissenschaft mit der dreifachen Aufgabe der Demokratiebegründung (normative Dimension), der Demokratieforschung (empirische Dimension) und der Demokratielehre (pädagogische Dimension). Die Politikwissenschaft als Demokratiewissenschaft war sich bewusst, dass Unverständnis und Unkenntnis gegenüber der Demokratie auf diese negativ zurückwirken und zu Veränderungen führen können, die sich unkontrolliert vollziehen und die so nicht gewollt sind.

Eine politische Kultur, die um die historischen Voraussetzungen, die Funktionsbedingungen, den Sinn und den Wert der Demokratie nicht weiß, vermag auch ihre Stabilität, Kontinuität und Reformfähigkeit nicht zu verbürgen. Vor diesem Hintergrund muss es heute Besorgnis erregen, wenn Meinungsumfragen zu dem Befund gelangen, dass nicht nur das Vertrauen in die demokratischen politischen Institutionen und gesellschaftlichen Organisationen insgesamt abnimmt, sondern sich auch eine zunehmende Unsicherheit bei der Einschätzung und Beurteilung des demokratischen Systems ausgebreitet hat. Die Forschungen zum Stand der politischen Bildung sind in der Bundesrepublik schon vor einiger Zeit zu einem eher ernüchternden Fazit gelangt. „Über wesentliche Institutionen, Prinzipien und demokratische Verfahren", so ließen sich die einschlägigen empirischen Befunde bereits vor 15 Jahren zusammenfassen, „herrscht bei beachtlichen Minderheiten Unkenntnis."[9] Bis heute hat sich an diesem Befund nichts Wesentliches geändert. Häufig existieren utopische und idealisierte Vorstellungen von Demokratie und überzogene Erwartungen und Anforderungen bezüglich der Leistungsfähigkeit eines demokratischen Systems, die sich weit von der Realität entfernt haben und vor denen die alltägliche Praxis demokratischer Wirklichkeit unscheinbar, wenn nicht abstoßend wirkt. Vielfach erscheint diese Wirklichkeit auch aus Sicht angemessener Standards kritikwürdig. Sie produziert Enttäuschungen über Teilaspekte real existierender Demokratien, die zuweilen eine emotionale Ablehnung auslösen und zu einer generellen Demokratieskepsis und -verdrossenheit führen.

Unkenntnis und Ablehnung darf man den Bürgern nicht einfach als Vorwurf auf den Tisch knallen. Michael Th. Greven hat im Zusammenhang mit dieser Problematik auf das von ihm so bezeichnete ‚Sartori-Kriterium' aufmerksam gemacht.[10] Giovanni Sartori zufolge ist die Demokratie zwar „komplizierter als jede andere politische Form, doch paradoxerweise kann sie nicht fortbestehen, wenn ihre Grundsätze und Mechanismen den geistigen Horizont des Normalbürgers übersteigen"[11] Nun spricht viel für die Vermutung, dass eine derartige Diskrepanz in modernen Demokratien immer häufiger aufbricht. Auf der einen Seite bemüht sich die politische Bildung um die Pflege des Bildes vom mündigen Bürger und die Förderung bürgerschaftlicher Kompetenzen, auf der anderen Seite sind viele politische Prozesse in modernen Demokratien kaum noch einseh- und verstehbar. Zudem lassen sich die Entscheidungsprozesse in formellen und informellen Mehrebenensystemen häufig kaum noch beeinflussen.

Die hohe Kunst der demokratischen Urteilsfähigkeit besteht in dieser Situation darin, zwischen den beiden Polen eines demokratischen Utopismus und eines undemokratischen Zynismus klug hindurchzunavigieren. Das heißt, Missstände der Demokratie offen und schonungslos zu benennen und zugleich die Demokratie und die in ihr handelnden Personen nicht an unangemessenen Maßstäben scheitern zu lassen. Ebenso gehört dazu, kritikwürdige Einzelfälle nicht zu einem negativen Pauschalurteil umzudeuten. Angesichts einiger Besorgnis erregender Entwicklungen in modernen Demokratien – die Veränderungen in Italien zu Zeiten des Systems Berlusconi seien nur als ein Beispiel genannt – sind dies keine in Zukunft leichter werdenden Zumutungen, die die Demokratie von ihren Bürgern verlangt.

Die politische Urteilskraft und die politische Beteiligung in der Demokratie setzen in der Bürgerschaft ein Wissen über die Demokratie voraus. Dazu gehören Kenntnisse über die Funktionsabläufe und -bedingungen der Demokratie ebenso wie über ihre strukturellen Grundlagen. Aber auch die politische Ideengeschichte vermag wichtige

Einsichten und Kenntnisse zu vermitteln, wurde doch die moderne Demokratie „mit Hilfe von Theorien realisiert. In ihr haben sich politische Ideen sedimentiert und materialisiert."[12] Die Beschäftigung mit Demokratietheorien von der Antike bis zur Gegenwart bietet Erklärungen für die Formen und Begründungen der Demokratie der Gegenwart, denn „bestehende Ordnungen [sind] nicht zuletzt auch geronnene theoretische Ordnungsentwürfe, aufgebaut auf bestimmten Legitimationsmustern."[13] Das heißt aber auch, dass in Geschichte und Politik keine Frage endgültig beantwortet ist, kein Konflikt, keine Idee, keine Illusion, keine Legende endgültig verloren gegangen sind. Die Entschlüsselung solcher historischer „Denkspuren" in unserem heutigen Demokratieverständnis bietet somit eine gute Möglichkeit, die Demokratie „besser zu verstehen".

Das vorliegende Buch versteht sich in diesem Sinne als eine Einführung in die Demokratietheorien. Es spannt den Bogen von der Antike (Kapitel I), das Mittelalter und die Neuzeit (Kapitel II) über die Moderne (Kapitel III) bis zu demokratietheoretischen Konzeptionen der Gegenwart (Kapitel IV). Alle vier Kapitel sind mit Einleitungen versehen, in welchen die demokratietheoretischen Entwicklungen in den jeweiligen Epochen kurz skizziert werden. Die ausgewählten Texte setzen sich im Wesentlichen mit folgenden drei Fragen auseinandersetzen: Welche Gründe sprechen für die Demokratie? Wie soll politische Herrschaft in der Demokratie organisiert sein? Welche Rolle soll oder kann der einzelne Bürger in der Demokratie ausüben?

Die insgesamt 36 Quellenauszüge werden von unterschiedlichen Autorinnen und Autoren erläutert. Die Interpretation erfolgt unter drei Aspekten: 1. historische Einordnung, 2. ideengeschichtlicher Zusammenhang und 3. Bedeutung für die Gegenwart. Bei der Auswahl der Texte durch die Herausgeber war – wie immer bei Auswahlentscheidungen – eine gewisse Willkür nicht zu vermeiden, so dass die Leserin und der Leser den einen oder anderen Theoretiker bzw. Text möglicherweise schmerzlich vermissen wird. Soweit dies möglich war, haben die Autorinnen und Autoren der Interpretationstexte versucht auf solche Konzeptionen zu verweisen, ebenso auf andere wichtige ideengeschichtliche Zusammenhänge. Bei der Auswahl der Texte haben wir uns bemüht, zusammenhängende Textabschnitte auszuwählen. War dies nicht möglich, wurden Ausschnitte aus größeren Textpassagen so zusammengestellt, dass das Typische und Relevante erkennbar bleibt. Auf die Anmerkungen, die in den Originaltexten vorhanden sind, haben wir dabei prinzipiell verzichtet. Auch in den Interpretationen wurden die Anmerkungen und Literaturhinweise so knapp wie möglich gehalten. Im Anhang sind ausgewählte Dokumente zur historischen Entwicklung der Demokratie abgedruckt. Bei ihnen steht die Frage im Zentrum, wie der Missbrauch von politischer Herrschaft verhindert werden kann.

Die Herausgeber verdanken den beteiligten Autorinnen und Autoren viele wertvolle Hinweise. Der Vorschlag für die historische Phaseneinteilung stammt von Klaus Roth; auch einige der ausgewählten Quellentexte und -auszüge sind erst über Vorschläge der beteiligten Autorinnen und Autoren, die auch ansonsten großzügig mit ihren Ratschlägen waren, aufgenommen worden. Die Koordination der Manuskripte für den Band sowie vielfältige redaktionelle Tätigkeiten hat in Greifswald Antonia Geisler übernommen; ohne sie wäre die Neuauflage des Bandes nicht möglich gewesen. Des Weiteren danken wir Eva-Maria Reinwald, Martina Eberhardt und Steffi Krohn für ihre Mithilfe. Auf Seiten des Wochenschau Verlages danken wir Tessa Debus und Birgit Wolter für ihre engagierte Begleitung des Vorhabens.

Berlin, Braunschweig und Greifswald
im Februar 2011

Anmerkungen

1 Vgl. Manfred G. Schmidt. Demokratietheorien. 5. Auflage, Wiesbaden 2010, S. 495.

2 Werner Weidenfeld (Hrsg.): Demokratie am Wendepunkt. Die demokratische Frage als Projekt des 21. Jahrhunderts, Berlin.1995, S. 245.

3 Ansgar Klein/Rainer Schmalz-Bruns (Hrsg.): Politische Beteiligung und Bürgerengagement in Deutschland. Möglichkeiten und Grenzen. Baden-Baden 1997, S. 13.

4 Vgl. die Diagnosen in: André Brodocz/Marcus Llanque/Gary S. Schaal (Hrsg): Bedrohungen der Demokratie. Wiesbaden 2008.

5 Christoph Möllers: Demokratie – Zumutungen und Versprechen. Berlin 2008, S. 14.

6 Vgl. Manfred G. Schmidt. Demokratietheorien. 5. Auflage, Wiesbaden 2010, S. 472.

7 Abgedruckt in: Theodor Eschenburg, Letzen Endes meine ich doch, Berlin 2000, S. 253-264.

8 Ernst Fraenkel, Akademische Erziehung und politische Berufe (1955). In: Ders.: Gesammelte Schriften Band 6, Baden-Baden 2011, S. 341-372, S. 348.

9 Peter Massing: Einleitung. In: Ders.: Das Demokratiemodell der Bundesrepublik Deutschland, Schwalbach/Ts. 2001, S. 5-10, S. 8.

10 Vgl. Michael Th. Greven: Zukunft oder Erosion der Demokratie? In: Hannah Caspar u.a. (Hrsg.): Politik – Wissenschaft – Medien. Festschrift für Jürgen W. Falter. Wiesbaden 2010, S. 411-428, S. 421.

11 Giovanni Sartori: Demokratietheorien. Darmstadt 1992, S. 23.

12 Klaus Roth: Demokratie in der Antike. In: Peter Massing (Hrsg.): Ideengeschichtliche Grundlagen der Demokratie. Schwalbach/Ts. 1999, S. 11-30, S. 11.

13 Jürgen W. Falter/Gerhard Göhler: Politische Theorie. Entwicklung und gegenwärtiges Erscheinungsbild. In: Klaus von Beyme: Politikwissenschaft in der Bundesrepublik Deutschland. Entwicklungsprobleme einer Disziplin. Opladen 1986, S. 118-141, S. 123.

I. Antike

Klaus Roth

Einleitung

Die Fundamente unseres Politikdenkens wurden von den alten Griechen gelegt, die im Rahmen der antiken *Polis* erstmals in der Weltgeschichte die Selbstbestimmung und -verwaltung autarker Bürgerschaften unter Mitwirkung breiter Schichten der Bevölkerung praktizierten und im fünften und vierten vorchristlichen Jahrhundert direkte oder unmittelbare Demokratien realisierten.[1] Die von ihnen erfundene *Politik* basierte auf der Trennung des *Öffentlichen* vom *Privaten*, auf der Abdrängung der wirtschaftlichen Angelegenheiten in die Privatsphäre der Familien und auf der Verselbstständigung und Auslagerung eines spezifischen Handlungsfeldes aus dem natürlichen Lebenszusammenhang. Ihr Ziel und Zweck *(telos)* war die – als Selbstzweck gedacht – Interaktion der freien Bürger, das Miteinander-Reden und Handeln, der geregelte Streit, die Verfolgung gemeinsamer Ziele durch kollektives Handeln, die Konstitution und Organisation familienübergreifender Kollektive und ihrer Beziehungen zueinander. Ihr Resultat war die historisch einmalige Organisation von Bürgergemeinden *(Poleis)*, von staatsfreien Verbands- und Handlungseinheiten, die über den Familien und den natürlichen Abstammungs- und Kultgemeinschaften, den *Phylen* und *Phratrien*, angesiedelt waren, wirtschaftlich und politisch unabhängig waren und von der Gesamtheit aller freien Bürger (männlichen Geschlechts) konstituiert und verwaltet wurden. Folge der Entstehung der Polis und des Politischen war die Durchbrechung der altaristokratischen Kette von Schuld und Sühne, Hass und Gewalt, Rache und Gegenrache, die Eindämmung der Fehden und die Zivilisierung der Menschen, die in der Politik einen friedlichen und rationalen Umgang miteinander erlernten.[2]

Infolge der Erfindung des Politischen bildete sich für die freien Bürger eine Art Doppelleben aus: neben oder oberhalb des „häuslichen" Lebens entwickelte sich das „politische" Leben. Im Haus, im eigenen *Oikos*, sorgte jeder für sich und seine Familie, in der *Polis* hingegen für das Wohl der Stadt und für die Interessen der Gesamtheit. Mit den wirtschaftlichen Belangen wurde zugleich die *Herrschaft* in den *Oikos* verlagert. Die Politik ereignete sich im Zusammentreffen Freier und Gleicher, die durch keinerlei Befehls-Gehorsams-Beziehungen miteinander verbunden waren. Diese hatten ihren Ort in der vorpolitischen Sphäre der Familie, im *Oikos*, der alles umfasste, was zum antiken „Haushalt" gehörte. Hier herrschten die Hausvorsteher als Despoten über ihre Frauen, Kinder und Sklaven.[3] Der politische Bereich hingegen wurde von freien und rechtlich gleichgestellten Bürgern konstituiert. Voraussetzung dafür und für das Engagement breiter Bürgerschichten war die Existenz von Sklaven, die für die Subsistenz zu sorgen hatten. Funktionsbedingung der Polis und der Politik war ferner der Ausschluss von ortsansässigen Fremden *(Metöken)* sowie von Frauen, denen jegliches Bürgerrecht verweigert wurde. Frauen hatten – als Mädchen, Gattinnen und Mütter – ihre Pflichten im *Oikos* zu erfüllen. Sie wurden von allen öffentlichen Plätzen und Angelegenheiten ferngehalten.

Mit den Reformen des Kleisthenes (508/7 v. Chr.) wurde in Athen – und in der Folge in zahlreichen weiteren griechischen Gemeinwesen – die Aristokratie entmachtet, allgemeine Rechtsgleichheit *(Isonomie)* als Vorstufe der Demokratie und eine auf der Partizipation aller freien Bürger basierende politische Ordnung institutionalisiert. Der alte Adel verlor seine Vorherrschaft und musste sich fortan mit den unteren Volksschichten auseinandersetzen und arrangieren. Die politische Macht *(kratos)* geriet in die Hände des „gemeinen Volkes" *(demos)*, das seine erlangte Freiheit zur politischen Selbstbestimmung, zur öffentlich-diskursiven Willensbildung, zur strengen Kontrolle und zeitlichen Begrenzung der durch Los besetzten Ämter und zur kollektiven Verwirklichung gemeinwohldienlicher Projekte nutzte.[4] Zwar existierte die alte, vom Adel dominierte Ordnung zunächst neben der neuen fort, doch wurden ihr wichtige Funktionen entzogen. Der *Areopag*, der alte Adelsrat, blieb zuständig für die Blutgerichtsbarkeit und für die Aufsicht über die Beamten, doch verlor er auch diese Rolle noch, als ihn die Bürgerschaft unter Führung des Ephialtes 462/61 v. Chr. gänzlich entmachtete, zahlreiche Areopagiten ermordete oder verjagte und in der Folge alle Ämter demokratisch besetzte und kontrollierte. Künftig wurden alle Entscheidungen in der *Volksversammlung* getroffen, die nun alleine die Oberhoheit ausübte. Durch den Sturz des Areopags wurde der Weg frei zu einer radikalen Demokratie, die in der Zeit des Perikles ihre größten Triumphe feierte und eine kulturelle Blüte ermöglichte, die späteren Zeiten als nie wieder erreichtes Vorbild erschien. Die Gestaltung des Gemeinschaftslebens wurde zur Aufgabe und Pflicht *aller* Bürger, die ferner an der Selbstverwaltung partizipieren *mussten* und ihren Beitrag zur Schaffung von Ordnung zu leisten hatten. Durch das Losprinzip und durch die Begrenzung der Amtsdauer wurde gesichert, dass möglichst viele Bürger mindestens einmal im Leben ein politisches Amt übernehmen konnten oder mussten.[5]

War die Polis einerseits ein Ort der Entspannung und des Zeitvertreibs, der Eintracht und des „ewigen Gespräches", so war sie andererseits eine Stätte des Streits und der erzwungenen Dienstleistung. Anstatt dem Bürger Freiheits- und Rückzugsrechte zu gewähren, verpflichtete sie ihn zu den unterschiedlichsten Aktivitäten und nahm ihn vollauf in Dienst.[6] Wer sich dem politischen Leben verweigerte, verlor seine Bürgerrechte, wurde als „Idiot", als Eigenbrötler betrachtet und aus der Gemeinschaft ausgeschlossen.[7] Trotz (oder wegen?) dieser Militanz wurde das politische Engagement im fünften vorchristlichen Jahrhundert in Athen zum Lebensmittelpunkt der freien

Bürger männlichen Geschlechts.[8] Infolge des Ionischen Aufstandes (500-494 v. Chr.) und der Perserkriege (490-479 v. Chr.) festigte sich die Bürgeridentität. Die Politik avancierte zu einem eigenständigen und autonomen Betätigungsfeld, dem eine höhere Dignität zugesprochen wurde als der Sphäre der materiellen Produktion und Reproduktion, der Akkumulation und Konsumtion von Reichtum und Besitz. Allerdings entwickelten die Athener zugleich einen ungezügelten, von keiner humanistischen Moral gebremsten Machtinstinkt, der sie zu einer rücksichtslosen Politik gegenüber ihren Partnern im Attischen Seebund verleitete. Dadurch kam es zum Bruch mit Sparta, der den mörderischen Bruderkrieg zwischen beiden Städten auslöste und den Niedergang der demokratischen Polis einleitete.

Im Verlauf des Peloponnesischen Krieges (431-404 v. Chr.) verbreitete sich eine allgemeine Unsicherheit über die Umgangsformen und die Institutionen der athenischen Polis. Die seitherigen Gepflogenheiten des politischen Lebens, die lange Zeit nicht weiter hinterfragten Selbstverständlichkeiten, die eingespielten Gewohnheiten, selbst die geltenden Gesetze *(nomoi)* wurden infrage gestellt und relativiert. Um 430 v. Chr. grassierte in Athen die Pest, der auch Perikles (ca. 500-429 v. Chr.) zum Opfer fiel. Seine Rolle als „Volksführer" übernahmen Epigonen – von Kleon über Kritias bis Alkibiades –, die weniger das Wohl der Bürgerschaft als ihre eigenen Machtinteressen im Auge hatten. Ergebnis war die Zerrüttung der Polis und die schließliche Niederlage Athens gegen Sparta. Das Vertrauen in die integrierende und ausgleichende Kraft des demokratisch herbeigeführten Gesetzes schwand. Die frühere Geltung und Bedeutung der Polis war erschüttert. Eine allgemeine „Politikverdrossenheit" breitete sich aus. Die Bürger zweifelten am Sinn und Zweck der politischen Beteiligung. Innerhalb von nur acht Jahren erlebte Athen eine viermalige Verfassungsänderung, die den ohnehin bereits virulenten Zweifeln an der „Natürlichkeit" des Gesetzes *(nomos)* Auftrieb und neue Nahrung gab. 411/10 v. Chr. wurde die Demokratie beseitigt und mit dem *Rat der Vierhundert* eine Oligarchie errichtet. Dieser folgte zwar die Restitution der Demokratie, die aber mit der Kapitulation Athens (404 v. Chr.) der *Tyrannis der Dreißig* und *der Zehn* wich, bis schließlich 403 v. Chr. *das Volk* wieder die Macht ergriff und alles durch von ihm dominierte Abstimmungen und Gerichtshöfe verwaltete. Zwar wurde die Demokratie damit wiederhergestellt, doch wollte alsbald keiner mehr in die Volksversammlung gehen, weshalb man nach dem Zeugnis des Aristoteles „alle möglichen Listen" ersann, „um die Menge zur beschließenden Abstimmung zu locken".[9] So führte man wieder Diäten für die Übernahme von Mandaten und 392 v. Chr. endlich ein Tagegeld für den Besuch der Volksversammlung ein, das zunächst einen Obolus betrug, alsbald aber auf zwei und schließlich auf drei Obolen erhöht wurde.

Damit waren aber die Ursachen der Krise und des schwindenden Engagements nicht beseitigt, sondern nur die Symptome angegangen worden. Die Philosophie konnte sich mit solch oberflächlichen Heilmethoden nicht begnügen. Sie musste gründlichere Untersuchungen anstellen, sich über den Sinn und Zweck des individuellen und politischen

Lebens verständigen, die Ursachen des Unfriedens und des Sittenverfalls analysieren und die potenziellen Gegenmittel thematisieren. Welche *Tugenden* und *Institutionen* waren nötig, um das städtische Leben in vernünftige Bahnen zurückzulenken? Welche Lebensweise, welche Umgangsformen, welche Sitten und Normen waren erforderlich, um zu Frieden und Eintracht zurückzufinden? Wie konnte man sie hervor- und den Menschen nahebringen? Sind Werte und Normen überhaupt lehrbar? Kann man die Bürger zu einem tugendhaften und vernünftigen Leben erziehen? Was ist der Mensch, was ist seine Bestimmung? Welches sind die Institutionen einer wohlgeordneten Polis? Wie werden sie hervorgebracht und vor dem Zerfall geschützt? – Mit diesen Fragen hatten sich nunmehr die Weisen auseinanderzusetzen. Sie stehen im Zentrum der politischen Philosophie der Sophisten sowie ihrer Gegner und Kritiker Sokrates, Platon und Aristoteles. Unzufrieden mit den Verhältnissen in der Stadt, zweifelnd an den überkommenen Sitten, machten sich die Intellektuellen auf die Suche nach dem Bild einer besseren Polis, nach einem neuen Paradigma für die Politik. Dabei entwickelten sie politikphilosophische Einsichten, die für die Folgezeit mustergültig wurden und auch heute noch die Demokratietheorie stimulieren.

Drei Fragenkomplexe schälten sich als besonders dringlich heraus: 1. Wie konnte man einen Maßstab finden, mit dessen Hilfe sich die Wissensbestände *(epistéme)* ordnen und stabilisieren, mit dem sich wahre Erkenntnisse von bloßen Meinungen *(dóxa)* unterscheiden ließen? 2. Welche pädagogischen Vorkehrungen konnte man treffen, um die Menschen zu einem tugendhaften Handeln und zur politischen Beteiligung zu motivieren, sie zu Sittlichkeit und Anstand zu erziehen und zu einem glücklichen und zufriedenen Leben zu befähigen? 3. Welche Institutionen waren erforderlich, um den Frieden zu sichern, die Polis zu restituieren und vor dem Zerfall zu schützen?

Die griechische Philosophie, die zu Beginn des 6. Jahrhunderts in Ionien entstand, hatte sich ursprünglich mit dem Kosmos und der Natur und nur indirekt mit den Problemen des menschlichen Zusammenlebens beschäftigt. Kritische Reflexionen auf die soziale und politische Lage blieben zunächst der Lyrik und der Tragödie vorbehalten.[10] Die ersten Philosophen, die sich eingehend mit den menschlichen und den politischen Angelegenheiten befassten, waren die *Sophisten* (Protagoras, Gorgias u.a.), denen die Kontingenz und Veränderbarkeit der Verfassungen und Gesetze bereits früh bewusst und zum zentralen theoretischen Problem wurde. Sie waren in der Regel Anhänger der Demokratie und überzeugt davon, dass sich „Tugend" oder „Tüchtigkeit" *(areté)* lehren lasse. Sie zogen deshalb als Lehrer durch die Lande, um den Kindern wohlhabender Familien gegen Entgelt die Prinzipien eines gelingenden, eines ehrenhaften und erfolgreichen Lebens beizubringen, sie in Rhetorik und praktischer Klugheit *(phronesis)* auszubilden, damit sie sich sowohl in den eigenen Angelegenheiten als auch im öffentlichen Leben bewähren, ihr Haus möglichst gut verwalten und in den Belangen der Stadt mithandeln und mitreden konnten (vgl. Platon: Protagoras 319 a). Ihr Ziel war es, ihren Schülern angesichts der Unwägbarkeiten der politischen Praxis einen neuen Lebenssinn und eine neue Orientierung zu vermitteln. Leider sind ihre Schriften verschollen und nur wenige Fragmente (vor allem durch ihren Kritiker Platon) überliefert.

Als ihr philosophischer Gegner profilierte sich *Sokrates* (469-399 v. Chr.), der den Wahrheits- und Werterelativismus der Sophisten attackierte und sich bemühte, die sophistische Kunst und Rhetorik als Dilettantismus, als sinnloses und leerlaufendes Können zu entlarven. Auch er hatte es sich zur Aufgabe gemacht, die jungen Leute zum Nachdenken über die Prinzipien des guten Lebens zu inspirieren. Anders als seine philosophischen Rivalen ließ er sich dafür aber nicht entlohnen und erhob keinen Anspruch, sie zu erfolgreichen Praktikern zu erziehen. Vielmehr wollte er sie den Alltäglichkeiten gerade entfremden, indem er sie zu kritischen Reflexionen über die Grundsätze der Ethik und der Politik und über die Voraussetzungen und Formen einer rationalen Lebensführung anhielt. Er pflegte auf dem Marktplatz zu disputieren und seine Mitbürger zum Nachdenken über ihre Pflichten in den unterschiedlichsten Situationen anzuregen. Von ihm lernten sie, ihre vorgefassten Meinungen zu hinterfragen und alle eingespielten Selbstverständlichkeiten des praktischen Lebens in Zweifel zu ziehen. Von ihm erfuhren sie, dass Tugend und Anstand, dass Sittlichkeit nicht lehrbar sei, dass jeder Einzelne sie für sich selbst erringen müsse durch die bedingungslose Hingabe an die Liebe zum Wissen *(philo sophia)*, durch eigene Erfahrung und durch die unermüdliche Suche nach dem *Guten, Wahren, Richtigen* und *Schönen*. Am Ende wurde er jedoch gerade von der demokratischen Polis wegen Missachtung der Götter und Verführung der Jugend angeklagt und 399 v. Chr. zum Tode verurteilt.

Während sich Sokrates mit mündlichen Diskussionen begnügte, brachten seine Schüler die Gedanken ihres Lehrers und ihre eigenen zu Pergament. Der bedeutendste unter ihnen war Platon (427/29-347 v. Chr.), dem wir das erste umfassende philosophische System und die entscheidenden Anstöße für die künftige Philosophie verdanken. Ihm gelang es, das gesamte Wissen seiner Zeit und die Erkenntnisse seiner Vorgänger zu synthetisieren bzw. zu kritisieren. Dies leistete er nicht nur für die theoretische, sondern auch für die praktische Philosophie, in der sich die Erfahrungen der antiken Demokratie und ihre einstigen Kämpfe, Erfolge und Missgeschicke reflektierten. Er wurde zum Anreger und Ideengeber aller nachfolgenden Philosophen, die – nach einem Wort von Alfred Whitehead – nur einen großen Appendix zum Corpus Platonicum geschrieben haben. Sein bedeutendster Schüler war *Aristoteles* (384-322 v. Chr.), der auf dem von ihm geebneten Weg weiter ging und die Einsichten seines Lehrers präzisierte und gegebenenfalls korrigierte.[11]

Im Gegensatz zu den Sophisten waren Sokrates, Platon und Aristoteles keine Anhänger der Demokratie, wie sie in Attika praktiziert wurde. Diese erschien ihnen vielmehr als Verfalls- und Entartungsform des Politischen, die sie für die politische Katastrophe, die Niederlage Athens und den Verfall der Polis, verantwortlich machten. Bereits Sokrates hielt sich von den politischen Tagesgeschäften fern, weil in ihnen die strenge Respektierung der moralischen Gesetze unmöglich war (vgl. Platon: Die Apologie des Sokrates, 31 C f.). Auch Platon und seine Schüler zogen sich enttäuscht aus der politischen Arena zurück und verlegten sich auf die geistige Arbeit in ihrer Akademie. Da Aristoteles kein Athener, sondern Metöke war, hatte er kein Bürgerrecht und konnte folglich seine ganze Kraft der philosophischen Praxis widmen. Die Distanzierung von den konkreten politischen Vorgängen und Entscheidungen ermöglichte es ihnen, grundsätzliche Reflexionen anzustellen und bleibende Einsichten in das Wesen der Politik zu gewinnen. Zwar partizipierten sie selbst nicht am politischen Willensbildungs- und Entscheidungsprozess, doch wurden sie nicht müde, ihren Landsleuten den Sinn und Zweck und die Notwendigkeit der politischen Beteiligung zu demonstrieren. Ihr großes Ziel war die Wiederaufrichtung der daniederliegenden athenischen Polis auf einer erneuerten sittlichen Basis.

Doch nicht allein die Philosophen, auch die griechischen Tragödiendichter (Aischylos, Sophokles, Euripides) und Geschichtsschreiber (Herodot, Thukydides) befassten sich mit den jeweils aktuellen Fragen und den prinzipiellen Schwierigkeiten der Politik, den unterschiedlichen Verfassungen und ihrer Wirkung auf die Lebensführung der Bürger. So erörtert *Herodot* in der berühmten „Verfassungsdebatte" der *Historien* die Stärken und Schwächen, Gefahren und Gebrechen der Demokratie. Er lässt Befürworter und Gegner derselben zu Worte kommen und die Vor- und Nachteile der drei möglichen Regierungsformen – Monarchie, Aristokratie/Oligarchie und Demokratie – erstmals in aller Offenheit abwägen. Mit ihm beginnt deshalb die folgende Präsentation und Interpretation „klassischer" demokratietheoretischer Texte. Ihm folgt die berühmte „Leichenrede" des Perikles, die *Thukydides* in seiner monumentalen Geschichte des Peloponnesischen Krieges überliefert hat. Anlässlich der Begräbnisfeier für die ersten Gefallenen des mörderischen Bruderkrieges gegen Sparta erörtert Perikles die Besonderheit der in Athen garantierten Freiheit und das Funktionieren der Demokratie. Sie sei charakterisiert durch die Trennung des Öffentlichen vom Privaten und durch ein breites und mächtiges Bürgerengagement. Im nachfolgenden Auszug aus *Platons* politikphilosophischem Hauptwerk, der *Politeia*, wird untersucht, wie die Demokratie entsteht, wie sie beschaffen ist und welche Charaktereigenschaften die in ihr agierenden Bürger entwickeln. Im Anschluss an Platon hat *Aristoteles* die von seinem Lehrer aufgeworfenen Fragen weiter verfolgt, seine Antworten kritisch geprüft und in der *Politik* die Eigenart der unterschiedlichen Verfassungen genauer erörtert. Ein ebenso knapper Auszug daraus soll in sein Denken einführen und die Essenz seiner politischen Philosophie verdeutlichen.

Verglichen mit den politischen und philosophischen Gründungsleistungen der Griechen blieb die politische Theorie und Praxis der Römer in der Zeit der Republik auf halbem Wege stecken. Sie vermochte sich nicht aus den Fesseln der aristokratischen Herrschaft und von den Selbstverständlichkeiten der Überlieferung, dem Brauchtum der Väter *(mos maiorum)*, zu lösen. Die Demokratie hatte nie eine reelle Chance in

Rom. Das politische Denken der Römer erschöpfte sich demgemäß in der Suche nach pragmatischen Lösungen für die oligarchischen Herrschaftskonflikte und fand diese gewöhnlich in geschichtlichen *Exempla*, in den vorbildlichen Haltungen und Aktivitäten der Vorfahren und Ahnen. Erst in der Krise der Republik setzten theoretische Reflexionen ein, die – animiert durch die Rezeption der griechischen Philosophie – neue Horizonte öffneten. Sie führten zu einer philosophischen Rückbesinnung auf die Grundsätze und Formen, Werte und Institutionen der republikanischen Praxis, die auf Rechtssicherheit und Gewaltenteilung bedacht war und eine Ämterordnung geschaffen hatte, die späteren Zeiten als Vorbild diente und bedeutsam für die Entstehung und Entwicklung des europäischen und amerikanischen Staatensystems, für die Etablierung des bürgerlichen Rechtsstaates, die Machtkontrolle und die Verankerung einer Ämterlaufbahn in den heutigen repräsentativen Demokratien wurde. Der bedeutendste der römischen Denker war *Cicero* (106-43 v. Chr.), der sich im Anschluss an die mittlere Stoa (Panaitios, Poseidonios) und an die Historien des Polybios (ca. 200-ca. 120 v. Chr.) mit den Pflichten der Bürger *(De officiis)*, mit den Gesetzen *(De legibus)* und mit den Existenzbedingungen des Gemeinwesens *(De re publica)* befasste.[12] Seine Überlegungen zu den unterschiedlichen Verfassungen und speziell zur Republik sollen deshalb den Abschnitt über die griechisch-römische Antike beschließen.

Anmerkungen

1   Eine genauere Explikation des hier nur knapp skizzierten Sachverhaltes (mit weiteren Literaturhinweisen) habe ich versucht in: Peter Massing (Hrsg.): Ideengeschichtliche Grundlagen der Demokratie. Schwalbach/Ts. 1999, S. 11-30 [= Politische Bildung 32/2 (1999), S. 11-30]. Für Anregungen und kritische Hinweise danke ich Dieter Löcherbach.

2   Vgl. Christian Meier: Die Entstehung des Politischen bei den Griechen. Frankfurt/M. 1980.

3   Vgl. Aristoteles: Politik, I. Buch, 1253 b 1 ff., bes. 1255 b 16 ff.

4   Vgl. Jochen Bleicken: Die athenische Demokratie. Studienausgabe. Paderborn/München/Wien/Zürich 1986. Herman Mogens Hansen: Die athenische Demokratie im Zeitalter des Demosthenes. 2. Auflage, Berlin 2002.

5   Zu den Schwierigkeiten der Einschätzung der Partizipation und der Anzahl der Aktivbürger vgl. etwa Wolfgang Schuller: Griechische Geschichte (Oldenbourg Grundriß der Geschichte, Bd. 1). München 1980, ⁵1991, S. 126 f. (und die dort genannte Literatur). Die Schätzungen schwanken zwischen 20 000 und 30 000 Vollbürgern in der Hochzeit der athenischen Demokratie bei einer attischen Gesamtbevölkerung von ca. 200 000 Menschen.

6   Vgl. Paul Veyne: Kannten die Griechen die Demokratie? In: Christian Meier/Paul Veyne: Kannten die Griechen die Demokratie? Berlin 1988, S. 13-44.

7   Siehe dazu unten die Leichenrede des Perikles im Auszug aus Thukydides.

8   Vgl. Christian Meier: Die Entstehung des Politischen bei den Griechen (1980), S. 247 ff.; ders.: Politik und Anmut. Berlin 1985; ders.: Die politische Kunst der griechischen Tragödie. München 1988, S. 19 ff.; ders.: Athen. Ein Neubeginn der Weltgeschichte. Berlin 1993, S. 182 ff.; ders.: Bürger-Identität und Demokratie. In: Ders./Paul Veyne: Kannten die Griechen die Demokratie? (1988), S. 47-95.

9 Aristoteles: Athenaion Politeia, 41 (Deutsche Übersetzung von Peter Dams unter dem Titel „Der Staat der Athener". Stuttgart 1970, S. 48).

10 Zur Entstehung und Entwicklung des Politikdenkens bei den Griechen vgl. die Überblicksdarstellungen von Kurt Raaflaub: Die Anfänge des politischen Denkens bei den Griechen. In: Iring Fetscher/Herfried Münkler (Hrsg.): Pipers Handbuch der politischen Ideen. Bd. 1. München/Zürich 1988, S. 189-271; ders.: Politisches Denken im Zeitalter Athens, ebd., S. 273-368; Klaus Rosen: Griechenland und Rom. In: Hans Fenske/Dieter Mertens/Wolfgang Reinhard/Klaus Rosen: Geschichte der politischen Ideen. Von Homer bis zur Gegenwart (1981). Frankfurt/M. 1987, S. 17-139; Wilfried Nippel: Politische Theorien der griechisch-römischen Antike. In: Hans-Joachim Lieber (Hrsg.): Politische Theorien von der Antike bis zur Gegenwart. Bonn 1991, S. 17-46.

11 Zu ihrer politischen Philosophie vgl. Julia Annas: Platon. In: Iring Fetscher/Herfried Münkler (Hrsg.): Pipers Handbuch der politischen Ideen. Bd. 1 (1988), S. 369-395; Peter Spahn: Aristoteles. Ebd., S. 397-437; Helmut Kuhn: Platon. In: Hans Maier/Heinz Rausch/Horst Denzer (Hrsg.): Klassiker des politischen Denkens. Bd. 1. München 1968, ⁵1979, S. 1-35; Peter Weber-Schäfer: Aristoteles. Ebd., S. 36-63 (jeweils mit weiteren Literaturhinweisen).

12 Vgl. etwa Karl H. Gugg: Cicero. In: H. Maier/H. Rausch/H. Denzer (Hrsg.): Klassiker des politischen Denkens. Bd. 1 (⁵1979), S. 64-86; Eckart Olshausen: Das politische Denken der Römer zur Zeit der Republik. In: Iring Fetscher/Herfried Münkler (Hrsg.): Handbuch, Bd. 1 (1988), S. 485-519; bes. S. 512 ff.; K. Rosen: Griechenland und Rom (1981), S. 119 ff.; Peter Weber-Schäfer: Einführung in die antike politische Theorie. 2 Bde. Darmstadt 1976, Bd. 2, S. 108 ff.

Herodot

Ausgewählt und interpretiert von Klaus Roth

Historien (ca. 430-425 v. Chr.)

1   80. Als die Erregung sich gelegt hatte und fünf Tage vorüber waren, hielten die
Verschwörer Rat über die Verfassung des Reiches, und es wurden folgende Reden
gehalten, die zwar einigen Hellenen unglaublich erscheinen, die aber trotzdem
wirklich gehalten wurden. Otanes sprach sich dafür aus, die Herrschaft an das
5   ganze persische Volk zu geben. Er sagte: „Ich halte dafür, daß nicht wieder ein
einziger über uns König werden soll. Das ist weder erfreulich noch gut. Ihr wißt,
wie weit Kambyses sich von seinem Hochmut hat hinreißen lassen; ihr habt auch
den Hochmut des Magers gekostet. Wie kann die Alleinherrschaft etwas Rechtes
sein, da ihr gestattet ist, ohne Verantwortung zu tun, was sie will? Auch wenn man
10 den Edelsten zu dieser Stellung erhebt, wird er seiner früheren Gesinnung untreu
werden. Das Gute, das er genießt, erzeugt Überhebung, und Neid ist dem Menschen
schon angeboren. Wer aber diese zwei hat, hat alle Schlechtigkeit beisammen. Er
begeht viele Verbrechen: einige, übersättigt, aus Selbstüberhebung, andere wieder
aus Neid. Freilich sollte er ohne Mißgunst sein, denn ihm als Herrscher gehört
15 ja alles. Doch das Gegenteil davon ist der Fall. Er mißgönnt den Edelsten Leben
und Luft, er freut sich der Elendesten. Trefflich weiß er den Verleumdungen
sein Ohr zu leihen. Am sonderbarsten von allem ist, daß er sich über maßvolle
Anerkennung ärgert, weil man nicht ehrerbietig genug sei, und sich über hohe
Ehrerbietung ärgert, weil man ein Schmeichler sei. Und damit ist das Schlimmste
20 noch nicht gesagt: er rührt an die altüberlieferten Ordnungen, er vergewaltigt
die Weiber, er mordet, ohne rechtlich zu verurteilen. Die Herrschaft des Volkes
aber hat vor allem schon durch ihren Namen – Gleichberechtigung aller – den
Vorzug; zweitens aber tut sie nichts von all dem, was ein Alleinherrscher tut. Sie
bestimmt die Regierung durchs Los, und diese Regierung ist verantwortlich; alle
25 Beschlüsse werden vor die Volksversammlung gebracht. So meine ich denn, daß
wir die Alleinherrschaft abschaffen und das Volk zum Herrscher machen; denn
auf der Masse beruht der ganze Staat."

81. Das also war die Meinung, die Otanes aussprach. Megabyzos dagegen riet zur
30 Oligarchie und sagte:

„Was Otanes über die Abschaffung des Königtums sagt, ist auch meine Meinung.   1
Wenn er aber rät, die Menge zum Herrn zu machen, so hat er damit nicht das
Rechte und Beste getroffen. Es gibt nichts Unverständigeres und Hochmütigeres
als die blinde Masse. Wie unerträglich, daß wir die Selbstüberhebung der Tyrannen
mit der Selbstüberhebung des zügellosen Volkes vertauschen sollen! Jener weiß doch   5
wenigstens, was er tut; aber das Volk weiß es nicht. Woher sollte dem Volk Vernunft
kommen? Es hat nichts gelernt und hat auch in sich selber keine Vernunft. Ohne
Sinn und Verstand, wie ein Strom im Frühling, stürzt es sich auf die Staatslenkung.
Nur wer den Persern Unheil sinnt, spreche vom Volk! Wir sollten vielmehr einem
Ausschuß von Männern des höchsten Adels die Regierung übertragen. Zu diesen   10
Männern gehören wir ja selber. Es ist doch klar, daß von den Adligsten auch die
edelsten Entschlüsse ausgehen."

82. Das war die Meinung, die Megabyzos aussprach. Als dritter sagte Dareios seine
Meinung und sprach:
„Was Megabyzos gegen die Masse gesagt hat, billige ich, nicht aber, was er über   15
die Oligarchie sagt. Drei Verfassungen sind möglich; nehmen wir sie alle in ihrer
höchsten Vollendung an, stellen wir uns also die vollkommenste Demokratie, die
vollkommenste Oligarchie und die vollkommenste Monarchie vor, so verdient die
letztere, behaupte ich, bei weitem den Vorzug. Es gibt nichts Besseres, als wenn der
Beste regiert. Er wird untadelig für sein Volk sorgen, und Beschlüsse gegen Feinde   20
des Volkes werden am besten geheimgehalten werden. In der Oligarchie, wo viele sich
um das Allgemeinwohl verdient machen wollen, pflegt es zu heftigen Privatfehden
zu kommen. Jeder will der Erste sein und seine Meinung durchsetzen; so verfeinden
sie sich aufs ärgste miteinander, Unruhen entstehen, und in den Unruhen kommt
es zu Mordtaten. Das pflegt dann wieder zur Monarchie zu führen, und man sieht   25
daraus, daß sie doch die beste Verfassung ist. Herrscht dagegen das Volk, so kann es
nicht ausbleiben, daß Schlechtigkeit und Gemeinheit sich einstellen. Drängt sich
aber die Schlechtigkeit in die Sorge um die Allgemeinheit, so kommt es zwar nicht
zu Fehden unter diesen Schlechten, aber umgekehrt zu festen Verbrüderungen. Sie
verschwören sich gleichsam, um den Staat auszubeuten. Das dauert so lange, bis   30
ein Führer des Volks ihrem Treiben ein Ende macht. Und dafür preist ihn dann
natürlich das Volk und der Gepriesene wird Alleinherrscher! So zeigt sich auch
hier wieder, daß die Monarchie die beste Verfassung ist. – Um aber alle Gründe für
und wider zusammenzufassen: Wie ist denn Persien frei geworden? Wer hat ihm
die Freiheit geschenkt? Das Volk, die Aristokraten oder ein Monarch? Ich meine,   35
weil wir durch einen Alleinherrscher die Freiheit gewonnen haben, müssen wir
daran festhalten, und überhaupt sollten wir die altüberlieferte Verfassung nicht
umstoßen. Das ist vom Übel."

Herodot: Historien. Deutsche Gesamtausgabe. Übersetzt von A. Horneffer.
Neu herausgegeben und erläutert von H. W. Haussig. Mit einer Einleitung von W. F. Otto,
Stuttgart 1971⁴, III. Buch. 80.-82., S. 217-220

Interpretation

Die hier abgedruckte „Verfassungsdebatte" entstammt den *Historien* Herodots (ca. 485-425 v. Chr.), des Ahnherrn der abendländischen Geschichtsschreibung, der in neun Büchern die lange währenden Beziehungen und den schließlichen Zusammenprall zwischen Europäern und Asiaten, „Hellenen und Barbaren" untersucht. Der Kampf der beiden feindlichen Kulturen fand seinen Höhepunkt in den für die Asiaten so tragisch, für die Griechen hingegen überaus glücklich verlaufenden *Perserkriegen* (490-479 v. Chr.), durch die das Vordringen der persischen Weltmacht nach Europa verhindert wurde. Herodot spürt den Ursachen der Spannungen und Konflikte nach und findet sie schon in der Frühzeit, in der sich unterschiedliche Lebensformen herausgebildet haben, die gewöhnlich als Gegensatz von *hellenischer Freiheit* und *orientalischem Despotismus* umschrieben werden. Während die Griechen im Rahmen der antiken *Polis* seit der archaischen Zeit *politische Verhältnisse* entwickelten, d.h. den geregelten Streit der Bürger und Faktionen an die Stelle der aristokratischen Herrschaft setzten und schließlich im 5. und 4. vorchristlichen Jahrhundert Demokratien praktizierten, verharrten die Perser im Rahmen der *traditionalen Herrschaft,* die von mächtigen Dynastien überwölbt und geleitet wurde.

Im Verlauf des 6. vorchristlichen Jahrhunderts waren die kleinasiatischen Kolonien Griechenlands vom Lyderkönig Kroisos unterworfen worden, der sich aber 547 v. Chr. den von Kyros (558-529 v. Chr.) angeführten Persern beugen musste, die in der Folge ein Weltreich errichteten. Dem großen Eroberer folgte sein Sohn Kambyses (529-522 v. Chr.), der 525 v. Chr. zur Eroberung Ägyptens aufbrach. Während seiner Abwesenheit unternahmen zwei Brüder aus dem Stamme der Mager einen Aufstand und usurpierten den Thron, den sie sieben Monate innehatten. Nachdem Kambyses auf der Rückreise eines natürlichen Todes gestorben war, wurden die Mager von sieben Persern unter der Führung des Otanes gestürzt und ermordet. Das Reich wurde in der Folge von Aufständen erschüttert, ehe Dareios (522-486 v. Chr.), der Sohn des Satrapen von Parthien, die Macht ergreifen und die Monarchie restituieren konnte. In Athen hingegen wurde 508/7 v. Chr. unter Kleisthenes die alte Phylenordnung reformiert und mit der *Isonomie* eine gemäßigte Demokratie institutionalisiert, die auf Rechtsgleichheit und auf der Partizipation aller freien Bürger (männlichen Geschlechts) basierte. 500-494 v. Chr. erfolgte der Ionische Aufstand gegen die Perser, der von Athen unterstützt wurde, aber erfolglos blieb. Sein Scheitern demonstrierte die Überlegenheit des persischen Großkönigs und seiner straffen Herrschaftsorganisation. Anders sah die Lage in den darauf folgenden Perserkriegen (490-479 v. Chr.) aus, in deren Verlauf es den verbündeten griechischen Städten gelang, die gewaltige Übermacht der feindlichen Truppen zu brechen und dem Gegner eine vernichtende Niederlage beizubringen. Die kleinen, autonomen Poleis bewiesen dadurch ihre Überlebensfähigkeit und Überlegenheit.

490 v. Chr. besiegten die Athener unter Führung des Miltiades ein persisches Heer
bei Marathon. 480 v. Chr. versuchte Xerxes I. (486-465 v. Chr.) auf dem Landweg die
Eroberung Griechenlands. Nach der Bezwingung des Thermopylen-Passes fiel ganz
Mittelgriechenland in seine Hände. Athen wurde zerstört. Der Feldzug endete jedoch mit
einem Debakel für die Perser. Es gelang den Athenern unter Themistokles, die feindliche
Flotte bei Salamis vernichtend zu schlagen (479 v. Chr.). Die persische Landmacht
wurde bei Plataä, die restliche persische Flotte bei Mykale besiegt. Athen schloss sich
478/77 v. Chr. mit den griechischen Städten im Attischen Seebund zusammen und
wurde alsbald zur führenden Macht in der Ägäis. 462 v. Chr. wurde unter Ephialtes
der Areopag, der alte Adelsrat, gestürzt und gänzlich entmachtet, sodass sich in Athen
eine radikale Demokratie entwickeln konnte, die unter Perikles (462-430 v. Chr.)
ihre größten Erfolge feierte und in anderen Poleis demokratische Bewegungen zur
Nachahmung inspirierte. 449 v. Chr. wurden die Perserkriege im Kallias-Frieden
formell beendet. Die Ruhe währte aber nur wenige Jahre. Die Rücksichtslosigkeit
der Athener gegenüber ihren Verbündeten schürte den Konflikt mit Sparta und löste
alsbald den Peloponnesischen Krieg (431-404 v. Chr.) aus. Da Persien 412 v. Chr.
aufseiten Spartas intervenierte, war die Niederlage Athens besiegelt und der Niedergang
der demokratischen Polis eingeleitet, die schließlich von den Truppen Philipps II.
von Makedonien und Alexanders des Großen (338 v. Chr.) unterworfen wurde.

Während der Peloponnesische Krieg den Abstieg der athenischen Polis bewirkte,
waren die Perserkriege zum Fanal des Aufstiegs und zum Katalysator der Demokratisierung geworden. Sie provozierten erste theoretische Reflexionen über die Prinzipien und
Formen, Regeln und Normen der Politik, die ihren Niederschlag in den Tragödien des
Aischylos, den philosophischen Fragmenten der Sophisten sowie im Geschichtswerk
von Herodot fanden. Der Aufeinanderprall der beiden antagonistischen Ordnungsformen führte die Relativität und Fragilität der menschlichen Einrichtungen und
Gesetze vor Augen und zwang zur Suche nach stabileren Institutionen und modera-
teren Umgangsformen, die eine dauerhafte Konfliktlösung versprachen. So erinnert
Aischylos in den *Persern* (aufgeführt 472 v. Chr.) an die zahlreichen Toten und führt
den siegreichen Griechen das Schicksal ihrer Opfer vor Augen. Er verdeutlicht den
Unterschied zwischen westlicher und östlicher Ordnung und erweist beide als glei-
chermaßen berechtigte Formen der Organisation des menschlichen Zusammenlebens.
Während die orientalische Despotie durch bedingungslose Unterwerfung unter den
Despoten gekennzeichnet ist, zeichnet sich die Polis aus durch rechenschaftspflichtige
Regierung, durch Redefreiheit und durch Mitbestimmung der Bürger (Die Perser,
Vers 239-243, 591-595). Nichtsdestoweniger werden die siegreichen Griechen zur
Versöhnung mit dem alten Gegner aufgerufen. Indem die Tragödie das unbegreifliche
Leid der geschlagenen Perser zum Thema macht, führt sie den Siegern zum einen
ihren Triumph vor Augen und weckt zum anderen Verständnis und Empathie für die
Unterlegenen. Hellas und Persia werden als „Schwestern eines Stammes" (Vers 181-

189) betrachtet und an ihre gemeinsame Herkunft erinnert. Herrschaft und Freiheit, Despotismus und Politik werden als alternative Formen der Ordnung erwiesen, die gegenseitigen Respekt verdienen und sich nicht länger bekämpfen sollen.

Von ähnlichen Ambitionen wurde *Herodot* getrieben, der die beiden feindlichen Lager und ihre unterschiedlichen Lebensformen und Traditionen möglichst vorurteilsfrei darzustellen suchte, um so gegenseitiges Verständnis zu wecken. In eindringlichen Studien rekonstruiert er die Entwicklung der Beziehungen zwischen Griechen und Orientalen von den frühesten Anfängen bis zur Vernichtung der persischen Flotte und zur Befreiung Ioniens. In diesem Kontext steht die berühmte „Verfassungsdebatte", in der die Vorzüge und Nachteile der drei möglichen Regierungsformen – Demokratie, Aristokratie/Oligarchie und Monarchie – erstmals in aller Offenheit erörtert werden. Herodot verlegt die Kontroverse nach Persien und datiert sie in die Zeit vor der Machtergreifung des Dareios (522 v. Chr.). Dabei handelt es sich um einen Anachronismus, da seinerzeit auch in Athen, dem Geburtsort der Demokratie, noch keine „Volksherrschaft" verwirklicht war. Sie wurde erst im Gefolge der Reformen des Kleisthenes auf den Weg gebracht und konnte sich infolge der Entmachtung des Areopags unter Ephialtes stabilisieren und schließlich in der Zeit des Perikles als direkte Demokratie etablieren, die nach dem Tod des großen „Demagogen" jedoch von zwielichtigen „Volksführern" für ihre eigenen Machtinteressen instrumentalisiert und missbraucht wurde. Herodot projiziert demnach athenische Erfahrungen aus der perikleischen und nachperikleischen Zeit nach Persien und in die Frühzeit zurück, wenn er die Stärken und Schwächen der Demokratie erörtert. Er versucht dem Anachronismus-Verdacht vorzubeugen, indem er den einschlägigen Absatz mit den Worten eröffnet, es seien seinerzeit Reden gehalten worden, „die zwar einigen Hellenen unglaublich erscheinen, die aber trotzdem wirklich gehalten wurden".

Im Gegensatz zur Alleinherrschaft eines Mannes verdiene die *Herrschaft des Volkes* schon durch ihren Namen, die Gleichberechtigung aller, den Vorzug, lässt Herodot den ersten Redner (Otanes) sagen. „Sie bestimmt die Regierung durchs Los, und diese Regierung ist verantwortlich; alle Beschlüsse werden vor die Volksversammlung gebracht." Dagegen rät der zweite (Megabyzos) zur *Oligarchie*, da es „nichts Unverständigeres und Hochmütigeres [gebe] als die blinde Masse". „Wir sollten vielmehr einem Ausschuss von Männern des höchsten Adels die Regierung übertragen." Der dritte schließlich (Dareios) begründet die Vorzüge der *Monarchie* mit dem Hinweis auf die immer wieder ausbrechenden Privatfehden in der Oligarchie und auf die zwangsläufig sich einstellende „Schlechtigkeit und Gemeinheit" des Volkes in der Demokratie.

Diese Überlegungen wurden später von der *Politischen Philosophie* aufgegriffen und weiter vertieft. Sie fanden ihren klassischen Ausdruck in Platons Dialogen und in der *Politik* des Aristoteles, die zum Ausgangspunkt und zur Grundlage des späteren abendländischen Politikdenkens wurden. Auch sie erörtern ausgiebig die Stärken und Schwächen der einzelnen Regierungsformen und plädieren schließlich für ein Philosophenkönigtum (Platon) bzw. für eine Mischverfassung (Aristoteles), da alle reinen Formen die Gefahr der Entartung in sich bergen. Auch in der heutigen Demokratiediskussion finden sich die von Herodot kontrastierten Topoi in nur wenig verwandelter Gestalt. Zwar wird in den Industriegesellschaften des Westens kaum mehr ernsthaft die Rückkehr zur Monarchie gefordert – allenfalls der Ruf nach einem „starken Mann" und einer Diktatur ertönt von Zeit zu Zeit –, doch handelt es sich bei den dort etablierten repräsentativen Demokratien um „Mischverfassungen", wie sie bereits Aristoteles für die antike Polis vorgeschlagen hatte. Umstritten bleibt allerdings, wie die moderne Demokratie zu verstehen und zu praktizieren ist. Können die Verfechter einer weitergehenden Demokratisierung von Gesellschaft und Staat zur Untermauerung ihrer Ambitionen auf die Erfolge der antiken Demokratie rekurrieren, so können ihre Gegner mit gleichem Recht auf ihren Missbrauch unter den Nachfolgern und Epigonen des Perikles und auf die schon von Herodot benannte „Schlechtigkeit", „Dummheit" und „Unberechenbarkeit" des Volkes verweisen, die der Einführung plebiszitärer Formen der Demokratie im Wege stehen.

Thukydides

Ausgewählt und interpretiert von Klaus Roth

Rede des Perikles (ca. 420-404 v. Chr.)

1 Die Verfassung, nach der wir leben, vergleicht sich mit keiner der fremden; viel eher
sind wir für sonst jemand ein Vorbild als Nachahmer anderer. Mit Namen heißt
sie, weil der Staat nicht auf wenige Bürger, sondern auf eine größere Zahl gestellt
ist, Volksherrschaft. Nach dem Gesetz haben in den Streitigkeiten der Bürger alle
5 ihr gleiches Teil, der Geltung nach aber hat im öffentlichen Wesen den Vorzug,
wer sich irgendwie Ansehen erworben hat, nicht nach irgendeiner Zugehörigkeit,
sondern nach seinem Verdienst; und ebenso wird keiner aus Armut, wenn er für die
Stadt etwas leisten könnte, durch die Unscheinbarkeit seines Namens verhindert.
Sondern frei leben wir miteinander im Staat und im gegenseitigen Verdächtigen
10 des alltäglichen Treibens, ohne dem lieben Nachbar zu grollen, wenn er einmal
seiner Laune lebt, und ohne jenes Ärgernis zu nehmen, das zwar keine Strafe, aber
doch kränkend anzusehen ist. Bei soviel Nachsicht im Umgang von Mensch zu
Mensch erlauben wir uns doch im Staat, schon aus Furcht, keine Rechtsverletzung,
im Gehorsam gegen die jährlichen Beamten und gegen die Gesetze, vornehmlich
15 die, welche zu Nutz und Frommen der Verfolgten bestehen, und gegen die unge-
schriebnen, die nach allgemeinem Urteil Schande bringen. [...]
Wir lieben das Schöne und bleiben schlicht, wir lieben den Geist und werden
nicht schlaff. Reichtum dient bei uns der wirksamen Tat, nicht dem prahlenden
Wort, und Armut ist einzugestehen keinem schimpflich, ihr nicht tätig zu ent-
20 gehen schimpflicher. Wir vereinigen in uns die Sorge um unser Haus zugleich
und unsre Stadt, und den verschiedenen Tätigkeiten zugewandt, ist doch auch
in staatlichen Dingen keiner ohne Urteil. Denn einzig bei uns heißt einer, der
daran gar keinen Teil nimmt, nicht ein stiller Bürger, sondern ein schlechter, und
nur wir entscheiden in den Staatsgeschäften selber oder denken sie doch richtig
25 durch. Denn wir sehen nicht im Wort eine Gefahr fürs Tun, wohl aber darin, sich
nicht durch Reden zuerst zu belehren, ehe man zur nötigen Tat schreitet. Denn
auch darin sind wir wohl besonders, daß wir am meisten wagen und doch auch,
was wir anpacken wollen, erwägen, indes die andern Unverstand verwegen und
Vernunft bedenklich macht. Die größte innere Kraft aber wird man denen mit
30 Recht zusprechen, die die Schrecken und Freuden am klarsten erkennen und darum
den Gefahren nicht ausweichen.

Thukydides: Geschichte des Peloponnesischen Krieges. Vollständige Ausgabe.
Übersetzt und mit einer Einführung und Erläuterungen versehen von Georg Peter Landmann.
München 1991. Gekürzte Auszüge, Buch II 37 und 40, S. 140-142

Interpretation

Thukydides von Athen (ca. 460 bis kurz nach 400 v. Chr.) schildert in seiner *Geschichte des Peloponnesischen Krieges* den Krieg, den die Athener und die Spartaner 431-404 v. Chr. gegeneinander führten. Er blickt zunächst auf die ältere griechische Geschichte zurück und beschreibt sodann minuziös die Entstehung, den Verlauf und die Folgen des mörderischen Bruderkrieges, der mit der Niederlage Athens endete. Die Gründe für den Aufstieg und den Niedergang der attischen Polis findet er im ungezügelten und rücksichtslosen Machtstreben der Athener, das er auf die menschliche Natur zurückführt, auf das angeborene Streben der Menschen nach Freiheit einerseits, nach Macht und Herrschaft andererseits. Dadurch wurde er zum Begründer der sog. „realistischen" Politikbetrachtung. Von ihm wurde nicht nur Nietzsches Konzept des Willens zur Macht, sondern auch Thomas Hobbes inspiriert, dessen erste literarische Produktion die 1629 erschienene englische Übersetzung des *Peloponnesischen Krieges* war. Entsprechend gilt Thukydides heute als Ahnherr des Dezisionismus, da er das jeweils geltende Recht, den *nómos,* als ein normativ aus dem Nichts geborenes Resultat politischer Kämpfe und die Politik selbst nicht als Miteinander-Reden und -Handeln und als Sorge ums Gemeinwohl, sondern als Machtkampf begriff. Zugleich leistete er einen wichtigen Beitrag zur Selbstreflexion der attischen Demokratie und beschrieb deren Stärken und Schwächen. Waren die Perserkriege (490-479 v. Chr.) zum Fanal des Aufstiegs der demokratischen Polis in Attika geworden, so wurde der Peloponnesische Krieg zum Fanal des Niedergangs und der Zerrüttung. Die Volksherrschaft erschöpfte darin ihre Energien. Sie hatte überwältigende Erfolge erzielt und bahnbrechende Leistungen erbracht, die ihr aber schließlich zum Verhängnis wurden. Wie Thukydides betont, entwickelte gerade das demokratische Athen einen ausgeprägten Machtinstinkt und stieg durch seine Rücksichtslosigkeit gegen die verbündeten Poleis seit dem Ersten Attischen Seebund (478/77 v. Chr.) zur vorherrschenden Macht in der Ägäis auf (bes. I, 88, 118). Dieser Machtwille war es, der die Athener in den mörderischen Krieg mit Sparta trieb und so ihren Untergang einleitete. In den endlosen Schlachten und den mit ihnen verbundenen inneren Konflikten wurden die Kräfte der Bürgerschaft zerschlissen.

Der vorstehende Text enthält die berühmte „Leichenrede", die Perikles (ca. 500-429 v. Chr.) nach dem Zeugnis des Thukydides im Winter 431/30 v. Chr. anlässlich des Begräbnisses der ersten Gefallenen gehalten hat. Er verteidigt den von ihm selbst betriebenen Krieg, indem er ihn als Verteidigungskrieg Athens ausgibt, der die Opfer der Athener rechtfertige. Er rühmt die Taten der Vorfahren und vor allem seiner Zeitgenossen, die der athenischen Kultur zu ihrer Blüte verholfen und die Polis mit allem ausgerüstet hatten, sodass sie im Krieg wie im Frieden völlig unabhängig wurde. Die Besonderheit der politischen Ordnung Athens, die sie zum Vorbild für ihre Nachbarn mache, sei die Demokratie, in der alle Bürger vor dem Gesetz gleich sind und tatkräftig an der Selbstverwaltung mitwirken. Sowohl die Rechtsgleichheit als auch die Volksherrschaft gelten unabhängig von der Zugehörigkeit zu einem Stand. Arme wie Reiche haben die gleichen Rechte, der attische Adel besitzt keine Privilegien, er muss sich seit dem Sturz des Areopags unter Ephialtes (462 v. Chr.) mit den unteren Schichten arrangieren. Dadurch sei Athen Sparta weit überlegen, dessen Verfassung einseitig auf den Krieg ausgerichtet war. Diesen Aspekt greift Platon dann in der *Politeia* auf (s. u.). Allerdings war die politische Beteiligung nicht nur ein Recht, sondern auch ein Zwang, wie Perikles auf der Begräbnisfeier bekundet: „Denn einzig bei uns heißt einer, der daran gar keinen Teil nimmt, nicht ein stiller Bürger, sondern ein schlechter." Schon unter Solon (ca. 640 bis nach 561 v. Chr.) hatte ein Bürgerrechtsgesetz für Athen verbindlich festgelegt, dass derjenige, der während eines Aufruhrs in der Stadt nicht für eine der beiden Parteien zu den Waffen greift, seine Ehre und seine bürgerlichen Rechte verliert und aus der Gemeinde ausscheiden muss. Künftig mussten sich die Bürger auch in ruhigeren Zeiten für die Polis engagieren. Die Gestaltung des Gemeinschaftslebens war seit den Reformen des Kleisthenes (508/7 v. Chr.) Aufgabe und Pflicht aller, die ferner an der Selbstverwaltung partizipieren und ihren Beitrag zur Schaffung von Ordnung leisten mussten. Wer sich weigerte, ein Amt zu übernehmen oder in der Amtsführung erfolglos blieb, verlor seine Bürgerrechte und wurde verbannt – wie Thukydides selbst, der 424 v. Chr. Stratege in Thrakien war, für die militärische Niederlage bei Amphipolis verantwortlich gemacht und für ca. zwanzig Jahre aus Athen vertrieben wurde. Sowohl durch diesen Zwang als auch durch die Begeisterung der Bürger für die Politik war das Engagement der mittleren und unteren Schichten mit der Zeit so mächtig geworden, dass Perikles bereits 451 v. Chr. ein Bürgerrechtsgesetz verabschieden ließ, das festlegte, attischer Vollbürger könne fernerhin nur sein, wer beiderseits von Athenern abstamme. Im Verlauf des Krieges baute er zudem seine Rolle als Demagoge so stark aus, dass Thukydides bemerkte, die von ihm gelenkte Polis sei „dem Namen nach eine Volksherrschaft, in Wirklichkeit eine Herrschaft des Ersten Mannes" (II, 65) gewesen. Als Perikles 429 v. Chr. der Pest zum Opfer fiel, wurde seine Rolle als „Volksführer" von Epigonen übernommen, die weniger das Wohl der Bürgerschaft als ihre eigenen Machtinteressen im Auge hatten und so den Niedergang der attischen Polis beförderten. Diesen aufzuhalten und die Bürger zu neuem Engagement zu ermuntern, war das Bestreben der Philosophen Sokrates, Platon und Aristoteles, die zwar keine Anhänger, sondern vielmehr Gegner der Demokratie waren, die aber dennoch die Polis restituieren und stabilisieren wollten.

Platon

Ausgewählt und interpretiert von Klaus Roth

Politeia (ca. 387 v. Chr.)

10. Die Demokratie ist nun offenbar das nächste, was wir betrachten müssen: auf   1
welche Weise sie entsteht und wie ihr Charakter beschaffen ist. Dann können wir
auch den Charakter des entsprechenden Menschen kennenlernen und ihn neben
die anderen stellen, um unser Urteil abzugeben.
„So würden wir wenigstens in gleicher Weise vorgehen, wie wir es bisher gemacht   5
haben."
Der Wandel von der Oligarchie zur Demokratie, sagte ich, ergibt sich doch aus der
Unersättlichkeit des Verlangens nach dem, was man sich als höchstes Gut vorgesetzt
hat, daß man nämlich möglichst reich werden müsse.
„Wieso denn?"   10
Die Regenten in der Oligarchie, glaube ich, regieren ja nur dank ihrem großen
Vermögen. Deshalb sind sie nicht willens, durch ein Gesetz die jungen Leute, die
ein zügelloses Leben führen, in Schranken zu halten; sie haben nichts dagegen,
daß diese ihr Vermögen verschwenden und zugrunde richten. Sie selbst möchten
den Besitz solcher Jünglinge aufkaufen oder Darlehen darauf geben und können   15
so noch reicher und angesehener werden.
„Ja, das vor allem haben sie im Sinn."
Das ist doch wohl klar, daß man in einer Stadt unmöglich den Reichtum ehren
und zugleich Besonnenheit unter den Bürgern erlangen kann. Entweder das eine
oder das andere muß man drangeben.   20
„Das ist ziemlich klar."
Indem man sich also in den Oligarchien um die Zuchtlosigkeit nicht kümmert
und sie einreißen läßt, werden bisweilen Menschen von gar nicht unedler Art in
die Armut hineingedrängt.
„Ja, gewiß."   25
Da sitzen sie denn in der Stadt, denke ich, mit Stacheln und Waffen versehen.
Die einen haben Schulden, die anderen sind ihrer bürgerlichen Rechte verlustig
gegangen, bei den dritten ist beides der Fall. Sie hassen die, welche nun ihr Ver-
mögen in Besitz genommen haben, und stellen ihnen und auch den übrigen nach
und sind auf Umsturz bedacht.   30
„So ist es."

1 Die Geldmenschen aber ducken sich und tun so, als ob sie diese nicht sähen. Doch jeden von den übrigen jungen Leuten, der sich mit ihnen einläßt, schädigen sie, indem sie ihr Geld bei ihm anbringen. Indem sie dann Zinsen im vielfachen Betrag des verliehenen Kapitals einstreichen, machen sie die Zahl der Drohnen
5 und Bettler in der Stadt immer größer.
„Natürlich, viel größer", sagte er.
Und sie wollen diesen schlimmen Brand auch nicht löschen, fuhr ich fort. Weder schränken sie die Freiheit ein, daß jemand sein Vermögen nach Belieben verwenden kann, noch beseitigen sie diese Mißbräuche durch folgendes Gesetz.
10 „Durch welches denn?"
Durch das, das als zweites auf jenes folgen sollte und das die Bürger verpflichtet, sich um Tüchtigkeit zu kümmern. Wenn man nämlich die Vorschrift erließe, daß jeder seine freiwilligen Finanzgeschäfte in der Regel auf eigene Rechnung und Gefahr abschließen müsse, dann würden in der Stadt weniger schamlos Gewinne
15 gemacht, und es käme dort auch weniger zu den schlimmen Zuständen, von denen wir eben sprachen.
„Ja, viel weniger", versetzte er.
Jetzt aber, fuhr ich fort, bringen aus all diesen Gründen die Regenten ihre Untergebenen in der Stadt eben in diese üble Lage. Und was sie selbst und die Ihrigen
20 betrifft, so gewöhnen sie ihre Söhne an Schwelgerei und machen sie zu jeder körperlichen und geistigen Anstrengung zu schlaff, um in Freuden und Schmerzen standhaft zu sein, und dem Müßiggang ergeben.
„Zweifellos."
Sie selbst aber kümmern sich um nichts als um den Gelderwerb und bemühen
25 sich ebensowenig um die Tüchtigkeit wie die Armen.
„Freilich nicht."
Wenn nun Regenten und Regierte solcher Art miteinander in Berührung kommen, auf Reisen oder sonst bei gemeinsamen Anlässen, etwa bei Festgesandtschaften, oder wenn sie bei Feldzügen auf demselben Schiff sind oder im selben Heer
30 dienen, oder wenn sie einander gar mitten in Gefahren beobachten, dann sind es durchaus nicht immer die Armen, die von den Reichen verachtet werden. Wenn dann manchmal so ein Armer, hager und sonnverbrannt, in der Schlacht neben einem Reichen steht, der im Schatten verweichlicht wurde und viel überflüssiges Fleisch mit sich trägt, und wenn er dann sieht, wie dieser außer Atem und völlig
35 unbeholfen ist – meinst du nicht, daß er sich dann sagt, daß diese Leute ihren Reichtum nur der Feigheit der Armen verdanken? Und wenn sie dann unter sich allein sind, dann wird wohl der eine dem anderen zurufen: Diese Leute sind in unserer Hand; sie sind ja nichts wert.
„Ja, ich weiß wohl, daß sie das tun", sagte er.
40 Und wie es bei einem kränklichen Leib nur einen kleinen Anstoß von außen braucht, daß er wirklich krank wird, ja wie er manchmal sogar ohne äußere Einwirkung in sich selbst uneins wird, so geschieht es doch auch mit der Stadt, die sich in einem

ähnlichen Zustand befindet: aus einem geringfügigen Anlaß, wenn etwa die eine   1
Partei aus einer oligarchischen, oder die andere Partei aus einer demokratischen
Stadt fremde Hilfe herbeiholt, wird sie krank und gerät in einen inneren Streit;
manchmal wird sie sogar ohne äußere Einwirkung in sich uneins.
„Ja, gewiß."   5
Nach meiner Ansicht entsteht also eine Demokratie, wenn die Armen die Oberhand gewinnen und dann ihre Gegner entweder umbringen oder verbannen und
den Übrigbleibenden an der Verwaltung der Stadt und den Ämtern im gleichen
Maße Anteil geben, wobei denn in der Regel die Ämter in der Demokratie durch
das Los besetzt werden.   10
„Ja, das ist die Art, wie die Demokratie eingeführt wird", sagte er, „mag das nun
durch Waffengewalt geschehen, oder indem ihre Gegner aus Furcht das Feld räumen."
11. Auf welche Weise leben nun diese Menschen? Und wie ist ferner eine solche
Verfassung beschaffen? Denn offenbar wird sich der Mensch, der ihr entspricht,
als der demokratische erweisen.   15
„Ja, offenbar", sagte er.
Das erste ist doch wohl, daß sie selbst frei sind, daß die Stadt voll Freiheit und
Redefreiheit ist, und daß jeder in ihr tun darf, was er will?
„So behauptet man wenigstens", erwiderte er.
Wo das aber erlaubt ist, da wird sich doch offenbar jeder seine Lebensweise so   20
gestalten, wie es ihm gefällt.
„Das ist klar."
Unter einer solchen Verfassung, denke ich, wird sich also die größte Mannigfaltigkeit
unter den Menschen finden.
„Ohne Zweifel."   25
So wird dies wahrscheinlich die schönste von allen Verfassungen sein, fuhr ich fort.
Gleich einem bunten Kleid, geziert mit allen Farben, so mag uns auch diese Stadt
in der Buntheit aller ihrer Sitten sehr schön erscheinen. Und vermutlich, sagte ich,
werden sie auch die meisten für die schönste erklären, wie die Kinder und Weiber,
wenn sie etwas buntes sehen.   30
„Gewiß", sagte er.
Und es ist auch bequem, du Glücklicher, sich in ihr eine Verfassung auszusuchen,
fuhr ich fort.
„Wieso?"
Dank der Freiheit, die in ihr herrscht, enthält sie alle Arten von Verfassungen. Und   35
wer eine Stadt gründen will, wie wir das vorhin taten, der braucht anscheinend
nur in eine Demokratie zu gehen und sich dort, wie in einem Trödlerladen mit
Verfassungen, das Modell auszusuchen, das ihm zusagt; hat er dann seine Wahl
getroffen, so kann er seine Stadt einrichten. […]

Platon: Politeia VIII, 555a-557e. In: Ders.: Jubiläumsausgabe sämtlicher Werke. 8 Bde.
Zürich/München 1974, Bd. IV: Der Staat. Übersetzt von Rudolf Rufener, S. 414-418

Interpretation

Der hier abgedruckte Text entstammt dem politikphilosophischen Hauptwerk Platons (427/29-347 v. Chr.), der *Politeia* – zumeist mit dem anachronistischen und irreführenden Titel „Der Staat" ins Deutsche übersetzt. Die *Polis*, Organisationsprinzip und Verwaltungseinheit im antiken Griechenland der archaischen und klassischen Zeit, war kein Staat, da ihr die entscheidenden Wesensmerkmale der so bezeichneten politischen Form fehlten: Souveränität nach innen und nach außen, Konzentration und Verselbstständigung der politischen Entscheidungs- und herrschaftlichen Zwangsgewalt durch stehende Heere und Bürokratie. Im Gegensatz zu dieser neuzeitlichen Organisationsform war die Polis kein verselbstständigter politischer Apparat, sondern die autarke Bürgerschaft, die sich selbst bestimmte und regierte. Dementsprechend befasst sich Platons *Politeia* nicht mit dem Aufbau und den Strukturen eines hierarchisch geordneten und bürokratisch verwalteten „Staates", sondern vielmehr mit den Bedingungen und Formen, Institutionen und Normen der bürgerlichen Selbstverwaltung, mit der *Verfassung*, der Zusammensetzung, den Sitten und Institutionen der antiken *Bürgerschaft*, die ihre Probleme nicht an einen Staat delegieren konnte, sondern in Eigenregie lösen musste. (Da kein deutsches Synonym existiert, sollte auf eine Übersetzung des Begriffs *Polis* verzichtet werden.)

Platon wurde ca. 427/29 v. Chr. als Sohn einer aristokratischen Familie in Athen geboren. Er erlebte seine Kindheit und Jugend während des Peloponnesischen Krieges (431-404 v. Chr.) und wurde durch die nicht enden wollenden inneren und äußeren Kämpfe mit den Unwägbarkeiten des Lebens vertraut. Durch seinen Lehrer Sokrates wurde er als junger Mann in die Philosophie eingeführt und zum Nachdenken über die Grundlagen und Formen, Werte und Normen der Ethik und Politik sowie zur kritischen Infragestellung der in der Polis zirkulierenden Meinungen angeregt. Von ihm erlernte er den radikalen Zweifel, der alle seitherigen Gepflogenheiten und Dogmen vor den Gerichtshof der Vernunft zitierte. Durch die mehrfache Verfassungsänderung zwischen 411 und 403 v. Chr., durch die Niederlage und den Zerfall der athenischen Polis wurde er sensibilisiert für die Fragilität und Kontingenz der politischen Institutionen und für die Relativität und Unbeständigkeit der Sitten. Der Prozess gegen Sokrates, der 399 v. Chr. mit der Verurteilung und dem Tod des Angeklagten endete, musste das ohnehin vorhandene Misstrauen des jungen Philosophen gegen die Demokratie schüren. Platon zog sich in der Folge enttäuscht aus der politischen Arena zurück und konzentrierte sich mit seinen Schülern auf die geistige Arbeit in der von ihm gegründeten Akademie. Er begann, alle damaligen Wissensgebiete systematisch zu durchdringen, unterzog die Erkenntnisse seiner Vorgänger einer kritischen Revision und entwickelte das erste umfassende und in sich geschlossene philosophische System, das zur Inspirationsquelle und zum permanenten Bezugspunkt der künftigen Philosophie wurde.

In der Entwicklung des platonischen Werkes werden gewöhnlich drei Phasen unterschieden: 1. die frühen Dialoge, die sich vor allem mit ethischen Fragen des richtigen und guten Lebens befassen; 2. die mittleren Dialoge, deren bedeutendster die *Politeia* ist; 3. die späten Dialoge, in denen die Suche nach dem Guten durch die grundsätzlichere Frage nach dem Sein des Seienden überlagert bzw. verdrängt wird. Es gab seinerzeit keine unproblematischen Anknüpfungspunkte mehr. Man konnte sich auf keine Vorgaben der Tradition stützen, sondern war genötigt, ganz von vorne zu beginnen und neue Fundamente für das Denken zu legen. Vor allem im Bereich der Ethik und Sittlichkeit gab es keine irreversiblen Gewissheiten mehr, vor denen die Skepsis hätte haltmachen können. Die widersprüchlichsten Auffassungen über das richtige Leben standen unvermittelt neben- und gegeneinander. Die Sophisten waren deshalb zu der Einsicht gelangt, dass Aussagen über das Wahre, Gute und Richtige relativ und situationsabhängig sind. Vordringlich war folglich die kritische Durchdringung und Dekonstruktion der kursierenden Meinungen, die auf ihren rationalen Kern zu reduzieren waren. Platon verfasste deshalb *Dialoge*, in denen zumeist Sokrates der Wortführer ist, der im Gespräch mit wechselnden Partnern das Für und Wider der unterschiedlichen Auffassungen bedenkt, seinen Gesprächspartnern ihre theoretischen Grenzen vorführt, ihre Prämissen verwirrt und sie zu neuem Nachdenken inspiriert, damit sie durch eigene Einsicht zur Erkenntnis des Richtigen und Wahren gelangen. Seine Methode war die *Mäeutik*. Sokrates führte nach seinem Selbstverständnis das Handwerk seiner Mutter fort, die einst Hebamme gewesen war. Er wollte keine neuen Dogmen und Einsichten verkünden, sondern aus seinen Mitbürgern nur das herauskitzeln, was ohne ihn bereits in ihnen war. In ebendieser Weise erörtert er in Platons *Politeia* mit seinem Gegenspieler Glaukon die Prinzipien und Erfordernisse eines vernünftigen Lebens und die Funktionen und Probleme der Polis, die seinerzeit ziemlich im Argen lag und eine Totalreform an Haupt und Gliedern nötig hatte.

In den *Frühdialogen* konzentrierte sich Platon auf die Sitten und Umgangsformen. In einer schroffen Kritik des sophistischen Wahrheits- und Werterelativismus suchte er zu zeigen, dass sich ein „richtiges", ein vernünftiges und glückliches, ein gerechtes, ehrenwertes und zufriedenes Leben nur führen lässt, wenn man *allgemeine Interessen* verfolgt und sich um *Tugendhaftigkeit* oder *Tüchtigkeit* bemüht. Tugend oder Tüchtigkeit *(areté)* sei aber nur als Einheit aller ihrer einzelnen Momente möglich: als Ganzes aus Tapferkeit *(andreía)*, Besonnenheit *(sōphrosýne)*, Gerechtigkeit *(dikaiosýne)*, Frömmigkeit *(eusébeia)* und Einsicht/Klugheit/Weisheit *(sophía)* – unter der strengen Kontrolle und Leitung der Vernunft *(lógos)*. Keine dieser Tugenden könne für sich, ohne alle anderen sein. Alle komplettieren sich im einzelnen Menschen zu einem Ganzen, das entweder als Totalität aller Einzelmomente oder aber gar nicht existiert (vgl. Laches, 199c-e; Charmides, 166e; Protagoras, 329c, d; 349b ff.; Gorgias, 481b ff. und passim). Platons Tugendideal war demnach die allseitig entwickelte Persönlichkeit, die nicht auf Einzelheiten fixiert ist und einzelne Vermögen oder Kräfte auf Kosten der anderen ausbaut, sondern sich um die gleichmäßige Entwicklung aller Anlagen bemüht. Nur dann könne das menschliche Zusammenleben in vernünftige Bahnen zurückgelenkt und die Polis zu einem harmonischen Ganzen werden. Im Anschluss an die sokratische Kritik an den Sophisten lehrte Platon, dass Tugendhaftigkeit oder Tüchtigkeit nicht lehrbar ist, dass jeder Einzelne sie für sich selbst erringen muss, indem er seine Triebe und Leidenschaften durch Vernunft und Einsicht zügelt.

Auch die späteren Werke Platons beschäftigen sich mit den Problemen der Tugend/ Tüchtigkeit. Seit den mittleren Dialogen verlagerte sich der Akzent jedoch von der individuellen Handlungsorientierung auf die politischen Institutionen. Da Weisheit und Tugendhaftigkeit seinerzeit längst keine Wesensmerkmale der athenischen Bürgerschaft mehr waren, da sich der Appell an die menschliche Einsichtsfähigkeit und Vernunft als vergeblich erwies, ging Platon auf die Suche nach stabileren Ordnungsformen, die dem individuellen Handeln einen Außenhalt und dem Zusammenleben Sicherheiten bieten konnten, die dabei aber allen menschlichen Anlagen und Neigungen Rechnung zu tragen hatten. Den Ausgangspunkt und den zentralen Gegenstand der *Politeia* bildet die *Gerechtigkeit*, die nun nicht länger als individuelle Tugend, sondern als unverzichtbares Konstitutionsprinzip einer wohlgeordneten Polis begriffen wird. Ihr Fehlen wird als Hauptgrund der allgemeinen Misere diagnostiziert. Sokrates hinterfragt und widerlegt zunächst die Auffassungen seiner Gesprächspartner und holt dann zu einer weitläufigen Betrachtung aus, um das Wesen der Gerechtigkeit zu erkennen. Besser als in den Handlungen der Einzelnen lasse sich diese Idee anhand der Polis studieren, die als ein *großer Mensch* vorgestellt wird.

Neben der *sokratischen Ethik* wurde die *Ontologie* des *Parmenides* zur zweiten Säule, auf der Platons Philosophie errichtet wurde, die Suche nach dem Sein des Seienden, nach dem Festen und Ruhenden hinter den Erscheinungen. Die Synthese beider Fragestellungen führte zur *Ideenlehre*, wie sie in der *Politeia* entwickelt ist (vgl. 502d ff.). Durch sie gewann Platon den Maßstab, mit dessen Hilfe sich Wahres von Falschem, gesichertes Wissen *(epistéme)* von bloßer Meinung *(dóxa)* sowie Gutes von Schlechtem unterscheiden ließ. Der letzte Grund der menschlichen wie natürlichen Dinge liegt demnach in den *Ideen*, die Platon als *Urbilder* aller empirischen Erscheinungen begreift. Sie vermitteln den einzelnen Erfahrungstatsachen Zusammenhalt und Struktur. Die ordnungsstiftenden Ideen sind keine bloßen Behelfskonstrukte des denkenden Kopfes, der sich mit ihrer Hilfe Orientierung verschafft und das Erfahrungsmaterial zurechtlegt, sie sind subsistierende Wesenheiten und für Platon das eigentlich Reale und Existierende. Die konkreten Phänomene dagegen gelten als bloße, mehr oder weniger gelungene oder missratene Verkörperungen oder Nachbildungen, die nur durch ihre Teilhabe an den Ideen existieren und nur verstanden werden können, wenn sie zurückgeführt werden auf diesen ihren Ursprung. Sollen die real existierenden Dinge erkannt werden, so müssen sie auf ihr Urbild *(eidos, idéa)* reduziert werden. Hinter den schönen Dingen ist die Idee der Schönheit *(kállos)*, hinter den guten Taten und

Institutionen die Idee des Guten *(agathón)* zu erkennen – und diese letztere ist für Platon die höchste Idee, die allen anderen zugrunde liegt. Sie zu erfassen ist folglich Aufgabe der Philosophie und das Ziel aller mittleren und späteren platonischen Dialoge. Den Sinn und Zweck *(télos)* des menschlichen Lebens sieht Platon in der „Vervollkommnung der Seelen", in der Entfaltung und Steigerung der ethischen und dianoetischen Anlagen und Fertigkeiten. Aufgabe der Polis ist es, diese zu ermöglichen und zu fördern. Erkenntnisleitende Frage der *Politeia* ist demzufolge, welche Einrichtungen vonnöten sind, um dieses Ziel zu erreichen. Da alle Institutionen im Dienst der „Seelenpflege" stehen sollen, werden sie aus dem Bild einer „vollkommenen Seele" abgeleitet. Die menschliche *Psyche* setzt sich nach Platon aber aus drei Teilen zusammen: den *Begierden und Leidenschaften*, den *Tugenden* und der *Vernunft*. Diese müssen folglich ein organisches Ganzes bilden und sich gegenseitig stützen. In Analogie dazu sieht Platon in der Polis eine Arbeitsteilung vor. Die drei menschlichen Grundvermögen werden von drei *Ständen* realisiert: für die Vernunft sind die *Regenten* zuständig, tugendhaft oder tüchtig müssen vor allem die *Wächter* sein, die Begierden und Leidenschaften sind vornehmlich Sache des einfachen Volkes, der *Handwerker* und *Bauern*. Nicht die Gesamtheit der Bürger soll demnach befähigt werden, alle Fertigkeiten gleichermaßen zu entfalten, vielmehr soll jeder „das Seine tun" und die seiner Stellung entsprechenden Pflichten erfüllen (431d ff.). Für das politische Geschehen sind neben oder nach den Regenten die Wächter ausschlaggebend, die für die Sicherheit der Gemeinschaft und für die innere Ordnung verantwortlich sind. Ihrem Amt und ihrer Erziehung widmet Platon deshalb ganz besondere Sorgfalt (374e ff.). Sie haben sich der Verwirklichung des Gemeinwohls und der Optimierung der Einheit zu widmen und dafür auf jegliches privates Glück zu verzichten. Ihre Aufgabe ist die Selbstaufopferung für die durch Wissen erfolgreich gegründete und regierte Stadt. Bei der von ihnen geforderten Tugend oder Tüchtigkeit *(areté)* sollen wieder alle Einzeltugenden in Rechnung gestellt und Vorkehrungen getroffen werden, die ihre gleichmäßige Ausprägung ermöglichen. Da die vier Grundtugenden (Tapferkeit, Besonnenheit, Gerechtigkeit, Einsicht) – wie schon die Frühdialoge zeigten – ein untrennbares Ganzes bilden (427e), müsste die unverhältnismäßige Entwicklung einer Einzeltugend – etwa der Tapferkeit – ohne gleichzeitige Ausbildung aller anderen eine Dissonanz zur Folge haben (Verwegenheit, Tollkühnheit usw.). Nur dann, wenn sie sich wechselseitig balancieren, kann sich die Polis zu einem harmonischen Ganzen entfalten, das die Einzelnen zu einem gerechten und geglückten Leben befähigt, dessen Ziel und Zweck in der vollkommenen Gemeinschaft und in der Identifikation aller mit dem Ganzen besteht.

Die Polis entstehe, weil kein Mensch sich selbst genügen kann, schreibt Platon (369b ff.). Jeder hat viele andere nötig und ist auf seine Mitmenschen angewiesen. Dies gilt bereits für die Selbsterhaltung und die materielle Reproduktion. Noch deutlicher wird es hinsichtlich der Idee des richtigen und guten Lebens. Im Ausgang von der *Idee des Guten*, auf die nach Platon letztlich alle guten Dinge, Eigenschaften und Aktivitäten zurückgehen, kann Sokrates seine Gesprächspartner mit nur geringen Schwierigkeiten davon überzeugen, dass in der vollkommen eingerichteten Polis die *Frauen* und *Kinder* allen gemeinsam gehören, dass folglich nicht die Eltern über die Eheschließung entscheiden und dass die Erziehung der Kinder kollektiv zu erfolgen hat. Ferner kann er einsichtig machen, dass *Privateigentum* für das allgemeine Wohlergehen abträglich und die gemeinschaftliche Arbeit auf der Basis gemeinsamen Besitzes vorzuziehen ist – im Frieden wie im Krieg. Der *Tausch* und seine Medien, *Geld* und *Vertrag*, sollen abgeschafft und verboten werden, weil ihnen der Betrug substanziell innewohnt. Schließlich kann Sokrates zeigen, dass die *Regenten* wissbegierig oder weisheitsliebend, also *Philosophen* sein müssen, weil Ignoranten, Narren und Idioten nur selten richtige Entscheidungen im Interesse der ganzen Bürgerschaft treffen (vgl. 472d ff.).

Welche Regierungsform wollte Platon etablieren? – Als beste aller denkbaren Verfassungen zeichnet er die *gemäßigte Aristokratie* und die *konstitutionelle Monarchie* aus, d.h. Regierungen, die dem Gemeinwohl dienen und sich den Gesetzen der Stadt unterordnen, ohne an ihnen zu rütteln (445e). Nur in diesen Ordnungen herrsche Gerechtigkeit und Güte. Neben diesen gebe es vier weitere Grundtypen von Verfassungen, die Platon als *verfehlt* betrachtet (544b ff.): 1. die kretische und lakonische Verfassung, die ausschließlich auf den Krieg ausgerichtet ist; 2. die Oligarchie, die auf der Einschätzung des Vermögens beruht, in der die Reichen herrschen und die Armen keinen Anteil an der Regierung haben; 3. die Demokratie, in der die vielen Armen die wenigen Reichen unterdrücken; 4. „die edle Tyrannis, die vierte und letzte Krankheit einer Stadt“. Patriarchalische Herrschaft, korrupte Königsherrschaft und dergleichen lägen in der Mitte zwischen diesen Formen und seien bei Hellenen ebenso wie bei „Barbaren“ anzutreffen. Alle diese Verfassungen resultieren aus der Natur der Bürgerschaft und formen ihrerseits bestimmte Charaktere. Die lakonisch-kretische beispielsweise, die Platon mangels besserer Ausdrücke *Timokratie* oder *Timarchie* zu nennen pflegt, entspringe einer streit- und ehrsüchtigen Bürgerschaft und fördere ebendiese Eigenschaften.

Von diesen Beobachtungen ausgehend gelangt Platon zu einer Verfallstheorie bzw. einer Theorie des Verfassungskreislaufs: Der Mensch der *Aristokratie* sei gut und gerecht (545a), er folge den Gesetzen und bemühe sich um Tüchtigkeit und ein ehrbares Leben. Aus der Aristokratie erwachse die *Timokratie*, da die nachfolgende Generation der Machthaber die Sitten ihrer Väter missachte und sich in zügelloser Streitlust und Ehrsucht übe. Ihr folgt die *Oligarchie*, die alle Regierungskompetenzen in den Händen weniger Reicher konzentriert. Ihr Übergang in die *Demokratie* sei gesetzmäßig und erfolge wegen der Unersättlichkeit des Verlangens nach Reichtum. Es sei offensichtlich, schreibt Platon, „dass man in einer Stadt unmöglich den Reichtum ehren und zugleich Besonnenheit unter den Bürgern erlangen kann. Entweder das eine oder das andere muss man drangeben“ (555c). Eine Demokratie entstehe immer dann, wenn

die Armen in der Stadt die Oberhand gewinnen und ihre Gegner entweder umbringen oder verbannen, um schließlich die Ämter unter sich zu verlosen (557a). Damit
erinnert Platon an den Sturz des Areopags (462/61 v. Chr.) und die Ermordung und
Vertreibung der Areopagiten. Die Umwandlung der Demokratie schließlich führe zur
Tyrannis (562a ff.), und zwar wegen der übersteigerten Freiheit. Da die Menschen
der Demokratie „darin unersättlich und gegen alles andere gleichgültig" sind, ertöne
irgendwann der Ruf nach einer starken Hand, die wieder Ordnung in die aufgewühlte
Gesellschaft bringt. Damit schließt sich dann der Kreis. Der Tyrann erzwingt die
innere Ruhe, gewöhnt die Bürger wieder an Recht und Ordnung und schafft so die
Voraussetzungen für die Rückkehr zur Monarchie bzw. zur gemäßigten Aristokratie
usw. Jede Veränderung der Verfassung resultiere daraus, „dass in dem Teile der Bürgerschaft, der die Herrschaft innehat, Uneinigkeit entsteht" (545c). Der Hauptgrund
dafür, dass eine Stadt in Bewegung und Aufruhr gerät, liege in der Entzweiung der
Wächter, die sich gegenseitig zu übervorteilen und zu unterjochen suchen (546a ff.).

   „Wenn nicht entweder die Philosophen Könige werden in den Städten", so resümiert
der platonische Sokrates, „oder die, die man heute Könige und Machthaber nennt,
echte und gründliche Philosophen werden, und wenn dies nicht in eines zusammenfällt:
die Macht in der Stadt und die Philosophie, und all die vielen Naturen, die heute ausschließlich nach dem einen oder dem anderen streben, gewaltsam davon ausgeschlossen
werden, so wird es, mein lieber Glaukon, mit dem Elend kein Ende haben, nicht für
die Städte und auch nicht, meine ich, für das menschliche Geschlecht" (473d). – Ein
solcher Philosophenkönig stand seinerzeit nicht zur Verfügung. Aus diesem Grunde
suchte Platon in seinen späten politikphilosophischen Dialogen *(Politikos, Nomoi)*
nach einer zweitbesten Verfassung, die er in der *Herrschaft des Gesetzes* fand. Weil aber
die Gesetze, die durch willkürliche Entscheidungen irgendwelcher Bürgerschaften
zustande kommen, selbst problematisch bleiben, unternahm Platon in seinem letzten
und umfänglichsten Werk eine eindringliche Untersuchung ebender „Gesetze", ihres
Wesens, ihrer Entstehung und Beschaffenheit, ihrer Wirkung und Notwendigkeit,
um gute von schlechten Gesetzen unterscheiden zu können.

   Platons *Politeia* wurde gelegentlich als Utopie und als Chimäre, als müßige Konstruktion des denkenden Kopfes kritisiert, die, wie die Erfahrung lehre, entweder keine
Chance auf Verwirklichung habe oder aber, wo sie versucht würde, zwangsläufig zu
„totalitären" Verhältnissen führe. Mit dem zweiten Argument werden Erfahrungen
des 20. Jahrhunderts in die Antike rückprojiziert. Das erste brachte bereits Immanuel
Kant, außerhalb jeglichen Totalitarismus-Verdachtes stehend, in Rage, der – ähnlich
wie später auch Hegel – solchen Feststellungen entgegenhielt, nichts könne „Schäd-
licheres und eines Philosophen Unwürdigeres gefunden werden, als die pöbelhafte
Berufung auf vorgeblich widerstreitende Erfahrung, die doch gar nicht existieren
würde, wenn jene Anstalten zu rechter Zeit nach den Ideen getroffen würden, und an
deren statt nicht rohe Begriffe, eben darum, weil sie aus Erfahrung geschöpft worden,

alle gute Absicht vereitelt hätten" (Kritik der reinen Vernunft, A 316/B 372 f.). Legt man die Maßstäbe der heutigen Weltanschauung an, so ist nicht zu leugnen, dass Platons Grundidee – Erziehung der Bürger zu Tugendhaftigkeit oder Tüchtigkeit – „antiliberale" Implikationen und Konsequenzen hat. Der Liberalismus entstand jedoch erst zweitausend Jahre später. Die Ideen der repräsentativen Demokratie und des bürgerlichen Rechtsstaates waren seinerzeit noch nicht entwickelt. Das große Ziel der klassischen griechischen Philosophie war die Krisenbewältigung, die Restitution der zerrütteten Polis und die Wiedergewinnung der zerfallenen Sittlichkeit. Dafür war Platon bereit, autoritäre Einrichtungen und die Aufhebung der Trennung des Öffentlichen und Privaten in Kauf zu nehmen. Auch die familiale Sphäre und das Privatleben der Bürger sollte von den Wächtern kontrolliert werden. Verlangt wurde die bedingungslose Aufopferung der Einzelnen für ihr Gemeinwesen. Jegliche Rückzugsrechte wurden verweigert. Erst der moderne Liberalismus hat die Konsequenzen aus dem Scheitern „erziehungsdiktatorischer" Konzeptionen gezogen und die Befreiung der Individuen aus holistischen Strukturen gefordert. Es war Adam Smith, der erkannte, dass kein Mensch, weder ein Philosoph noch ein Staatsmann, verbindlich begründen kann, was für jeden Einzelnen das Beste ist. Deshalb sollte es jedem selbst überlassen bleiben, nach welcher Fasson er selig werden möchte. Die Folge war das von Platon konstatierte Überhandnehmen der Freiheit, die alles andere (Tugendhaftigkeit/Tüchtigkeit, Solidarität etc.) neben sich als gleichgültig erscheinen ließ. Da auch diese Entwicklung ungeahnte Risiken und ungewollte Nebenwirkungen mit sich führte, mehren sich heute wieder die Stimmen, die eine Rückbesinnung auf die Grundsätze der antiken Ethik verlangen und den modernen Freiheits- mit dem antiken Gemeinschaftsgedanken konfrontieren (Kommunitarismus, Neoaristotelismus). Der Erste, der in diesem Rahmen versuchte, die allzu rigiden Vorschläge Platons zu mildern und zu korrigieren, war sein Schüler Aristoteles.

Aristoteles

Ausgewählt und interpretiert von Klaus Roth

Politik (ca. 345-325 v. Chr.)

6. Unterschiede der Staatsverfassungen (politeía)   1

(1. a) Nachdem aber dies festgestellt ist, schließt sich hier zunächst die weitere
Untersuchung an, ob man mehrere Verfassungen *(politeía)* oder nur eine anzunehmen hat, und wenn mehrere, welche dies sind und wieviele und welches ihre
Unterschiede sind. Nun ist ja Verfassung die Ordnung *(táxis)* des Staates *(pólis)*   5
in bezug auf die Staatsämter *(arché)* und vor allem in bezug auf das oberste von
allen, denn das oberste von allen ist die Regierung *(políteuma)*, und diese wiederum
ist die Verfassung. (b) Zum Beispiel in den demokratischen Verfassungen ist das
Volk *(dêmos)* oberste Staatsgewalt, in den Oligarchien dagegen die Wenigen, und
eben deshalb nennen wir dort die Verfassung eine andere als hier, und ganz nach   10
demselben Gesichtspunkt werden wir auch über alle anderen Verfassungen urteilen.
(c) Demgemäß muß denn nun die Grundlage fürs erste der Zweck ausmachen,
um dessentwillen der Staat sich gebildet hat, und sodann die Frage, wieviel Arten
des Regierens es für den Menschen und seine Lebensgemeinschaft gibt. Da haben
wir aber in den Anfängen unserer ganzen Erörterung, in denen die Bestimmungen   15
über die Hausverwaltung *(oikonomía)* und das Verhältnis des Herrn zum Sklaven
(despoteía) getroffen wurden, auch gesagt, daß der Mensch von Natur ein politisches Lebewesen *(zôon politikón)* ist. Und aus diesem Grunde treibt es denn die
Menschen, auch ganz abgesehen von dem Bedürfnis gegenseitiger Unterstützung,
zum Zusammenleben. Damit soll jedoch nicht gesagt sein, daß nicht auch der   20
gemeinsame Nutzen sie zusammenführt, insoweit einem jeden sein Teil zukommt
an der Vollendung des Lebens. Vielmehr ist dies gerade das eigentliche Ziel *(télos)*,
das sie alle gemeinsam und jeder einzelne für sich dabei verfolgen, jedoch auch
schon um der bloßen Erhaltung des Lebens willen treten sie zusammen und halten
an der staatlichen Gemeinschaft *(politiké koinōnía)* fest. Denn im Leben liegt,   25
wie es scheint, eben schon selber ein Teil des Guten, solange nicht die Art, wie
man lebt, allzu drückende Lasten mit sich bringt. Sieht man doch, daß die große
Mehrzahl der Menschen aus Liebe zum Leben viel Ungemach zu ertragen bereit
ist, so daß doch wohl in demselben schon ein gewisses Glück und eine natürliche
Süßigkeit liegen muß.   30

1 (2.a) Aber auch die in Frage stehenden Arten des Regierens sind nicht schwer
zu unterscheiden, denn schon im gewöhnlichen Verkehr pflegen wir häufig die
Bestimmungen über sie zu treffen. Die Herrschaft des Herrn über den Sklaven
(despoteía) nämlich, obwohl in Wahrheit der Vorteil des Sklaven von Natur und
5 des Herrn *(despótes)* von Natur derselbe ist, wird dennoch im eigentlichen Sinne
zum Vorteil des Herrn und zu dem des Sklaven nur zufällig *(katà symbebekós)*
ausgeübt, nämlich nur insofern, als die Herrschaft nicht aufrechterhalten werden
kann, wenn der Sklave zugrunde geht. (b) Die Regierung dagegen über Weib und
Kind und das ganze Haus, die wir die Hausverwaltung nennen, besteht um der
10 Regierten oder, wenn man lieber sagen will: um des gemeinsamen Wohles beider
Teile willen, doch an sich nur um desjenigen der Regierten und abgeleiteterweise
auch um der Regierenden willen, wie wir ja ein ähnliches Verhältnis bei anderen
Künsten *(téchne)*, wie z.B. der Heilkunst und der Gymnastik wahrnehmen. Denn
nichts hindert ja den Gymnastikmeister, zuweilen auch selber einer von den Athleten
15 zu sein, so gut wie der Schiffsführer immer auch zugleich einer der Schiffsleute
ist: Gymnastikmeister und Schiffsführer haben nun aber das Wohl derer, die sie
regieren, im Auge; sofern sie aber selbst einer von diesen sind, kommt in abgeleiteter
Weise der Vorteil derselben auch ihnen mit zugute, denn der eine ist eben auch ein
Schiffsmann und der andere wird, obwohl er Gymnastikmeister ist, doch selber
20 einer der Athleten. Hiernach war denn auch in bezug auf die Regierungsämter im
Staat, wo derselbe auf der Ebenbürtigkeit und Gleichheit der Bürger gegründet ist,
das Verlangen der letzteren, daß die Bekleidung der Ämter unter ihnen abwechsle,
früher der Natur der Sache entsprechend darauf gerichtet, daß man abwechselnd
dem Staate diene und daß für das Wohl eines jeden auch wieder einmal ein an-
25 derer sorge, gleichwie er selbst vorher als Regierender für das Beste dieses anderen
gesorgt habe; jetzt aber möchte jeder wegen der Vorteile, die ihm aus Staatsmitteln
durch sein Amt erwachsen, gern für immer an der Regierung bleiben, und es ist
gerade, wie wenn die Leute alle kränklich wären und der Besitz der Ämter ihnen
die Gesundheit brächte, denn dann würden sie sich auch wohl nicht mehr um
30 sie reißen. (c) Hieraus erhellt denn nun, daß alle diejenigen Verfassungen, welche
den gemeinsamen Nutzen im Auge haben, richtige sind nach dem Recht *(díkaion)*
schlechthin, diejenigen dagegen, welche nur den eigenen Vorteil der Regierenden,
fehlerhafte und sämtlich bloße Abarten der richtigen Verfassungen, denn sie sind
despotisch, während doch der Staat eine Gemeinschaft von freien Leuten ist.

35 ## *7. Verfassungsformen*

(1.) An diese Feststellungen schließt sich nun unmittelbar jene Betrachtung selber
an, wieviele Verfassungen es gibt und welches dieselben sind. Und zwar beginnen
wir dabei mit den richtigen Verfassungen, denn sind diese erst festgestellt, so müssen sich daraus auch ihre Abarten ergeben. Da nun Staatsverfassung *(politeía)* und
40 Staatsregierung *(políteuma)* ein und dasselbe bedeuten, die Staatsregierung aber die

oberste Gewalt *(kýrion)* der Staaten *(pólis)* ist, so muß diese Gewalt entweder von   1
einem oder von wenigen oder von der Mehrzahl des Volkes repräsentiert werden.
Wenn dieser eine oder diese wenigen oder die Mehrzahl des Volkes bei ihrer Regierung das allgemeine Wohl im Auge haben, so ergeben sich in allen drei Fällen
richtige Verfassungen, wenn aber nur den eigenen Nutzen des einen oder der weni-   5
gen oder der großen Mehrzahl, dann bloße Abarten, denn entweder verdienen die
Teilnehmer gar nicht den Namen von Staatsbürgern *(polítes)*, oder aber sie müssen
auch alle Anteil an den Vorteilen haben. Diejenige Art von Alleinherrschaft nun
aber, welche auf das Gemeinwohl ihr Augenmerk richtet, pflegen wir Königtum
(basileía) zu nennen, die Herrschaft von wenigen, aber doch immer von mehr als   10
einem Aristokratie, sei es nun, daß dies heißen soll Herrschaft der Besten oder
daß es bedeutet, ihr Zweck sei das Beste des Staates und der Gemeinschaft; wenn
endlich die Mehrzahl des Volkes den Staat mit Rücksicht auf das Gemeinwohl
verwaltet, so wird dies mit dem gemeinsamen Namen aller Verfassungen, nämlich
Politeía benannt. Dies mit Recht: denn daß ein einzelner oder eine Minderzahl   15
sich durch besondere Tugend *(areté)* auszeichnet, kann leicht vorkommen, daß
aber eine größere Zahl es zu jeder Art von Tugend im strengen Sinne bringt, ist
schon eine schwierige Sache, und am ehesten ist dies noch möglich in bezug auf die
kriegerische Tüchtigkeit, denn das ist eine Tugend der Massen. Daher ist auf Grund
dieser Verfassung die oberste Staatsgewalt bei der wehrhaften Bevölkerung, und   20
diejenigen, welche an den Staatsrechten teilhaben, sind hier die Waffentragenden.
(2.) Die Abarten der genannten Verfassungen sind nun aber: vom Königtum die
Tyrannis, von der Aristokratie die Oligarchie und von der Politeía die Demokratie.
Denn die Tyrannis ist eine solche Art von Alleinherrschaft, welche lediglich zum
Vorteil des Monarchen, Oligarchie eine solche Herrschaft, welche zu dem der   25
Reichen, und Demokratie eine solche, welche zu dem der Armen geführt wird,
und auf das, was dem ganzen Gemeinwesen frommt, sieht keine von ihnen.

Aristoteles: Politik III, 1278b6-1279b10.
Nach der Übersetzung von Franz Susemihl mit Einleitung,
Bibliographie und zusätzlichen Anmerkungen von Wolfgang Kullmann.
Reinbek 1994, S. 139-142

Interpretation

Im Unterschied zu Platon musste Aristoteles (384-322 v. Chr.) nicht ganz von vorne anfangen, er konnte an die Vorgaben seines Vorgängers und Lehrers anknüpfen und auf den von ihm gelegten Fundamenten aufbauen. Er musste sich nicht erst durch die Flut konkurrierender Meinungen durcharbeiten, sondern konnte die einzelnen Wissensgebiete durch kritische Analyse der platonischen Dialoge systematisieren. Aristoteles wurde 384 v. Chr. in Stageira, einer kleinen Polis auf der Chalkidike, geboren. Er war ca. 43 Jahre jünger als Platon, kam 367 v. Chr., als Siebzehnjähriger, nach Athen und trat in Platons Akademie ein, der er zwanzig Jahre lang als Lernender und Lehrender angehörte. Nach Platons Tod (347) verließ er Athen und zog auf die Insel Lesbos, wo die Zusammenarbeit mit Theophrast, seinem bedeutendsten Schüler, begann. Dieser gründete später den Peripatos, die aristotelische Schule in Athen. Aristoteles kehrte 335/34 nach Athen zurück und verließ es erst wieder 323/22, nach Alexanders des Großen und kurz vor seinem eigenen Tod (322). Zwar war der größte Teil seines Werkes – einschließlich der praktischen Philosophie – lange Zeit verschollen, doch wurde es im späten Mittelalter über arabische Quellen (Avicenna und Averroës) erschlossen und in der Folge zur Basis des europäischen Politikdenkens, das sich mit seiner Hilfe aus den Fesseln des christlichen Glaubens emanzipierte. Vor allem die Ethik und die Politik erzielten eine gewaltige Wirkung, da sie dem menschlichen Leben eine neue Würde und den sozialen und politischen Institutionen – von der Familie über die Nachbarschaft und das Dorf bis hin zur Stadt und zum Reich – eine Eigenbedeutung und -berechtigung zuerkannten, die ihnen im Rahmen der christlichen Theologie bestritten worden war.

Die Politik des Aristoteles ist Teil der praktischen Philosophie und Fortsetzung der Ethik. Sie fragt nach den Bedingungen und Formen, Regeln und Normen des menschlichen Handelns, um herauszufinden, was für den Menschen das Gute ist *(anthrópinon agathón)*. Gut für den Menschen ist ein glückliches Leben, weshalb sich die praktische Philosophie auf die Frage nach dem Weg zum Glück bzw. zur Glückseligkeit *(eudaimonía)* konzentriert. Im Unterschied zu Platon geht Aristoteles dabei nicht von der Idee des Guten aus, sondern von der empirischen Realität. Er will kein Ideal begründen, sondern untersuchen, welche Möglichkeiten sich unter den gegebenen geschichtlichen Bedingungen eröffnen. Zu diesem Zweck zerschlägt er den Begründungszusammenhang der Philosophie Platons und legt ihn in seine Einzelbestandteile auseinander, die er dann neu sortiert und komponiert. Während nach Platon allein den ewigen und unveränderlichen Ideen wahres Sein zukommt und die empirischen Erscheinungen als bloße – mehr oder weniger gelungene oder missratene – Abbilder derselben gelten, verwirft Aristoteles die Ideenlehre. Er ist zwar ebenfalls überzeugt davon, dass die Wissenschaft nicht bei der ungeordneten Vielfalt der einzelnen und unverbundenen Erfahrungstatsachen stehen bleiben kann, sondern das ihnen Gemeinsame und Allgemeine zu erkennen hat, doch sucht er dieses nicht hinter, sondern in den Einzeldingen. Er findet es in der ewigen „Form", die als schaffendes Prinzip *(Entelechie)* den Primat über die Materie besitzt und ihr Gestalt, Bewegung und Veränderung vermittelt (vgl. Metaphysik I (A), 9; II (B), 3, 4; XIII (M), 4).

Hatte Platon in der *Politeia* eine auf philosophischer Einsicht basierte vollkommene Stadt konstruiert, die ohne Rücksicht auf die Bedürfnisse und Interessen der Einzelnen die Idee des Guten und die Prinzipien der Gerechtigkeit realisiert, so geht Aristoteles aus vom Streben der Menschen nach Glückseligkeit, das nicht einem Höheren untergeordnet, sondern selbst der höchste Lebenszweck ist. Die von den Ideen verbürgte Sicherheit ist entfallen, der Mensch wird nicht mehr von der vorgegebenen Gesamtordnung der Polis behütet, er hat sie in Kooperation mit seinen Mitbürgern selbst hervorzubringen. Demzufolge erhalten die ethischen und dianoetischen Tugenden wieder einen anderen, höheren Stellenwert. Sie sind keine Charaktereigenschaft irgendwelcher „Wächter", sondern müssen von den Bürgern entwickelt werden und zeichnen verantwortlich für das Gelingen der politischen Selbstverwaltung. Während die verstandesmäßigen Tugenden (Wissenschaft, Technik, Einsicht, Klugheit, Vernunft, Weisheit) zum größten Teil durch Belehrung entstehen und wachsen, resultieren die ethischen aus Gewöhnung und Sozialisation (Nikomachische Ethik II.1. 1103a14 ff.). Aristoteles beschränkt sich bei ihrer Analyse nicht auf die vier von Platon erörterten Kardinaltugenden, sondern nimmt das Gesamtspektrum aller möglichen Charaktereigenschaften in den Blick. Er gelangt deshalb zu einer präziseren Beschreibung und bestimmt die erforderlichen Tugenden jeweils als *Mittelmaß* zwischen zwei Extremen (II, 1104a20 ff.; III, 1115a5 ff.; IV, 1119b21 ff.). Tapferkeit und Besonnenheit werden als rechte Mitte *(mesótes)* zwischen Tollkühnheit und Feigheit, Zügellosigkeit und Stumpfheit bestimmt, die Freigebigkeit und der Stolz als Mitte zwischen Geiz und Verschwendung bzw. Eitelkeit und Kleinmut, die Sanftmut als „Mitte beim Zorn" usw. Auch die *Gerechtigkeit* wird „mesotisiert" und als Mitte zwischen Unrechttun und Unrechtleiden begriffen (V. 9. 1133b30 ff.). Da diese Bestimmung aber unzureichend bleibt, unternimmt Aristoteles eine gründliche und weit ausgreifende Analyse (V, 1129a3 ff.), die bis heute die ethischen Debatten und den Gerechtigkeitsdiskurs belebt.

Aristoteles begreift den Menschen als *zôon lógon echón*, als sprach- und vernunftbegabtes Lebewesen, sowie als *zôon politikón*, als ein politisches Lebewesen, das seinen Sinn und Zweck *(télos)* nicht in sich selbst, sondern nur in der Interaktion und Kooperation mit seinesgleichen finden kann (Politik I, 1253a2 f.; III, 1278b19 ff.). Ein sinnerfülltes Leben lässt sich demzufolge nicht durch Rückzug von den anderen führen, sondern nur im Zusammenwirken mit ihnen. Der freie Bürger soll seinen Lebenssinn nicht in der Arbeit *(poíesis)*, der Herstellung von Gütern oder Werken, bzw. in der Akkumulation und Konsumtion von Reichtum und Besitz suchen und finden, sondern einerseits in der *Kontemplation*, der theoretischen Betrachtung der Welt, andererseits in der *Praxis*, im kollektiven Handeln, in der Gemeinschaft, der

Kommunikation und Interaktion mit anderen, die sich – wie Aristoteles betont – von der *Poiesis*, dem Herstellen und Machen, dadurch unterscheidet, dass sie ihren Zweck in sich selbst trägt, während jene Ziele verfolgt, die außerhalb der Tätigkeit gelegen sind (Nikomachische Ethik VI, 1139a36 ff., 1140b6). Das politische Engagement, die Mitwirkung an der Selbstverwaltung der Polis und ihren Unterabteilungen, gilt folglich als Selbstzweck und als unverzichtbares Moment eines geglückten oder glücklichen Lebens (Politik VII, 1324a5 ff.).

Die Polis – als agierende und interagierende Bürgerschaft – realisiert bei Aristoteles jene *Gesetzesherrschaft* oder *Nomokratie*, die Platon in seinen späten Dialogen, im *Politikos* und in den *Nomoi*, begründet hatte. Der Akzent liegt nunmehr eindeutig auf der Ordnung, auf den Ämtern und Institutionen, die dem richtigen und guten Leben dienen sollen. Im Zentrum der *Politik* steht die *Politeía*, die Verfassung und die Ämterordnung. Als *Bürger* gilt jeder, der an der regierenden, beratenden oder richterlichen Gewalt teilhat (Politik III, 1275b18 ff.). Ausgeschlossen bleiben Frauen und Sklaven. Hatte Platon noch die „ökonomische" Freiheit, den Warentausch und das Privateigentum, aus der guten Polis und der Idee der Gerechtigkeit verbannt, da sie die Gefahr, ja die Notwendigkeit des Betruges in sich birgt, so wirft Aristoteles diesen Begründungszusammenhang über Bord, um zu zeigen, dass es neben der universalen Gerechtigkeit noch partikulare Formen derselben gibt: die distributive (austeilende), die kommutative (ordnende) und die ausgleichende oder wiedervergeltende, kurz: die Tausch-Gerechtigkeit (Nikomachische Ethik V. 4. 1130a15 ff.; Politik I, 1256b40 ff.). In diesem Rahmen entwickelt Aristoteles den Gedanken der Billigkeit *(epieíkeia)*, der auch in den heutigen Diskussionen fortwirkt. Zugleich gelangt er zur Idee der Gleichheit, die aber nicht auf die numerische, sondern auf die qualitative Gleichheit der Menschen zielt, die von ihrer jeweiligen Würde und Leistung abhängt. Das Wesen der Gerechtigkeit besteht demnach in der Gleichbehandlung, der Fürsorge und im Sich-Kümmern um die anderen Menschen.

Platons Lehre, wonach das höchste Ziel einer vernünftig eingerichteten Polis die größtmögliche Einheit und deshalb die Weiber- und Kindergemeinschaft nötig sei, wird einer scharfen Kritik unterzogen (Politik II, 1261a10 ff.). Aristoteles insistiert auf der Trennung des Öffentlichen und Privaten. Die Polis dürfe nicht als große Familie bzw. als Haushalt *(oîkos)* missverstanden werden. Ihr Wesen sei nicht Einheit, sondern Vielheit, sie müsse die Unterschiede zwischen den einzelnen Familien respektieren und dürfe ihre Freiheit nicht beschneiden (II, 1261a16 ff.). Das Endziel der Verfassung sei die Glückseligkeit der Bürger, die in der vollkommenen Verwirklichung und Anwendung der Tugend *(areté)* besteht (VII, 1332a5 ff.). Die Tugend aber sei bedingt durch die Natur *(phýsis)*, die Gewöhnung *(éthos)* und die Vernunft *(lógos)*. Zwar sind einzelne zur Tüchtigkeit erforderliche Charaktereigenschaften durch die Erbanlagen festgelegt, doch müssen die meisten erst durch Sozialisation und Lernprozesse aktiv erworben werden. Ihrer Entfaltung hat die Erziehung in der Polis zu dienen (VII, 1332b12 ff.).

Obgleich die Prinzipien seiner Ethik den Gedanken der Demokratie nahe legen, war Aristoteles ein Gegner und Verächter derselben. Ähnlich wie zuvor Platon (Politikos, 291 c ff., 301 a ff., 303 a, b), unterscheidet auch er sechs Regierungsformen, die sich aus der Verdoppelung der traditionellen Trias ergeben. Neben die numerische setzt er eine normative Unterscheidung, indem er Monarchie, Aristokratie und Demokratie nach ihrer Qualität befragt und in sich differenziert (siehe den obigen Auszug). Das Qualitätsmerkmal resultiert aus der Art, wie die Regentschaft jeweils ausgeübt wird. Ist das Tun der Regenten am Gemeinwohl orientiert, so ist die Regierung „gut". Orientiert sie sich aber nur am eigenen Nutzen der Regenten selbst, so ist sie „schlecht". Entsprechend ergibt sich folgendes Schema:

gute Formen	schlechte Formen
Monarchie	*Tyrannis*
Aristokratie	*Oligarchie*
Politie	*Demokratie*

Diese Ordnungen müssen nicht, wie Platon meinte, in einem endlosen Kreislauf ineinander über- oder auseinander hervorgehen. Vielmehr gelangt Aristoteles bei der Analyse der Umwälzungen *(metabolé)* der Verfassungen *(politeía)* zu einer Kritik an Platons Verfallstheorie (Politik V,12,1312b11 ff.). Eine Regierungsform verwandelt sich nicht zwangsläufig in die ihr nächstliegende. Sie kann durch alle möglichen abgelöst werden. Die Transformation der Aristokratie in die Oligarchie erfolge ferner nicht dadurch, dass die Regenten geld- und wuchersüchtig werden, sondern weil die Reichen es nicht für richtig halten, dass die Besitzlosen die gleichen politischen Rechte haben (Politik V,1316b1 ff.). Die Monarchie gilt als eine gute oder richtige Verfassungsform, sofern der Alleinregent sich an die geltenden Gesetze bindet und das Wohlergehen der Allgemeinheit im Auge hat. Es sei aber besser, wenn die Entscheidungen der Regierung von einer Mehrzahl guter Männer getroffen werden als von einem Einzelnen, vorausgesetzt, dass diese Männer nicht gegen das Gesetz verstoßen (Politik III,15,1286a25 ff.). Das konstitutive Prinzip der Aristokratie erblickt Aristoteles in der Tugend, das der Oligarchie im Reichtum. Die Demokratie/ Politie hingegen basiere auf der Freiheit (Politik IV,8,1294a10 f.). Da Aristoteles den ärmeren Schichten unterstellt, sie würden blindlings ihren Volksführern folgen, die ihrerseits nur ihre eigenen Interessen verfolgen und die Wohlhabenden übervorteilen und unterdrücken (Politik V,9,1310a2 ff.), sucht er nach einer Ordnung, in der die Interessen *Aller* gleichermaßen zur Geltung kommen, in der also ein Ausgleich möglich wird. Präferiert wird die *Politie*, in der die wenigen Reichen insgesamt so viel Gewicht haben wie die vielen Armen (Zensusstimmrecht) und alle Bürger sich im Sinne eines

Rotationsprinzips in der Rolle der Regenten und Regierten abwechseln (I,12,1259b4 ff.; VI,2,1317b1). Weil aber alle „reinen" Formen die Gefahr der „Entartung" in sich bergen, empfiehlt Aristoteles den Völkern, sie mögen die einzelnen Prinzipien durch einander relativieren und *Mischverfassungen* – er nennt sie ebenfalls *Politie* – institutionalisieren, in denen auch das monarchische Element verankert und mit den beiden anderen ausbalanciert ist.

Dieser Vorschlag wurde in der Folgezeit beherzigt. Zwar wurden die demokratischen Einrichtungen in Athen beibehalten, doch wurden sie zusehends ihrer Substanz beraubt. Die politische Macht geriet in die Hände der alten Eliten, die Masse der Armen verzichtete gegen Ende des 4. Jahrhunderts nach und nach auf ihr Bürgerrecht. Sie zog sich freiwillig aus der Politik zurück und übertrug die städtische Macht den wenigen Reichen. Die Demokratie verwandelte sich in die Oligarchie der Honoratioren. Der antike Euergetismus, die Armenfürsorge der Wohlhabenden, ersetzte die politische Partizipation. Die Rolle des Monarchen in der praktizierten Mischverfassung übernahm der einstige Zögling des Aristoteles, der Makedonier Alexander der Große, der die Ära der autonomen Poleis 338 v. Chr. beendete, indem er sie unterwarf und seinem Weltreich eingliederte. Die Idee der Mischverfassung blieb jedoch lebendig. Sie wurde von den Peripatetikern hochgehalten und gelangte von ihnen zu den Anhängern und Verteidigern der römischen Republik (Polybios, Cicero). Auch in der Moderne wurde dem aristotelischen Ratschlag entsprochen. In den *repräsentativen Demokratien* westlichen Typs wurden Verfassungen institutionalisiert, in denen sich die drei Regierungsformen gegenseitig relativieren und balancieren: alle Bürger („Demokratie") wählen *einige* ins Parlament („Aristokratie"), die wiederum einen zum Kanzler oder Präsidenten berufen, der alleine die Richtlinien der Politik bestimmt („Monarchie"). In Präsidialsystemen erfolgt auch noch die Wahl des „Monarchen" durch das souveräne Volk. Es handelt sich folglich um *Mischverfassungen*, die im Sinne des Aristoteles die drei gegensätzlichen Prinzipien miteinander verschränken und konstitutionell begrenzen. Allerdings handelt es sich hierbei nicht mehr um *Poleis*, sondern um *Staaten*, die mithilfe von Bürokratien und stehenden Heeren das Monopol der legitimen physischen Gewaltsamkeit ausüben.

Cicero

Ausgewählt und interpretiert von Klaus Roth

De re publica (51 v. Chr.)

25 (39) „Es ist also", sagte Africanus, „das Gemeinwesen die Sache des Volkes, ein   1
Volk aber nicht jede irgendwie zusammengescharte Ansammlung von Menschen,
sondern die Ansammlung einer Menge, die in der Anerkennung des Rechtes
und der Gemeinsamkeit des Nutzens vereinigt ist. Ihr erster Beweggrund aber
zusammenzukommen, ist nicht so sehr die Schwäche als eine sozusagen natürliche   5
Geselligkeit der Menschen; ist doch diese Gattung nicht einzellebend und einzel-
gängerisch, sondern so geartet, daß sie nicht einmal im Überfluß an allen Dingen
[…] die Gemeinschaft entbehren kann" […]
26 (41) *(Scipio)* „„Denn gäbe es im Menschen nicht zur Gerechtigkeit' bestimmte
Samen sozusagen, würde man weder irgendeine Entwicklung der übrigen Tu-   10
genden noch des Gemeinwesens selbst finden. Diese Versammlungen also, aus
dem dargelegten Grund gebildet, setzten zum ersten an einem bestimmten Ort
ihren Wohnsitz fest, ihrer Behausungen wegen. Hatten sie diesen durch günstige
Lage und der Hände Werk geschützt, nannten sie eine solche Vereinigung von
Wohnstätten eine Burg oder eine Stadt, die durch Heiligtümer und öffentliche   15
Plätze gegliedert war.
Jedes Volk also, das eine Ansammlung einer solchen Menge ist, wie ich sie darlegte,
jede Bürgerschaft, die eine Ordnung des Volkes darstellt, jedes Gemeinwesen, das,
wie ich sagte, die Sache des Volkes ist, muß durch vernünftiges Planen gelenkt
werden, damit es dauernd ist. Dieses vernünftige Planen ist zum ersten immer auf   20
die Ursachen zu beziehen, die den Staat hervorgebracht haben. (42) Dann ist es
entweder einem zu übertragen oder einigen Auserwählten, oder die Menge oder
alle müssen es übernehmen. Wenn deshalb die Vollmacht aller Dinge bei einem ist,
nennen wir jenen einen König und den Zustand dieses Gemeinwesens Königtum.
Wenn sie aber bei Auserwählten ist, wird jener Staat, sagt man, nach Willen der   25
Optimaten gelenkt. Das aber ist ein Volksstaat – denn so heißt man ihn –, in dem
alles beim Volke ist. Und eine jegliche dieser drei Arten, wenn sie nur jenes Band
festhält, das zuerst die Menschen durch die Gemeinschaft der gemeinsamen Sache
untereinander fesselte, ist zwar nicht vollkommen, noch meiner Ansicht nach am
besten, aber doch tragbar und so, daß die eine besser sein kann als die andere. Denn   30
ein weiser und gerechter König oder auserlesene und fürstliche Bürger oder auch

1 das Volk selbst – obwohl diese Art am wenigsten zu billigen ist – können doch,
wenn keine Ungerechtigkeiten oder Begierden sich beimischen, wie mir scheint,
von einem bestimmten festen Zustand sein.

27 (43) Aber in Königreichen sind die übrigen allzusehr ohne Teil an dem ge-
5 meinsamen Recht und Planen, und unter der Herrschaft der Optimaten kann die
Menge kaum Anteil an der Freiheit haben, da sie jeglichen gemeinsamen Planens
und jeglicher Macht entbehrt, und wenn alles von einem noch so gerechten und
maßvollen Volk geleitet wird, so ist doch eben die Gleichmäßigkeit unbillig dadurch, daß sie keine Stufen der Würde kennt. Wenn deshalb der berühmte Perser
10 Kyros der gerechteste und weiseste König war, so scheint mir doch jene ‚Sache des
Volkes‘ – das ist nämlich, wie anfangs gesagt, das Gemeinwesen – nicht besonders
erstrebenswert gewesen zu sein, da sie durch eines Mannes Wink und Maß gelenkt
wurde. Wenn die Massilier, unsere Schützlinge, von auserwählten und fürstlichen
Bürgern mit höchster Gerechtigkeit regiert werden, liegt doch in dieser Lage des
15 Volkes eine gewisse Ähnlichkeit mit der Dienstbarkeit; wenn die Athener zu bestimmten Zeiten nach Aufhebung des Areopags alles durch Volksbeschlüsse und
Volksentscheide betrieben, hielt der Staat, da sie ja keine unterschiedenen Stufen
der Würde kannten, seine ihm eigene Zier nicht fest.

28 (44) Und dieses sage ich über die drei Arten von Gemeinwesen, wenn sie nicht
20 aufgewühlt und durcheinander gebracht sind, sondern ihren Zustand bewahren.
Diese Arten sind erstens einzeln mit den Fehlern behaftet, die ich eben genannt
habe, dann haben sie andere Fehler, die in Verderben führen; es gibt nämlich keine
Art unter jenen Gemeinwesen, die nicht einen jäh abstürzenden und schlüpfrigen
Weg hätte zu einem benachbarten Übel hin.

25 29 (45) *(Scip.)* „[...] es gibt merkwürdige Perioden und gleichsam Umläufe der
Veränderungen und Ablösungen in den Gemeinwesen; es ist Sache des Weisen, sie
zu kennen, sie aber vorauszusehen, wenn sie drohen, in der Lenkung des Gemeinwesens die Entwicklung beherrschend und in seiner Gewalt behaltend, das ist das
Werk eines großen Bürgers und eines fast göttlichen Mannes. Und so meine ich,
30 ist eine vierte Art des Gemeinwesens sozusagen besonders gutzuheißen, die aus
diesen drei, die ich erste nannte, ausgewogen und gemischt ist.“

31 (47) *(Scip.)* „Und so beschaffen ist ein jedes Gemeinwesen, wie das Wesen oder
der Wille dessen, der es lenkt. Deshalb hat in keinem anderen Staate als in dem,
in welchem die Macht des Volkes die höchste ist, die Freiheit eine Wohnstatt; im
35 Vergleich mit dieser kann sicher nichts angenehmer sein, und wenn sie nicht gleich
ist, ist es auch nicht Freiheit. Wie aber kann sie gleich sein – ich will nicht sagen
im Königtum, wo die Knechtschaft nicht einmal versteckt oder zweifelhaft ist, aber
in den Staaten, in denen dem Wort nach alle frei sind? Sie geben ihre Stimme ab,
sie übertragen Kommandos, Ämter, werden umworben, gefragt, aber sie geben
40 das, was sie, auch wenn sie nicht wollten, erst recht geben müßten und was sie
selbst, von wo es andere erbitten, nicht haben. Sie sind nämlich ohne Anteil an
Herrschaft, öffentlichem Planen, Gericht aus ausgewählten Richtern, Dinge, die

nach dem Alter und nach dem Geld der Familien abgewogen werden. In einem   1
freien Volk aber wie in Rhodos, wie in Athen gibt es keinen von den Bürgern, der
(nicht selbst alles werden könnte, was er vergibt ...)".

32 (49) Sie sagen aber, man dürfe wegen der Ausartung eines ungezügelten Volkes
nicht die ganze Form des freien Volkes zurückweisen; es gäbe nichts Unverän-   5
derlicheres, nichts Festeres als ein Volk, das einträchtig sei und alles auf seine
Unversehrtheit und seine Freiheit bezöge. Am leichtesten aber möglich sei in dem
Gemeinwesen die Eintracht, in dem allen dasselbe nutze; aus den Verschiedenheiten
des Nutzens, wenn dem einen dies, dem anderen jenes von Vorteil sei, entstünde
Zwietracht; daher sei der Zustand des Staates nie fest, wenn die Väter sich der Macht   10
bemächtigten. Viel weniger gar noch in Königreichen, bei denen, wie Ennius sagt,
‚keine heilige Gemeinschaft im Herrschen noch Treu ist'. Deshalb: da das Gesetz
das Band bürgerlicher Gemeinschaft ist, Recht aber die Gleichheit des Gesetzes,
mit welchem Rechte kann die Gemeinschaft der Bürger behauptet werden, wo die
Bedingung der Bürger nicht gleich ist? Wenn man nämlich die Vermögen gleich-   15
zumachen nicht gewillt ist, wenn die Begabungen aller nicht gleich sein können,
müssen sicherlich wenigstens die Rechte derer unter sich gleich sein, die Bürger
in demselben Gemeinwesen sind. Was ist denn der Staat *(civitas)*, wenn nicht die
Rechtsgemeinschaft der Bürger?"

Marcus Tullius Cicero: De re publica/Vom Gemeinwesen I, 25 (39) - 32 (49).
Lateinisch/Deutsch. Übersetzt und herausgegeben von Karl Büchner.
Stuttgart 1979, S. 131-145 (Auszüge)

Interpretation

Die politische Theorie und Praxis der Griechen fand seinerzeit keine Entsprechung in anderen Regionen. Verglichen mit ihr blieb die der Römer in der Zeit der Republik unterentwickelt. Gemessen an den Höhen, die das philosophische Denken mit Platon und Aristoteles erreichte, hatten die Römer nichts Ebenbürtiges aufzuweisen. Bürgerliche Selbstverwaltung durch Partizipation der unteren Volksschichten *(plebs)* war kein Thema. Die Demokratie stand zu keiner Zeit auf dem Programm. Die Republik war und blieb ein aristokratisch-oligarchisches Regime. Die Römer waren Praktiker und Pragmatiker. Sie orientierten sich an den Sitten der Väter *(mores maiorum)* und an geschichtlichen Vorbildern *(exempla)*. Ihr Denken kreiste um die aristokratischen Techniken des Machterwerbs, der Machtverteilung, des Machteinsatzes und des Machterhaltes. Als Leitbilder dienten ihnen die großen Persönlichkeiten der Vergangenheit, die zu Heroen verklärt wurden. Zwar kam es in der Zeit der Ständekämpfe im 5. und 4. vorchristlichen Jahrhundert zur Erschütterung der oligarchischen Ordnung, doch gelang es den Plebejern nicht, sie abzuschütteln und den Bann der Tradition zu brechen. Sie mussten sich mit Kompromissen und mit Verbesserungen ihrer rechtlichen Stellung und ihrer materiellen Lage zufriedengeben. Eine grundsätzliche Änderung der Senatsaristokratie war weder intendiert noch möglich. Das römische Denken konnte folglich die Demokratietheorie kaum stimulieren, doch wurde die auf Rechtssicherheit bedachte republikanische Praxis bedeutsam für die Entstehung und Entwicklung des europäischen und amerikanischen Staatensystems, für die Genealogie des bürgerlichen Rechtsstaates und die Verankerung des „aristokratischen" Elements, der elitären Machtstrukturen und des Ämterwesens, in der repräsentativ-demokratischen „Mischverfassung".

Als wichtigster Beitrag Roms zur Entwicklung der europäischen Kultur wird gewöhnlich das Römische Recht und die mit ihm befasste Rechtswissenschaft angesehen. Mit ihrer Hilfe wurde im spätmittelalterlichen Europa die Trennung von Religion und Politik, die Verselbstständigung der weltlichen Herrschaft und die Befreiung des politischen Ordnungsdenkens aus der religiösen Umklammerung forciert. Darüber hinaus hatten die Römer in der Republik ein ausgetüfteltes System der *checks and balances*, der Gewaltenteilung und -verschränkung, institutionalisiert, das späteren Zeiten als Vorbild diente und die neuzeitliche Staatstheorie (von Machiavelli bis Montesquieu, von Thomas Jefferson bis Robespierre) inspirierte. Es wurde als Muster einer gelungenen Organisation von Regierung und Verwaltung betrachtet und auf den neuzeitlichen Staat übertragen. Nach dem Sturz des letzten Königs L. Tarquinius Superbus (509 v. Chr.) und der Vertreibung der Tarquinier aus Rom hatten die römischen Patrizier eine aristokratisch-oligarchische Ämterordnung und ein System der Machtbalance errichtet, das die Erstarkung einzelner Geschlechter oder Sippen und den Rückfall in monarchische bzw. tyrannische Herrschaftsformen verhindern sollte. Die politische

Ordnung der Republik resultierte aus dem Zusammenspiel von Senat, Magistrat und Volksversammlung. Die Macht lag beim *Senat*, der die ehemaligen Kompetenzen des Monarchen bei sich konzentrierte und kooperativ organisierte. Die in ihm versammelten Patrizier praktizierten ein Rotationsprinzip, das den jährlichen Wechsel der Amtsinhaber garantierte. Der *Magistrat* (Konsuln, Prätoren, Zensoren, kurulische Ädilen, Quästoren) wurde beraten und beaufsichtigt vom Senat, dessen Ratschläge bindend waren. Die oberste Jahresmagistratur *(Konsulat)* wurde geteilt, die Entscheidungsgewalt an zwei Amtsinhaber vergeben, von denen seit 367 v. Chr. einer Plebejer sein durfte, der andere Patrizier sein musste. Konsuln und Prätoren verfügten – wie die in Krisenzeiten eingesetzten Diktatoren – über eine unbeschränkte Amtsgewalt, während die anderen Beamten nur eine beschränkte innehatten. Das *Volk*, die nicht-aristokratischen freien Bürger konnten ihren Willen nur in der *Kurienversammlung* artikulieren, die von den Patriziern dominiert und kontrolliert wurde. Erst infolge der Ständekämpfe wurden die Mitspracherechte der Plebs erweitert und neue Arten der Volksversammlung geschaffen. Dennoch blieb die Verfassung der Republik die einer Oligarchie. Die Macht kam nach den Ständekämpfen in die Hände der neuen patrizisch-plebejischen *Nobilität*. Die Mitwirkung des Volkes bei der Rechtsprechung und Gesetzgebung entpuppte sich als Schein, die politischen Entscheidungen wurden durch Absprachen der *Nobiles* untereinander getroffen.

Solange dieses System ohne allzu große Reibungen funktionierte, benötigte man keine Theorien, die das Handeln anleiteten. Erst in der *Krise der Republik*, als ihre Existenz infrage gestellt war, als mit Pompeius, Caesar und Octavian die Ära der Magnaten und die Rückkehr zur Alleinherrschaft einzelner Männer begann, wurden theoretische Reflexionen unternommen, die sich um die Rettung und Stabilisierung der bedrohten Ordnung bemühten und den Übergang in die Monarchie des Imperium Romanum zu verhindern suchten. Dabei half die Rezeption der griechischen Philosophie, mit der die Römer im Zuge ihrer Eroberungen in Berührung kamen. Im Spiegel des ganz anders gearteten Denkens der Griechen verlor die römische Überlieferung ihre Selbstverständlichkeit. Sie wurde verfremdet und reflexiv. Traditionsfixierte Römer wie der ältere Cato wehrten sich deshalb vehement gegen die drohende Überfremdung der römischen Kultur. Angesichts des unaufhaltsamen Aufstiegs Roms zur Weltmacht erwiesen sich vor allem die hellenistischen Herrschaftstheorien als adäquater Resonanzboden für die erforderlichen theoretischen Bemühungen. War doch hier längst von der Existenz autonomer Poleis und vom Engagement der sich selbstbestimmenden Bürgerschaft abstrahiert worden. Nicht die Klassiker des politischen Denkens, sondern ihre Nachfolger gelangten entsprechend zu Einfluss. Insbesondere die ethischen, anthropologischen und kosmopolitischen Spekulationen der mittleren Stoa (Panaitios, Poseidonios) konnten zu einem vertieften Verständnis der allgemeinen menschlichen Lage im entstehenden Imperium Romanum beitragen. Ihre Überlegungen zu den natürlichen und göttlichen Gesetzen, zu Gerechtigkeit und Wohlfahrt, Rechten und

Pflichten des Bürgers, ihre Dekadenztheorie und Affektenlehre, ihre Konzeption des gerechten Krieges *(bellum iustum)* usw. konnten die Selbstverständigung der Römer stimulieren. Ferner konnten die geschichtstheoretischen Reflexionen des Polybios helfen, die Probleme der römischen Herrschaftsordnung besser zu verstehen. Seine Analysen zum Aufstieg Roms, seine Thesen zum Verfassungskreislauf, seine Auszeichnung der klassischen Republik als gelungene Verwirklichung einer Mischverfassung konnten bei der Erforschung der Krisenursachen und bei der Suche nach Auswegen aus der desolaten Lage helfen.

Doch auch die Hellenisierer gewannen nicht die erforderliche Distanz zur Tradition und schufen kein wirklich neues Orientierungssystem. Sowohl die Griechen selbst, die (über den „Scipionenkreis") in Rom wirksam und bedeutsam wurden (Panaitios, Polybios, Poseidonios u.a.), als auch die von ihnen inspirierten Römer (Cicero, Sallust) blieben der alten republikanischen Ordnung verhaftet und kritisierten die schlechte Gegenwart am Maßstab der glorreichen Vergangenheit. Der bedeutendste römische Denker war Cicero (106-43 v. Chr.), der vor allem als Rhetor und Anwalt, aber auch als Politiker Karriere machte und schließlich in der Philosophie reüssierte. Zwar entwickelte er kaum neues Gedankengut, doch gelang ihm die Adaptation der griechischen Einsichten auf die römische Republik, die er im Anschluss an Polybios als adäquate Verwirklichung der von Aristoteles und den Peripatetikern begründeten *Mischverfassung* interpretierte und zur besten aller denkbaren Ordnungen stilisierte. Jeder Bürger hat demnach Anteil an der Regierungsgewalt – nach Maßgabe seiner Würde *(dignitas)*. Die Konsuln verkörpern das monarchische, der Senat das aristokratische und die Volksversammlungen das demokratische Prinzip.

Das Mit- und Gegeneinander dieser drei Elemente auf der Basis eines allgemeinen Konsenses über das geltende Recht und das gemeine Wohl *(consensus iuris et utilitatis communio)* habe Rom zu seiner Blüte geführt [De re publica I, 26-29 (42-45)]. Die egoistischen Bestrebungen der Stände seit der Zeit der Gracchen (133-121 v. Chr.) hätten diese ideelle Grundlage jedoch zerstört und damit den Niedergang und Verfall der Republik eingeleitet, die nunmehr durch Bürgerkriege zerrissen war und im Begriff stand, über die Diktatur Caesars (48-44 v. Chr.) zur Monarchie überzugehen. Das Volk *(populus)* war nicht mehr durch die Anerkennung des Gesetzes und durch gemeinsame Interessen verbunden, hatte demnach aufgehört, als *Volk* im Sinne Ciceros zu existieren (siehe den Beginn des obigen Auszugs). Es hatte sich in Parteien und Faktionen zersplittert, die sich aufs heftigste bekämpften. Um den Zerfall der Republik aufzuhalten, beschwor Cicero noch einmal die aristokratischen „Bürger"-Tugenden, den Patriotismus und die Idee der Gerechtigkeit *(iustitia)*. Er begriff die res publica als „Sache des Volkes" *(res populi)* und rief zur Eintracht *(concordia)* und zum gesteigerten Bürgerengagement, zur Disziplin und zur Selbstaufopferung der Einzelnen fürs Gemeinwesen und fürs Vaterland *(patria)* auf.

Wie einst Platon und Aristoteles, so war auch Cicero kein Anhänger der Demokratie.

Er war Verfechter der alten republikanischen Senats- und Optimatenherrschaft, die er als Herrschaft der Besten und Würdigsten begriff. Die Leitung des Gemeinwesens gebühre denen, die durch höhere Einsicht *(consilium)* und größere Tatkraft *(animus)* am besten dazu befähigt sind. Die Menschen sollen die ihnen jeweils auferlegten Pflichten erfüllen, wobei sich, wie schon die mittlere Stoa zu zeigen versuchte, der legitime Herrschaftsanspruch der „Besseren" unmittelbar mit dem Nutzen der Schwachen verbindet [De re publica III, 24 (36)]. Ähnlich wie Sallust (86-35 v. Chr.) erklärte Cicero die Krise der Republik als Folge der nach Karthagos Niederlage einsetzenden moralischen Degeneration, der um sich greifenden Korruption und des damit verknüpften allgemeinen sittlichen *Verfallsprozesses.* Er bemühte sich deshalb um die Wiedergewinnung der alten Tugenden und Sitten. Seine politikphilosophischen Bemühungen blieben jedoch epigonal. Sie kamen über Adaptionen und Akkomodationen, über Anmerkungen und Kommentare zu den Griechen kaum hinaus.

Sein großes Ansehen gründete auf seiner Leistung als Rhetoriker, der in Rede und Gegenrede das Für und Wider der unterschiedlichen Auffassungen bedachte und deshalb auch in seinen philosophischen Schriften das Wahre und Richtige – wie zuvor Platon – in Gestalt von Dialogen zu ermitteln suchte. Diese Form ermöglichte es ihm (wie einst schon Herodot), Fürsprecher und Gegner der unterschiedlichen Verfassungen ihre Argumente vortragen zu lassen. Für die Rolle des Apologeten in der „Demokratenrede" (siehe Auszüge) wählte er, um keinen noch Lebenden zu brüskieren, Scipio Aemilianus Africanus den Jüngeren († 129 v. Chr.), der einst Karthago (146 v. Chr.) und Numantia (133 v. Chr.) bezwungen hatte. Seine beiden – leider nur fragmentarisch überlieferten – politikphilosophischen Hauptwerke, *De re publica* und *De legibus*, enthalten wertvolle Erläuterungen zum Funktionieren der republikanischen Ordnung und zu den Prinzipien und Techniken der oligarchischen Herrschaft, mit deren Hilfe die *Plebs* in Schach und von den Schalthebeln der Macht ferngehalten wurde. Ihr philosophischer Wert ist umstritten und wurde in jüngerer Zeit gelegentlich überschätzt.

Ciceros bleibende Leistung war, das römische Politikdenken auf neue, von den Griechen übernommene Grundlagen gestellt zu haben. Den Römern aber bleibt insgesamt das Verdienst, das Recht auf neue Art systematisiert und eine Ämterlaufbahn kreiert zu haben, die in der Nachwelt zahlreiche Bewunderer fand und in modifizierter Gestalt von den modernen Staaten übernommen wurde.

II. Mittelalter und Neuzeit

Klaus Roth

Einleitung

Das Politikdenken der Antike erfuhr einen entscheidenden Bruch mit der Entstehung der großen Reiche, die der griechischen Ausnahme im Kontext der antiken Despotien ein Ende setzten und die autarken Städte absorbierten (Alexanderreich, Diadochenreiche, Römisches Reich). Die Bürger fanden sich nunmehr als Glieder großflächiger Einheiten wieder, die sich durch Unterjochung der kleinen Einheiten konstituierten und institutionell konsolidierten. Die Bürgerschaft wurde anonymisiert, ihre Einheit war nur noch mystisch erfahrbar. Die Angehörigen dieser Riesenreiche kannten sich nicht mehr, waren als Gesamtheit weder durch verwandtschaftliche oder ethnische noch durch politische oder religiös-kultische Beziehungen miteinander verbunden, sondern einer ihnen unsichtbaren Macht ausgeliefert, deren Gewalt sie im Akt der Eroberung zu spüren bekommen hatten.

Demokratie war in den Imperien undenkbar. Die Städte und Provinzen waren zu Befehlsempfängern der Könige und ihrer Satrapen geworden. Ihre Organisation und Verwaltung lag in den Händen der privilegierten Schichten. Für diejenigen, die keinen Zugang in die Reichsverwaltung oder in den Militärapparat fanden, blieb zunächst nur das eigene Haus, die Familie, die durch Arbeit zu ernähren war. Politik im Sinne der alten Griechen hatte aufgehört zu existieren. Philosophisch reflektiert sich diese Lage in individualistischen Rückzugskonzeptionen (Hedonismus, Kynismus, Epikureismus, Stoizismus) und in der Wiederbelebung der altorientalischen Reichsidee, derzufolge es die Aufgabe des Königs ist, als unbeschränkter „Herrscher" *(Dominus)* Gesetze zu erlassen und ihre Einhaltung zu garantieren und als „guter Hirte" *(Pastor)* seine „Herde" auf den richtigen Weg zu führen. Die entpolitisierte, aus der Reichsgestaltung und -verwaltung ausgeschlossene Bürgerschaft suchte sich aber zugleich neue Sphären der sozialen Interaktion, Räume der Gemeinschaftsbildung, der politischen Betätigung und Selbstverwirklichung. Sie intensivierte die alten und entwickelte neue Formen der Religion und schuf sich dadurch einen Ersatz für die verlorene oder verweigerte Politik.[1] Die Reichsverdrossenheit wurde in neuen Kooperationen kompensiert. Unterhalb des politisch-administrativen Apparates wurden neue Formen des Zusammenlebens erprobt, wurden neue Handlungsorientierungen gewonnen, wurde eine neue Sphäre kollektiver Rationalität geschaffen, die den eingetretenen Mangel an Erfahrungs- und Selbstbestimmungsmöglichkeiten ausgleichen und ihre Glieder über den erfahrenen Freiheits- und Sinnverlust hinwegtrösten konnte.

Den nötigen Raum boten im Römischen Reich insbesondere die urchristlichen Gemeinden, die sich durch die erfolgreiche Heidenmission des Apostels Paulus von Syrien über Kleinasien, Makedonien und schließlich das ganze Imperium Romanum bis nach Nordafrika ausbreiteten. In religionssoziologischer und religionspolitologischer Sicht erscheinen sie als Gegengründungen zum Imperium Romanum. In ihnen versammelten sich Menschen, die den sozialen und politischen Verhältnissen entfremdet waren, den wirtschaftlichen und rechtlichen, religiösen und kulturellen Ereignissen im Imperium distanziert gegenüberstanden und die politischen Geschehnisse ihrer Umgebung mit Argwohn betrachteten. Sie schlossen sich zu einer neuartigen Glaubensgemeinschaft zusammen und entwickelten darin neue Verhaltensorientierungen und Muster des Umgangs und der Geselligkeit. Allerdings trocknete auch diese Quelle neuer Sinnfindung alsbald aus. Mit der institutionellen Stabilisierung der christlichen Kirche seit der Mitte des 2. Jahrhunderts wurde auch in ihrem Inneren der Raum für intersubjektive Selbstverwirklichung eingeschränkt und schließlich beseitigt. Die Kirche, die sich stets als Gotteshaus, als *Oikos* definierte, brachte auch in ihrem Binnenraum Herrschaftsstrukturen hervor, die das soziale und politische Leben der Gemeinden korrumpierten und einen hierarchischen Apparat installierten, der nach und nach die Aktivität und Spontaneität der Gemeindemitglieder erstickte. Das fortdauernde Bedürfnis nach politischer Betätigung provozierte jedoch in der Folgezeit Abspaltungen und Neugründungen. Immer wieder rebellierten einzelne christliche Gruppen und Sekten gegen die Verknöcherung der Ekklesia. Das begann bereits in der Spätantike und wiederholte sich in der Geschichte immer wieder, bis die Universalkirche in der Frühen Neuzeit zerbrach.

Von Demokratie war über lange Zeit nicht mehr die Rede. Die demokratietheoretischen Potenziale der genannten religiösen Bewegungen wurden zwar noch nicht systematisch erforscht, die Politikdenker der Spätantike und des frühen Mittelalters hatten jedoch andere Probleme zu lösen. Sie schrieben Fürstenspiegel und erörterten das Verhältnis von weltlicher und geistlicher Gewalt. Im christlichen Abendland wurde nach der „Konstantinischen Wende" (313 n. Chr.) die Vision eines universalen, die Welt umspannenden Reiches leitend, das durch das Miteinander von Kaiser- und Papsttum errichtet werden sollte. Erst infolge der Erschütterung dieser Vorstellung durch die beginnenden Kämpfe zwischen Imperium/Regnum und Sacerdotium und mit dem Aufstieg der oberitalienischen Städte im hohen und späten Mittelalter schien Demokratie wieder denk- und machbar. Die Kaiser sahen sich mit Königen und Fürsten konfrontiert, die in weltlichen Dingen keinen Höheren mehr anerkennen wollten und sich selbst als oberste Gesetzgeber und Richter ihrer Königreiche oder Fürstentümer begriffen. Hinzu kam das Bürgertum der aufstrebenden Städte, das in die laufenden Auseinandersetzungen hineingerissen wurde, für Autonomie und Mitbestimmung in den kommunalen Angelegenheiten kämpfte und sich gegen die Willkür der aristokratischen Mächte, aber auch gegen einzelne Monarchen wehrte. In diesen

Auseinandersetzungen wurden die Grundlagen für die neuzeitliche Entwicklung gelegt. In den großen philosophischen Debatten des Spätmittelalters – Aristoteles-Rezeption, Armutsstreit, Universalienstreit – sind theoretische Klärungen erreicht worden, die für die künftige Philosophie bahnbrechend wurden.

Entscheidend für die Entstehung einer autonomen, der Definitionsmacht der Religion entronnenen politischen Theorie wurde die Aristoteles-Rezeption, die in der Mitte des 13. Jahrhunderts begann. Während Moses Maimonides (1135/38-1204) eine Synthese zwischen jüdischem und aristotelischem Denken erstrebte, die später von Baruch de Spinoza und Moses Mendelssohn (1729-1786) aufgegriffen wurde, gelang Thomas von Aquin (1225-1274) eine Synthese zwischen christlichem und aristotelischem Denken, die zum Ausgangspunkt für die späteren christlichen Aristoteliker Aegidius Romanus, Jean Quidort von Paris, Dante Alighieri, Marsilius von Padua, Wilhelm von Ockham u.a. wurde, die allesamt mit aristotelischen und christlichen Mitteln, rationaler Argumentation und Bibel-Zitaten ihre jeweiligen politischen Optionen begründeten. Zwar führte die Aristoteles-Rezeption nicht unmittelbar zum Postulat der Demokratie, vielmehr ließen sich die unterschiedlichsten Ordnungsvorstellungen in ihrem Gefolge begründen (Pluralität weltlicher Fürstentümer, päpstliche Weltherrschaft, Souveränität der französischen Monarchie, Weltkaisertum etc.), doch lag ihr Gedanke greifbar nahe. Einen ersten Durchbruch erreichte *Marsilius von Padua* (ca. 1275/80 bis ca. 1342), der die Wege zu einem möglichen Frieden untersuchte und die Chancen der städtischen Selbstverwaltung und der Partizipation der Bürger erörterte. Er begründete die Idee der Volkssouveränität und wurde dadurch zu einem Meilenstein der modernen Demokratietheorie. Mit ihm beginnt deshalb die folgende Präsentation.

Neue Ordnungsideen wurden im 14. und 15. Jahrhundert in Florenz entwickelt, das seine Unabhängigkeit gegen das hegemoniale Bestreben der Visconti verteidigen musste, die seit 1277 Mailand beherrschten, gegen Ende des 14. Jahrhunderts ein Königreich zu errichten strebten und die Autonomie der meisten Städte im Norden und vieler in Mittelitalien beendeten. Italien als Ganzes war seinerzeit durch Parteikämpfe zerrissen. Seit dem Ende der Staufer waren die italienischen Stadtrepubliken in permanente Kriege miteinander verstrickt, aus denen die Pentarchie der fünf großen Signorien oder Principati Florenz, Mailand, Venedig, Rom und Neapel hervorgegangen war. Italien wurde ferner zum Objekt der Begierde der um Vorherrschaft in Europa kämpfenden Großmächte. Die italienischen Städte mussten fürchten, in den Konflikten zwischen Habsburgern, Frankreich und Aragon zerrieben zu werden, und sich folglich nicht nur gegeneinander verteidigen, sondern auch gegen die drohende Fremdherrschaft zur Wehr setzen. Die Sehnsucht nach Frieden, nach Einigkeit und Freiheit Italiens veranlasste die dortigen Humanisten zu radikalen Reflexionen über die *Conditio humana* und trieb sie auf die Suche nach alternativen Formen der politischen Organisation, die sie – wieder einmal – in der glorreichen Vergangenheit, d.h. in der altrömischen Geschichte vorgebildet fanden. Im Bemühen um Abwehr der Fremdherrschaft und Aufrechterhaltung der republikanischen Ordnung aktualisierten die humanistischen Denker der Frührenaissance in Florenz die antike Partizipations- und Selbstverwaltungsidee.

In allen Feldern von Kunst und Wissenschaft wurde die griechisch-römische Antike zum Orientierungsmuster und gegen die Werte und Prinzipien der jüdisch-christlichen Tradition geltend gemacht. Durch Rückbesinnung auf die griechische Polis bzw. die römische Republik, d.h. auf Aristoteles und/oder Cicero, wurde der Florentiner Republikanismus oder Bürgerhumanismus (Hans Baron) begründet, der die antiken Bürgertugenden beschwor und das Ideal einer sich selbst verwaltenden Gemeinschaft freier, gleicher und wehrhafter Aktivbürger entwickelte. In einer Radikalisierung und Politisierung der humanistischen Positionen Francesco Petrarcas (1304-1374) erinnerten Coluccio Salutati, Leonardo Bruni, Leon Battista Alberti, Matteo Palmieri u.a. an die Sitten der Väter, die einst Roms Größe erwirkten, und begründeten gegen das Einheits- und Hegemoniestreben der Visconti die *libertas Italiae*, die Freiheit der republikanisch verfassten Stadtstaaten. Sie erneuerten die klassische Überzeugung, die Persönlichkeit des Individuums gelange erst durch die Teilnahme am Leben der *polis* und *res publica* zu moralischer und intellektueller Reife, ein vollkommenes Leben bestehe in der Verbindung von intellektueller Muße und ehrenhafter Tätigkeit in einer wohlgeordneten Republik.[2] Es entwickelte sich folglich ein ethisch-politischer Diskurs, der dem politischen Engagement der Bürger Eigenwertigkeit zuschrieb. Die politische Ordnung beruht nicht auf göttlicher Gnade, sondern auf der *virtù,* der Tugend der Bürger, die ihren Lebenssinn einerseits in der Kontemplation, andererseits in der Interaktion mit ihresgleichen suchen. Die Selbstverwirklichung des aus den Banden der Herkunft emanzipierten Individuums kann demnach nur gelingen, wenn es sich als aktiver Teil der Bürgerschaft begreift. Eine prägnante Zusammenfassung der humanistischen Position der Renaissance findet sich in *Giovanni Pico della Mirandolas* (1463-1494) *Rede über die Würde des Menschen (oratio de hominis dignitate),* in der die neue Sicht des Menschen als Schöpfer seiner selbst klassisch festgehalten ist.

Zwar verblasste der Optimismus im Lauf des 15. Jahrhunderts angesichts des Aufstiegs mächtiger Adelsfamilien, die das politische Leben der Bürgerschaft unterdrückten und die Republik in die Signorie, die monokratische Herrschaft einzelner Männer, transformierten, doch lebte der republikanische Gedanke und der durch ihn entfachte Tugenddiskurs fort. Im 16. Jahrhundert wurde er durch *Niccolò Machiavelli* (1469-1527) erneuert und zur Inspirationsquelle der englischen, amerikanischen und französischen Revolutionäre.[3] Verharrten die frühen Humanisten noch im Rahmen der christlichen Weltanschauung, die sie durch die alten Wertvorstellungen zu erweitern und zu beleben suchten, so betonte Machiavelli die unüberbrückbare Kluft zwischen beiden Welten, um die Synthese aufzusprengen und der „verweiblichten" christlichen Ethik die „männliche" der alten Römer entgegenzustellen, d.h. die Politik aus der religiösen Bevormundung und den von ihr erzeugten Skrupeln zu befreien. Gegen die Maximen der christlichen Sozialethik – Gottes- und Nächstenliebe, Leben in Demut und Bescheidenheit, Barmherzigkeit und Feindesliebe, Verachtung der irdischen Güter, Glaube an ein Leben nach dem Tod usw. – stellte er den heidnischen Wertekanon, der sich auf die Jetztzeit konzentriert und die klassischen Tugenden der Tapferkeit, Gerechtigkeit, Besonnenheit und Weisheit sowie vor allem Stärke und Standhaftigkeit, Disziplin und Vaterlandsliebe propagiert. Getrieben von der Sehnsucht nach Vereinigung des zerrissenen und nach Befreiung des von fremden Mächten belagerten Italiens entwarf Machiavelli die Maximen einer Politik, die keine Rücksicht nimmt auf die Gebote der christlichen Ethik und die Bedürfnisse der Einzelnen und Familien, sondern sie dem Interesse des Staates unterordnet. So wurde er zum Begründer der Staatsraison, dem Leitstern der frühneuzeitlichen Politik.

Im *Principe* (1513), in den *Discorsi* (1513-1522) sowie in seiner *Geschichte der Stadt Florenz* (1520-1525) unternahm Machiavelli eine schonungslose Analyse der geschichtlichen Lage. Darin wurde Selbstbehauptung anstatt Selbststeigerung zum Ausgangspunkt und Grundprinzip der politischen Theorie, womit zugleich die empirisch-analytische, d.h. die nicht- oder antinormativistische Politikbeobachtung einsetzte, wie sie noch heute die Politikwissenschaft dominiert. An die Stelle teleologischer Prämissen trat die Frage nach Regel- und Gesetzmäßigkeiten. Zweck des Politischen sollte nurmehr die Sicherung des Friedens, die Freiheit Italiens und seine staatliche Einheit sein. Alle Mittel, die diesem obersten Ziel dienen konnten, mussten recht sein. Zwar war Machiavelli ein Anhänger der Republik, doch hatte er als junger Mann den mit seiner Hinrichtung auf dem Scheiterhaufen jämmerlich scheiternden Versuch Savonarolas miterlebt, eine direktdemokratische Ordnung in Florenz zu etablieren (1494-1498), und daraus den Schluss gezogen, unter den gegebenen Bedingungen sei eine kraftvolle Monarchie vorzuziehen. Zur Herstellung des Friedens und um dem allgemeinen Sittenverfall zu begegnen, schien es ihm deshalb geboten, dem Fürsten Zugeständnisse zu machen, ihn aus der Bindung an Recht und Gesetz zu entlassen und allein auf seine Tüchtigkeit und seinen Verstand zu vertrauen, seine *virtù* und *ragione,* durch die er die Notwendigkeit und das Glück bezwingen kann, die ehernen Geschichtsmächte *necessità* und *fortuna.*

Damit begründete der Florentiner jene Politiktradition, die bis heute unter dem pejorativen Titel *Machiavellismus* zusammengefasst und als skrupellose Machtpolitik oder „Dämonie" perhorresziert wird. Machiavelli selbst war jedoch kein Machiavellist, sondern verzehrte sich in der patriotischen Sehnsucht nach Vereinigung des zerrissenen Italiens und seiner Befreiung von französischer, deutscher und päpstlicher Fremdherrschaft. Durch seine so motivierten theoretischen Leistungen wurde er zum bahnbrechenden Klassiker des politischen Denkens und zum Ausgangspunkt zweier gegensätzlicher politischer Strömungen. Seine theoretische Neuerung liegt in der Emanzipation des Politikdenkens von den überkommenen religiösen und moralisch-sittlichen Einbindungen. Er schuf eine Terminologie, die es erlaubte, politische Interessen (wieder) in ihrer autonomen Logik wahrzunehmen und ihr gemäß zu definieren und auch zu verfolgen. Diese Einsicht verpflichtete ihn aber keineswegs auf die Tradition des Etatismus (Staatsraison), wie er sie in seinem *Principe* begründete. Vielmehr konnte sich die aus der religiösen Obhut entlassene Politik durchaus auch republikanisch entfalten – das zeigen die *Discorsi,* mit denen Machiavelli den Florentiner Bürgerhumanismus beerbte und eine antietatistische Denkschule begründete, die den Höhepunkt ihrer Wirksamkeit in der Amerikanischen und Französischen Revolution erreichte und heute von einigen Autoren wiederbelebt wird. Zwar hatte der gelernte Jurist nur geringe philosophische Kenntnisse, doch gerade dies verschaffte ihm die Distanz, die den radikalen Bruch mit der Tradition und einen Neuanfang ermöglichte. Indem er die christliche Ethik verwarf, gewann Machiavelli eine Position, von der aus die Phänomene der politischen Welt nicht mehr heilsgeschichtlich verklärt erscheinen mussten, sondern in ihrem Eigensinn begriffen werden konnten.

Zu ganz ähnlichen Resultaten gelangte – von völlig verschiedenem Ausgangspunkt her und fast in konträrem Interesse – Machiavellis Zeitgenosse Martin Luther (1483-1546), der die virulente Kritik an der Papstkirche radikalisierte und die Religion aus dem Quellgrund des christlichen Glaubens erneuern wollte. Ihre Symbiose mit der Politik musste aufgelöst werden! In der Vermischung von Weltlichem und Geistlichem erblickte Luther das Grundübel seiner Zeit, das ein für alle Mal zu beseitigen war. Ausgehend vom urchristlichen Prinzip der Gottes- und Nächstenliebe begründete er die Notwendigkeit einer prinzipiellen Trennung von Religion und Politik, um die Kirche, die „Bürgerschaft Gottes", der weltlichen wie der geistlichen Herrschaft zu entwinden. Dafür sollte umgekehrt die profane Politik dem Zugriff des Klerus entzogen sein. Luther und Machiavelli sind daher nicht nur Zeitgenossen, sie sind sich auch in der Sache sehr nah. Beider Wollen hat dieselbe Folge: Befreiung der Politik aus der geistlichen Vormundschaft und Stärkung der weltlichen Herrschaft durch Entmachtung der römischen Kirche.

Die von Luther ausgelöste Reformation setzte eine tiefe Zäsur in die europäische Geschichte. Durch sie wurde die Idee der Einheitswelt eines *Orbis christianus,* die Hoffnung auf ein weltumspannendes christliches Reich, die das mittelalterliche Denken der Christen beherrscht und geleitet hatte, beerdigt. Sie fand zwar weiterhin Verfechter – bis hin zu den katholischen Gegenrevolutionären des 19. Jahrhunderts –, hatte aber keine Realisierungschance mehr. Folge der Reformation war die Spaltung der christlichen Kirche. Der Protestantismus trennte sich vom Katholizismus und entwickelte neue Formen der Kirchenverwaltung, des Glaubens und der Liturgie. Im Gefolge der Reformation durchlitt Europa im 16. und 17. Jahrhundert eine Welle blutiger Bürgerkriege, in denen sich die Christen gegenseitig abschlachteten. Sie erschütterte den Kontinent und erreichte ihren Höhepunkt im Dreißigjährigen Krieg (1618-1648). Als Katalysator der Formierung souveräner Staaten war die Reformation die wohl wichtigste Schubkraft im Prozess der Trennung von Religion und Politik und der Entstehung des europäischen Staatensystems, das im Westfälischen Frieden von

1648 seine für Jahrhunderte gültige Form und Gestalt fand. Durch Konzentration und Zentralisation der politischen Entscheidungs- und herrschaftlichen Zwangsgewalt – in Händen von absoluten Monarchen oder Parlamenten – entstand der nach innen wie außen souveräne, aus ständischer Herrschaft gelöste, durch Bürokratie und stehendes Heer institutionell konsolidierte Staat, der auf einem fest umgrenzten Territorium das „Monopol legitimen physischen Zwanges" bzw. der „Gewaltsamkeit" behauptet,[4] mit Hilfe von Polizei und Verwaltung den innerstaatlichen Frieden sichert und seine Beziehungen zu anderen Staaten in Krieg und Frieden rechtlich regelt, ohne eine übergeordnete Entscheidungs- und Befehlsinstanz zu akzeptieren. Die klassische Begründung des modernen, rechtlich unbeschränkten Staates entwickelte *Thomas Hobbes* (1588-1679), der ihn auf den Vertrag eines jeden mit einem jeden zurückführte, durch den der Naturzustand beendet wird – der Krieg eines jeden mit einem jeden.

Hobbes' *Leviathan* (1651) wurde zum Ausgangs- und kritischen Bezugspunkt aller folgenden Staatstheorien, die um die Frage nach der konkreten Staatsform (Monarchie oder Republik, Aristokratie oder Demokratie) und der Rechte und Grenzen des Staates kreisten. In ihrer kontroversen Diskussion reflektiert sich die moderne Transformation vom absolutistischen Fürsten- zum gewaltenteiligen Verfassungsstaat, vom monarchischen Macht- zum bürgerlichen Rechtsstaat, vom Stände- zum Repräsentativstaat und zur parlamentarischen Demokratie sowie schließlich vom liberalen Nachtwächter- zum Interventions-, Sozial- und Wohlfahrtsstaat. Der Demokratiebegriff behielt dabei lange den negativen Klang, den ihm einst Platon und Aristoteles eingelegt und abgelauscht hatten. Noch Marsilius von Padua, der für eine gemäßigte Demokratie votierte und die Partizipation der Bürger stärken wollte, verstand Demokratie im Anschluss an Aristoteles als Herrschaft des Pöbels (I,8,3).

Der erste Denker, der einen eindeutig positiv konnotierten Demokratiebegriff entwickelte, war *Baruch de Spinoza* (1632-1677), der ihn aus einer systematischen Kritik am *Leviathan* des Thomas Hobbes gewann. Spinoza folgt im *Theologisch-politischen Traktat* (TTP) von 1670 weitgehend den Hobbes'schen Vorgaben – vom Menschenbild über die Vertragstheorie bis hin zur Staatstheorie –, diskutiert aber alle relevanten Probleme stets im Hinblick auf die demokratische Regierungsform, die ihm als die natürlichste von allen galt, weil in ihr niemand sein Recht derart auf einen anderen überträgt, dass er selbst fortan nicht mehr zu Rate gezogen werden müsste – vielmehr überträgt er es auf „die Mehrheit der gesamten Gesellschaft, von der er selbst ein Teil ist. Auf diese Weise bleiben alle gleich, wie sie es vorher im Naturzustand waren" (TTP, XVI, 240). Spinoza radikalisiert die Hobbes'sche Forderung nach Glaubens- und Gewissensfreiheit und betont nicht nur die Freiheit des Denkens und Fühlens im Inneren des Bürgers, sondern begründet auch dessen Recht auf Meinungsäußerung nach außen (TTP, XX, 301-307), auf Kritik und freie Wahl der Religion. Er aktualisiert damit den Gedanken der religiösen Toleranz, der bereits im Kontext der Hugenottenkriege in Frankreich von Jean Bodin und in der Englischen Revolution von den Levellers vertreten wurde.

Der Theoretiker der entstehenden bürgerlichen Gesellschaft, der Klassiker des Liberalismus und des britischen Konstitutionalismus war *John Locke* (1632-1704). Nach Hobbes' grandioser Ermächtigung hielt er es nun für geboten, den Staat in seine Schranken zu weisen. Der Emanzipation der Politik von der Religion sollte die Emanzipation der Ökonomie von der Politik folgen. Die ökonomischen Beziehungen waren dem Zugriff der Obrigkeit zu entziehen, die bürgerliche Gesellschaft sollte aus dem Staatsleben freigesetzt, der Merkantilismus durch ein System der Handelsfreiheit abgelöst werden. Der Staat sollte nur so viel Macht haben, wie nötig ist, um Leben und Privateigentum der Einzelnen vor Übergriffen zu schützen und sollte selbst nicht in die Eigentumsordnung eingreifen dürfen. Darüber hinaus begründete Locke die Gewaltenteilung zwischen Krone und Parlament, wie sie in der *Bill of Rights* (1689) festgelegt wurde. Hatte Hobbes das seit Jahrhunderten währende Machtgerangel zwischen beiden als eine Hauptursache von Bürgerkrieg und Unfrieden ausgemacht, so sollte es nunmehr – durch Regeln gebändigt – auf Dauer gestellt werden und Grundprinzip der Verfassung sein. Der König sollte die Außenpolitik, das Parlament die Innenpolitik bestimmen, wobei der König als *king in parliament* auch im Innern eine bedeutende Rolle spielt. Es ging somit (noch) nicht um die Trennung von Legislative, Exekutive und Judikative, sondern um Teilung und Balance der Staatsgewalt zwischen Krone und Parlament.

Die Prinzipien der Gewaltenteilung und der rechtlichen Begrenzung der Staatsgewalt wurden von *Charles de Montesquieu* (1689-1755) präzisiert. In seinem großen Werk *Vom Geist der Gesetze* (1748) konnte er zeigen, dass die Gesetze keine Diktate irgendwelcher Souveräne, sondern historisch erwirkte Festlegungen sind, die in einer Vielzahl gewachsener Gegebenheiten wurzeln. Sie sind abhängig vom Gesamtzusammenhang der jeweiligen natürlichen, sozialen, ökonomischen, religiösen, politischen, klimatischen und sonstigen Bedingungen und entspringen den konkreten Lebensverhältnissen, Gewohnheiten und Sitten, die nicht zur Disposition des Souveräns stehen. Als Grundvoraussetzung der Freiheit erschien Montesquieu die strikte Trennung von Legislative, Exekutive und Judikative, wobei die exekutive Befugnis in den Händen des Königs läge, die Gesetzgebung aber Sache gewählter Repräsentanten ist. Der Autor konnte sich auf eine mehr als 50-jährige Praxis der Gewaltenbalance in England beziehen, die ihm als vorbildlich und als beste aller damals bestehenden Ordnungen galt (11. Buch, 6. Kap.). Der englische Parlamentarismus schien die ideale Verkörperung der Republik zu sein, weil hier die besten Köpfe des Volkes – ohne Bindung an ihre Wähler durch ein imperatives Mandat – durch gemeinsame Beratung das Für und Wider der Entscheidungen erörtern und durch Abwägung der theoretischen und praktischen Alternativen das Gemeinwohl sowie die Wege zu seiner Verwirklichung ermitteln.

Der Klassiker der modernen Demokratietheorie ist *Jean-Jacques Rousseau* (1712-1778). Er verschärfte die Hobbes-Kritik Spinozas und präzisierte den Gedanken der Volkssouveränität. Alle Befugnisse und Kompetenzen der Regenten leiten sich demnach her vom Willen des Volkes, den zu vollstrecken ihre Pflicht und Aufgabe ist. Während Montesquieu den englischen Parlamentarismus als wohlgelungene Ordnung rühmte, erblickte Rousseau in ihm eine Illusion. Er sah in den englischen Repräsentanten nicht uneigennützige Vertreter des Volkes, sondern eine volksabgehobene und volksfeindliche Clique von machtgierigen und korrupten Egoisten, die sich um das Gemeinwohl nicht scheren und sich stattdessen auf Kosten des Volkes bereichern. Deshalb suchte er nach einer alternativen Form der politischen Organisation und fand diese in der Demokratie, die seinerzeit – wie schon in der Antike – immer als direkte oder unmittelbare Demokratie verstanden wurde und daher zum Staat im Gegensatz stand. Der Ausdruck „direkte Demokratie" wäre Rousseau und allen Denkern bis zur Französischen Revolution als Pleonasmus erschienen. In dem später geprägten Begriff „repräsentative Demokratie" hätten sie eine *contradictio in adjecto* erblickt, da in ihren Augen Stellvertretung und Demokratie einander ausschließen. Der allgemeine Volkswille, die *volonté générale,* schreibt Rousseau im *Contrat Social* (1762), könne nicht von Stellvertretern „repräsentiert" werden, sondern nur von der Gesamtheit der Bürger. Einzelne seien überfordert, wollten sie diese Aufgabe übernehmen. Das Postulat der Stellvertretung entspringe einem grundlegenden Irrtum. Wenn nämlich die Menschen, wie von Hobbes vorausgesetzt, in einem „Krieg aller gegen alle" stehen, dann könne man von ihnen schwerlich erwarten, dass sie sich auf einen Gesellschaftsvertrag einigen. Unterstelle man aber, dass sie sich zu einem solchen Vertrag oder Bund einigen können, dann sei es absurd anzunehmen, sie müssten sich auch noch einem Dritten unterwerfen und ihre Souveränität auf diesen übertragen.

Da sich Großflächenstaaten jedoch nicht durch Zusammenkunft und öffentliche Diskussion der ganzen Bürgerschaft regieren und verwalten lassen, setzte ihnen Rousseau – inspiriert durch die erfolgreichen demokratischen Experimente in seiner Heimatstadt Genf – die Vision von kleinen und überschaubaren, direktdemokratisch organisierten Gemeinwesen nach dem Vorbild der antiken Polis entgegen, in denen die Bürger ihr tatsächliches Wollen *(volonté de tous)* dem allgemeinen Willen *(volonté générale)* angleichen, sich die Maximen der Vernunft zu eigen machen und in den Dienst des Gemeinwesens stellen, ihr privates Interesse dem der Allgemeinheit unterordnen, die Privateigentumsordnung revolutionieren und sich selbst durch eine naturgemäße Sozialisation, durch Partizipation und politisches Engagement zur Mündigkeit erziehen. Voraussetzung der Demokratie seien 1. ein sehr kleiner Staat, in dem das Volk leicht zu versammeln ist und jeder jeden Bürger kennt; 2. eine große Einfachheit der Sitten und 3. fast vollkommene Gleichheit in Bezug auf Stand und Vermögen. Soll sie realisiert werden, müssten folglich die bestehenden Staaten zerschlagen werden. An ihre Stelle hätten kleine, überschaubare Einheiten zu treten, in denen die Vermögensunterschiede aufzuheben und die Einzelnen durch eine angemessene Erziehung zu natürlicher Sittlichkeit zu befähigen wären. Rousseau selbst äußerte gelegentlich Zweifel hinsichtlich der Praktikabilität der Demokratie. Seine demokratischen Ideen wurden jedoch von den Jakobinern aufgegriffen, die in der Französischen Revolution führend wurden. Sie vertraten in der französischen Nationalversammlung die Auffassung, nur eine direkte Demokratie ermögliche eine adäquate Repräsentation, d.h. Darstellung oder Vergegenwärtigung des Volkswillens. Ergebnis der Französischen – wie auch der Amerikanischen – Revolution war ein historischer Kompromiss. Die gegensätzlichen Positionen, die von Rousseau inspirierte Demokratieidee und der vom Liberalismus getragene Repräsentationsgedanke, wurden miteinander verknüpft und durcheinander relativiert. Die Radikaldemokraten konnten sich mit ihren Vorstellungen nicht durchsetzen, wohl aber die Konstitutionalisten und die Republikaner. Der Staat blieb erhalten, die Staatsgewalt begrenzte sich jedoch selbst, indem sie eine Sphäre der individuellen Freiheit ausgrenzte, die sie nicht antasten konnte und wollte. Die konstitutionelle Bewegung fand ihr klassisches Resultat in Frankreich in der Erklärung der Menschen- und Staatsbürgerrechte vom 4. August 1789 und wurde in der Idee des demokratischen Verfassungsstaates und der neuartigen, von Alexander Hamilton und Emmanuel Sieyès geprägten Formel einer repräsentativen Demokratie fixiert, die den älteren Begriff der repräsentativen Republik ersetzte.

Anmerkungen

1 Wie Max Weber im Zuge seiner religionssoziologischen Forschungen feststellen konnte, sind die vorderasiatischen Erlösungsreligionen „fast ausnahmslos Folgeerscheinung der erzwungenen oder freiwilligen Abwendung der Bildungsschichten von politischem Einfluß und politischer Betätigung". Vgl. Wirtschaft und Gesellschaft. Studienausgabe. Tübingen 1972⁵, 2. Teil, Kap. V.: „Religionssoziologie (Typen religiöser Vergemeinschaftung)", S. 245-381; hier: S. 306 f. Siehe dazu auch Hans G. Kippenberg: Die vorderasiatischen Erlösungsreligionen in ihrem Zusammenhang mit der antiken Stadtherrschaft. Heidelberger Max-Weber-Vorlesungen 1988. Frankfurt/M. 1991.
2 Vgl. Hans Baron: Bürgersinn und Humanismus im Florenz der Renaissance (1988). Berlin 1992; ders.: The Crisis of the Early Italian Renaissance. Civic Humanism and Republican Liberty in an Age of Classicism and Tyranny. 2 Bde. Princeton/N. J. 1955; John G. A. Pocock: The Machiavellian Moment. Florentine Political Thought and the Atlantic Republican Tradition. Princeton/N. J. 1975; ders.: Die andere Bürgergesellschaft. Zur Dialektik von Tugend und Korruption. Frankfurt/M./New York 1993; Quentin Skinner: The Foundations of Modern Political Thought. Bd. 1: The Renaissance. Cambridge 1978.
3 Vgl. Herfried Münkler: Die Idee der Tugend. Ein politischer Leitbegriff im vorrevolutionären Europa. In: Archiv für Kulturgeschichte 73 (1991), S. 379-403; ders.: Konzeptionen der Macht im italienischen Bürgerhumanismus. Von Salutati bis Machiavelli. In: Jürgen Gebhardt/Herfried Münkler (Hrsg.): Bürgerschaft und Herrschaft. Baden-Baden 1993, S. 79-96; ders.: Die politischen Ideen des Humanismus. In: Iring Fetscher/Herfried Münkler (Hrsg.): Pipers Handbuch der politischen Ideen. Bd. 2. München/Zürich 1993, S. 553-613; ders.: Politische Tugend. Bedarf die Demokratie einer sozio-moralischen Grundlegung? In: Ders. (Hrsg.): Die Chancen der Freiheit. München 1992, S. 25-46.
4 Vgl. M. Weber: Wirtschaft und Gesellschaft, S. 29, 516 ff., 821 ff., passim.

Marsilius von Padua

Ausgewählt und interpretiert von Klaus Roth

Der Verteidiger des Friedens (1324)

1 § 3 Wir aber wollen sagen, wie es der Wahrheit und dem Rate des Aristoteles
Pol. B. 3, Kap. 6 entspricht: Gesetzgeber oder erste und spezifische bewirkende
Ursache des Gesetzes ist das Volk oder die Gesamtheit der Bürger oder deren
Mehrheit (pars valencior) durch ihre Abstimmung oder Willensäußerung, die in
5 der Vollversammlung der Bürger in einer Debatte zum Ausdruck gekommen ist;
diese Mehrheit schreibt vor oder bestimmt unter zeitlicher Buße oder Strafe, daß
im Zusammenleben der Menschen etwas getan oder unterlassen werden soll: die
Mehrheit, sage ich – unter Berücksichtigung der Zahl und Bedeutung der Personen –,
in jener Gemeinschaft, für die das Gesetz gegeben wird, mag die vorhin genannte
10 Gesamtheit der Bürger oder deren Mehrheit das selbst unmittelbar erledigen, mag
sie es einem oder einigen zur Erledigung überweisen, die an und für sich nicht
Gesetzgeber sind und es nicht sein können, sondern nur zu einem bestimmten
Zwecke und nur manchmal und nur kraft Ermächtigung durch den primären
Gesetzgeber. Im Anschluß daran sage ich: Durch dieselbe primäre Instanz, nicht
15 eine andere, müssen die Gesetze und alle Abstimmungsergebnisse die notwendige
Bestätigung ihrer formalen Korrektheit erhalten, was es auch mit gewissen Zere-
monien oder Feierlichkeiten für eine Bewandtnis haben mag, die zum Sein des
Abstimmungsergebnisses nicht erforderlich sind, sondern nur zum Gutsein, und
ohne die die Abstimmung auch gültig wäre; ferner: von derselben Instanz müssen
20 die Gesetze und alle Abstimmungsergebnisse Zusätze, Streichungen oder völlige
Änderung, Auslegung und Aufhebung erfahren nach dem Erfordernis von Zeit,
Ort und anderen Umständen, sofern sie eine derartige Maßregel zum Nutzen der
Gesamtheit in solchen Dingen zweckmäßig erscheinen lassen. Dieselbe Instanz
muß die Gesetze nach ihrer Annahme auch veröffentlichen oder verkünden, da-
25 mit kein Bürger oder Fremder beim Verstoß gegen sie sich mit deren Unkenntnis
entschuldigen kann.
§ 4 Bürger nenne ich nach Aristoteles Pol. B. 3, Kap. 1, 3 und 7, wer in der
staatlichen Gemeinschaft an der regierenden, beratenden oder richterlichen Gewalt teilhat, je nach seinem sozialen Rang. Diese Beschreibung schließt von den

Bürgern die Knaben, die Sklaven, die Fremden und die Frauen aus, wenn auch in   1
verschiedenem Sinne. Denn Knaben von Bürgern sind künftige und potentielle
Bürger, nur genügt das Alter noch nicht. Die Mehrheit aber muß man auffassen
nach der guten Gewohnheit der Staaten, oder man muß sie bestimmen nach der
Meinung des Aristoteles Pol. B. 6, Kap. 2.   5
§ 5 Nachdem nun Bürger und Mehrheit der Bürger in dieser Weise bestimmt ist,
wollen wir zu unserem Thema zurückkehren, dem Nachweis, daß die menschliche
Befugnis zur Gesetzgebung allein der Gesamtheit der Bürger oder deren Mehrheit
zukommt. Das werden wir zuerst so zu erschließen versuchen: Dem allein steht die
primäre menschliche Vollmacht, Gesetze zu geben oder zu schaffen, schlechthin   10
zu, von dem allein die besten Gesetze ausgehen können (OS). Nun ist das die
Gesamtheit der Bürger oder deren Mehrheit, die die Gesamtheit vertritt (US);
denn es ist nicht leicht oder geradezu unmöglich, daß alle Personen sich zu einer
Meinung zusammenfinden, weil gewisse Leute mit Blindheit geschlagen sind und
aus persönlicher Bosheit oder Unwissenheit von der allgemeinen Meinung abwei-   15
chen; deren unvernünftiger Einspruch oder Widerspruch darf die Wahrnehmung
der Interessen der Allgemeinheit nicht beeinträchtigen oder unmöglich machen.
Also kommt es der Gesamtheit der Bürger oder deren Mehrheit ausschließlich zu,
Gesetze zu geben oder zu beschließen (SS).
Der Obersatz dieses Beweises ist beinahe selbstverständlich, obwohl man aus I 5   20
seine Geltung beweisen und letzte Gewißheit entnehmen kann. Den Untersatz, daß
nur, wenn das ganze Volk den Vorschlag gehört und gutgeheißen hat, ausschließlich
das beste Gesetz gegeben werden kann, beweise ich, indem ich mit Aristoteles Pol.
B. 3, Kap. 7 die Voraussetzung mache, am besten sei das Gesetz, das für das Gemeinwohl gegeben ist. Daher hat er gesagt: Das Richtige, in den Gesetzen, dient   25
wohl dem Vorteil des Staates und dem allgemeinen Nutzen. Daß dies am besten
ausschließlich von der Gesamtheit der Bürger erreicht wird oder deren Mehrheit,
was als dasselbe fortan angenommen werden soll, zeige ich so: Dessen Wahrheit
wird am sichersten beurteilt, und dessen Nutzen für die Allgemeinheit am sorg-
fältigsten beachtet, worauf die Gesamtheit der Bürger mit Verstand und innerer   30
Anteilnahme ihre Aufmerksamkeit richtet. Einen Mangel an der Gesetzesvorlage
kann nämlich eine größere Zahl eher bemerken als ein Teil von ihr; denn jedes
körperhaftes Ganze wenigstens ist größer an Masse und Kraft als jeder Teil von
ihm für sich. Ferner wird aus dem ganzen Volk heraus der Nutzen des Gesetzes
für die Allgemeinheit schärfer beachtet, weil niemand sich wissentlich schadet.   35
Dort aber kann jeder beliebige überblicken, ob der Gesetzentwurf mehr zum
Vorteil eines einzelnen oder gewisser Leute neigt als zu dem der anderen oder der
Gemeinschaft, und kann Einspruch erheben. Das wäre nicht möglich, wenn nur
einer oder einige wenige, die mehr auf den eigenen Vorteil aus sind als auf den der
Allgemeinheit, dieses Gesetz gäben. Diese Meinung stützt auch hinlänglich, was   40
wir über die Notwendigkeit von Gesetzen in I 11 festgestellt haben.
§ 6 Weiter zum Haupt-Schlußsatz! Dem kommt ausschließlich die Gesetzgebung

1 zu, der dadurch bewirkt, daß die gegebenen Gesetze am besten oder ausnahmslos befolgt werden (OS). Das ist ausschließlich die Gesamtheit der Bürger (US). Also kommt ihr ausschließlich die Gesetzgebung zu (SS). Der Obersatz dieses Beweises ist beinahe selbstverständlich; denn zwecklos wäre ein Gesetz, wenn es nicht befolgt
5 würde. Daher sagt Aristoteles Pol. B. 4, Kap. 7, 118: Eine gute gesetzliche Ordnung besteht nicht, wenn die Gesetze gut gegeben sind, aber keinen Gehorsam finden. Dasselbe hat Aristoteles B. 6, Kap. 5 desselben Werkes festgestellt: Es hat keinen Wert, wenn Entscheidungen über das, was gerecht sein soll, gefällt werden, diese aber nicht zum Ziele kommen. Den Untersatz beweise ich so: Das Gesetz befolgt
10 jeder Bürger am besten, das er glaubt sich selbst auferlegt zu haben (OS). Dies gilt für das Gesetz, das gegeben ist, nachdem die Gesamtheit der Bürger es angehört und gutgeheißen hat (US). Der Obersatz dieses Vor-Schlusses ist fast unmittelbar einsichtig: Weil nämlich der Staat eine Gemeinschaft freier Männer ist, wie Pol. B. 3, Kap. 4 steht, muß jeder einzelne Bürger frei sein und nicht eines anderen
15 Tyrannei, d.h. Knechtschaft, tragen. Das wäre nicht der Fall, wenn ein einzelner oder eine Minderheit von Bürgern ein Gesetz gäben aus eigener Vollmacht für die Gesamtheit der Bürger; wenn sie nämlich so Gesetze gäben, wären sie Tyrannen der anderen, und darum würden die übrigen Bürger, die Mehrzahl, ein solches Gesetz, wäre es auch noch so gut, mit Unwillen oder gar nicht hinnehmen, in
20 dem Gefühl, verachtet zu sein, dagegen Einspruch erheben und, da sie nicht zur Beschlußfassung darüber gerufen waren, es in keiner Weise befolgen. Ein Gesetz jedoch, das gegeben ist, nachdem die Gesamtheit es angehört und ihre Zustimmung gegeben hat, wäre es auch weniger nützlich, würde jeder Bürger leicht befolgen und hinnehmen; denn jeder hat dann das Gefühl, es für sich selbst beschlossen
25 zu haben, und hat darum keinen Anlaß, dagegen Einspruch zu erheben, sondern vielmehr Anlaß, sich in Ruhe damit abzufinden. – Ferner, den Untersatz des ersten Schlusses beweise ich von einem anderen Gesichtspunkt aus so: Der ausschließlich hat Macht über die Befolgung der Gesetze, der eine zwingende Gewalt gegen die Übertreter besitzt; das ist die Gesamtheit oder deren Mehrheit: also steht ihr allein
30 die Gesetzgebung zu.

Marsilius von Padua: Der Verteidiger des Friedens.
Auswahl aufgrund der Übersetzung von Walter Kunzmann und der
Bearbeitung von Horst Kusch mit einem Nachwort von Heinz Rausch.
Stuttgart 1971, I. Teil, Kapitel XII, §§ 3-6, S. 52-56

Interpretation

Der Beitrag des Marsilius von Padua (ca. 1275/80 bis ca. 1342) zur Genealogie der Demokratie ist umstritten. Gegen die ältere Interpretation, die ihn zum Klassiker der modernen Demokratietheorie, zum Radikaldemokraten und Vorläufer Rousseaus stilisiert hatte (Otto von Gierke u.a.), wurde von der jüngeren Forschung zu Recht eingewandt, dass die von ihm begründete *Theorie der Volkssouveränität* noch nicht zur heutigen, auf Freiheit und Gleichheit aller einheimischen Männer und Frauen basierenden Idee der *Volksherrschaft* führte, sondern der mittelalterlichen Ständeordnung verhaftet blieb, in der allein die oberen Stände herrschten und Anteil an der Regierung hatten. Dieser Einwand bleibt jedoch fadenscheinig. Auch in der antiken Demokratie waren Frauen, Sklaven und Metöken von der politischen Teilhabe ausgeschlossen. Und noch im 18. und 19. Jahrhundert galt als selbstverständlich, dass nicht alle in einem staatlichen Territorium lebenden Menschen Stimmrecht haben, also „Staatsbürger" und nicht bloße „Staatsgenossen" sind. Vorausgesetzt war Bildung und Besitz. Sowohl Gesellen, Dienstboten, Unmündige, „alles Frauenzimmer, und überhaupt jedermann, der nicht nach eigenem Betriebe, sondern nach der Verfügung anderer (außer des Staats) genötigt ist, seine Existenz (Nahrung und Schutz) zu erhalten, entbehrt der bürgerlichen Persönlichkeit", bemerkte Immanuel Kant, dessen republikanische Gesinnung von niemandem in Zweifel gezogen wird, lapidar und apodiktisch [Metaphysik der Sitten (1797), I. Teil, § 46, Anm.]. Die Leistung des Marsilius wird deshalb durch ihre mittelalterlichen Schranken kaum geschmälert. Obgleich er noch kein allgemeines, freies und gleiches Wahlrecht für alle erwachsenen Menschen begründet hat, bleibt der *Defensor pacis* (1324) ein Meilenstein in der Entwicklung des europäischen Politikdenkens, ohne den die moderne Demokratietheorie schwerlich in Gang gekommen wäre.

Die spätmittelalterliche Gesellschaft war zerrissen. Seit dem hohen Mittelalter tobte der Kampf zwischen *Imperium* und *Sacerdotium*, Kaiser- und Papsttum, Reich und Kirche sowie zwischen den beiden universalen Mächten und den partikularen Kräften (westeuropäische Monarchien, aufstrebende Städte), die sich selbst zu regieren und verwalten gedachten, keinen Höheren in weltlichen Dingen anerkannten *(superiorem in temporalibus non recognoscens)* und sich selbst als „Kaiser" in ihren Reichen verstanden *(rex in regno suo imperator est)*. Das Kaisertum wurde nicht nur vom Papsttum, sondern auch von den Königen, Fürsten und vom städtischen Bürgertum attackiert. Gegen die ungeheure Besitz- und Machtanhäufung der geistlichen Würdenträger, die Verfilzung von Religion und Politik und die Verkrustung der feudalen Herrschaftsverhältnisse wandten sich religiöse Protest- und Erneuerungsbewegungen, die sich auf die urchristlichen Werte zurückbesannen, ein Leben in Frieden und Gerechtigkeit, Bescheidenheit und Armut, in Gottes- und Nächstenliebe propagierten und durch ihre nachhaltige Wirkung auf breite Bevölkerungskreise heftige Konflikte provozierten, die im sog. *Armutsstreit* (1316-34) kulminierten. Zu den politischen gesellten sich theoretische Spannungen. Durch die Kreuzzüge waren die Europäer mit der fortgeschrittenen und weit überlegenen arabischen Kultur konfrontiert worden, die das Bemühen um Nachahmung und Einholung stimulierte. Vermittelt über arabische Quellen (Avicenna und Averroës) wurde dem Westen erstmals das Gesamtwerk des *Aristoteles* – einschließlich der praktischen Philosophie – erschlossen, das die seitherigen Gewissheiten und Selbstverständlichkeiten infrage stellte und die Welt mit neuen Augen zu sehen lehrte. Die Aristoteles-Rezeption, die in der Mitte des 13. Jahrhunderts einsetzte, brachte das christliche Weltbild ins Wanken und erzwang eine Neubestimmung des Verhältnisses von Glauben und Wissen sowie neue Reflexionen über die Welt und die Stellung des Menschen in ihr.

Ein neues Selbstverständnis brach sich Bahn, ein weltimmanentes Denken rivalisierte mit dem Gedanken der Transzendenz und sollte ihn schließlich verdrängen. Der Aristotelismus schien ohne den Glauben an den einen und einzigen Gott auszukommen und setzte eine neue Gelassenheit an die Stelle der christlichen Furcht. Der Mensch galt nicht mehr unbesehen als *sündhaft,* sondern als ein mit Verstand und natürlichen Bedürfnissen ausgestattetes Lebewesen, als *animal rationale et sociale.* Die natürliche Ordnung erlangte Eigenbedeutung innerhalb der Gnadenordnung, die irdische Herrschaft wurde künftig nicht nur durch Bezug auf Gott, sondern auch auf die Beherrschten legitimiert. Die menschlichen Gemeinschaften – von der Familie über die Nachbarschaft, das Dorf und die Stadt bis hin zur Provinz und zum König- oder Kaiserreich – wurden nun – neben der Kirche – als „natürliche" Einheiten eigenen Rechts konzipiert. Kein Wunder, dass sich die Theologen vehement gegen den Einbruch der Philosophie in ihr eigenes Territorium und gegen die Brechung ihres Deutungsmonopols wehrten. Doch blieb ihr Abwehrkampf letztlich vergebens. Verketzerungen und Verbote nützten wenig. Das politische Denken emanzipierte sich nach und nach aus den Fesseln der christlichen Theologie.

Eine Synthese zwischen christlichem und aristotelischem Denken war Thomas von Aquin (1225-74) gelungen, der damit zum Ausgangspunkt des weiteren Politikdenkens wurde. Auf den von ihm gelegten Fundamenten baute Marsilius von Padua auf, der die theologisch-politischen Ausgleichsbemühungen des Aquinaten nicht akzeptieren konnte. Anlässlich des neuerlichen Konflikts zwischen Kaiser- und Papsttum, den Ludwig der Bayer (1314-46) mit Johannes XXII. (1316-34) auszufechten hatte und der die abendländische Welt weiter spaltete und in Unruhe versetzte, erforschte Marsilius die Ursachen des Haders unter den Menschen, um so die Voraussetzungen für einen künftigen Frieden zu ermitteln (Defensor pacis I,1,7). Mit aristotelischen und christlichen Mitteln, rationalistischer Argumentation und Bibel-Zitaten begründete er die Notwendigkeit einer strikten Scheidung der geistlichen und weltlichen Sphäre und entlarvte das Streben der römischen Bischöfe nach Suprematie und Weltherrschaft *(plenitudo potestatis)* als Ursache des Unfriedens und des ewigen Streits (I,19; II). Sollen

Frieden und Gerechtigkeit unter den Menschen obwalten, so ist die *Herrschaft des Gesetzes* nötig, das vom Volk *(populus seu civium universitas)* bzw. seinem bedeutenderen Teil *(pars valencior)* erlassen wird und auch die weltlichen Machthaber und die Inhaber der geistlichen Ämter bindet (I,18,3). Marsilius wurde so zum Vordenker des neuzeitlichen Staates, indem er die Politik aus der religiösen Umklammerung löste, die Regenten auf das Gemeinwohl verpflichtete und die Legitimität der Herrschaft in ihrer Rückbindung an den Willen der Bürgerschaft suchte. Er wurde zugleich zum Vorläufer des späteren Konstitutionalismus, indem er zwar noch keine Bürgerfreiheiten gegen einen despotischen Staat postulierte, aber doch den Machthabern positiv-rechtliche Schranken setzen und sie der Kontrolle durch den Gesetzgeber bzw. einen von ihm bestellten Ausschuss unterwerfen wollte. Er begründete darüber hinaus den Gedanken der Volkssouveränität, der ins Zentrum der modernen Demokratietheorie rückte.

Den Ausgangspunkt der theoretischen Ableitung bilden nicht mehr die göttlichen Ver- und Gebote, sondern die Erfordernisse des menschlichen Zusammenlebens. Ihren Zielpunkt markieren nicht länger die Bestimmungen der Glückseligkeit und des ewigen Heils, sondern die Bedingungen und Formen, Mittel und Wege zur (Wieder-) Herstellung des irdischen Friedens. Mit Aristoteles erblickt Marsilius den Ursprung der Gemeinschaft (I,3) im menschlichen Streben nach Selbsterhaltung, d.h. im bloßen Überlebenwollen, ihren Endzweck (I,4) hingegen im „guten Leben", d.h. in einem befriedeten und geglückten Dasein. Da aber schon das bloße Überleben infrage gestellt war, verlagerte sich der Akzent von der Zweck- *(causa finalis)* auf die Wirkursache *(causa efficiens).* Erforderlich zur Sicherung des Friedens ist nach Marsilius ein Regiment, in dem der weltliche Herrscher die geistlichen Würdenträger kontrolliert und über die Rechtmäßigkeit ihres Verhaltens wacht. Anstatt die Politik zu dominieren und ihre Richtlinien zu bestimmen, hat die Religion in ihren Dienst zu treten und sich dem Ziel der Friedenssicherung unterzuordnen. Die Priester und Pastoren haben unverzichtbare pädagogische und zivilisatorische Funktionen („Seelenpflege"), von den politischen Angelegenheiten haben sie sich aber fernzuhalten. Damit war die traditionelle christliche Lehre von den zwei Gewalten, dem Mit- und Gegeneinander des geistlichen und weltlichen Schwertes, zugunsten einer einheitlichen weltlichen Gewalt preisgegeben, die zugleich über den Klerus gebietet (II,18,9).

Weder Gott noch die Natur hat festgelegt, welche politische Organisation das Zusammenleben regelt. Es ist Aufgabe der Bürgerschaft oder ihres „bedeutenderen Teils", sich eine Verfassung zu geben. Liegt es einerseits im freien Ermessen der Bürger, ob sie sich in autonomen Städten *(civitates)* selbst verwalten oder aber zu übergreifenden Reichen *(regna)* zusammenschließen (I,2,2; I,17,11), so hängt es andererseits auch allein an ihnen, welche konkrete Ordnung sie in dem von ihnen konstituierten Gemeinwesen etablieren. Marsilius übernimmt die Verfassungslehre des Aristoteles und unterscheidet mit ihm „gute" und „schlechte" Formen (I,8). Als „gut" gelten alle Regierungen, die in Übereinstimmung mit dem Willen der Bürger und Untertanen handeln, als „schlecht" hingegen jene, die ihn missachten und gegen ihn verstoßen (I,9). Es ist folglich gleichgültig und den Bürgern überlassen, ob sie die Alleinherrschaft eines Mannes *(Monarchie)* oder eine kollektive Regierung der „valentior pars" *(Aristokratie)* oder gar die politische Selbstbestimmung und -verwaltung des gesamten Volkes *(Politie)* institutionalisieren. Entscheidend ist, dass die jeweilige Regierung nicht zur *Tyrannis, Oligarchie* oder *Demokratie* „entartet". Das Recht zur Gesetzgebung liegt beim Volk *(humanus legislator),* das Recht selbst entspringt nicht länger einer transzendenten Quelle oder der „Natur", sondern der jeweiligen Macht *(potestas)* des Herrschers, der seine Legitimität vom Volk herleitet. Allerdings wird das gesetzgebende „Volk" bei Marsilius nicht durch die Gesamtheit aller Individuen konstituiert und repräsentiert, sondern durch die einander zugeordneten und aufeinander bezogenen mittelalterlichen Stände. Ungeklärt und strittig bleibt, ob der *Defensor pacis* eine „gemäßigte" (Wahl-) Monarchie, eine Aristokratie oder vielmehr die Selbstverwaltung der bürgerlichen Führungsschicht in den oberitalienischen Städten als die beste und für die Friedenssicherung geeignetste Ordnung begründet hat. Dieser Streit lässt sich nicht schlichten, weil der Paduaner nicht näher bestimmt hat, wer jeweils zur *valentior pars* zu rechnen ist, d.h. zum immer wieder beschworenen (im vorstehenden Textauszug irrtümlich mit „Mehrheit" übersetzten) „bedeutenderen Teil" der Bürgerschaft.

Als *Bürger* gilt – wie schon bei Aristoteles – jeder, der an der regierenden, beratenden oder richterlichen Gewalt teilhat, „je nach seinem sozialen Rang. Diese Beschreibung schließt von den Bürgern die Knaben, die Sklaven, die Fremden und die Frauen aus" (I,12,4). Die *Civitas* und/oder das *Regnum* wird folglich als *Männerbund* verstanden, als eine „Gemeinschaft freier Männer" (§ 6). Während in den Stadtkommunen auch aristokratische oder bürgerlich-elitäre Formen der Willensbildung und Entscheidungsfindung denkbar sind, werden die übergreifenden Reiche wohl eher „gemäßigte", d.h. rechtlich begrenzte Wahlmonarchien sein, in denen die oberen Stände tatkräftig mitwirken und vor allem beratende Funktionen ausüben. Dass die Angehörigen der Unterschichten an den drei Gewalten partizipieren und dadurch Bürgerstatus erlangen, ist eher unwahrscheinlich, wenngleich nicht prinzipiell ausgeschlossen. Die vollwertigen Bürger aber sollen nach Möglichkeit zugleich Urheber und Objekte des Gesetzes sein, da ein Mensch am liebsten solche Gesetze befolgt, von denen er glaubt, dass er sie sich selbst auferlegt hat (§ 6). Der beste Gesetzgeber ist demnach „die Gesamtheit der Bürger oder deren Mehrheit *(eius valenciorem partem),* die die Gesamtheit vertritt" (§ 5).

Mit seinen eindringlichen Analysen hat Marsilius die Grundsätze der künftigen Politik formuliert. Mithilfe seiner begrifflichen und theoretischen Klärungen ließ sich nicht nur die Politik Ludwigs des Bayern gegenüber der Papstkirche in Avignon rechtfertigen, auch die westlichen Monarchien und die lombardischen Städte konnten sich in ihrem Streben nach Selbstständigkeit und Autonomie auf den *Defensor pacis* berufen. Dieser konnte so zum Ausgangspunkt des künftigen Staatsdenkens werden.

Die späteren Reichsapologeten hingegen taten sich schwer mit dem Gedanken der Volkssouveränität, durch den die Entscheidung über die Verfassung und die konkrete Form der Regierung in die Hände der Bürgerschaft gelegt wurde und die Idee der Universalmonarchie als disponibel und letztlich als überflüssig erschien. Auf dem von Marsilius geebneten Weg konnten spätere Staatstheoretiker – von Machiavelli bis Hobbes, von Locke und Rousseau bis hin zu Hegel – weiterschreiten. Ziel der Politik ist nicht mehr die Verwirklichung des göttlichen Heilsplanes, sondern die Friedenssicherung und die Ermöglichung eines einträchtigen Zusammenlebens. Dazu ist weder eine Universalmonarchie noch eine vom Papsttum beherrschte Anstaltskirche nötig. Es genügt, wenn sich die Städte und Provinzen ordentlich verwalten und – bei Bedarf – zu größeren Reichen oder zu Staaten zusammenschließen, in denen die Gesamtheit oder ihr „bedeutenderer Teil" die Geschicke des Gemeinwesens bestimmt.

Giovanni Pico della Mirandola

Ausgewählt und interpretiert von Gotthard Breit

Oratio de hominis dignitate (1496)
Aus der Rede über die Würde des Menschen

1 Bereits hatte Gott-Vater, der höchste Baumeister, dieses irdische Haus der Gottheit,
das wir jetzt sehen, nach den Gesetzen einer verborgenen Weisheit errichtet. Aber
als er dieses Werk vollendet hatte, da wünschte der Baumeister, es möge jemand da
sein, der die Vernunft eines so hohen Werkes nachdenklich erwäge, seine Schönheit
5 liebe, seine Größe bewundere. Deswegen dachte er zuletzt an die Schöpfung des
Menschen. Nun befand sich aber unter den Archetypen in Wahrheit kein einziger,
nach dem er einen neuen Sprößlinge hätte bilden sollen, und unter den vielen
Ruheplätzen des Weltkreises war kein einziger mehr vorhanden, auf dem jener
Betrachter des Universums hätte Platz nehmen können. Alles war bereits voll,
10 alles unter die höchsten, mittleren und untersten Ordnungen der Wesen verteilt.
Daher ließ sich Gott den Menschen gefallen als ein Geschöpf, das kein deutlich
unterscheidbares Wesen besitzt, stellte ihn in die Mitte der Welt und sprach zu ihm:
„Wir haben dir weder einen bestimmten Wohnsitz noch ein eigenes Gesicht noch
irgendeine besondere Gabe verliehen, o Adam, damit du jeden beliebigen Wohnsitz,
15 jedes beliebige Gesicht und alle Gaben, die du dir sicher wünschest, auch nach
deinem Willen und nach deiner eigenen Meinung haben und besitzen mögest.
Den übrigen Wesen ist ihre Natur durch die von uns vorgeschriebenen Gesetze
bestimmt und wird dadurch in Schranken gehalten. Du bist durch keinerlei un-
überwindliche Schranken gehemmt, sondern du sollst nach deinem eigenen freien
20 Willen, in dessen Hand ich dein Geschick gelegt habe, sogar jene Natur dir selbst
vorherbestimmen. Ich habe dich in die Mitte der Welt gesetzt, damit du von dort
bequem um dich schaust, was es alles in dieser Welt gibt. Wir haben dich weder
als einen Himmlischen noch als einen Irdischen, weder als einen Sterblichen noch
als einen Unsterblichen geschaffen, damit du als dein eigener, völlig frei entschei-
25 dender Bildner und Gestalter dir selbst die Form bestimmst, in der du zu leben
wünschest. Es steht dir frei, in die Unterwelt des Viehs zu entarten. Es steht dir
ebenso frei, in die höhere Welt des Göttlichen dich durch den Entschluß deines
eigenen Geistes zu erheben."

Müssen wir darin nicht zugleich die höchste Freigebigkeit Gottes und das höchste   1
Glück des Menschen bewundern? In den Menschen hat der Vater gleich bei seiner
Geburt die Samen aller Möglichkeiten und die Lebenskeime jeder Art hineingelegt.
Welche er selbst davon pflegen wird, diejenigen werden heranwachsen und in ihm
Früchte bringen. […]   5
Wenn du daher einen Menschen siehst, der ganz dem Bauche ergeben ist und
gleichsam auf der Erde kriecht, so wisse, es ist ein Strauch, nicht ein Mensch, was
du da siehst. Wenn du einen anderen siehst, in die Phantasie verstrickt, durch
Sinneseindrücke bezaubert und durch ihre Verlockungen gleichsam gefesselt, es ist
ein Tier, kein Mensch, was du da siehst. Wenn du aber einen erblickst, der nach   10
der richtigen Art der Philosophen alles betrachtet, diesen sollst du verehren; denn
er ist ein himmlisches und kein irdisches Wesen. […]
Mögen wir daher die huldvolle Güte unseres Vaters nicht mißbrauchen, durch die
er uns jene freie Wahl gab. In die Seele muß ein heiliger Ehrgeiz eindringen, so
daß wir, mit dem Mittelmäßigen nicht zufrieden, dem Höchsten nachjagen und   15
uns mit allen Kräften darum bemühen.

Zit. nach Herbert Krieger (Hrsg.): Handbuch des Geschichtsunterrichts.
Bd. IV. Die Neuzeit. Materialien für den Geschichtsunterricht.
4. Aufl., Frankfurt/M. 1978, S. 6

Interpretation

Der Humanist Giovanni Pico della Mirandola (* 24.2.1463 in Mirandola, † 17.11.1494 bei Florenz) gehörte zum Kreis Lorenzos des Prächtigen aus dem Haus der Medici. Unter deren Herrschaft erfuhr die Renaissance in Florenz einen glanzvollen Höhepunkt.

Der Wirtschaftswandel, hervorgerufen durch die Ablösung der Naturalwirtschaft durch die Geldwirtschaft, bewirkte zu Lebzeiten Picos in Ober- und Mittelitalien und dort vor allem in Florenz eine Wirtschaftsblüte, ein Erstarken der Städte und eine neue städtische Kultur. Das Bankwesen entstand; der internationale Handel hatte den Kaufleuten Wohlstand und den unabhängigen Stadtstaaten Macht gebracht. Nach dem Vorbild Roms betrachteten sich die städtischen Eliten als Patrizier; der Rat der Stadt sah sich in der Rolle des Senats im antiken Rom. Eine neue Bildungsaristokratie wuchs heran. Gelehrte standen als Lehrer oder Sekretäre im Dienst der Mächtigen. Die bildenden Künste und die Literatur erlebten unter der Patronage des Hauses Medici eine Blütezeit.

In der Zeit der Renaissance erfolgte eine Hinwendung zur Antike. Die griechische Literatur wurde wieder entdeckt. Francesco Petrarca (* 1304, † 1374) und Giovanni Boccaccio (* 1313, † 1375) bildeten den Anfang. Als Vorboten der Renaissance bemühten sie sich darum, die Beschäftigung mit antiker Literatur wieder zu beleben. Nach der Eroberung Konstantinopels 1453 kamen viele Flüchtlinge nach Oberitalien und mit ihnen die Kenntnisse der griechischen Sprache. Die Gelehrten sahen sich in die Lage versetzt, griechische Texte in der Originalsprache zu lesen. Die Beschäftigung mit griechischen und römischen Philosophen wurde geradezu zu einem Merkmal humanistischer Gelehrsamkeit.

Der adlige Pico aus Mirandola, der Giovanni, den zweiten Sohn Lorenzos des Prächtigen, unterrichtete, gehörte zu den bedeutenden Philosophen und Gelehrten der von Cosimo de Medici neu gegründeten „Platonischen Akademie". Hier wurden insbesondere die Texte und die Philosophie Platons studiert.

Bei ihrem Studium der alten Schriften lernten die Gelehrten den Charakter der Menschen kennen, wie ihn die Klassiker darstellten. Und sie bemühten sich darum, diesem Vorbild nachzueifern. Auch wenn niemand die Antike als Ersatz für das Christentum ansah, führte die Hinwendung zu der klassischen Vergangenheit dazu, die Frage nach der Bestimmung des Menschen neu zu stellen und nach neuen Antworten zu suchen. Florenz bildet den Ausgangspunkt der humanistischen Bewegung, die den Menschen als Individuum entdeckte. Im Gefolge des neuen Denkens begannen die Gelehrten, dem Menschen eine andere, größere Bedeutung zuzumessen. Dies sollte sich als richtungsweisend für die Zukunft erweisen.

Die sich anbahnenden Neuorientierungen weckten ebenso wie die Hochschätzung antiker Schriften das Misstrauen der Kirche. Bei der Entdeckung der menschlichen Autonomie kann diese Reaktion nicht verwundern. Pico erfuhr 1486 den Kirchenbann, der erst 1493 aufgehoben wurde. An der Intensität seines christlichen Glaubens darf dennoch nicht gezweifelt werden. Pico hat gegen Ende seines Lebens Savonarola unterstützt und, unter seinem Einfluss stehend, zu einem Christentum mittelalterlicher Strenge zurückgefunden. Diese Entwicklung zeigt, dass er trotz seiner neuen Auffassung von der Bedeutung des Menschen noch sehr in der Vergangenheit verwurzelt war.

Die Zeitbedingtheit der zwei Jahre nach seinem Tod veröffentlichten Rede ist leicht erkennbar; so formuliert ein hochgebildeter Humanist und ein Mitglied aus dem Umkreis Lorenzos des Prächtigen. Ein Philosoph der Gegenwart würde sich anders ausdrücken. Und dennoch können wir heute gerade aus diesem Text gut herauslesen, was der Begriff „Würde des Menschen" beinhaltet.

Nach Pico hat Gott die Natur aller Lebewesen fest bestimmt. Sie müssen so leben und sich so verhalten, wie es ihnen ihre Natur vorbestimmt. Sie sind trieb- und instinktgebunden und verfügen über keinen freien Willen. Lediglich dem Menschen hat Gott die Möglichkeit eingeräumt, über sich nachzudenken und selbstständig Entscheidungen zu treffen bzw. über sich selbst zu bestimmen. Nur der Mensch kann so leben, wie er es für richtig hält. Er kann festlegen, was er tut, wo er wohnt und was er besitzen möchte. Nur er kann von sich aus Fragen stellen und versuchen, sie selbstständig zu beantworten. Er kann um sich schauen und erforschen, was es alles in der Welt gibt. Und in diesem Forscherdrang gibt es für ihn keine unüberwindlichen Schranken. Durch dieses Streben kann er zu einem höheren Bereich aufsteigen und eine Vollkommenheit erreichen, die ihm Freiheit und Würde verleiht.

Der Mensch kann aber auch andere Lebensweisen wählen. Er kann sich dem Verlangen seines Bauches ergeben, doch kommt er dann über den Zustand des Kriechens auf der Erde nicht hinaus. Lässt er sich durch Sinneseindrücke bezaubern und durch Verlockungen fesseln, dann entartet der Mensch und verbannt sich selbst in die Unterwelt des Viehs. Nur wer sich durch eigenen Entschluss von den Niederungen erhebt, sich nicht mit dem Mittelmäßigen zufriedengibt, sondern dem Höchsten nachjagt und nach der richtigen Art des Philosophen alles betrachtet, bekommt nach Pico als Mensch Würde zuerkannt. Die Heraushebung vor allen anderen Lebewesen kann nicht als ein Versuch Picos gedeutet werden, den Menschen von Gott zu lösen. In der Rede bleibt unzweifelhaft, dass für ihn bei aller neuen Unabhängigkeit der Mensch unter Gottes Obhut steht.

Der Humanismus, das Hauptelement der Renaissancekultur in Florenz, begründete neue Wertvorstellungen; der Mensch erfährt eine neue Bestimmung. Picos Rede über die Würde des Menschen zeigt dies exemplarisch. Mit ihrem neuen Welt- und Menschenbild kann die Rede als der Beginn eines neuen Zeitalters angesehen werden. Nach Pico hat Gott dem Menschen Selbstständigkeit geschenkt. In der Freiheit sieht Pico, wie die Überschrift der Rede zeigt, die Würde des Menschen. Er hat damit auf den Zusammenhang hingewiesen, der bis heute zwischen der Freiheit und der Würde des Menschen besteht. Nach dem Verständnis westlicher Zivilisation bildet Freiheit als Recht der Mündigkeit den Grundanspruch menschlicher Würde.

Zugleich macht Pico mit unübertrefflicher Klarheit darauf aufmerksam, dass Freiheit und Würde dem Menschen nicht selbstverständlich gegeben sind, sondern von jedem Einzelnen nur mit Anstrengungen erworben werden können. Wer menschenwürdig leben will, darf nicht Bedürfnissen und Verlockungen nachgeben oder sich mit Mittelmäßigem zufriedengeben. Die Verwirklichung von Freiheit und Würde gelingt dem Menschen nur dann, wenn er die Mühen auf sich nimmt, die notwendig sind, um selbstständig zu denken und zu handeln und so selbstbestimmt zu leben. Entsprechend den antiken Vorbildern misst er der Vita contemplativa den Vorrang vor der Vita activa zu. In der Rangordnung der Menschen sieht er den Gelehrten am höchsten.

Die andere Bedeutung der Rede liegt darin, dass Pico die Notwendigkeit und den Rang der Erforschung der Welt hervorhebt. Mit der Wiederentdeckung des klassischen Altertums und insbesondere mit dem Studium der Sprache und der Philosophie Platons wurde in Florenz ein Bildungshumanismus gepflegt, der zu einer von kirchlicher Dogmatik befreiten Forschung führte. Fußend auf einem christlichen Weltbild wandte sich der Humanismus der diesseitigen Welt zu, die es im Geist freier Forschung zu erkunden galt. Nicht mehr Gott allein bildete den Gegenstand menschlicher Einsicht. Den Gelehrten ging es um den Menschen selbst und um die Welt, in der er lebte. Zum ersten Mal werden Vorstellungen über die Möglichkeiten geäußert, selbstbestimmt handelnd in die Ordnung der Welt einzugreifen.

Das neue Denken und das neue Menschenbild besaßen zunächst nur Bedeutung für den geistigen Elitekreis der Humanisten um die ‚Platonische Akademie‘ und darüber hinaus für die wirtschaftliche und politische Oberschicht von Florenz und andere ober- und mittelitalienische Stadtstaaten. Die Auffassung vom Menschen, der über einen freien Willen verfügt und über sein Leben selbst bestimmt, sollte sich aber in der Neuzeit durchsetzen. Der Geist des diesseitigen Denkens und der freien Forschung, der von Florenz ausging, beeinflusste und veränderte das europäische Geistesleben.

Die Rede thematisiert eine Grundlage des demokratischen Verfassungsstaates in der Neuzeit. In ihr werden zum ersten Mal der moderne Mensch und dessen Würde gezeigt. Der Mensch besitzt die Möglichkeit zur Wahl einer Lebensform und damit die Freiheit zur Individualität. Aus dem Menschenbild, das in dieser Rede entworfen wird, ergeben sich Konsequenzen für die Aufgaben des Staates und des einzelnen Bürgers. Sie werden von Pico nicht gesehen bzw. an keiner Stelle der Rede angedeutet. Sie wurden erst später gedanklich entwickelt und noch viel später in Staat und Gesellschaft umgesetzt (in Deutschland im Grunde erst nach 1945).

Will der Mensch die Möglichkeit zur freien Entfaltung seiner Persönlichkeit nutzen, dann setzt dies gesellschaftliche Bedingungen voraus, in denen sich die neue Freiheit und Würde verwirklichen lassen. Das neue Menschenbild, das sich mit dieser Rede in der Neuzeit zu entwickeln und durchzusetzen begann, macht die rechtsstaatliche, demokratische und sozialstaatliche Gestaltung des Gemeinwesens notwendig. Wer in der Möglichkeit zur Selbstbestimmung das Merkmal des Menschen und seiner Würde erkennt, wird die Hauptaufgabe des Staates darin sehen, die Achtung und den Schutz der Menschenwürde zu garantieren. Der Staat, seine Verfassung, das Institutionengefüge und die Verflechtung mit gesellschaftlichen Organisationen müssen so aufgebaut sein, dass sie diese Aufgabe erfüllen können.

Aus dem Menschenbild ergeben sich nicht nur Konsequenzen für den Staat. Mit der Deutung der Menschenwürde werden auch Anforderungen an das einzelne Individuum verbunden. Die staatlichen und gesellschaftlichen Voraussetzungen für ein Leben in Freiheit und Würde fallen nicht vom Himmel. Sie müssen von den Menschen selbst geschaffen werden. (Seneca: Die Welt ist weder vollkommen noch unvollkommen, sondern das, was wir aus ihr machen.) Dies können nur Menschen leisten, die sich freiwillig von der Ergebenheit ihrem Bauch gegenüber und den Verlockungen der Sinneseindrücke lösen, oder sich, wie es Kant mehrere hundert Jahre später ausgedrückt hat, von der eigenen Unmündigkeit befreien und sich ihres eigenen Verstandes bedienen. Die Demokratie ist darauf angewiesen, dass Menschen weder moralisch noch intellektuell versagen und den ihnen (von Gott) gegebenen eigenen Willen dazu nutzen, sich von den Niederungen zu erheben und selbstbestimmt zu denken und zu handeln. Nur diese Bürgerinnen und Bürger können mit ihrer Aktivität eine freiheitlich-demokratische Ordnung mit Leben erfüllen; nur mit ihrer politischen Beteiligung kann die Würde des Menschen geachtet und geschützt werden.

Niccolò Machiavelli

Ausgewählt und interpretiert von Rudolf Speth

Die Auseinandersetzung zwischen römischem Volk und Senat macht die Republik frei und mächtig (1532)

1 Wenn man die Kämpfe zwischen Adel und Volk verdammt, so tadelt man, meiner Meinung nach, die erste Ursache der römischen Freiheit. Man beachtet dann mehr den Lärm und das Geschrei bei solchen Kämpfen als die guten Wirkungen, die daraus hervorgingen, und bedenkt nicht, daß in jeder Republik das Denken und
5 Streben der Großen und des Volkes verschieden sind und daß aus dieser Zwietracht alle Gesetze zugunsten der Freiheit hervorgehen. Auch in Rom ging es so. Von den Tarquiniern bis zu den Gracchen, in einem Zeitraum von mehr als dreihundert Jahren, hatten die Unruhen Roms selten Verbannung zur Folge, viel seltener noch floß Blut. Man kann daher diese Kämpfe weder für schädlich halten noch
10 glauben, daß die Republik durch Spaltungen zerrissen war, wenn sie in so langer Zeit ihrer Streitigkeiten wegen nicht mehr als acht bis zehn Bürger verbannte, sehr wenige hinrichten ließ und nicht gar viele zu Geldstrafen verurteilte. Ebensowenig kann man mit Grund eine Republik schlecht eingerichtet nennen, wenn sie so viele Beispiele von Tugend aufzuweisen hat, denn gute Beispiele entstehen durch
15 gute Erziehung, gute Erziehung durch gute Gesetze und gute Gesetze durch jene Unruhen, die von vielen unüberlegt verdammt werden. In der Tat wird niemand, der den Ausgang derselben wohl untersucht, finden, daß eine Verbannung, eine Gewalttat zum Nachteil des allgemeinen Wohles daraus hervorging, sondern Gesetze und Einrichtungen zur Förderung der öffentlichen Freiheit.
20 Man könnte zwar einwenden, es seien ganz außerordentliche, ja furchtbare Wege zum Guten gewesen, wenn das zusammengerottete Volk gegen den Senat, der Senat gegen das Volk schrie, wenn alles lärmend durch die Straßen rannte, wenn die Kaufläden geschlossen wurden, wenn das ganze Volk aus Rom auszog; lauter Dinge, die freilich beim Lesen in Erstaunen setzen, allein jede Stadt muß auf ihre eigene
25 Art die Möglichkeiten haben, dem Ehrgeiz des Volkes Luft zu machen; besonders aber Staaten, welche sich in wichtigen Angelegenheiten des Volkes bedienen wollen. Rom hatte die Art, daß das Volk, wenn es ein Gesetz durchsetzen wollte, entweder

eines der angeführten Dinge tat oder sich in den Krieg zu ziehen weigerte, so daß
man, um es zu besänftigen, in einigen Stücken nachgeben mußte. Was aber freie
Völker verlangen, ist selten für die Freiheit verderblich, weil ihr Verlangen entweder
durch Unterdrückung entsteht oder durch die Furcht, unterdrückt zu werden. Hätte
ein Volk darin eine falsche Meinung gefaßt, so findet sich dagegen ein Mittel in
den Volksversammlungen, wo sich dann ein wohlmeinender Mann erhebt und
ihm in einer Rede seinen Irrtum zeigt. Cicero sagt, die Völker seien, wenn auch
unwissend, doch für die Wahrheit empfänglich, und leicht geben sie nach, wenn
ihnen von einem glaubwürdigen Mann die Wahrheit gesagt wird. Man muß daher
mit dem Tadel der römischen Regierungsweise sparsamer sein und erwägen, daß
die vielen guten Wirkungen, welche aus dieser Republik hervorgingen, nur aus
den besten Ursachen entstehen konnten. Die Unruhen aber verdienen das größte
Lob, wenn sie Ursache der Einführung der Volkstribunen waren, denn außer daß
dadurch das Volk seinen Anteil an der Verwaltung erhielt, wurden die Tribunen
auch zu Wächtern der römischen Freiheit eingesetzt, wie uns das nächste Kapitel
zeigen soll. [...]

1. Damit eine Religionsgemeinschaft oder eine Republik lange bestehen kann, ist es nötig, sie häufig zu ihren Anfängen zurückzuführen

Es ist eine ausgemachte Wahrheit, daß alle Dinge auf der Welt ihre Lebensgrenze
haben. Allein diejenigen durchleben den ganzen ihnen vom Himmel im allgemeinen vorgezeichneten Lauf, die ihren Körper nicht in Unordnung bringen,
sondern ihn so in Ordnung halten, daß er nicht krank wird oder, wenn er krank
wird, dafür sorgen, daß ihm dies zum Heile, nicht zum Verderben gereicht. Da
ich nun hier von zusammengesetzten Körpern spreche, wie es Republiken und
Religionsgemeinschaften sind, so sage ich: diejenigen Krankheiten gereichen ihnen zum Heil, die sie zu ihren Anfängen zurückführen. Es sind daher diejenigen
Religionen und Republiken am besten geordnet und haben das längste Leben,
die vermittels ihrer Einrichtungen sich häufig erneuern können oder aber durch
einen äußeren Zufall zu dieser Erneuerung geführt werden. Es ist klarer als der Tag,
daß diese Körper, wenn sie sich nicht erneuern, keine Dauer haben. Das Mittel,
sie zu erneuern, ist, wie gesagt, sie zu ihren Anfängen zurückzuführen; denn alle
Anfänge der Religionsgemeinschaften, Republiken und Königreiche müssen notwendig etwas Gutes haben, mit Hilfe dessen sie ihr ursprüngliches Ansehen und
ihr ursprüngliches Wachstum wieder aufnehmen. Dieses Gut verdirbt im Lauf der
Zeit; wenn daher nichts dazwischentritt, das es wiederherstellt, so muß der Körper
notwendigerweise sterben. [...]
Das Zurückführen zu den Anfängen geschieht bei den Republiken durch ein äußeres
Unglück oder durch innere Klugheit. Was das erstere betrifft, so sieht man, wie
nötig es war, daß Rom durch die Gallier genommen wurde, wenn es wiedergebo-
ren werden sollte, wenn es durch die Wiedergeburt neues Leben und neue Kraft

1 erhalten, wenn die Beachtung von Religion und Gerechtigkeit, die beide entweiht
zu werden begannen, wieder aufgenommen werden sollte. [...]
Es ist also erforderlich, daß die Menschen, gleichviel unter welchen Formen sie
miteinander leben, häufig entweder durch solche äußeren oder durch innere Er-
5 eignisse zu Selbsterkenntnis gebracht werden. Letzteres muß entweder durch ein
Gesetz bewirkt werden, das die Menschen, die Glieder des politischen Körpers sind,
kontrolliert, oder durch einen vorzüglichen Mann, der durch sein Beispiel und seine
tugendhaften Handlungen dieselben Wirkungen hervorbringt wie das Gesetz. Es
entspringt also für die Republiken dieses Gute entweder aus dem Verdienst *(virtù)*
10 eines Mannes oder aus der Kraft *(virtù)* der inneren Ordnung. Was letzteres betrifft,
so gehörten zu den Einrichtungen, die die römische Republik zu ihren Anfängen
zurückführten, die Volkstribunen, die Zensur und alle übrigen Gesetze, die nach
und nach gegen den Ehrgeiz und den Übermut der Bürger gemacht wurden. Diese
Gesetze bedürfen, um in Geltung zu bleiben, der Bürgertugend eines Mannes, der
15 den Mut hat, sie gegen die Macht der Übertreter zu vollstrecken.

Niccolò Machiavelli: Discorsi. In: Ders., Politische Schriften. Herausgegeben von Herfried Münkler.
Aus dem Italienischen übersetzt von Johannes Ziegler und Franz Nikolaus Baur.
Frankfurt/M. 1990, Discorsi, 1. Buch, S. 138-139; 3. Buch, S. 234-235

Interpretation

Der hier abgedruckte Text aus den *Discorsi* versteht sich als ein Kommentar Machiavellis (1469-1527) zu den ersten zehn Büchern von Titus Livius Werk *Ab urbe conditio libri*, einer Geschichte Roms und besonders der römischen Republik. Machiavelli verfasste die *Discorsi* in einer Zeit der erzwungenen politischen Untätigkeit, in der er Muße fand, sich mit antiken Autoren zu beschäftigen und über die Grundprobleme von Politik und Geschichte nachzudenken. Machiavelli war in der Zeit davor, zwischen 1498 und 1512 Sekretär des für Militärfragen verantwortlichen Rates der Zehn der Florentiner Republik und war damit zuständig für die Außen- und Verteidigungspolitik der Republik Florenz. Sein größter Triumph war dabei die Rückeroberung des abgefallenen Pisa im Jahre 1509, die durch die Reorganisation des Florentiner Militärwesens nach dem Milizsystem durch Machiavelli möglich wurde. Machiavelli wurde 1512 aus der Stadt verbannt, nachdem die Medici mithilfe spanischer Truppen in die Stadt zurückkehrten. 1530 kam es zum endgültigen Zusammenbruch der Republik Florenz, die bereits spätestens in der zweiten Hälfte des 15. Jahrhunderts in die Krise geraten war. Die ökonomische Krise, in die Florenz geriet, war bedingt durch Schwierigkeiten bei der Wolltuchproduktion und vor allem durch den Zusammenbruch des Kredit- und Banksystems. Unter der Herrschaft der Medici kam es immer mehr zu einem Verfall der republikanischen Substanz der Selbstregierung. Machiavellis Anliegen war daher, einen Ausweg aus dieser Krise des politischen Gemeinwesens zu finden. Dazu beschäftigte er sich mit dem historischen Vorbild, der römischen Republik.

Machiavelli steht mit seinen Schriften am Anfang einer Entwicklung der politischen Philosophie, in der sich die politische Theorie von der Theologie und Ethik emanzipiert. Sein *Principe*, mit dem er dem Fürsten Ratschläge erteilt, wie er die politische Herrschaft gewinnen und erhalten kann, ist noch weitgehend im Rahmen der traditionellen Fürstenspiegel gehalten. Neu ist aber bei ihm ein veränderter Blick auf die Wirklichkeit. Neben den antiken Schriftstellern war die politische Praxis und die Beobachtung der einfachen Menschen eine neue Erfahrungsquelle. Sein politischer Realismus will die Dinge sehen „wie sie sind" und nicht „wie sie sein sollen" (Principe XV). Er spielt damit das Faktum gegen die Norm aus, deren Auseinanderfallen die humanistischen Traktate noch rhetorisch überdeckt hatten. Das fundamental Neue in seiner politischen Theorie ist die Orientierung des politischen Handelns am Erfolg und damit die Rechtfertigung eines technizistischen Politikbegriffs. Zudem prägte er mit seiner pessimistischen Anthropologie das politische Denken der Neuzeit derart, dass alle Rechtfertigungen staatlichen Gewalthandelns sich daraus ableiten. Die Schlechtigkeit des Menschen begründet er nicht länger mit der Erbsünde, sondern mit der Unendlichkeit des menschlichen Begehrens und der Unmöglichkeit seiner Befriedigung.

Auch wenn Machiavelli mit der Neuausrichtung der politischen Theorie der Neuzeit für eine Abkopplung von der griechisch-römischen Tradition und den theologischen Vorgaben sorgte, so hat er auf andere Weise doch die Tradition des Republikanismus fortgesetzt und unter neuzeitlichen Prämissen neu interpretiert. Die beiden Textstellen beziehen sich auf die Gründung und Stabilisierung der Republik unter modernen Bedingungen. In den *Discorsi* empfiehlt Machiavelli die römische Verfassung und nicht die der anderen antiken Republiken nachzuahmen – auch nicht die der Republik Venedig. Die Geschichte der Alten, insbesondere die der römischen Republik, ist Vorbild bei der Errichtung neuer Institutionen. Machiavelli suchte in den *Discorsi* nach den Gründen für die Erhaltung der römischen Freiheit, denn diese Freiheit gilt es auch gegenwärtig wiederzugewinnen. Dieser republikanische Freiheitsbegriff meint im Unterschied zum liberalen Begriff der individuellen Handlungsfreiheit die Freiheit der bürgerlichen Selbstregierung in einer Republik. Das partizipatorische Freiheitsideal Niccolò Machiavellis war dem der Bürger-Humanisten verwandt und war gleichbedeutend mit der Teilhabe an der Machtausübung *(Vita activa)*.

In den *Discorsi* ging es Machiavelli um die Erneuerung und Sicherung dieser republikanischen Freiheit, die durch Luxusstreben, Sittenverfall und Verlust der politischen Tugend bedroht war. Ein Weg der Regeneration, der Wiedergewinnung der *virtù* des Volkes, war der Konflikt zwischen Adel und Volk in Rom gewesen. Er bewahrte die Stadt vor dem Niedergang, weil aus diesen Kämpfen die heilsame Wirkung der Regeneration in Permanenz hervorging. Machiavelli kann daher als ein früher Vorläufer einer pluralistischen Parteientheorie gelesen werden, in der der gehegte politische Konflikt der öffentlichen Freiheit förderlich ist. Machiavelli möchte daher jene beständige Unruhe, weil sie das politische Engagement der Bürger wachhält und vor dem Verfall bewahrt.

Einen anderen Vorschlag zur moralischen Erneuerung der Republik hat er im zweiten Textfragment gemacht. Die ursprüngliche *virtù* des Volkes sollte durch die Rückführung der politischen Ordnung auf seine Anfänge wieder hergestellt werden. Hintergrund dafür ist Machiavellis zyklisches Geschichtsdenken, in dem Aufstieg und Verfall sich abwechseln. Die Erkenntnis der Gesetzmäßigkeiten der Geschichte, der *necessità* kombiniert mit der Handlungskompetenz der *virtù* soll dem obersten Ziel der Selbsterhaltung des politischen Gemeinwesens dienen. Die *virtù* als Inbegriff der politischen Tatkraft und Energie kann erneuert werden, wenn die politische Ordnung immer wieder auf ihre Ursprünge zurückgeführt wird. Ohne *virtù* ist nach Machiavelli kein Staat in der Lage, seine innere Stabilität über längere Zeit aufrechtzuerhalten. Hier zeigt sich auch, dass die beiden Schriften *Il Principe* und *Discorsi* enger zusammengehören, als häufig in der Literatur angenommen wird: Ist die republikanische *virtù* bei den Bürgern nicht anzutreffen, so muss an diese Leerstelle die Handlungskompetenz eines *uomo virtuoso* gesetzt werden. Dieser übernimmt dann die oberste Aufgabe der Selbsterhaltung der politischen Gemeinschaft, freilich um den Preis der Aufgabe der freiheitlichen Verfassung.

Diese Rückführung auf die Ursprünge des politischen Gemeinwesens kann auch durch Institutionen, Gesetze und durch die Verfassung zustande gebracht werden. *Virtù* besaßen nach Machiavelli allein die bürgerlichen Schichten, die sich an der Regierung des Staates beteiligten, nicht jedoch der Klerus, der Adel und die Rentiers. *Virtù* als bürgerlich-republikanischer Kampfbegriff steht in Gegensatz zu Müßiggang, *ozio*, und Korruption. Beständige Reform, Nivellierung der Standesunterschiede und gezügelte Konflikte sind die Wege, den Institutionen und Bürgern das Maß an republikanischem Ethos zu verleihen, das sie brauchen, um den Verfall des politischen Gemeinwesens aufzuhalten. Machiavelli war als Krisentheoretiker darauf bedacht, dem ökonomischen und dem mit ihm einhergehenden politischen Niedergang entgegenzuarbeiten. Die Selbsterhaltung des Staates bildet daher bei ihm den Kern seines politischen Denkens und wird ihm zur obersten Maxime.

Für unser heutiges Demokratieverständnis sind die Ratschläge, die Machiavelli im *Principe* in Bezug auf die Machterhaltung gibt, weniger wichtig; wichtig hingegen ist die Einsicht, dass das Ziel der Republik, die Sicherung der Freiheit, nur mit partizipationsbereiten Bürgern erreicht wird.

An Machiavelli scheiden sich bis heute die Geister. Es gibt einen Traditionsstrang politischen Denkens, der von Gentile über Harrington, Spinoza und Rousseau reicht, in dem er als Republikaner gesehen wird, während anderen Machiavelli als Diagnostiker gilt, der nur beschrieben hat, was er an politischer Praxis vorfand. In dieser Linie gilt er vor allem als Theoretiker der Staats-raison und des Machtstaatsgedankens.

Thomas Hobbes

Ausgewählt und interpretiert von Antonia Geisler

Leviathan oder
Stoff, Form und Gewalt eines kirchlichen
und bürgerlichen Staates (1651)

1   *Von der natürlichen Bedingung der Menschheit im Hinblick auf ihr Glück und Unglück*

Die Natur hat die Menschen hinsichtlich ihrer körperlichen und geistigen Fähigkeiten so gleich geschaffen, daß trotz der Tatsache, daß bisweilen der eine einen
offensichtlich stärkeren Körper oder gewandteren Geist als der andere besitzt, der
5   Unterschied zwischen den Menschen alles in allem doch nicht so beträchtlich ist,
als daß der eine auf Grund dessen einen Vorteil beanspruchen könnte, den ein
anderer nicht ebensogut für sich verlangen dürfte. Denn was die Körperstärke
betrifft, so ist der schwächste stark genug, den Stärksten zu töten – entweder durch
Hinterlist oder durch ein Bündnis mit anderen, die sich in derselben Gefahr wie
10   er selbst befinden [...].
Aus dieser Gleichheit der Fähigkeiten entsteht eine Gleichheit der Hoffnung, unsere
Absichten erreichen zu können. Und wenn daher zwei Menschen nach demselben
Gegenstand streben, den sie jedoch nicht zusammen genießen können, so werden
sie Feinde und sind in Verfolgung ihrer Absicht, die grundsätzlich Selbsterhaltung
15   und bisweilen nur Genuß ist, bestrebt, sich gegenseitig zu vernichten oder zu
unterwerfen. [...] Daraus ergibt sich klar, daß die Menschen während der Zeit, in
der sie ohne eine allgemeine, sie alle im Zaum haltende Macht leben, sich in einem
Zustand befinden, der Krieg genannt wird, und zwar in einem Krieg eines jeden
gegen jeden. Denn *Krieg* besteht nicht nur in Schlachten oder Kampfhandlungen,
20   sondern in einem Zeitraum, in dem der Wille zum Kampf genügend bekannt ist. [...]

Von den Ursachen, der Erzeugung und der Definition des Staates

Der alleinige Weg zur Errichtung einer solchen allgemeinen Gewalt, die in der
Lage ist, die Menschen vor dem Angriff Fremder und vor gegenseitigen Übergriffen zu schützen und ihnen dadurch eine solche Sicherheit zu verschaffen, daß sie
25   sich durch eigenen Fleiß und von den Früchten der Erde ernähren und zufrieden

leben können, liegt in der Übertragung ihrer gesamten Macht und Stärke auf   1
einen Menschen oder eine Versammlung von Menschen, die ihre Einzelwillen
durch Stimmenmehrheit auf einen Willen reduzieren können. [...] Dies ist mehr
als Zustimmung oder Übereinstimmung: Es ist eine wirkliche Einheit aller in ein
und derselben Person, die durch Vertrag eines jeden mit jedem zustande kam, als   5
hätte jeder zu jedem gesagt: *Ich autorisiere diesen Menschen oder diese Versammlung*
von Menschen und übertrage ihnen mein Recht, mich zu regieren, unter der Bedingung,
daß du ihnen ebenso dein Recht überträgst und alle ihre Handlungen autorisierst. Ist
dies geschehen, so nennt man diese zu einer Person vereinte Menge Staat [...].
Dies ist die Erzeugung jenes großen *Leviathan* oder besser, um es ehrerbietiger   10
auszudrücken, jenes *sterblichen Gottes*, dem wir unter dem unsterblichen Gott
unseren Frieden und Schutz verdanken. [...] Hierin liegt das Wesen des Staates, der,
um eine Definition zu geben, *eine Person ist, bei der sich jeder einzelne einer großen*
Menge durch gegenseitigen Vertrag eines jeden mit jedem zum Autor ihrer Handlungen
gemacht hat, zu dem Zweck, daß sie die Stärke und Hilfsmittel aller so, wie sie es für   15
zweckmäßig hält, für den Frieden und die gemeinsame Verteidigung einsetzt. [...]

Von den verschiedenen Arten der Staaten durch Einsetzung
und der Nachfolge in die souveräne Gewalt

Der Unterschied zwischen den Staaten liegt in der Verschiedenheit des Souveräns
oder der Person, die alle und jeden einzelnen der Menge vertritt. Und da die Sou-   20
veränität entweder bei einem Menschen oder einer Versammlung von mehr als
einem Menschen liegt, und da entweder jedermann oder nicht jedermann, sondern
nur gewisse, von den übrigen unterschiedene Menschen das Recht zum Zutritt
zu dieser Versammlung haben, so ist es offensichtlich, daß es nur drei Arten von
Staaten geben kann. [...] Besteht die Vertretung aus einer Person, so ist der Staat   25
eine *Monarchie*, ist sie die Versammlung aller, die zusammen kommen, so ist er
eine *Demokratie* oder Volksstaat, und besteht die Versammlung nur aus einem
Teil, so wird er *Aristokratie* genannt. Andere Staaten kann es nicht geben, denn es
besitzen entweder einer, mehrere oder alle die gesamte souveräne Gewalt, die, wie
ich gezeigt habe, unteilbar ist [...].   30
Der Unterschied zwischen diesen drei Staatsformen liegt nicht in der Verschiedenheit
der Gewalt, sondern in der unterschiedlichen Angemessenheit oder Eignung für den
Frieden und die Sicherheit des Volkes, dem Zweck, zu dem sie eingesetzt worden
sind. Und zum Vergleich der Monarchie mit den beiden anderen Staatsformen sollten
wir folgende Gesichtspunkte beachten: Erstens: Jeder, der die Person des Volkes   35
verkörpert oder Mitglied der verkörpernden Versammlung ist, verkörpert auch seine
eigene natürliche Person. Und selbst, wenn er als politische Person sich sorgfältig
um das Gemeinwohl kümmert, so kümmert er sich doch mehr, oder mindestens
nicht weniger, um sein Privatwohl, um das Wohl seiner Familie, Verwandtschaft
und seiner Freunde, und wenn das öffentliche Interesse zufällig dem privaten in   40

1 die Quere kommt, so zieht er meistens das private vor, denn die Leidenschaften der Menschen sind gewöhnlich mächtiger als ihre Vernunft. Daraus folgt, daß dort, wo das öffentliche und das private Interesse am meisten zusammenfallen, das öffentliche am meisten gefördert wird. Nun fällt in der Monarchie das Privatinteresse mit dem

5 öffentlichen zusammen. Reichtum, Macht und Ehre eines Monarchen ergeben sich allein aus dem Reichtum, der Stärke und dem Ansehen seiner Untertanen [...]. In einer Demokratie oder Aristokratie dagegen trägt der öffentliche Wohlstand zum Privatvermögen eines korrupten, ehrgeizigen Menschen weniger bei als oftmals ein hinterlistiger Rat, eine verräterische Handlung oder ein Bürgerkrieg.

10 Zweitens: Ein Monarch kann jeden, wann und wo er will, zu Rate ziehen und folglich die Meinung von Menschen anhören, die von der Sache etwas verstehen, über die er nachdenkt, welchen Rang und welche Eigenschaft sie auch immer besitzen mögen, und zwar so lange vor der eigentlichen Handlung und so geheim, wie er es wünscht. Bedarf dagegen eine souveräne Versammlung eines Rats, so werden

15 dazu nur solche Leute zugelassen, die von Anfang an ein Recht dazu haben. Dies sind zum größten Teil solche Leute, die mehr davon verstehen, wie man Reichtum als wie man Kenntnisse erwirbt, und die ihren Rat in langen Reden geben, die die Menschen zu Handlungen aufpeitschen mögen und dies gewöhnlich auch tun, sie aber damit nicht regieren. [...]

20 Drittens: Die Entscheidungen eines Monarchen sind nur so unbeständig wie die menschliche Natur. In Versammlungen dagegen kommt zur natürlichen Unbeständigkeit noch die der Zahl. Denn die Abwesenheit einiger [...], die an der einmal angenommenen Entschließung festgehalten hätten, oder das eifrige Auftreten weniger Vertreter der gegensätzlichen Ansicht, wirft jeden Tag den Beschluß von

25 gestern um.
Viertens: Ein Monarch kann nicht aus Neid oder Selbstinteresse mit sich selbst uneins sein, wohl aber eine Versammlung, und zwar so heftig, daß daraus ein Bürgerkrieg entstehen kann.
Fünftens: [W]ährend Monarchen nur wenige Günstlinge haben und außer ihrer

30 eigenen Verwandtschaft niemanden zu protegieren brauchen, hat eine Versammlung viele Günstlinge, und ihre Verwandtschaft ist viel zahlreicher als die eines Monarchen. Außerdem gibt es keinen Günstling eines Monarchen, der nicht ebensogut seinen Freunden helfen wie seinen Feinden schaden kann. Von Rednern dagegen, das heißt den Günstlingen souveräner Versammlungen, ist wenig Hilfe zu erwarten,

35 obwohl sie viel Macht besitzen, um Schaden anzurichten.
Sechstens: [...] Und wie einem Kind die Urteilskraft fehlt, ob es von einem erteilten Rat abweichen soll, und es dadurch genötigt ist, derer oder dessen anzunehmen, denen es anvertraut ist, so fehlt einer Versammlung die Freiheit, vom Rat der Majorität abzuweichen, mag er gut oder schlecht sein. Und wie ein Kind einen

40 Vormund oder Beschützer zur Erhaltung seiner Person und Autorität braucht, so benötigt in großen Staaten die souveräne Versammlung in allen großen Gefahren und Zwangslagen [...] Diktatoren oder Beschützer ihrer Autorität, die nichts

anderes als Monarchen auf Zeit sind, denen sie auf eine gewisse Zeit die gesamte   1
Ausübung ihrer Gewalt übertragen. Und nach Ablauf dieser Zeit wurde sie ihnen
öfters geraubt als minderjährigen Königen von ihren Beschützern, Regenten oder
anderen Vormündern.

> *Thomas Hobbes [1651]: Leviathan oder Stoff, Form und Gewalt eines kirchlichen*
> *und bürgerlichen Staates. Herausgegeben und eingeleitet von Iring Fetscher.*
> *Übersetzt von Walter Euchner. 4. Auflage, Frankfurt/M. 1991.*
> *Gekürzte Auszüge, 13. Kap., S. 94-96, 17. Kap., S. 134-135,*
> *19. Kap., S. 145-149. Hervorhebungen im Original*

Interpretation

Leben und Werk des Thomas Hobbes (1588-1679) sind geprägt von den gravieren-
den politischen, religiösen und ökonomischen Konflikten seiner Zeit. England erlebt
im 17. Jahrhundert eine neue Dimension innerstaatlicher Konflikte: König Jakob I.
sowie sein Nachfolger König Karl I. versuchen den Absolutismus durchzusetzen. Ihr
Gegner ist das Parlament, welches von den Herrschern permanent übergangen und
unterdrückt wird. Die englische Gesellschaft ist religiös sowie durch das sich verstär-
kende Wohlstandsgefälle auch wirtschaftlich tief gespalten. Diese Konflikte entladen
sich zwischen 1642 und 1649 im Englischen Bürgerkrieg, der schließlich mit der
Enthauptung von Karl I. und der kurzzeitigen Abschaffung der Monarchie endet.

Unter dem Eindruck dieser sozialen und politischen Umbrüche verfasst Thomas
Hobbes sein wohl bedeutendstes Werk *Leviathan oder Stoff, Form und Gewalt eines*
kirchlichen und bürgerlichen Staates. Neben dem innenpolitischen Geschehen wird
der Leviathan von zwei weiteren Komponenten im Leben von Hobbes geprägt: seiner
Ablehnung religiöser Allmachtsansprüche sowie seiner Begeisterung für die Methoden
der Naturwissenschaften, die er auf seine Staats- und Gesellschaftsphilosophie überträgt
und die sich auch in der Konzeption des Leviathans wiederfinden.

Thomas Hobbes plädiert im Leviathan für einen absolutistischen Staat, denn nur
dieser sei in der Lage, seinen Untertanen ein sicheres Leben zu ermöglichen und
sie vor den Wirren eines Bürgerkrieges zu schützen. Als Begründer der klassischen
Vertragstheorien führt Hobbes die Legitimation jenes absoluten Herrschers auf einen
Vertragsschluss eines jeden mit jedem zurück, wodurch der Leviathan erschaffen und
der kriegerische Naturzustand überwunden wird.

Den Ausgangspunkt seiner Vertragstheorie – den Naturzustand – entwirft Hobbes
wie folgt: Anders als Aristoteles sieht Hobbes das Individuum nicht als *zoon politikon* –
als Wesen, das seine Erfüllung in der Gemeinschaft findet. Nach Hobbes sind die
Menschen asozial, egoistisch und von Leidenschaften geleitet. Menschliches Handeln

folgt dem Wunsch nach Selbsterhaltung. Da es im Naturzustand keine übergeordnete Zwangsgewalt gibt, die imstande ist, die Sicherheit aller zu gewährleisten, muss jeder Naturzustandsbewohner seine Ziele im Alleingang verwirklichen und kommt dabei zwangsläufig mit anderen Individuen in Kontakt, die als Konkurrenten im Kampf um knappe Güter wahrgenommen und bekämpft werden; durch den Konkurrenzkampf der Individuen wird der Naturzustand zum permanenten Krieg eines jeden gegen jeden.

Dieser Kriegszustand kann nicht dadurch beendet werden, dass sich der Stärkste alle übrigen Individuen zu seinen Untertanen macht, denn Hobbes geht von einer annähernden Gleichheit der Menschen aus: Auch der Schwächste ist in der Lage, einen Stärkeren zu töten – ob nun durch List oder durch Zusammenschluss mit anderen. So besitzt auch jeder das gleiche natürliche Recht auf Selbsterhaltung. Zudem herrschen im Naturzustand natürliche Gesetze, allgemeine Regeln der Vernunft, die dem Menschen u.a. befehlen, alle zu seiner Selbsterhaltung notwendigen Mittel zu ergreifen. Daraus ergibt sich für jeden zwar ein Recht auf alles – mit dieser Zuschreibung will Hobbes aber lediglich verdeutlichen, dass es im Naturzustand eben keine Rechte gibt, denn ein Recht aller auf alles bedeutet nur, dass keiner ein Recht auf irgendetwas hat.

Thomas Hobbes beschreibt jedoch kein ausschließlich negatives Menschenbild. Das erste natürliche Gesetz beinhaltet neben der Selbsterhaltungsforderung ein bedingtes Friedensgebot: „Jedermann hat sich um Frieden zu bemühen, solange dazu Hoffnung besteht. Kann er ihn nicht herstellen, so darf er sich alle Hilfsmittel und Vorteile des Kriegs verschaffen und sie benützen" (L 14, 99[1]). Eigentlich gebietet die Vernunft den Menschen also, nach Frieden zu streben, doch durch den ständigen Überlebenskampf im Naturzustand wird das Streben nach Frieden von Konkurrenz, Misstrauen und Ruhmsucht überlagert. Der Zwang zur Selbstverteidigung führt in den Kriegszustand. Todesfurcht, die permanente Gefahr eines Übergriffs und das sich dadurch ergebende Sicherheitsdilemma machen das menschliche Leben „einsam, armselig, ekelhaft, tierisch und kurz" (L 13, 96). Der Weg aus diesem Dilemma gelingt über das zweite natürliche Gesetz, welches konkrete Auskunft darüber gibt, wie der ersehnte Frieden hergestellt werden kann: „Jedermann soll freiwillig, wenn andere ebenfalls dazu bereit sind, auf sein Recht auf alles verzichten, soweit er dies um des Friedens und der Selbsterhaltung willen für notwendig hält, und er soll sich mit soviel Freiheit gegenüber anderen zufrieden geben, wie er anderen gegen sich selbst einräumen würde" (L 14, 100).

Der Vertragsschluss beinhaltet somit einen Rechtsverzicht: Jeder verzichtet gegenüber jedem auf sein Recht auf alles; unter der Voraussetzung, dass ihm dies jeder gleichtut. Durch diesen Rechtsverzicht ist der Naturzustand aber noch nicht überwunden. So besagt zwar das dritte natürliche Gesetz, „abgeschlossene Verträge sind zu halten" (L 15, 110), es gibt aber bisher noch keine Zwangsgewalt, die dieses Gesetz auch wirkungsvoll durchsetzen kann, eine Zwangsgewalt, die die Menschen durch glaubhafte Androhung einer Bestrafung im Falle des Vertragsbruches zur Einhaltung des

Vertrags zwingen kann. Zu diesem Zweck überträgt jeder Vertragsbeteiligte – parallel zu seinem Rechtsverzicht – einem Menschen oder einer Versammlung von Menschen sein Recht auf Selbstregierung und autorisiert somit alle zukünftigen Handlungen des so entstandenen Leviathans.

Der Leviathan ist somit ein mit absoluter Macht ausgestatteter Souverän. Er ist – ob nun verkörpert durch einen Einzelnen oder eine Versammlung – nicht Vertragspartner, sondern Vertragsgegenstand und hat im Gegensatz zu den vertragsschließenden Individuen nicht auf sein Recht auf alles verzichtet. Durch den Vertragsschluss ist er der Vertragsbegünstigte, der sein Recht auf alles weiterhin ausüben darf, wohl aber vertraglich gebunden an den Zweck seines Daseins: die Gewährleistung der Sicherheit seiner Untertanen.

Thomas Hobbes ist kein Verfechter der Demokratie – ganz im Gegenteil; er vertritt dieser Staatsform gegenüber eine ausdrücklich ablehnende Haltung und ergreift Partei für den Absolutismus. Allerdings kann Hobbes durchaus als ein Wegbereiter der Demokratie verstanden werden. Folgende Elemente seiner Theorie stützen eine solche ideengeschichtliche Einordnung: *Erstens* bricht Hobbes mit der bis dahin gängigen Legitimation des Herrschers durch die Gnade Gottes. Der Herrschaftsanspruch des Hobbes'schen Staates liegt in der Zustimmung gleicher Individuen begründet – der Leviathan erfährt seine Legitimation letztlich durch seine Untertanen und nicht durch den Willen Gottes. Ein durch das Gottesgnadentum eingesetzter Monarch hatte die Berechtigung zu uneingeschränkter Machtausübung und war darüber hinaus nicht absetzbar. Auch der Leviathan verfügt über uneingeschränkte Macht, der Vertrag der Individuen, der ihm diese uneingeschränkte Macht verschafft hat, bindet ihn allerdings an seinen Zweck – die Gewährleistung der Sicherheit seiner Untertanen – und gilt nur solange, wie dieser Zweck erfüllt wird: „Die Verpflichtung der Untertanen gegen den Souverän dauert nur so lange, wie er sie auf Grund seiner Macht schützen kann, und nicht länger" (L 21, 171).

Zweitens weist der Leviathan Elemente auf, die später in rechtlich kodifizierter Form als Charakteristika liberaler Demokratien zum Tragen kommen. So sind die Untertanen in allen Bereichen, die nicht per Gesetz geregelt sind, frei, all das zu tun, was sie für das Vorteilhafteste halten. Dies betrifft vor allem Angelegenheiten der privaten Sphäre der Untertanen. So besitzen diese z.B. die Freiheit, miteinander Verträge zu schließen, ihre Wohnung zu wählen, über ihre Ernährung zu bestimmen oder ihre Kinder nach der ihrer Meinung nach geeignetsten Art und Weise zu erziehen (vgl. L 21, 165). Der Leviathan ist außerdem zwar Richter über alle Lehren und Meinungen, religiöse Ansichten müssen aber nur in der Öffentlichkeit strikt der Politik untergeordnet werden; was die Bürger im Privaten denken, bleibt ihre Sache (vgl. L 18, 140). Trotzdem ist der Leviathan kein liberaler Staat, da die Freiräume der Untertanen nur so lange bestehen, wie der Leviathan diese nicht als Bedrohung der innerstaatlichen Sicherheit betrachtet. So wird den Bürgern zwar z.B. Eigentum zugestanden, eine

Enteignung ist aber jederzeit möglich, wenn dem Regenten dies zur Friedenssicherung notwendig erscheint. Die Bürger im Leviathan besitzen keine Abwehrrechte gegen den Staat. Der Leviathan erlässt die bürgerlichen Gesetze, ist diesen aber selbst nicht unterworfen (vgl. L 26, 204).

Drittens ist bei Hobbes Demokratie nicht von vornherein ausgeschlossen, sondern eine von mehreren Optionen, denn die Menschen im Naturzustand können selbst entscheiden, ob sie einen Einzelnen, einen Teil oder eine Versammlung autorisieren, über sie zu herrschen. Hobbes hält die Monarchie einfach nur für besser dazu geeignet, für Frieden und Sicherheit des Volkes zu sorgen, was er in seiner Argumentation zugunsten der Monarchie (und zuungunsten der Demokratie) im 19. Kapitel des Leviathans deutlich macht. Diese lässt sich wie folgt zusammenfassen: Ein Monarch wird zum Wohle der Gemeinschaft regieren, da sein Ansehen und Reichtum vom Ansehen und Wohlstand seiner Untertanen abhängt. Und weil in einer Monarchie alle Macht bei einem Einzigen konzentriert ist, wird diesem effektives Regieren ermöglicht, ohne von der Zustimmung anderer Akteure abhängig zu sein. Dagegen liefe eine Demokratie immer Gefahr, im Bürgerkrieg zu versinken, denn hier befände sich die Macht in den Händen zu vieler Menschen, die durch unterschiedliche Eigeninteressen blind für das Gemeinwohl seien und darüber hinaus häufig miteinander in Konflikt geraten würden – Korruption, Streit, Krieg sind die Folge. Trotzdem blendet Hobbes nicht aus, dass auch eine Monarchie gewisse Unannehmlichkeiten für ihre Untertanen bereithält. Diese seien aber erträglich, „wenn man sie mit dem Elend und den schrecklichen Nöten vergleicht, die ein Bürgerkrieg [...] mit sich [bringt]" (L 18, 144). Insofern schließt Hobbes Demokratie als staatliche Ordnungsform im Gesellschaftsvertrag zwar nicht aus, sie fällt aber mit Blick auf den Staatszweck durch den Hobbes'schen Sicherheitstest.

Geprägt durch das Geschehen im England des 17. Jahrhunderts und der sich daraus ergebenden Angst vor einem sozialen und politischen Chaos entscheidet sich Thomas Hobbes im Spannungsverhältnis zwischen Freiheit und Sicherheit ganz klar für letztere, was ihn zu seiner Argumentation für eine absolute Monarchie bewegt. Dennoch enthält sein Werk Elemente, die in der weiteren politischen Ideengeschichte zu zentralen Fundamenten der modernen liberalen Demokratie wurden – dies sind insbesondere die weltliche Legitimation des Herrschers, die Gleichheit der Individuen und die sich daraus ergebenden natürlichen Rechte des Individuums sowie die Vertragstheorie, welche später von Spinoza, John Locke und Jean-Jacques Rousseau aufgegriffen und auf unterschiedliche Weise weitergeführt wird.

Anmerkung

1   Zitate und Verweise aus Thomas Hobbes: *Leviathan oder Stoff, Form und Gewalt eines kirchlichen und bürgerlichen Staates* werden im Folgenden abgekürzt als (L Kapitel, Seite).

Baruch de Spinoza

Ausgewählt und interpretiert von Dirk Jörke

Theologisch-politischer Traktat (1670)

Daß es aber für die Menschen viel nützlicher ist, nach den Gesetzen und bestimmten   1
Vorschriften unserer Vernunft zu leben, die, wie gesagt, nur den wahren Nutzen
der Menschen zum Ziele haben, kann niemand bezweifeln. Zudem gibt es keinen
Menschen, der nicht soweit wie möglich sicher und ohne Furcht zu leben wünschte.
Das ist aber ausgeschlossen, solange jeder alles nach Belieben tun darf und der   5
Vernunft nicht mehr Recht eingeräumt wird als dem Haß und dem Zorn. Denn
unter Feindschaft, Haß, Zorn und Hinterlist muß jedermann in Angst leben,
und darum wird sie jeder, soviel an ihm liegt, zu vermeiden suchen. Wenn man
ferner in Betracht zieht, daß die Menschen ohne wechselseitige Hilfe höchst elend
und ohne Pflege der Vernunft leben müssen, wie ich im 5. Kapitel gezeigt habe,   10
so wird man klar einsehen, daß die Menschen, um sicher und gut zu leben, sich
notwendig vereinigen mußten, wodurch sie bewirkten, daß sie das Recht, das von
Natur jeder zu allem hatte, nun gemeinsam besitzen und daß es nicht mehr von
dem Vermögen und der Begierde des einzelnen, sondern von der Macht und dem
Willen der Gesamtheit bestimmt wird. Sie hätten es jedoch vergeblich versucht,   15
wenn sie nur dem Rate ihrer Begierde hätten folgen wollen (denn durch die Gesetze
der Begierde werden die einzelnen nach verschiedenen Seiten gezogen). Darum
mußten sie unverbrüchlich bestimmen und vertraglich festlegen, alles bloß nach
der Vorschrift der Vernunft zu leiten (der niemand offen zu widersprechen wagt,
um nicht als unverständig zu erscheinen) und die Begierde, soweit sie zum Schaden   20
des anderen etwas rät, zu zügeln, niemandem zu tun, was man nicht selbst getan
haben will, und endlich das Recht des anderen wie das eigene zu verteidigen. Auf
welche Weise aber dieser Vertrag geschlossen werden muß, um gültig und fest zu
sein, wollen wir nunmehr sehen.
[…]   25
Auf diese Weise also kann sich ohne irgendwelchen Widerspruch gegen das natürliche
Recht eine Gesellschaft bilden, und jeder Vertrag kann immer mit vollkommener
Treue gehalten werden; es braucht eben nur jeder die ganze Macht, die er besitzt,
auf die Gesellschaft zu übertragen, die damit das höchste Recht der Natur auf alles

1   hat, d.h. die allein die höchste Regierungsgewalt innehat und der jeder aus freiem
     Willen oder aus Furcht vor der härtesten Bestrafung gehorchen muß. Das Recht
     einer derartigen Gesellschaft heißt Demokratie; sie ist demnach zu definieren als
     eine allgemeine Vereinigung von Menschen, die in ihrer Gesamtheit das höchste
5   Recht zu allem hat, was sie vermag. Daraus folgt, daß die höchste Gewalt an kein
     Gesetz gebunden ist, daß ihr vielmehr alle in jeder Beziehung zu gehorchen haben.
     Denn hierzu mußten sich alle stillschweigend oder ausdrücklich verpflichten, als
     sie ihre ganze Macht sich zu verteidigen, d.h. ihr ganzes Recht auf sie übertrugen.
     Denn hätten sie sich etwas vorbehalten wollen, so hätten sie sich zugleich vorsehen
10   müssen, um es ungefährdet verteidigen zu können. Da sie es aber nicht taten und
     es auch gar nicht tun konnten, ohne die Regierungsgewalt zu teilen und infolge-
     dessen zu zerstören, so haben sie sich eben damit dem Urteil der höchsten Gewalt
     unbedingt unterworfen. Indem sie dies unbedingt getan haben, und zwar (wie
     ich schon gezeigt habe) ebensowohl unter dem Zwange der Notwendigkeit als auf
15   Anraten der Vernunft, so folgt, daß wir unbedingt alle Befehle der höchsten Gewalt
     auszuführen verpflichtet sind, mögen sie auch noch so widersinnig sein, wenn anders
     wir nicht Feinde der Regierung sein und der Vernunft entgegen handeln wollen, die
     uns rät, die Regierung mit allen Kräften zu verteidigen. Denn auch solche Befehle
     heißt uns die Vernunft ausführen, damit wir von zwei Übeln das kleinere wählen.
20   Dazu kommt, daß jeder das Risiko, sich unbedingt dem Befehl und Gutdünken
     eines anderen zu unterwerfen, leicht übernehmen konnte; denn, wie ich gezeigt
     habe, steht den höchsten Gewalten das Recht, alles was sie wollen zu befehlen, nur
     solange zu, als sie wirklich die höchste Gewalt haben. Gehen sie ihrer verlustig,
     so verlieren sie zugleich auch das Recht, alles zu befehlen, und es fällt dem oder
25   denen zu, die es errungen haben und zu behaupten wissen. Darum kann es nur
     sehr selten vorkommen, daß die höchsten Gewalten ganz widersinnige Befehle
     geben; denn ihnen liegt am meisten daran, sich vorzusehen und die Herrschaft
     zu behaupten, indem sie für das Gemeinwohl sorgen und alles nach dem Gebot
     der Vernunft leiten. Eine Gewaltherrschaft, sagt Seneca, hat noch niemand lange
30   behauptet. Dazu kommt, daß bei einer demokratischen Regierung Widersinnig-
     keiten nicht so sehr zu befürchten sind, denn es ist fast ausgeschlossen, daß in einer
     Versammlung, vorausgesetzt daß sie groß ist, sich die Mehrheit in einer Wider-
     sinnigkeit zusammenfindet; es ist ebenso ausgeschlossen wegen ihrer Grundlage
     und ihres Zweckes, welch letzterer, wie schon gezeigt wurde, eben darin besteht,
35   die Widersinnigkeiten der Begierden auszuschalten und die Menschen soweit als
     möglich in den Schranken der Vernunft zu halten, damit sie in Eintracht und
     Frieden leben; wird diese Grundlage beseitigt, so stürzt der ganze Bau zusammen.
     Hiergegen Vorsorge zu treffen obliegt allein der höchsten Gewalt; den Untertanen
     aber kommt es, wie gesagt, zu, ihre Befehle auszuführen und nichts anderes als
40   Recht anzuerkennen, als was die höchste Gewalt für Recht erklärt.
     [...]
     Damit glaube ich die Grundlagen einer demokratischen Regierung hinlänglich klar

dargelegt zu haben. Ich habe diese lieber als alle anderen behandelt, weil sie, wie   1
mir scheint, die natürlichste ist und der Freiheit, welche die Natur jedem einzelnen
gewährt, am nächsten kommt. Denn bei ihr überträgt niemand sein Recht derart
auf einen anderen, daß er selbst fortan nicht mehr zu Rate gezogen wird; vielmehr
überträgt er es auf die Mehrheit der gesamten Gesellschaft, von der er selbst ein Teil   5
ist. Auf diese Weise bleiben alle gleich, wie sie es vorher im Naturzustand waren.

Baruch de Spinoza [1670]: Theologisch-politischer Traktat.
Sämtliche Werke. Band 3. Auf der Grundlage der Übersetzung von Carl Gebhardt.
Neu bearbeitet, eingeleitet und herausgegeben von Günter Gawlick. Hamburg 1994.
Gekürzte Auszüge, Kap. 16, S. 234-235, S. 237-239, S. 240

Interpretation

‚Demokratie' war in der politischen Theorie der Antike ein negativer Begriff gewesen.
Die demokratische Praxis der Vielen stellte in den Augen nahezu aller politischen Philosophen eine pathologische Form gesellschaftlicher Organisation im Allgemeinen wie
auch kollektiver Entscheidungsfindung im Besonderen dar. In der Frühen Neuzeit hat
sich an dieser Bewertung zunächst wenig geändert. Zwar sind demokratische Elemente
etwa in den norditalienischen Stadtrepubliken realisiert worden, doch dies geschah im
Rahmen einer Mischverfassung. So hat sich bis zur zweiten Hälfte des 17. Jahrhunderts
weder an der negativen Semantik des Demokratiebegriffs etwas geändert noch ist es
zu einer theoretischen Auseinandersetzung mit der Demokratie gekommen, die über
die Fortschreibung antiker Vorurteile entscheidend hinausgegangen wäre. Baruch de
Spinoza (1632-1677) bricht mit dieser Tradition. In seinem Werk, und insbesondere
im *Theologisch-politischen Traktat*, dem der Textauszug entstammt, kommt es erstmals
in der Ideengeschichte der Neuzeit zu einem positiven Demokratieverständnis. Spinoza
liefert eine philosophische Rechtfertigung der Demokratie und preist sie sogar als beste
der traditionellen Staatsformen.

Spinoza entstammt jüdischen Eltern, die aus Portugal in den Niederlanden eingewan-
dert waren und sich dort religiöse Toleranz erhofften. Als freidenkender Philosoph, der
sich protestantischen Gedanken gegenüber offen zeigte, wurde Spinoza in Amsterdam
nun allerdings von der dortigen jüdischen Gemeinde verfolgt und schließlich aus der
Synagoge ausgestoßen. Die letzten Jahre seines Lebens hat er in Den Haag verbracht.
Nicht zuletzt die Erfahrung der religiösen Intoleranz hat sich in seinen politiktheoretischen Schriften niedergeschlagen. Sowohl im *Theologisch-politischen Traktat* von
1670 als auch im posthum erschienenen *Politischen Traktat* sind es die Prinzipien der
Freiheit und der Toleranz, die Spinoza argumentativ verteidigt. So schreibt er im *Po-*

litischen Traktat: „Der Zweck des Staates ist in Wahrheit die Freiheit" (301). Am Ende des *Theologisch-Politischen Traktats* liefert Spinoza ein Plädoyer für die Gedanken- und Redefreiheit, das für damalige Zeiten geradezu revolutionär gewesen ist.

Dieser revolutionäre, radikal-aufklärerische Charakter seiner Schriften hat dann auch zum Verbot zunächst des *Theologisch-politischen Traktates*, wenig später auch seiner sonstigen Schriften geführt. Dabei ist es aus heutiger Sicht nicht ohne Ironie, dass der *Theologisch-politische Traktat* gleichzeitig mit Hobbes' *Leviathan* auf den Index der verbotenen Bücher gesetzt worden ist. Zwar ist es dieses Werk, an dem Spinoza sich in seiner Staatsphilosophie zunächst orientiert. Doch in einem Aspekt unterscheidet er sich fundamental von Hobbes, insofern Spinoza nämlich nicht die absolute Herrschaft rechtfertigt, sondern eine Demokratisierung der Souveränität vollzieht.

Spinoza geht mit Hobbes von der absoluten Freiheit eines jeden im Naturzustand aus. Diese Freiheit leitet Spinoza aus dem Selbsterhaltungstrieb ab, der jedem Menschen innewohnt und göttlichen Ursprungs ist. Denn wie jedes Ding, jede Pflanze und jedes Tier ist auch der Mensch für Spinoza Teil des göttlichen Universums. Was aber von Gott kommt, kann nicht unrecht sein, so auch der menschliche Drang zur Selbsterhaltung, selbst wenn er zu einem kriegsähnlichen Zustand führt. Gleichwohl – und auch hier folgt er Hobbes – gelangen die Menschen durch Klugheitserwägungen zur Einsicht, dass dieser Naturzustand durch einen Gesellschaftsvertrag zu überwinden ist. Denn erst in einem rechtlichen Zustand können sie ein Leben ohne Angst und in Wohlstand führen. Zugleich betont Spinoza, dass der Gesellschaftsvertrag „nur kraft seiner Nützlichkeit gültig ist" (236). Der Staatszweck besteht mithin nicht allein in der Gewährleistung von Sicherheit und der Gesellschaftsvertrag verliert seine Gültigkeit, wenn der Souverän nicht länger den Interessen der Untertanen dient.

Doch nicht nur in diesem Aspekt unterscheidet sich Spinoza von Hobbes. Darüber hinaus begreift er den Vertrag nämlich gerade nicht als einen Unterwerfungsvertrag, sondern als die Stiftung einer höheren Form der Freiheit. Im Zusammenschluss mit seinen Mitmenschen erfährt sich der Einzelne als Teil einer größeren, weil allgemeinen Macht. Er ist dies jedoch nur insofern, wie die neue gestiftete Souveränität demokratisch verfasst ist, sich die einzelnen Bürger als politisch Gleiche begegnen, also gerade keine Unterscheidung zwischen Herrschern und Beherrschten existiert. Jeder Einzelne ist vielmehr zugleich Untertan als auch Teil der Souveränität. Dabei handelt es sich um eine vollständige Souveränität, die nicht, wie es etwa bei Spinozas Zeitgenossen John Locke der Fall ist, durch natürliche Rechte begrenzt ist. In der Ausübung der demokratischen Souveränität artikuliert sich für Spinoza vielmehr das natürliche Recht des Einzelnen auf alles. Für ihn ist daher die absolute, nicht durch ein übergeordnetes Recht gezähmte Demokratie die „natürlichste" und sie kommt „der Freiheit, welche die Natur jedem einzelnen gewährt, am nächsten" (240).

Doch Spinoza beschränkt sich nicht auf diese philosophische Rechtfertigung der Demokratie. Er führt darüber hinaus auch ein pragmatisches Argument für die

Demokratie an, und zwar handelt es sich dabei um das Argument der Weisheit der Menge. Er wendet sich damit gegen das in der Ideengeschichte häufig vorgebrachte Argument, dass große Versammlungen zu irrationalen Entscheidungen neigen. Vor allem Platon hat mit Verweis auf die athenische Volksversammlung immer wieder die Unmöglichkeit hervorgehoben, in diesem Rahmen zu vernünftigen Entscheidungen zu gelangen. Vielmehr würden Demagogie und emotionale Massendynamiken den politischen Entscheidungsprozess bestimmen. Noch in den *Federalist Papers* wird mit diesem Argument die Versammlungsdemokratie, aber auch ein allzu großes Repräsentantenhaus verworfen. Spinoza dreht dieses Argument hingegen um. Für ihn ist es gerade die Vielzahl der Ansichten, die in großen Versammlungen vorgebracht werden, die die Rationalität der Entscheidungen gewährleistet. Auf diese Weise wird nämlich ein Sachverhalt von möglichst vielen Seiten betrachtet. Eine ähnliche Rechtfertigung demokratischer Entscheidungsverfahren hat übrigens bereits Aristoteles mit dem Summenargument in seiner *Politik* geliefert, doch dieses konnte sich gegen die eindrücklichen Bilder von Platon zunächst nicht durchsetzen. Erst Spinoza hat diesen Gedanken wieder aufgegriffen.

Spinozas Demokratieverständnis ist geprägt von der unmittelbaren Versammlungsdemokratie der griechischen Antike. Es handelt sich dabei um ein Verständnis von Demokratie, das noch bei Rousseau zu finden ist. Rousseau übernimmt von Spinoza auch den Gedanken, dass die Freiheit der Einzelnen durch den Zusammenschluss im Gesellschaftsvertrag auf eine höhere Stufe gehoben wird. Der Einzelne erfährt also erst in der allgemeinen Gesetzgebung seine wahre Freiheit. Gleichwohl besteht ein Unterschied zu Rousseau darin, dass dieser die antike Demokratie nicht nur als eine überholte Regierungsform betrachtet, sondern ihr auch despotische Züge unterstellt. Denn die antike Demokratie kannte noch nicht die moderne Idee der Gewaltenteilung – bei Rousseau die Unterscheidung zwischen einer souveränen Legislative, die die gleiche Freiheit garantiert, und einer Exekutive. Auch die Idee einer repräsentativen Regierung, wie sie sich später etwa bei Kant und in den *Federalist Papers* findet, sowie das Prinzip der Rechtsstaatlichkeit fehlen bei Spinoza. Insofern ist Spinoza zwar auf der einen Seite der erste Autor, der in der Neuzeit ein rundweg positives Bild von der Demokratie zeichnet, doch dieses Bild ist auf der anderen Seite an einem Ideal orientiert, das sich nicht ohne Weiteres auf den modernen Flächenstaat übertragen lässt. Spinoza liefert somit eine emphatische Rechtfertigung grundlegender demokratischer Prinzipien; Gedanken zu deren konkret-institutioneller Umsetzung, die Gegenstand des *Politischen Traktates* sein sollten, konnte er vor seinem Tod nicht mehr vollenden.

John Locke

Ausgewählt und interpretiert von Antonia Geisler

Zweite Abhandlung über die Regierung (1690)

1 *Der Naturzustand*

§ 4

Um politische Gewalt richtig zu verstehen und sie von ihrem Ursprung abzuleiten, müssen wir erwägen, in welchem Zustand sich die Menschen von Natur aus befinden.
5 Es ist ein Zustand *vollkommener Freiheit*, innerhalb der Grenzen des Gesetzes der Natur ihre Handlungen zu regeln und über ihren Besitz und ihre Persönlichkeit so zu verfügen, wie es ihnen am besten scheint, ohne dabei jemanden um Erlaubnis zu bitten oder vom Willen eines anderen abhängig zu sein.
Es ist darüber hinaus ein *Zustand der Gleichheit*, in dem alle Macht und Recht-
10 sprechung wechselseitig sind, da niemand mehr besitzt als ein anderer: Nichts ist einleuchtender, als daß Geschöpfe von gleicher Gattung und von gleichem Rang, die ohne Unterschied zum Genuß derselben Vorteile der Natur und zum Gebrauch derselben Fähigkeiten geboren sind, ohne Unterordnung und Unterwerfung einander gleichgestellt leben sollen [...].

15 *§ 7*

Damit nun alle Menschen davon abgehalten werden, die Rechte anderer zu beeinträchtigen und sich einander zu benachteiligen, und damit das Gesetz der Natur, das den Frieden und die *Erhaltung der Menschheit* verlangt, beobachtet werde, so ist in jenem Zustand die *Vollstreckung* des natürlichen Gesetzes in jedermanns Hände
20 gelegt. Somit ist ein jeder berechtigt, die Übertreter dieses Gesetzes in einem Maße zu bestrafen, wie es notwendig ist, um eine erneute Verletzung zu verhinde~~ ~~ das *Gesetz der Natur* wäre, wie alle anderen Gesetze, die den Menschen Welt betreffen, nichtig, wenn im Naturzustand niemand die *Macht* hät *Gesetz zu vollstrecken* [...].

Das Eigentum   1

§ 27

Obwohl die Erde und alle niederen Lebewesen allen Menschen gemeinsam gehören, so hat doch jeder Mensch ein *Eigentum* an seiner eigenen *Person*. Auf diese
hat niemand ein Recht als nur er allein. Die *Arbeit* seines Körpers und das *Werk*   5
seiner Hände sind, so können wir es sagen, im eigentlichen Sinne sein Eigentum.
Was immer er also dem Zustand entrückt, den die Natur vorgesehen und in dem
sie es belassen hat, hat er mit seiner *Arbeit* gemischt und ihm etwas Eigenes hinzugefügt. Er hat es somit zu seinem *Eigentum* gemacht. Da er es dem gemeinsamen
Zustand, in den es die Natur gesetzt hat, entzogen hat, ist ihm durch seine *Arbeit*   10
etwas hinzugefügt worden, was das gemeinsame Recht der anderen Menschen
ausschließt. [...]

Die politische oder bürgerliche Gesellschaft

§ 89

Wo immer daher eine Anzahl von Menschen sich so zu einer Gesellschaft vereinigt   15
hat, daß jeder einzelne seine exekutive Gewalt des natürlichen Gesetzes aufgibt und
zugunsten der Gemeinschaft darauf verzichtet, entsteht, und zwar nur unter diesen
Umständen, eine *politische oder bürgerliche Gesellschaft*. Und das ist überall dort der
Fall, wo eine Anzahl von Menschen im Naturzustand sich zu einer Gesellschaft
formt, um ein Volk, einen politischen Körper unter einer höchsten Regierung zu   20
bilden, oder wo sich irgend jemand einer schon bestehenden Regierung anschließt
und sich ihr eingliedert. Denn dadurch ermächtigt er die Gesellschaft oder, was
dasselbe ist, ihre Legislative, ihm Gesetze zu geben, wie sie das öffentliche Wohl
der Gesellschaft erfordert, zu deren Vollziehung er mit seiner eigenen Mitwirkung
verpflichtet ist (als ob es seine eigenen Beschlüsse seien). Und dies *versetzt die Men-*   25
schen aus dem Naturzustand *in ein Staatswesen (commonwealth)*, indem sie einen
Richter auf Erden einsetzen und mit einer hinreichenden Autorität versehen, alle
Streitigkeiten zu entscheiden und das Unrecht zu sühnen, das einem Mitglied des
Staates möglicherweise zugefügt wird. Dieser Richter ist die Legislative oder die
von ihr ernannte Obrigkeit. [...]   30

Die Entstehung von politischen Gesellschaften

§ 96

[W]enn eine Anzahl von Menschen mit der Zustimmung jedes Individuums eine
Gemeinschaft gebildet hat, dann haben sie dadurch diese *Gemeinschaft* zu einem
einzigen Körper gemacht, mit der Macht, wie ein einziger Körper zu handeln, was   35
nur durch den Willen und den Beschluß der *Mehrheit* geschehen kann. Denn da
eine Gemeinschaft allein durch die Zustimmung ihrer einzelnen Individuen zu
handeln vermag und sich ein einziger Körper auch nur in einer einzigen Richtung

bewegen kann, so muß sich notwendigerweise der Körper dahin bewegen, wohin die stärkere Kraft ihn treibt. Und das eben ist *die Übereinstimmung der Mehrheit.* [...] Und somit ist jeder einzelne durch diese Zustimmung verpflichtet, sich der *Mehrheit* zu unterwerfen. [...]

Die verschiedenen Staatsformen

§ 132

Die Mehrheit erhält, wie schon gezeigt worden ist, durch die Vereinigung der Menschen zu einer Gesellschaft naturgemäß die gesamte Gewalt der Gemeinschaft. Daher kann sie all diese Gewalt anwenden, um der Gemeinschaft von Zeit zu Zeit Gesetze zu geben und diese Gesetze durch Beamte ihrer eigenen Wahl vollstrecken zu lassen. In diesem Fall ist die *Form* der Regierung eine vollkommene *Demokratie.* Oder sie kann die Gewalt der Gesetzgebung in die Hände einiger auserwählter Männer und ihrer Erben oder Nachfolger legen, dann ist sie eine *Oligarchie,* oder aber in die Hände eines einzigen Mannes, dann ist sie eine *Monarchie.* *[D]ie Form der Regierung hängt davon ab, wie man* die höchste Gewalt, nämlich die *Legislative, anlegt.* [...]

Die Reichweite der legislativen Gewalt

§ 134

Das große Ziel, das die Menschen, die in eine Gesellschaft eintreten, vor Augen haben, liegt im friedlichen und sicheren Genuß ihres Eigentums, und das große Werkzeug und Mittel dazu sind Gesetze, die in dieser Gesellschaft erlassen worden sind. So ist *das erste und grundlegende positive Gesetz* aller Staaten *die Begründung der legislativen Gewalt,* so wie das *erste und grundlegende natürliche Gesetz,* das sogar über der legislativen Gewalt gelten muß, *die Erhaltung der Gesellschaft* und (soweit es mit dem öffentlichen Wohl vereinbar ist) jener einzelnen Person in ihr ist. [...]

Die Auflösung der Regierung

§ 230

[...] Ob Herrscher oder Untertan, wer es auch immer unternimmt, gewaltsam die Rechte entweder des Fürsten oder des Volkes anzutasten, und den Grund legt zu einem *Umsturz* der Verfassung und der gesamten Struktur *eines gerechten Staates (government),* macht sich des schwersten Verbrechens schuldig, das nach meinem Gefühl ein Mensch überhaupt begehen kann.

§ 232

Wer daher immer *Gewalt ohne Recht* gebraucht, wie es jeder in der Gesellschaft tut, wenn er sie ohne Gesetz gebraucht, versetzt sich denjenigen gegenüber, gegen die er sie gebraucht, *in einen Kriegszustand.* Und in einem solchen Zustand werden

alle früheren Verpflichtungen aufgehoben, alle anderen Rechte haben ein Ende,   1
und jeder einzelne hat dann ein Recht, sich selbst zu verteidigen und *sich dem*
Angreifenden zu widersetzen. [...]

§ 243

Um zu schließen: [...] Wenn die Legislative von der Gesellschaft einmal in irgend-   5
eine Versammlung von Menschen gelegt worden ist, damit sie ihnen und ihren
Nachfolgern fortdauern soll, und gleichzeitig Weisung und Autorität besitzt,
diese Nachfolger zu bestimmen, *so kann diese Legislative niemals an das Volk zu-*
rückfallen, solange diese Staatsordnung *(Government)* besteht: Denn da das Volk
eine Legislative mit ewig dauernder Gewalt vorgesehen hat, hat es seine politische   10
Gewalt der Legislative übertragen und kann sie nicht wieder zurückfordern. Wenn
das Volk aber der Dauer seiner Legislative Grenzen gesetzt hat und diese höchste
Gewalt in einer Person oder Versammlung nur auf Zeit geschaffen hat oder wenn
diese Gewalt aufgrund von Übergriffen derer, die im Besitz der Autorität sind,
verwirkt ist, *so fällt sie* mit der Verwirkung durch ihre Herrscher oder nach Ablauf   15
der festgesetzten Zeit *an die Gesellschaft zurück,* und das Volk hat ein Recht, als
höchste Gewalt zu handeln und die Legislative von nun an selbst auszuüben; oder
aber eine neue Form zu errichten bzw. sie unter der alten Form in neue Hände zu
legen, wie es ihm gut scheint.

John Locke [1690]: Zweite Abhandlung über die Regierung. Herausgegeben und eingeleitet von
Walter Euchner. Übersetzt von Hans Jörn Hoffmann, mit einem Kommentar von Ludwig Siep,
Frankfurt/M. 2007. Gekürzte Auszüge, S. 13, 15, 75-76, 82-83, 107-109,
181-182, 192-193.Hervorhebungen im Original

Interpretation

John Locke (1632-1704) veröffentlichte seine *Zwei Abhandlungen über die Regierung* im Jahre 1690. Kurz zuvor erlebte England die „Glorious Revolution" (1688/89), die mit der Flucht Jakobs II. nach Frankreich und der Thronbesteigung durch den Protestanten Wilhelm von Oranien endete. Wilhelm war vom englischen Parlament berufen und bestätigt worden – nicht länger der König, sondern das Parlament war nun Träger der Staatssouveränität.

Große Teile seiner *Zwei Abhandlungen über die Regierung* verfasste Locke bereits ein Jahrzehnt vor der Revolution, während der „Exclusion Crisis" (1679-1681). Die „Exclusion Crisis" bezeichnet eine politische Krise um eine Gesetzesvorlage zum Ausschluss des katholischen Herzogs von York – des späteren Jakob II. und Angehörigen der Stuartfamilie – von der Thronfolge. Der Konflikt spaltete das Parlament in zwei Lager: Während sich die königsnahe Partei der Tories gegen den Ausschluss aussprach, fand dieser Unterstützung bei den Gegnern der Stuartfamilie, den Mitgliedern der Whig-Partei. Die Gesetzesvorlage wurde schließlich fallen gelassen und Jakob II. bestieg 1685 den Thron. Die geschilderte Krise ist bezeichnend für den seit Beginn des 17. Jahrhunderts andauernden Machtkampf zwischen den Gegnern des Absolutismus und den Stuarts, der England zwischen 1642 und 1649 bereits in den Bürgerkrieg geführt hatte und erst durch die „Glorious Revolution" beendet werden sollte.

John Locke nahm als Anhänger der Whig-Partei eine kritische Haltung gegenüber den Stuarts ein, was ihn 1683 sogar zur Flucht ins holländische Exil zwang. In Lockes Augen konnte sich England nur durch eine starke Regierung von den Wirren des Bürgerkrieges erholen. Dabei wandte er sich jedoch von den zu dieser Zeit vorherrschenden Ansichten über die Legitimitätsquelle der Herrschergewalt ab. So wurde Locke insbesondere Gegner von Robert Filmer (1588-1653), der in seinem Werk *Patriarcha, or the Natural Power of Kings* das Gottesgnadentum der englischen Monarchie aus der Bibel ableitete und somit den Herrschaftsbeleg für die Stuarts lieferte. John Locke steht demgegenüber wie Thomas Hobbes (1588-1679) und Baruch de Spinoza (1632-1677) in der vertragstheoretischen Tradition. Die Kriterien legitimer politischer Herrschaft werden hier aus einem Vertrag eines jeden mit jedem abgeleitet. Während Thomas Hobbes in seinem Werk *Leviathan* einen mit absoluter Macht ausgestatteten Staat begründete, setzte John Locke der Regierung jedoch klare Grenzen.

In der „Ersten Abhandlung" widerlegt John Locke die Argumente zur Rechtfertigung des Gottesgnadentums von Robert Filmer. In der „Zweiten Abhandlung" entwirft er seine eigene Vertragstheorie. Den Naturzustand beschreibt Locke darin als einen Zustand der vollkommenen Freiheit und der Gleichheit, wobei sich sowohl Freiheit als auch Gleichheit der Individuen aus der biblischen Schöpfungsgeschichte ergeben. Da Gott alle Menschen gleich geschaffen habe, kann niemand von Natur aus das Recht besitzen, über einen anderen zu verfügen. Die Menschen dürfen auch über ihr eigenes

Leben nicht vollends frei verfügen: Gott hat ihnen das Leben gegeben und nur er kann
es ihnen auch wieder nehmen – sie sind daher dazu verpflichtet, sich selbst zu erhalten.
In ihrer Selbsterhaltung sollen die Menschen vollkommen frei sein. Sie besitzen alle das
gleiche Recht, frei von dem Willen anderer zu leben, über ihre Person frei zu verfügen
sowie ein selbstbestimmtes Leben zu führen. Aus der Pflicht zur Selbsterhaltung und
dem Eigentum an der eigenen Person ergibt sich außerdem das Recht auf (materielles)
Eigentum. Was immer der Mensch im Naturzustand mit seiner eigenen Arbeit dem
ursprünglichen Zustand entrückt, wird rechtmäßig zu seinem Eigentum.

Die Menschen leben im Naturzustand zusammen nach ihrer Vernunft, wodurch
sie in der Lage sind, das ungeschriebene *natürliche Gesetz* zu erkennen, welches alle
Menschen dazu verpflichtet, keinem anderen Schaden zuzufügen. Dies ist für Locke
der *eigentliche Naturzustand*. Da es keinen gemeinsamen Richter gibt, der die Macht
hätte, Recht zu sprechen und durchzusetzen, liegt die Vollstreckung des Naturgesetzes
in den Händen jedes einzelnen Naturzustandsbewohners. Trachtet nun ein Mensch im
Naturzustand nach eines anderen Menschen Leben, Freiheit oder Besitz, so missachtet
er das natürliche Gesetz und versetzt sich seinem Opfer gegenüber in den *Kriegszustand*.
In einem solchen Fall sind alle übrigen Naturzustandsbewohner – einschließlich des
Geschädigten – dazu berechtigt, den Abtrünnigen zu bestrafen. Außerdem schreibt
Locke demjenigen, der durch die Gesetzesübertretung geschädigt wurde, ein Recht
auf Wiedergutmachung zu.[1]

Trotz der Vorherrschaft des natürlichen Gesetzes gibt es einen wesentlichen Grund
für das Verlassen des Naturzustandes und den Zusammenschluss zu einem Staatswesen:
den Schutz des Eigentums im Sinne von Leben, individueller Freiheit und rechtmäßig
angeeignetem Besitz. Im Naturzustand fehle es dazu erstens an einem „feststehenden,
geordneten und bekannten Gesetz, das durch allgemeine Zustimmung als die Norm für
Recht und Unrecht […] anerkannt ist" (AR 124, 104). Zweitens gibt es im Naturzustand
keinen „anerkannten und unparteiischen Richter mit der Autorität, alle Zwistigkeiten
nach dem feststehenden Gesetz zu entscheiden" (AR 125, 104). Und drittens existiert
im Naturzustand keine „Gewalt, dem gerechten Urteil einen Rückhalt zu geben […]
und ihm die gebührende Vollstreckung zu sichern" (AR 126, 104). Obwohl Locke
also den Menschen durch ihre Vernunft die Fähigkeit zuschreibt, das natürliche Gesetz
erkennen und vollstrecken zu können, sieht er die Gefahren unverhältnismäßiger Urteile
durch Eigeninteressen der Individuen. Die Privatjustiz in den Händen aller kann daher
keinen optimalen Schutz von Freiheit, Leben und Besitz bieten.

Aus diesen Gründen kommen die Menschen im Naturzustand schließlich überein,
sich politisch zu organisieren und eine Regierung zu bilden. In einem Vertrag verzichten alle auf ihr Recht auf Privatjustiz und übertragen dieses auf die Mehrheit, die
nun die gesamte Gewalt der Gemeinschaft innehat. Diejenigen also, die dem Vertrag
zustimmen, unterwerfen sich dem Mehrheitsprinzip. Der erste positive Gesetzesakt
besteht anschließend in der Konstitution der Legislative per Mehrheitsbeschluss. Je

nachdem, in welche bzw. wie viele Hände die Legislative gegeben wird, nimmt die Regierung die Form einer Demokratie, Oligarchie oder Monarchie an. Mit Eintritt in den Gesellschaftszustand werden das ungeschriebene Naturgesetz sowie die daraus abgeleiteten individuellen Rechte positiviert; das Strafmaß bei Vergehen gegen das Naturgesetz ist nicht länger eine reine Ermessensentscheidung, sondern wird einheitlich und für alle verbindlich in Gesetzen festgelegt und allgemein bekannt gemacht. Somit haben die Menschen mit Vertragsschluss auf das Recht auf Privatjustiz sowie auf das Recht auf Wiedergutmachung verzichtet, um ihr Recht auf Freiheit, Leben und Besitz unter den Schutz eines obersten Richters – die Legislative – zu stellen, der mittels Gesetzen diese Rechte für alle gleichermaßen gewährleisten soll.

John Locke ist ein Wegbereiter der liberal-repräsentativen Demokratie. Hierbei sind folgende Elemente seiner „Zwei Abhandlungen über die Regierung" von besonderer Bedeutung: *Erstens:* die Lehre von der individuellen Freiheit und Gleichheit der Menschen als Grundlage bürgerlicher Rechte und der Begrenzung von Herrschaft. Wie bereits Thomas Hobbes bricht Locke mit der Legitimation der Herrschaft durch die Gnade Gottes und legt mithilfe der Vertragskonstruktion dar, dass legitime politische Herrschaft nur durch die Zustimmung aller freien und gleichen Individuen begründet werden kann. Im Gegensatz zu Hobbes setzt Locke der Macht des Staates in seiner Vertragstheorie jedoch enge Grenzen. Der Grundstein für diese Herrschaftslimitierung wird bereits im Naturzustand gelegt. Locke konzipiert seinen Naturzustand als einen natürlichen Rechtszustand, in dem Freiheit und Gleichheit den Status von Rechtsbegriffen haben. Die Menschen besitzen also bereits im Naturzustand individuelle Rechte auf Leben, Freiheit und Besitz. Weiterhin befiehlt das natürliche Gesetz den Selbsterhalt sowie den Erhalt der gesamten Menschheit.

In Hobbes' Naturzustand gibt es hingegen keine Rechte; Recht wird erst im Gesellschaftszustand vom absoluten Herrscher geschaffen, weshalb dieser seinen Untertanen die gegebenen Rechte auch jederzeit wieder entziehen kann. Bei John Locke erhalten die natürlichen Rechte mit dem Übergang in die politische Gesellschaft den Status bürgerlicher Rechte und bilden Staatszweck und Grenze des Regierungshandelns zugleich, denn der Schutz dieser Rechte ist überhaupt erst der Grund für die Errichtung eines Staates. So ist die Legislative erstens auf das öffentliche Wohl beschränkt, denn „da das fundamentale Gesetz der Natur die Erhaltung der Menschheit ist, kann keine menschliche Zwangsmaßnahme gut oder gültig sein, die diesem Gesetz widerspricht" (AR 135, 112). Zweitens ist die Legislative „verpflichtet, nach öffentlich verkündeten, stehenden Gesetzen und durch anerkannte autorisierte Richter für Gerechtigkeit zu sorgen" (AR 136, 112), und drittens kann die Legislative nur in das Eigentum der Bürger eingreifen, wenn die Betroffenen ausdrücklich zustimmen, denn sie ist „mit dem Zweck beauftragt, den Menschen ihr Eigentum zu bewahren und zu sichern" (AR 139, 116). Viertens schließlich darf die Legislative ihre Macht nicht übertragen; allein das Volk ist dazu berechtigt, die legislative Gewalt zu vergeben.

Zweitens: das Mehrheitsprinzip als urdemokratisches Element in Lockes Vertragstheorie. Nach Vertragsschluss steht es den Menschen zwar frei, welche Staatsform sie
wählen, die Wahl der Staatsform erfolgt jedoch demokratisch: Mit ihrer Zustimmung
zum Gesellschaftsvertrag übertragen die Menschen ihre Gewalt auf die Mehrheit.
Nach dem Mehrheitsprinzip wird schließlich bestimmt, wer oder wie viele Menschen
die Legislative bilden sollen. Die Legislative muss also aus dem Volk hervorgehen
und je nachdem, wem bzw. wie vielen die höchste Macht im Staat anvertraut wird,
unterscheidet Locke die *vollkommene Demokratie*, die *Oligarchie* sowie die *Monarchie*. Im Falle der vollkommenen Demokratie liegt die Legislative beim Volk. Dieses
gibt sich von Zeit zu Zeit Gesetze und wählt Beamte zu deren Vollstreckung. Wird
sie in die Hände weniger gegeben, handelt es sich um eine Oligarchie und wenn
die legislative Gewalt nur bei einem Einzigen liegt, um eine Monarchie. Das Volk
kann zudem die Legislative entweder für immer oder nur für eine bestimmte Zeit
übertragen. Im letztgenannten Falle erhält das Volk die höchste Gewalt nach Ablauf
der Zeit zurück und wählt eine neue Legislative. Bei all diesen Entscheidungen gilt
stets das Mehrheitsprinzip.

Drittens: Ansätze zu einer Lehre der Gewaltenteilung und -kontrolle: Locke un-
terscheidet zunächst Legislative und Exekutive. Die Legislative ist als die höchste
Macht im Staat mit der Gesetzgebung betraut. Die Exekutive verfügt als ausführende
Gewalt über das Recht zu strafen, welches im Naturzustand jeder Einzelne besaß. Die
Trennung von Gesetzgebung und Gesetzesvollstreckung begründet Locke mit „der
Schwäche der menschlichen Natur, die stets bereit ist, nach der Macht zu greifen" (AR
143, 119), und es wäre „eine zu große Versuchung" (ebd.), wenn beide Kompetenzen
in denselben Händen lägen. Hinzu kommt die sogenannte Föderative, welche sich
mit den außenpolitischen Angelegenheiten des Staates befasst und organisatorisch
von Locke der exekutiven Gewalt zugeschrieben wird. Eine vierte Gewalt ist die
Prärogative, welche Locke ebenfalls zur Exekutive zählt. Von ihr macht die Exekutive
u.a. dann Gebrauch, wenn für bestimmte Bereiche oder Probleme noch keine rechtlichen Regelungen von der Legislative erlassen worden sind. Alle Entscheidungen der
Prärogative sind umgehend der Legislative zur Abstimmung vorzulegen und wie alle
Entscheidungen an den Staatszweck gebunden.

Während die Legislative nur von Zeit zu Zeit zusammentritt, um neue Gesetze zu
erlassen, muss sich die Exekutive ständig im Amt befinden, um die Gesetze zu vollziehen. Die Träger der Exekutive werden von der Legislative ernannt, entlassen und
überwacht; sie „stehen im Dienst der Legislative und sind dieser untergeordnet" (AR
153, 125). Die Einberufung der Legislative ist entweder in der Verfassung geregelt
oder aber sie tritt dann zusammen, wenn sie es für nötig erachtet. Wenn das Volk die
Legislative nur auf begrenzte Zeit übertragen hat, spricht Locke auch der Exekutive
die Kompetenz zu, die Legislative einzuberufen und das Volk gegebenenfalls zu Neu-
wahlen der Repräsentanten aufzufordern.

Viertens: die Bindung der Regierung an das Recht und die Lehre vom Widerstandsrecht der Bürger. John Locke zufolge wird in dem Moment, in dem das Volk die Legislative in die Hände von einem, wenigen oder vielen Menschen legt, eine vertragliche Beziehung zwischen Bürgern und gewählten Repräsentanten begründet. Die Legislative übernimmt lediglich eine Treuhänderschaft für ihre Bürger und schöpft ihre Kraft aus dem Vertrauen, dass ihnen entgegengebracht wird. In ihrem Handeln ist die Legislative an Gesetze gebunden, die das Wohl der Gemeinschaft zum Inhalt haben. Handeln die Inhaber der legislativen Gewalt gegen ihren Auftrag, ihre Macht zum Erhalt ihrer Bürger einzusetzen, wird das Vertrauensverhältnis zerstört und die Bürger haben das Recht, sich ihnen zu widersetzen. In einem solchen Fall erhält das Volk die legislative Macht zurück und fällt in den anfänglichen Naturzustand, bis eine neue Legislative begründet wird. Gleiches gilt bei Verstößen der Exekutive sowie im Falle einer Tyrannenherrschaft, bei Eroberung und Usurpation.

Locke bindet den Gebrauch des Widerstandsrechts dabei an folgende Bedingungen: Erstens muss entweder die Mehrheit des Volkes von den „ungesetzlichen Akte[n]" (AR 209, 166) betroffen sein oder es muss sich – wenn nur wenige betroffen sind – um einen Präzedenzfall handeln, dessen Folgen sich auch auf die Allgemeinheit auswirken könnten. Zweitens müssen diejenigen, die von ihrem Widerstandsrecht Gebrauch machen, „in ihrem Gewissen überzeugt" (AR 209, 166) sein, dass drittens ihre Grundrechte auf Leben, Freiheit und Besitz gefährdet sind.

Trotz der genannten Elemente gibt es in der wissenschaftlichen Diskussion eine Kontroverse darüber, inwieweit Locke tatsächlich in Richtung Demokratie interpretiert werden kann. Nach Crawford B. Macpherson begründet Locke durch seine Lehre vom Eigentum bereits im Naturzustand eine materielle Ungleichheit, indem Grundbesitzer auf der einen und Lohnarbeiter auf der anderen Seite unterschieden werden.[2] Da Lockes Staat ein Staat der Eigentümer ist, der bürgerliche Rechte in Abhängigkeit vom Besitz gewähre, können nur Grundbesitzer in der Legislative repräsentiert sein, während Angehörige der nichtbesitzenden Klasse ausgeschlossen werden. Zwar sind alle Menschen Mitglieder der Gesellschaft, aber nur jene, die über Besitz verfügen, gelten als vollwertige Mitglieder mit politischen Teilhaberechten.[3] Für diese Interpretation spricht der historische Kontext, in dem Locke seine zwei Abhandlungen verfasst, zählten doch im 17. Jahrhundert nur die Besitzenden – also u.a. Adlige, Unternehmer, Kaufleute – zum Staatsvolk. Gegen Macpherson steht die Argumentation von z.B. Jeremy Waldron, der das politisch-egalitäre Potenzial in Lockes Konzeption betont. Laut Waldron gestehe Locke jedem Menschen, der zu rationalem Denken und moralischem Urteilen in der Lage ist, die gleichen Rechte sowie annähernd gleiches Gewicht in der demokratischen Legitimation zu[4] – ein gerade im Kontext des 17. Jahrhunderts fortschrittlich anmutender Gedanke.

Die Bedeutung von Lockes Staatsphilosophie bleibt von dieser Kontroverse unberührt: So finden sich z.B. Lockes Formulierungen zur Freiheit und Gleichheit der

Menschen fast wörtlich in den Menschenrechtserklärungen Virginias und des US-amerikanischen Kongresses wieder. Thomas Jefferson, der Verfasser der Amerikanischen Unabhängigkeitserklärung beruft sich in Bezug auf das Widerstandsrecht auf John Locke. Die Vertragstheorie, mit der Locke nicht nur legitime Herrschaft begründet, sondern ihr auch Grenzen setzt, inspiriert den Liberalismus und wird im 20. Jahrhundert von John Rawls aufgegriffen. Das beschriebene Vertrauens- bzw. Vertragsverhältnis zwischen Legislative und Bürgern zeichnet Ansätze einer repräsentativen Demokratie, durch die u.a. John Stuart Mill in seiner Konzeption einer liberalen Repräsentativdemokratie beeinflusst wird. Lockes Ausführungen zur Teilung und Kontrolle der Gewalten schließlich werden vom Staatstheoretiker Montesquieu weiterentwickelt und stellen einen entscheidenden Beitrag zur heute gängigen Dreiteilung in Legislative, Exekutive und Judikative dar.

Anmerkungen

1   Zu Lockes Ausführungen über die Rechte auf Privatjustiz und Wiedergutmachung siehe v.a. John Locke: Zweite Abhandlung über die Regierung §§ 8-10; hier abgekürzt als (AR Artikel, Seite).
2   Crawford B. Macpherson [1962]: Die politische Theorie des Besitzindividualismus. Von Hobbes bis Locke. Übersetzung von Arno Wittekind. Frankfurt/M., 3. Auflage 1990.
3   Vgl. insbesondere ebd., S. 250 f.
4   Jeremy Waldron: God, Locke, and Equality. Christian Foundations in Locke's Political Thought. Cambridge 2002. Insbesondere S. 83 ff.

Charles de Montesquieu

Ausgewählt und interpretiert von Volker Pesch

Vom Geist der Gesetze (1748)

1 [...] Die politische Freiheit des Bürgers ist jene Ruhe des Gemüts, die aus dem Vertrauen erwächst, das ein jeder zu seiner Sicherheit hat. Damit man diese Freiheit hat, muß die Regierung so eingerichtet sein, daß ein Bürger den anderen nicht zu fürchten braucht. Wenn in derselben Person oder der gleichen obrigkeitlichen
5 Körperschaft die gesetzgebende Gewalt mit der vollziehenden vereinigt ist, gibt es keine Freiheit; denn es steht zu befürchten, daß derselbe Monarch oder derselbe Senat tyrannische Gesetze macht, um sie tyrannisch zu vollziehen. Es gibt ferner keine Freiheit, wenn die richterliche Gewalt nicht von der gesetzgebenden und vollziehenden getrennt ist. Ist sie mit der gesetzgebenden Gewalt verbunden, so
10 wäre die Macht über Leben und Freiheit der Bürger willkürlich, weil der Richter Gesetzgeber wäre. Wäre sie mit der vollziehenden Gewalt verknüpft, so würde der Richter die Macht eines Unterdrückers haben. Alles wäre verloren, wenn derselbe Mensch oder die gleiche Körperschaft der Großen, des Adels oder des Volkes diese drei Gewalten ausüben würde: die Macht, Gesetze zu geben, die öffentlichen
15 Beschlüsse zu vollstrecken und die Verbrechen oder die Streitsachen der einzelnen zu richten. [...]
Die richterliche Gewalt darf nicht an einen dauernden Senat gehen, sondern muß von Personen ausgeübt werden, die zu bestimmten Zeiten des Jahres in gesetzlich vorgeschriebener Weise aus der Mitte des Volkes entnommen werden, um einen
20 Gerichtshof zu bilden, der nur so lange besteht, wie die Notwendigkeit es erfordert. Auf diese Weise wird die unter den Menschen so schreckliche richterliche Gewalt, losgelöst von der Bindung an einen bestimmten Stand oder einen bestimmten Beruf, sozusagen unsichtbar und zu einem Nichts. [...] Die beiden anderen Gewalten können eher an obrigkeitliche Ämter oder dauernde Körperschaften vergeben wer-
25 den, weil sich ihre Ausübung nicht gegen irgendeinen einzelnen richtet; denn die eine ist lediglich der allgemeine Wille des Staates, die andere nur die Vollstreckung dieses allgemeinen Willens. [...]
Da in einem freien Staate jeder, dem man einen freien Willen zuerkennt, durch sich selbst regiert sein sollte, so müßte das Volk als Ganzes die gesetzgebende

Gewalt haben. Das aber ist in den großen Staaten unmöglich, in den kleinen mit   1
vielen Mißhelligkeiten verbunden. Deshalb ist es nötig, daß das Volk durch seine
Repräsentanten das tun läßt, was es nicht selbst tun kann. [...] Der große Vorteil
der Repräsentanten besteht darin, daß sie fähig sind, die Angelegenheiten zu
verhandeln. Das Volk ist dazu keinesfalls geschickt. Das macht einen der großen   5
Nachteile der Demokratie aus. [...] Alle Bürger [...] müssen das Recht haben,
ihre Stimme bei der Wahl des Repräsentanten abzugeben, mit Ausnahme derer,
die in einem solchen Zustand der Niedrigkeit leben, daß ihnen die allgemeine
Anschauung keinen eigenen Willen zuerkennt. [...] Die Mehrzahl der alten
Republiken hatte einen großen Fehler; das Volk hatte nämlich das Recht, aktive   10
Entschließungen zu fassen, die eine Durchführung erfordern, etwas, wozu es ganz
und gar unfähig ist. Es soll in die Regierungssphäre nur hineingelassen werden, um
die Abgeordneten zu wählen, was seinen Fähigkeiten durchaus entspricht. Zwar gibt
es wenige, die den genauen Grad der Fähigkeiten der Menschen kennen; trotzdem
ist jeder in der Lage, im allgemeinen zu wissen, ob derjenige, dem er seine Stimme   15
gibt, aufgeklärter ist als die meisten übrigen. Der repräsentative Körper soll nicht
gewählt werden, damit er einen unmittelbar wirksamen Beschluß fasse, wozu er
nicht geeignet ist, sondern um Gesetze zu machen und darauf zu achten, daß die
von ihm gemachten Gesetze wohl ausgeführt werden. Dazu ist er sehr geeignet,
das kann niemand besser als er.   20
Zu allen Zeiten gibt es im Staat Leute, die durch Geburt, Reichtum oder Ehren-
stellungen ausgezeichnet sind. Würden sie mit der Masse des Volkes vermischt und
hätten sie nur eine Stimme wie alle übrigen, so würde die gemeine Freiheit ihnen
Sklaverei bedeuten. Sie hätten an ihrer Verteidigung kein Interesse, weil die meisten
Entschließungen sich gegen sie richten würden. Ihr Anteil an der Gesetzgebung   25
muß also den übrigen Vorteilen angepaßt sein, die sie im Staate genießen. Das
wird der Fall sein, wenn sie eine eigene Körperschaft bilden, die berechtigt ist, die
Unternehmungen des Volkes anzuhalten, wie das Volk das Recht hat, den ihrigen
Einhalt zu gebieten. So wird die gesetzgebende Gewalt sowohl der Körperschaft
des Adels wie der gewählten Körperschaft, welche das Volk repräsentiert, anvertraut   30
sein. Beide werden ihre Versammlungen und Beratungen getrennt führen, mit
gesonderten Ansichten und Interessen. [...]
Die vollziehende Gewalt muß in den Händen eines Monarchen liegen. Denn dieser
Teil der Regierung, der fast immer der augenblicklichen Handlung bedarf, ist besser
durch einen als durch mehrere verwaltet, während das, was von der gesetzgebenden   35
Gewalt abhängt, häufig besser durch mehrere als durch einen einzelnen angeordnet
wird. Gäbe es keinen Monarchen und wäre die vollziehende Gewalt einer bestimmten
Zahl von Personen anvertraut, die der gesetzgebenden Körperschaft entnommen
wären, so gäbe es keine Freiheit mehr. Denn die beiden Gewalten wären vereinigt,
die gleichen Personen hätten manchmal nach ihrem Willen sogar dauernd Anteil   40
an der einen wie der anderen. [...] Hat die vollziehende Gewalt nicht das Recht,
den Unternehmungen der gesetzgebenden Körperschaft Einhalt zu tun, so wird

diese despotisch sein. Denn da sie sich alle erdenkliche Macht zusprechen kann, wird sie die übrigen Gewalten vernichten. Andererseits bedarf es jedoch nicht der entsprechenden Möglichkeit für die gesetzgebende Gewalt, der vollziehenden Gewalt Einhalt zu gebieten. Da die Vollziehung ihre natürlichen Grenzen hat, ist es unzweckmäßig, sie zu beschränken, ganz abgesehen davon, daß die vollziehende Gewalt sich fast immer in augenblicklichen Angelegenheiten betätigt. […] Wenn aber in einem freien Staat die gesetzgebende Gewalt nicht das Recht haben soll, die vollziehende Gewalt anzuhalten, hat sie das Recht und muß sie die Möglichkeit haben, nachzuprüfen, wie die von ihr erlassenen Gesetze ausgeführt worden sind. […] Aber welcher Art diese Nachprüfung auch sei, die gesetzgebende Körperschaft darf nicht das Recht haben, über die Person und demgemäß auch über das Verhalten dessen, der die vollziehende Funktion wahrnimmt, richterlich zu urteilen. Seine Person muß unantastbar sein, da es für den Staat notwendig ist, daß die gesetzgebende Körperschaft nicht tyrannisch wird. In dem Augenblick, wo der Träger der Vollziehung angeklagt und verurteilt würde, gäbe es keine Freiheit mehr. Dann wäre der Staat keine Monarchie mehr, sondern eine unfreie Republik. […]

Charles de Montesquieu: Vom Geist der Gesetze. Hrsg. und übersetzt von Ernst Forsthoff.
Tübingen 1992², Bd. 1, S. 214-226 (= XI. Buch, 6. Kapitel)

Interpretation

Charles-Louis Joseph de Secondat, Baron de la Brède et de Montesquieu (ab 1716), wird 1689 in der Nähe von Bordeaux geboren. Der Name sagt alles: Spross einer privilegierten Adelsfamilie, mit großem Vermögen und erblichen Rechten auf bestimmte Ämter im absolutistischen Frankreich. Der junge Charles-Louis wird, obschon die Familie zu den eher „aufgeklärten" zu zählen ist, zunächst in die Obhut der Oratorianer gegeben, einer katholischen Weltpriestergemeinschaft. Zur Ausbildung gehören hier vor allem die griechischen und römischen Klassiker, insbesondere die Stoa (im Original, versteht sich), zudem Geschichte und Mathematik, aber auch Philosophie. Anschließend studiert er Philosophie und Rechte in Bordeaux und geht nach Paris, der damals wie heute weltoffensten Stadt Frankreichs. Der junge Adelige ist offensichtlich beeindruckt. Aber als Privilegierter hat er auch bestimmte Pflichten, und so kehrt er bald nach Bordeaux zurück, wird 1714 Rat am Gerichtshof und im folgenden Jahr Ehemann. 1716 erbt er von seinem Onkel den Vorsitz des Gerichtes, verbunden mit den entsprechenden Einkünften, und er erbt den Namen, unter dem er heute in Lexika geführt wird: Montesquieu.

Diese Gerichtshöfe im absolutistischen Frankreich, die sogenannten Parlamente, sind aber weit mehr als nur Gerichte im heutigen Sinne, sie sind durchaus politische Körperschaften, die seit der letzten Einberufung der Generalstände 1614 einige Kontrollrechte für sich geltend machen konnten und jetzt als eine Art Opposition gegen die königliche Willkürherrschaft angesehen werden, in engen Grenzen, wie es sich zur Zeit Ludwigs XIV. wohl versteht. Jedenfalls sammelt Montesquieu hier seine Erfahrungen in der praktischen Politik. In seinen *Pensées*, den posthum veröffentlichten Aufzeichnungen, hört sich das allerdings anders an: „Für meinen Beruf als Gerichtspräsident", heißt es da einmal, „hatte ich stets ein rechtschaffenes Herz: ich verstand die Fragen an sich ziemlich gut, aber nichts vom praktischen Verfahren. Und doch hatte ich mir Mühe damit gegeben, aber es stieß mich ab, an Dummköpfen die Fähigkeiten zu bemerken, die mir gewissermaßen versagt blieben."

Allerdings beschäftigt er sich ohnehin lieber mit naturwissenschaftlichen Fragen und mit Geschichte und Philosophie. Er wird in die Akademie der Wissenschaften von Bordeaux aufgenommen, und im Laufe seines Lebens schreibt er mehrere Romane und unzählige Abhandlungen, etwa über die Religion bei den Römern, das Moos der Eichen oder die Nierendrüsen. Grundsätzliche Fragen dieser Art interessieren ihn zeitlebens. Richtig berühmt wird er mit den *Lettres Persanes*, den *Persischen Briefen*, die er 1721 anonym veröffentlicht. Das ist ein Briefroman, in dem zwei fiktive Perser – eine Selbstschutzmaßnahme – einander ihre Eindrücke von Europa im Vergleich zu den Verhältnissen im Orient schildern und dabei eine sehr kritische Sicht des absolutistischen Frankreich offenbaren. Montesquieu lässt sie das Bild eines dekadenten und oberflächlichen höfischen Lebens und einer schwachen und ineffektiven und in

Teilen auch illegitimen politischen Herrschaft zeichnen, er lässt sie das Papsttum und jede Art von religiösem Glauben, der über die deistische Sicht des nach der Schöpfung tatenlosen Gottes hinausgeht, kritisieren. Die Autorschaft der *Briefe* lässt sich nicht lange verheimlichen, und bald hat sich Montesquieu als einer der führenden Köpfe der französischen (und europäischen) Aufklärung etabliert. Wenig später wird er auch Freimaurer.

1725 verkauft er seine Präsidentschaft in Bordeaux, nachdem er seine dortigen Pflichten schon längere Zeit vernachlässigt hat und sich ohnehin meist in Paris aufhält. Gegen einigen Widerstand wird er 1728 in die *Académie Française* aufgenommen, aber schon die Aufnahmezeremonie gerät zum Desaster. Montesquieu tritt darob seine Arbeit gar nicht erst an, sondern geht lieber auf Reisen: Er besucht Österreich und Italien, das Rheinland und Holland, vor allem aber England, wo er John Locke liest und sich mit dem angelsächsischen *Common Law* vertraut macht. 1731 zieht er sich an seinen Geburtsort zurück und beginnt, systematischere und längere Abhandlungen zu schreiben. Unter anderem erscheint eine Untersuchung über die einstige Größe und die Gründe des Niedergangs der Römer, die tatsächlich weit mehr ist, nämlich eine Interpretation des allgemeinen Laufs der Weltgeschichte, und als „Vorstudie" zu seinem Hauptwerk gesehen werden kann: *De l'esprit des lois*, deutsch *Vom Geist der Gesetze*, das 1748 anonym in Genf erscheint. Natürlich weiß jeder, wer der Autor ist, und der wird in den aufgeklärten Pariser Kreisen jetzt mehr gefeiert denn je. Aber er wird auch heftig attackiert, vom Königshof und insbesondere von den Jesuiten, die ihn als Atheisten brandmarken. Auch sein Versuch einer schriftlichen Verteidigung, in der insbesondere der Vorwurf des Atheismus entkräftet werden soll, kann nicht verhindern, dass das Buch 1751 indiziert wird.

Montesquieu schreibt, am Ende fast vollständig erblindet, noch einen Artikel für die *Enzyklopädie* und einige Erzählungen und Novellen. 1755 stirbt er in Paris, als Christ, sagen diejenigen, die wie er selbst Vernunft und Natur in einem deistischen Christentum vereint wissen wollen, als Philosoph, sagt Voltaire, der in ihm in erster Linie den Weggefährten in Sachen Aufklärung sieht.

Montesquieu ist eine der zentralen Figuren der europäischen Hochaufklärung, und der *Geist der Gesetze*, aus dem der oben abgedruckte Auszug stammt, ist sein (politiktheoretisches) Hauptwerk. Als Aufklärer postuliert Montesquieu die Vernunft des Menschen, seine Fähigkeit, den sinnhaften Zusammenhang der Dinge erkennen und eine dementsprechende gute gesellschaftliche und politische Ordnung einrichten zu können. Von Descartes direkt und – über Fontenelle und Malebranche – indirekt beeinflusst, glaubt er an ein mechanistisches Universum, in dem ausnahmslos Kausalzusammenhänge walten. Und er ist Anhänger eines deistischen Gottesglaubens, nach welchem Gott nicht mehr als Lenker, wohl aber als Schöpfer der Welt angesehen wird: Gott hat demnach die Welt angelegt, ihre Gesetze fallen in eins mit der Vernunft und mit Gott selbst, der jetzt nicht als weltjenseitiger Gott vorgestellt wird, sondern als sich in den Gesetzen der Dinge dieser Welt manifestierend. Der Mensch hat sowohl die Möglichkeit als auch die Verpflichtung, die Gesetze zu erkennen und dementsprechend zu leben.

Vor diesem Hintergrund ist Montesquieus Abhandlung *Vom Geist der Gesetze* zu sehen: Darin geht es um die Frage, welche Gesetze dem menschlichen Leben eigen sind, das heißt: welche Gesetze vernünftig sind und wie die dementsprechende Ordnung gestaltet werden sollte. Es geht also, mit anderen Worten, um die Frage nach den dem menschlichen Leben inhärenten *Naturgesetzen*. Anders als etwa Thomas Hobbes ist nämlich für Montesquieu der Staat nicht ein Mittel, den natürlichen Krieg aller gegen alle zu beenden, vielmehr entspricht ein Staat, der nach den Naturgesetzen aufgebaut ist, der Natur des Menschen. Allerdings, das sei hier nur angemerkt, ist Montesquieus Gesetzesbegriff recht unscharf: Nicht immer hält er die Naturgesetze, also jene Gesetze, die die Menschen lediglich erkennen, aber nicht beeinflussen können, und die positiven Gesetze, also jene, die sich die Menschen selber geben, sauber auseinander. Aber ohnehin geht es ihm nicht um eine philosophische Grundlegung, sondern um politische Praxis: Montesquieu will sein Buch als konkrete Handlungsanweisung verstanden wissen.

Er unternimmt also den Versuch, alle (Natur-)Gesetze, die für das menschliche Leben relevant sind, systematisch zusammenzustellen und auch die dementsprechende politische Ordnung zu konstruieren. Dazu zieht er eine gewaltige Fülle von empirischen Materialien aus allen Regionen der Welt und allen Zeiten der Geschichte vergleichend zu Rate (wie überhaupt der Vergleich seine Lieblingsmethode ist), präsentiert dann allerdings zuletzt eine Idealverfassung, die eine erstaunliche Ähnlichkeit mit der englischen Verfassung hat – oder vielmehr: mit Montesquieus sehr unkritischer und idealisierender Sicht derselben. So ist das oben (gekürzt) abgedruckte 6. Kapitel des XI. Buches, in dem er seine Vorstellungen von der institutionellen Ausgestaltung einer guten politischen Ordnung als eine der getrennten Gewalten zusammenfasst, irreführenderweise mit *Von der Verfassung Englands* überschrieben. Aber was Montesquieu hier als Beschreibung der politischen Wirklichkeit präsentiert, ist zu dieser Zeit nur die Forderung von reformorientierten Kreisen – und eben seine politische Idee, mit der er sich einen Platz unter den Klassikern der Ideengeschichte gesichert hat.

Wie sieht nun diese ideale Ordnung aus? – Montesquieu geht von der Freiheit des Menschen aus, aber nicht von einer individualistischen und rein negativen Freiheit, sondern von einer *politischen* Freiheit der Bürger. Diese Freiheit des Menschen macht seine Würde aus und hebt ihn über die anderen Lebewesen. Freiheit besteht demzufolge nicht darin, alles tun und lassen zu können, sondern ist in einer guten politischen Ordnung fest umgrenzt durch die Gesetze und Institutionen. Diese garantieren, dass die Einzelnen dauerhaft von ihren Rechten Gebrauch machen können und gegen Willkür und Machtmissbrauch geschützt werden. Die Bedingung dieser Freiheit ist also eine gute Regierung, eine Regierung, die den Naturgesetzen entspricht. Das, so glaubt Montesquieu erkannt zu haben, ist dann gegeben, wenn die Gewalten im Staat streng voneinander getrennt sind: in gesetzgebende Gewalt (Legislative), vollziehende Gewalt (Exekutive) und richterliche Gewalt (Judikative), die jeweils in die Hände verschiedener Personen oder Körperschaften gelegt werden müssen. Damit die einzelnen Gewalten nicht doch wieder in Willkür und Despotismus umkippen, sieht Montesquieu verschiedene Schutzmaßnahmen vor: Die Spaltung der Legislative in Unter- und Oberhaus und die Wahl von kompetenten Repräsentanten durch das ganze Volk bzw. den Adel, die Bindung der Exekutive an deren Gesetze, aber auch ihr Recht, Gesetze aufzuheben, die zeitlich eng begrenzte Wahl der Richter aus dem Volk und die eigene Gerichtsbarkeit des Adels. Gleichwohl werden die Gewalten in dieser Konstruktion nicht *geteilt*, wie gelegentlich zu lesen ist, sondern Exekutive, Legislative und Judikative werden jeweils einer einzelnen Person oder Körperschaft exklusiv zugesprochen.

Montesquieu präsentiert also eine Mischverfassung, eine konstitutionelle Monarchie. Er lehnt republikanische Formen der Demokratie ebenso ab wie absolutistische Formen der Monarchie, und er sieht das Volk zwar als den Souverän, räumt ihm aber keine Möglichkeit weiterreichenderer Mitgestaltung ein als die der Wahl von Repräsentanten. Plebiszitäre Elemente etwa sind für Montesquieu undenkbar. Hier ist die Begründung einfach: Die Menschen sind in der Regel nicht besonders gebildet, aber sie erkennen doch die aufgeklärteren unter ihren Mitmenschen – und wählen sie natürlich auch. Für die Beibehaltung der ständischen Ordnung und ihrer Schranken gibt er eine nicht minder verblüffende Erklärung: Der Adel ist nun einmal immer da und auch besser als das gemeine Volk, und deswegen muss er seine Privilegien behalten, eine eigene Kammer und Gerichtsbarkeit haben und so weiter. Zu leben wie das gemeine Volk bedeutete ja für ihn per se schon Unfreiheit. Nicht einmal der starke Monarch kommt bei diesem Aufklärer unter die Guillotine, und zwar mit einem dezisionistischen Argument: Da von der Exekutive dauernd schnelle Entscheidungen und schnelles Handeln erwartet wird, ist es besser, wenn diese Gewalt in den Händen einer Einzelperson liegt. Und diese Person, das ist die letzte verblüffende Wendung, schützt den Staat noch davor, dass die Legislative sich selbst per Gesetz immer mehr Kompetenzen zuspricht und zuletzt despotisch wird. Das Parlament kontrolliert bei Montesquieu nicht den Monarchen, sondern umgekehrt: der Monarch das Parlament.

Es ist durchaus widersprüchlich, dass Montesquieu diese ideale Ordnung einerseits als Umsetzung von Naturgesetzen gesehen wissen will, andererseits aber immer wieder auf die jeweils spezifischen kulturellen, historischen, mentalen, geographischen, klimatischen oder religiösen Umstände hinweist, die den Rahmen einer jeden politischen Ordnung vorgeben. Mehrfach betont er die Unmöglichkeit, politische Ordnungen ohne Weiteres auf andere Länder oder Zeiten zu übertragen, und die Existenz guter positiver Gesetze in den unterschiedlichsten Ländern der Welt. In den *Pensées* heißt es einmal, man müsse „die Staatsmaximen alle zwanzig Jahre ändern, weil die Welt sich ändert". Aber kann man sinnvollerweise „Naturgesetze" annehmen, die sich alle zwanzig Jahre ändern? Wohl kaum. Aber selbst wenn doch, dann könnte die im *Geist der Gesetze* skizzierte gemischte Verfassung mit dem Prinzip der Gewaltentrennung eigentlich nur die beste *für England in der Mitte des 18. Jahrhunderts* sein – aber als solche präsentiert Montesquieu das nicht (schließlich will er nicht zuletzt die Franzosen aufklären).

Über Montesquieus Plädoyer für die Beibehaltung der Privilegien des Adels und der weitreichenden Macht des Monarchen muss heute sicher nichts mehr gesagt werden. Aber mit der Lehre von der Trennung der Staatsgewalt in Exekutive, Legislative und Judikative hat Montesquieu eine politische Idee formuliert und begründet, die sich ohne Weiteres radikalisieren ließ und deren Relevanz im Prozess der Demokratisierungen im 18. und 19. Jahrhundert nicht hoch genug bewertet werden kann. Im 47. Artikel der *Federalist Papers*, in denen Montesquieu mehrfach zu Rate gezogen wird, bezeichnet James Madison ihn sogar als das „Orakel", das zum Thema Gewaltentrennung „immer befragt und zitiert" werde, selbst wenn – das sieht Madison richtig – er nicht wirklich ihr Erfinder sei (das waren auf je verschiedene Weise eher Aristoteles und John Locke). Aber er habe das Verdienst, das Thema „am wirkungsvollsten dargelegt und der Aufmerksamkeit der Menschheit empfohlen zu haben". Das mag für des Menschen Aufmerksamkeit im ausgehenden 18. Jahrhundert richtig gewesen sein, und in der Verfassung der Vereinigten Staaten ist die Gewaltentrennung dann auch verankert worden, zumindest Legislative (Repräsentantenhaus und Senat) und Exekutive (Präsident) werden bis heute unabhängig voneinander gewählt und haben fest umrissene Kompetenzen. Die obersten Richter werden aber – bei Senatszustimmung – vom Präsidenten ernannt. Und die Parteien, deren Funktion in modernen Staaten Montesquieu natürlich so wenig sehen konnte wie Madison, verbinden Parlamente und Regierung auf eine Art, die das System der Gewaltentrennung aushöhlt. In den USA, wo die Parteiendisziplin (noch?) nicht so stark ausgeprägt ist wie etwa in Großbritannien, hat sich das System der Trennung bei weitreichenden *checks and balances* der Gewalten allerdings im Großen und Ganzen bewährt.

Ohnehin ist die Gewaltentrennung keine notwendige Bedingung moderner Demokratien: Zwar bleiben die Unabhängigkeit der Justiz und das Prinzip der Rechtsstaatlichkeit existenzielle Voraussetzungen aller Demokratien, aber nicht in jeder Demokratie müssen Exekutive und Legislative strikt getrennt sein. In der Bundesrepublik Deutschland beispielsweise verläuft die Trennlinie vielmehr zwischen Regierungsmehrheit und Opposition, d.h. zwischen der Mehrheit der Abgeordneten des Bundestages (die den Kanzler gewählt haben) und der vom Kanzler bestellten Regierung auf der einen und der Minderheit des Bundestages auf der anderen Seite. Auch hier ist es weniger eine klare institutionelle Trennung als vielmehr ein System von wechselseitigen Verschränkungen, Wahl- und Kontrollrechten, mittels derer die Gewalten im Zaum gehalten werden sollen (und bis heute grosso modo auch gehalten werden). Und auch hier bilden die Parteien eine Größe, die quer zu den Institutionen steht und die klassischen Lehren eines Locke oder Montesquieu überholt erscheinen lässt. Hinzu kommt ein weiterer Aspekt, den Montesquieu nicht gesehen hat und auch nicht sehen konnte, nämlich die Rolle von Öffentlichkeiten und Medien in modernen Demokratien. Er selbst hat in Paris ja nur die Frühformen jener bürgerlichen Öffentlichkeit kennengelernt, auf die spätere Autoren wie etwa John Stuart Mill ihre ganze Hoffnung setzten. Und natürlich war es in der ersten Hälfte des 18. Jahrhunderts völlig unmöglich, sich so etwas wie Massenmedien und digitale Netzwerke vorzustellen. Aber fragt man nach der demokratietheoretischen Relevanz einer politischen Idee, muss man sie im gegenwärtigen Horizont prüfen. Und wie auch immer sich die Gesichter der Demokratie weiter verändern werden: Macht (denn darum geht es meist, wenn in Deutschland von „Gewalt" geredet wird) lässt sich heute weniger durch die Trennung von politischen Institutionen begrenzen als durch die Macht der öffentlichen Meinung und die der Medien, selbst (oder gerade?) dann, wenn sich weder die Öffentlichkeiten noch die Medien aus aufgeklärten Individuen zusammensetzen: le pouvoir arrête le pouvoir.

Das berührt nicht die ideengeschichtliche Relevanz. Die Lehre von der Gewaltentrennung ist im weiteren Verlauf des 18. und dann vor allem im 19. Jahrhundert zur Waffe der Konstitutionalisten und Liberalen im Kampf gegen die überkommenen Ordnungen geworden, und diese Feder kann Montesquieu sich an den Hut stecken. Allerdings wurde sie, wie Panajotis Kondylis gesagt hat, „um so mythologischer, je mehr sie sich von Montesquieus soziologischer Betrachtung entfernte, um sich in die Spitzfindigkeiten des liberalen juristischen Formalismus zu verwickeln."[1] Damit ist ein Punkt angesprochen, der bisher noch kaum erwähnt wurde, gleichwohl aber demokratietheoretisch wahrscheinlich der wichtigere ist, nämlich Montesquieus Ausführungen zu jenem Bereich, den wir heute üblicherweise als politische Kultur bezeichnen. Im III. und V. Buch vom *Geist der Gesetze* ordnet er vier Regierungsformen jeweils eigene Prinzipien zu: Das Prinzip der Despotie ist demnach die Furcht, das der Monarchie die Ehre, das der Aristokratie die Mäßigung und das der Demokratie die Tugend. Das bedeutet: Wenn eine Despotie dauern soll, muss sie einfach die Furcht der Beherrschten aufrechterhalten, durch Willkür und Terror (ein Gedanke, auf den aufbauend Hannah Arendt später den Totalitarismus interpretieren wird). Wenn aber eine Demokratie Bestand haben soll, reicht es nicht aus, bestimmte Institutionen einzurichten; vielmehr bedarf sie existenziell der Tugend ihrer Bürger, Tugend verstanden als eine innere Bindung an diese Ordnung und eine Bereitschaft zur tätigen Mitarbeit in derselben, als Vaterlandsliebe und Engagement. Es bedarf, in anderen Worten, einer spezifischen politischen Kultur. Unter anderem aus diesem Grund lassen sich Demokratien demnach auch nicht ohne Weiteres errichten oder verpflanzen. Im Ansatz liefert Montesquieu hier eine, wie es gelegentlich genannt wird, *Soziologie* des Politischen. Das wird im XIX. Buch noch einmal deutlich: Darin geht es um die spezifische „Geisteshaltung" eines jeden Volkes und die Notwendigkeit, die politische Ordnung auf diese Geisteshaltung hin auszurichten und nicht umgekehrt zu glauben, man könne Menschen durch Erziehung in eine auf dem Reißbrett entworfene politische Ordnung einpassen. „Man fragte Solon", schreibt Montesquieu, „ob die Gesetze, die er den Athenern gegeben hatte, die besten seien. ‚Ich habe ihnen', gab er zur Antwort, ‚die besten gegeben, die sie vertragen konnten'. Ein gutes Wort, das alle Gesetzgeber beachten sollten."[2]

Anmerkungen

1   Panajotis Kondylis: Montesquieu und der Geist der Gesetze. Berlin 1996, S. 87.
2   Charles de Montesquieu: Vom Geist der Gesetze. Tübingen ²1992, Bd. 1, S. 24.

Jean-Jacques Rousseau

Ausgewählt und interpretiert von Antonia Geisler

Vom Gesellschaftsvertrag oder Grundsätze des Staatsrechts (1762)

1 *Vom Gesellschaftsvertrag*

Ich unterstelle, daß die Menschen jenen Punkt erreicht haben, an dem die Hindernisse, die ihrem Fortbestehen im Naturzustand schaden, in ihrem Widerstand den Sieg davontragen über die Kräfte, die jedes Individuum einsetzen kann, um
5 sich in diesem Zustand zu halten. Dann kann dieser ursprüngliche Zustand nicht weiterbestehen, und das Menschengeschlecht würde zugrunde gehen, wenn es die Art des Daseins nicht änderte.

Da die Menschen nun keine neuen Kräfte hervorbringen, sondern nur die vorhandenen vereinen und lenken können, haben sie kein anderes Mittel, sich zu erhalten,
10 als durch Zusammenschluß eine Summe von Kräften zu bilden, stärker als jener Widerstand, und diese aus einem einzigen Antrieb einzusetzen und gemeinsam wirken zu lassen.

Diese Summe von Kräften kann nur durch das Zusammenwirken mehrerer entstehen: da aber Kraft und Freiheit jedes Menschen die ersten Werkzeuge für seine
15 Erhaltung sind – wie kann er sie verpfänden, ohne sich zu schaden und ohne die Pflichten gegen sich selbst zu vernachlässigen? Diese Schwierigkeit läßt sich [...] so ausdrücken: „Finde eine Form des Zusammenschlusses, die mit ihrer ganzen gemeinsamen Kraft die Person und das Vermögen jedes einzelnen Mitglieds verteidigt und schützt und durch die doch jeder, indem er sich mit allen vereinigt, nur
20 sich selbst gehorcht und genauso frei bleibt wie zuvor." Das ist das grundlegende Problem, dessen Lösung der Gesellschaftsvertrag darstellt.

Die Bestimmungen dieses Vertrages [...] lassen sich bei richtigem Verständnis sämtlich auf eine einzige zurückführen, nämlich die völlige Entäußerung jedes Mitglieds mit allen seinen Rechten an das Gemeinwesen als Ganzes. [...]
25 Wenn man also beim Gesellschaftsvertrag von allem absieht, was nicht zu seinem Wesen gehört, wird man finden, daß er sich auf folgendes beschränkt: *Gemeinsam stellen wir alle, jeder von uns seine Person und seine ganze Kraft unter die oberste Richtschnur des Gemeinwillens; und wir nehmen, als Körper, jedes Glied als untrennbaren Teil des Ganzen auf.*

Dieser Akt des Zusammenschlusses schafft augenblicklich anstelle der Einzelperson 1
jedes Vertragspartners eine sittliche Gesamtkörperschaft, die aus ebenso vielen
Gliedern besteht, wie die Versammlung Stimmen hat, und die durch ebendiesen
Akt ihre Einheit, ihr gemeinschaftliches Ich, ihr Leben und ihren Willen erhält.
Diese öffentliche Person, die so aus dem Zusammenschluß aller zustande kommt, 5
trug früher den Namen Polis, heute trägt sie den der *Republik* oder der staatlichen
Körperschaft, die von ihren Gliedern *Staat* genannt wird, wenn sie passiv, *Souverän*,
wenn sie aktiv ist, und *Macht* im Vergleich mit ihresgleichen. Was die Mitglieder
betrifft, so tragen sie als Gesamtheit den Namen *Volk*, als einzelne nennen sie sich
Bürger, sofern sie Teilhaber an der Souveränität sind, und *Untertanen*, sofern sie 10
den Gesetzen des Staates unterworfen sind. [...]

Ob der Gemeinwille irren kann

Aus dem Vorhergehenden folgt, daß der Gemeinwille immer auf dem rechten
Weg ist und auf das öffentliche Wohl abzielt: woraus allerdings nicht folgt, daß
die Beschlüsse des Volkes immer gleiche Richtigkeit haben. Zwar will man immer 15
sein Bestes, aber man sieht es nicht immer. Verdorben wird das Volk niemals,
aber oft wird es irregeführt, und nur dann scheint es das Schlechteste zu wollen.
Es gibt oft einen beträchtlichen Unterschied zwischen dem Gesamtwillen und dem
Gemeinwillen: dieser sieht nur auf das Gemeininteresse, jener auf das Privatinteresse und ist nichts anderes als eine Summe von Sonderwillen: aber nimm von 20
ebendiesen das Mehr und das Weniger weg, das sich gegenseitig aufhebt, so bleibt
als Summe der Unterschiede der Gemeinwille.
Wenn die Bürger keinerlei Verbindung untereinander hätten, würde, wenn das
Volk wohlunterrichtet entscheidet, aus der großen Zahl der kleinen Unterschiede
immer der Gemeinwille hervorgehen, und die Entscheidung wäre immer gut. Aber 25
wenn Parteiungen entstehen, Teilvereinigungen auf Kosten der großen, wird der
Wille jeder dieser Vereinigungen ein allgemeiner hinsichtlich seiner Glieder und
ein besonderer hinsichtlich des Staates; man kann dann sagen, daß es nicht mehr so
viele Stimmen gibt wie Menschen, sondern nur noch so viele wie Vereinigungen. [...]
[...] Wenn es aber Teilgesellschaften gibt, ist es wichtig, ihre Zahl zu vervielfachen 30
und ihrer Ungleichheit vorzubeugen [...].

Vom Gesetz

[...] Republik nenne ich deshalb jeden durch Gesetze regierten Staat, gleichgültig,
unter welcher Regierungsform dies geschieht: weil nur hier das öffentliche Interesse
herrscht und die öffentliche Angelegenheit etwas gilt. Jede gesetzmäßige Regierung 35
ist republikanisch [...].
Die Gesetze sind eigentlich nur die Bedingungen der bürgerlichen Vereinigung.
Das den Gesetzen unterworfene Volk muß deren Urheber sein; die Bedingungen
der Gesellschaft zu regeln, kommt nur denen zu, die sich vergesellschaften [...].

1   *Von der Regierung im Allgemeinen*

[...] Wir haben gesehen, daß die Legislative beim Volke liegt und nur bei ihm
liegen kann. Demgegenüber ersieht man aus den oben aufgestellten Grundsätzen
leicht, daß die Exekutive nicht bei der Allgemeinheit liegen kann, die gesetzgebend

5   und souverän ist; weil diese Gewalt nur aus einzelnen Akten besteht, die in keiner
Weise in den Bereich des Gesetzes folglich auch nicht in den des Souveräns fallen,
dessen Akte alle nur Gesetze sein können.
Die öffentliche Gewalt braucht deshalb einen eigenen Geschäftsführer, der sie
zusammenfaßt und gemäß den Anweisungen des Gemeinwillens ins Werk setzt,

10 der als Verbindung zwischen Staat und Souverän dient [...]. Das ist im Staat der
Sinn der Regierung, die fälschlicherweise mit dem Souverän verwechselt wird,
dessen Diener sie nur ist.
Was ist also eine Regierung? Eine vermittelnde Körperschaft, eingesetzt zwischen
Untertanen und Souverän zum Zweck des wechselseitigen Verkehrs, beauftragt

15 mit der Durchführung der Gesetze und der Erhaltung der bürgerlichen wie der
politischen Freiheit.
[...] Es handelt sich ausschließlich nur um einen Auftrag, ein Amt, bei dem diese
als einfache Beamte des Souveräns in dessen Namen die Macht ausüben, die er
ihnen anvertraut hat und die er einschränken, abändern und zurücknehmen kann,

20 wenn es ihm gefällt [...].

Einteilung der Regierungen

[...] Der Souverän kann die Regierung zunächst dem ganzen Volk oder dem größten
Teil des Volkes anvertrauen dergestalt, daß es mehr mit einem öffentlichen Amt
betraute Bürger gibt als solche, die nur Privatleute sind. Diese Form der Regierung

25 nenne ich *Demokratie*.
Oder aber, er kann die Regierung in die Hände einer kleinen Zahl legen dergestalt,
daß es mehr einfache Bürger gibt als solche, die mit öffentlichen Ämtern betraut
sind, und diese Form trägt den Namen *Aristokratie*.
Schließlich kann er die gesamte Regierung in der Hand eines einzigen Beamten

30 vereinigen, von dem alle anderen ihre Macht haben. Diese dritte Form ist die
gewöhnlichste und wird *Monarchie* oder königliche Regierung genannt.

Von der Demokratie

Wer das Gesetz macht, weiß besser als jeder andere, wie es ausgeführt und ausgelegt
werden soll. Es scheint deshalb, daß es keine bessere Verfassung geben kann als die,

35 in der die Exekutive mit der Legislative gekoppelt ist. Genau das aber macht diese
Regierung in gewisser Hinsicht ungenügend, weil Dinge nicht auseinandergehalten
werden, die auseinandergehalten werden müssen [...].
Es ist weder gut, daß derjenige, der die Gesetze macht, sie ausführt, noch daß die

Körperschaft des Volkes ihre Aufmerksamkeit von allgemeinen Gesichtspunkten   1
ablenkt, um sie Einzelgegenständen zuzuwenden. [...]
Nimmt man den Begriff in der ganzen Schärfe seiner Bedeutung, dann hat es niemals
eine echte Demokratie gegeben, und es wird sie niemals geben. Es geht gegen die
natürliche Ordnung, daß die Mehrzahl regiert und die Minderzahl regiert wird.   5
Man kann sich nicht vorstellen, daß das Volk unaufhörlich versammelt bleibt, um
die öffentlichen Angelegenheiten zu besorgen [...].
   Wie viele schwer zu vereinigende Dinge setzt diese Regierung im Übrigen nicht
voraus? – Erstens einen sehr kleinen Staat, in dem das Volk einfach zu versammeln
ist und jeder Bürger alle andern leicht kennen kann; zweitens eine große Einfachheit   10
in den Sitten, die der Vielfalt der Angelegenheiten und heiklen Diskussionen steuert;
dann weitgehende Gleichheit der gesellschaftlichen Stellung und der Vermögen,
ohne welche die Gleichheit von Recht und Einfluß nicht lange bestehen kann;
schließlich wenig oder gar keinen Luxus; denn Luxus ist entweder die Folge von
Reichtümern oder macht sie nötig; er verdirbt Reich und Arm, den einen durch   15
Besitz, den anderen durch Begehrlichkeit [...].

Jean-Jacques Rousseau [1762]: Vom Gesellschaftsvertrag oder Grundsätze des Staatsrechts.
In Zusammenarbeit mit Eva Pietzcker. Neu übersetzt und herausgegeben von Hans Brockard.
Stuttgart 2001. Gekürzte Auszüge, Buch I Kap. 6; Buch II Kap. 3 und 6;
Buch III Kap. 1, 3 und 4. Hervorhebungen im Original

Interpretation

Jean-Jacques Rousseau (1712-1778) wird als Sohn einer Hugenottenfamilie in Genf geboren. Die Mutter stirbt wenige Tage nach Rousseaus Geburt; das Kind lebt zunächst mit seinem Vater in einem wohlhabenden Genfer Stadtteil. Obwohl Rousseau keine systematische Schulbildung erfährt, legt der Vater großen Wert auf dessen Erziehung, sodass Rousseau bereits früh lesen kann und schon in jungen Jahren mit Werken der Weltliteratur vertraut ist. Im Alter von 16 Jahren verlässt Rousseau seine Geburtsstadt und begibt sich auf Wanderschaft. In dieser Zeit konvertiert er zum Katholizismus, er lernt Latein und wendet sich dem Musizieren zu. Als Autodidakt eignet er sich Wissen in den Bereichen Geschichte, Psychologie und Anthropologie an und beschäftigt sich u. a. mit den Schriften von Hobbes, Locke, Leibniz, Voltaire, Descartes und Newton. Seinen Lebensunterhalt verdient Rousseau als Notenkopierer, Musiklehrer, Erzieher und sogar als Botschafter. Rousseaus Wanderjahre bringen ihm aber nicht nur die Freiheit und die Natur näher, sondern konfrontieren ihn auch mit der Unterdrückung und Ausbeutung der Landbevölkerung – Erfahrungen, die ihn zeit seines Lebens beeinflusst haben und sowohl in seine autobiografischen als auch in seine moralphilosophischen und politiktheoretischen Werke Eingang finden.

1742 lässt sich Rousseau in Paris nieder. Den intellektuellen Kreisen Europas wird er insbesondere durch seine zwei Abhandlungen bekannt, in der er seiner kritischen Haltung gegenüber dem technischen und kulturellen Fortschritt Ausdruck verleiht. So stellt er in der *Abhandlung über die Wissenschaften und Künste* (1750) die These auf, der Fortschritt der Wissenschaften und Künste habe nicht zur Veredelung, sondern zum Verderb und moralischen Niedergang des Menschen beigetragen. Diese Fortschrittskritik findet in der *Abhandlung über den Ursprung und die Grundlagen der Ungleichheit unter den Menschen* (1755) ihre Fortsetzung, in der Rousseau einen sittlichen Degenerationsprozess des Menschen beschreibt: Der Mensch lebe im ursprünglichen Naturzustand zunächst unabhängig von anderen Menschen; er strebt nach Selbsterhaltung und ist fähig, Mitleid zu empfinden.[1] Die Menschen sind zwar physisch ungleich, abgesehen davon beträgt die Ungleichheit laut Rousseau aber „fast gleich null".[2] Von dem Moment an jedoch, in dem die Menschen sesshaft werden und sich zusammenschließen, erfährt der ursprüngliche Zustand des Friedens und der Gleichheit eine Umwälzung: Mit der Einführung des Eigentums kommt es zu „Konkurrenz und Rivalität auf der einen Seite, [zum] Gegensatz der Interessen auf der anderen".[3] Die so entstehende Ungleichheit wird schließlich durch die Einführung der Gesetze besiegelt und rechtsgültig.

An diese moralphilosophischen Beiträge knüpft Rousseau mit seiner politiktheoretischen Schrift *Vom Gesellschaftsvertrag oder Grundsätze des Staatsrechts* (1762) an. „Der Mensch ist frei geboren, und überall liegt er in Ketten", heißt es zu Beginn des ersten Buches, „Einer hält sich für den Herrn der anderen und bleibt doch mehr

Sklave als sie. Wie ist dieser Wandel zustande gekommen? Ich weiß es nicht. Was kann ihm Rechtmäßigkeit verleihen? Diese Frage glaube ich beantworten zu können" (GV I 1, 5[4]). Da Rousseau die Rückkehr zum ursprünglichen Zustand des Menschen als unmöglich ansieht, formuliert er den Ausgangspunkt seines Werkes als die Suche nach einer rechtmäßigen politischen Ordnung, die den Menschen einerseits Schutz gewährt, sie aber andererseits nicht ihrer Freiheit beraubt, die sie im ursprünglichen Zustand besaßen, denn ein Verzicht der Freiheit sei „unvereinbar mit der Natur des Menschen" (GV I 4, 11).

Mit seinem Werk *Vom Gesellschaftsvertrag* zählt Jean-Jacques Rousseau zusammen mit Thomas Hobbes, Baruch de Spinoza und John Locke zu den klassischen Vertragstheoretikern. Er entwirft im *Gesellschaftsvertrag* ein auf der absoluten Volkssouveränität basierendes Staatsmodell und bedient sich zu dessen Begründung der Vertragstheorie; die Legitimation der politischen Ordnung wird also auf einen Vertragsschluss aller freien und gleichen Individuen zurückgeführt. So würde das im Naturzustand als Einzelgänger lebende Individuum erkennen, dass seine Kräfte nicht länger ausreichen, um seine Selbsterhaltung zu gewährleisten und sich aufgrund dessen mit den anderen Naturzustandsbewohnern zu einer Gemeinschaft vereinigen. Das von Rousseau genannte Grundproblem – wie kann eine Form des Zusammenschlusses Schutz und Freiheit zugleich gewährleisten – wird durch den Gesellschaftsvertrag folgendermaßen gelöst: Mit Vertragsschluss erfolgt die „Entäußerung jedes Mitglieds mit allen seinen Rechten an das Gemeinwesen als Ganzes" (GV I 6, 17) sowie die Unterwerfung jedes Einzelnen unter den Gemeinwillen (volonté générale). An die Stelle der Einzelpersonen tritt eine *sittliche Gesamtkörperschaft*, das Volk, dem die absolute Souveränität zukommt. Die einzelnen Glieder des Volkes nehmen eine doppelte Rolle ein – als Teilhaber an der Souveränität sind sie an der Gemeinwillenbildung beteiligt und werden *Bürger* genannt; gleichzeitig sind sie dazu verpflichtet, dem Gemeinwillen zu folgen und somit *Untertanen*.

Die Lösung, die Rousseau mit dem Gesellschaftsvertrag für sein formuliertes Grundproblem unterbreitet, mutet paradox an, denn der einzige Weg zum Erhalt der Freiheit führt über ihre völlige Entäußerung an die Gemeinschaft. Diese Beschränkung der Freiheit ist für Rousseau legitim, da sie im Rahmen einer vertraglichen Übereinkunft aller Betroffenen zustande gekommen ist, durch die sich niemand einem anderen Menschen unterwirft. Der Gesellschaftsvertrag begründet die Identität von Herrschenden und Beherrschten; dem durch Vertrag geschaffenen Volk kommt die absolute Souveränität zu. Somit verliere der Mensch laut Rousseau durch den Gesellschaftsvertrag zwar „seine natürliche Freiheit und ein unbegrenztes Recht auf alles, wonach ihm gelüstet und was er erreichen kann", dafür gewinne er „die bürgerliche Freiheit und das Eigentum an allem, was er besitzt" (GV I 8, 22). Wohingegen die *natürliche Freiheit* des Menschen nur durch seine Stärke begrenzt war, unterliegt die *bürgerliche Freiheit* dem Gemeinwillen.

Der Gemeinwillen ist das Kernstück in Rousseaus Volkssouveränitätslehre – durch ihn wird das Volk in der Ausübung der Souveränität angeleitet. Während der Gesamtwille (volonté de tous) von Rousseau als die Summe aller Sonderwillen (volonté particulière) definiert wird, zielt der Gemeinwille auf das Gemeinwohl. Die vom Gemeinwillen geleitete Souveränität sieht Rousseau als *unveräußerlich* und *unteilbar* an. Sie ist unveräußerlich, „da sie nichts anderes ist als die Ausübung des Gemeinwillens" (GV II 1, 27), und eine Übertragung des Willens bedeutet nichts anderes als die Übertragung der Freiheit, was wiederum das Ende der Gesellschaft bedeuten würde. Die Souveränität ist auch nicht teilbar, „denn der Wille ist entweder allgemein, oder er ist es nicht; er ist derjenige des Volkskörpers oder nur der eines Teils" (GV II 2, 28). Darüber hinaus kann die Souveränität nicht durch Repräsentanten vertreten werden. Die legislative Gewalt kommt dem gesamten Volk zu und „jedes Gesetz, das das Volk nicht selbst beschlossen hat, ist nichtig; es ist überhaupt kein Gesetz" (GV III 15, 103).

Da die Souveränität unteilbar ist, kann es Gewaltenteilung im Rousseau'schen Staat nicht geben, denn dies hieße nach seinem Verständnis, die Freiheit aufzuteilen. Die Exekutive wird daher von der Legislative lediglich beauftragt, die beschlossenen Gesetze unter Wahrung des Gemeinwohls auszuführen, wobei ihr dieser Auftrag jederzeit wieder von der Legislative entzogen werden kann.[5]

Trotz dieser radikaldemokratischen Konzeption bezeichnet sich Rousseau aber selbst nicht als Demokrat, sondern als Anhänger der Republik, die er als einen durch Gesetze regierten Staat definiert – unabhängig davon, ob die Regierung die Form einer Demokratie, Aristokratie oder Monarchie annimmt. Die Regierungsform bestimmt sich laut Rousseau nach dem Ort der Exekutive: Liegt sie beim gesamten Volk bzw. dem größten Teil nimmt die Regierung die Form einer Demokratie an; die Form einer Aristokratie, wenn nur ein kleiner Teil des Volkes mit der Ausführung der Gesetze beauftragt ist. Eine Monarchie findet man schließlich vor, wenn ein einziger Mensch den Exekutivauftrag innehat.

Wenn Rousseau von Demokratie schreibt, so meint er damit eine idealisierte Direktdemokratie nach antikem griechischem Vorbild, in der sowohl die gesetzgebende als auch die ausführende Gewalt in den Händen des Volkes liegt. Wie der Textauszug aus dem *Gesellschaftsvertrag* deutlich macht, hält Rousseau diese Regierungsform aufgrund der Voraussetzungen, die ihr Funktionieren erfordert, für die Menschen ungeeignet: „Wenn es ein Volk von Göttern gäbe, würde es sich demokratisch regieren. Eine so vollkommene Regierung paßt für Menschen nicht" (GV III 4, 74). Rousseau ist demnach kein Verfechter der Demokratie in diesem Sinne; er legt sich auf keine Regierungsform fest, sondern geht davon aus, dass nicht jede Regierungsform für jedes Land geeignet ist und dass darüber hinaus auch gemischte Regierungsformen legitim sein können.[6]

Jean-Jacques Rousseaus Beitrag zur Demokratietheorie ist in der wissenschaftlichen Diskussion umstritten. Problematisch sind dabei insbesondere seine Lehre von der

Volkssouveränität und des Gemeinwillens sowie die sich daraus ergebenden Konsequenzen für Natur und Freiheit des Menschen und die politische Gesamtkörperschaft. Die folgenden Ausführungen sollen dies verdeutlichen:
Der Gemeinwille leitet das Volk in der Ausübung seiner Souveränität. Wie dem Textauszug aus dem *Gesellschaftsvertrag* zu entnehmen ist, definiert Rousseau den Gemeinwillen als immer richtig und auf das öffentliche Wohl zielend. Offenbar kann das Volk diesen Gemeinwillen aber nicht immer erkennen: „Zwar will man immer sein Bestes, aber man sieht es nicht immer" (GV II 3, 30). Der Gemeinwille (volonté générale) soll an erster Stelle in den Köpfen der Bürger stehen, aber der Einzelne ist auch von Sonderinteressen (volonté particulière) geleitet, die den Blick auf das Gemeinwohl verklären können und stattdessen lediglich den Gesamtwillen (volonté de tous) hervorbringen. Um den Gemeinwillen zu erhalten, muss man laut Rousseau „das Mehr und Weniger" vom Gesamtwillen abziehen. Insofern geht Rousseau davon aus, dass jeder Sonderwille immer auch Gemeinwohlinteressen beinhaltet, die freigelegt werden können. Diese Freilegung des Gemeinwillens erfolgt über Diskussion und Abstimmung in den Volksversammlungen;[7] „je näher die Meinungen der Einstimmigkeit kommen, umso mehr herrscht auch der Gemeinwille vor" (GV IV 2, 114).

Parteien und andere Vereinigungen sieht Rousseau als Gefahr für die Gemeinwillensbildung an, da diese die Sonderwillen erstarken ließen. Sollten sich solche Teilgesellschaften bilden, „ist es wichtig ihre Zahl zu vervielfachen und ihrer Ungleichheit vorzubeugen" (GV II 3, 32), um zu verhindern, dass eine der Teilgesellschaften mit ihren Sonderwillen gegenüber den Gemeinwillen ein zu großes Gewicht erhält. Damit herrscht im Rousseau'schen Staat zwar kein Verbot von Interessengruppen, es existiert aber das Gebot, deren Einfluss auf ein Minimum zu senken. Rousseau braucht daher für die Verwirklichung des Gemeinwillens eine weitgehend homogene Gesellschaft.

Des Weiteren schließt Rousseau das Repräsentationsprinzip aus. Das Volk darf laut Rousseau keine Repräsentanten zur Vertretung der Souveränität wählen, denn dies würde das Ende der Freiheit bedeuten. Somit müssen zu jeder Gesetzgebung alle Teilhaber an der Souveränität zusammenkommen und abstimmen[8] – eine Prozedur, die selbst in kleinen Staaten schwer zu realisieren sein wird. Rousseaus Vorstellungen vom Volk als absolutem Souverän sind daher auf die heutigen Demokratien großer Flächenstaaten nicht anwendbar. Die Volkssouveränitätslehre von Rousseau bewegt sich in den Sphären einer idealisierten Polisdemokratie des antiken Griechenlands. Das Volk der Griechen, so schreibt Rousseau, „war ununterbrochen auf dem Marktplatz versammelt [...], seine große Angelegenheit war seine Freiheit" (GV III 15, 104).

In diesem Zusammenhang sind außerdem die hohen Anforderungen an die Bürger des Rousseau'schen Staates zu nennen; unabhängig davon, ob die Regierung die Form einer Demokratie, Aristokratie oder Monarchie annimmt: Die ständigen Zusammenkünfte zur Gemeinwohlbestimmung verlangen einen tugendhaften Bürger; einen Bürger, der die öffentlichen Angelegenheiten über die privaten stellt, denn anderenfalls ist der Untergang der Gesamtkörperschaft nahe. Dieser tugendhafte Bürger wird erst durch den Gesellschaftsvertrag geschaffen, da der „Übergang vom Naturzustand zum bürgerlichen Stand im Menschen eine sehr bemerkenswerte Veränderung [erzeugt] und seinen Handlungen eine Sittlichkeit verliehen wird, die ihnen zuvor mangelte" (GV I 8, 22). Diese Veränderung scheint aber noch nicht genug, um die für den Staat besten Gesellschaftsregeln zu erkennen, und so stellt Rousseau dem Volk den sogenannten Gesetzgeber (législateur) zur Seite. Dieser Gesetzgeber „ist ein in jeder Hinsicht außergewöhnlicher Mann im Staat" (GV II 7, 44), dem die Aufgabe zukommt, die Verfassungsgesetze zu formulieren. Die gesetzgebende Gewalt gehört nach wie vor dem Volk, aber die Abfassung der Gesetze kommt dem Gesetzgeber zu. Als historisches Beispiel für einen derartigen Mann nennt Rousseau den Lykurg von Sparta. Dieser hatte der Sage nach Sparta zunächst eine neue Verfassung gegeben und anschließend wieder verlassen. Der Gesetzgeber scheint also keine permanente Größe im Staat zu sein, sondern nur zur Verfassungsgesetzgebung notwendig. Doch die Aufgabe des Gesetzgebers liegt nicht nur in der Formulierung von Gesetzen; er ist zugleich eine Art Erzieher, der die sittliche Veredelung des Menschen, die er durch Vertragsschluss begonnen hat, zu Ende führt und ihn vollends auf das Gemeinwohl orientiert: „Wer sich daran wagt, ein Volk zu errichten, muß sich imstande fühlen, sozusagen die menschliche Natur zu ändern" (GV II 7, 43).

Damit zusammenhängend vertritt Rousseau ein nicht unproblematisches Freiheitskonzept: Wie beschrieben kann der Mensch seine Freiheit nur behalten, wenn er diese zunächst an die Gemeinschaft entäußert. Dadurch erfährt die unbegrenzte natürliche Freiheit eine Umwandlung in die bürgerliche Freiheit, die dem Gemeinwillen unterliegt. Dies sieht Rousseau als eine legitime Einschränkung der Freiheit an, denn schließlich haben ihr alle im Gesellschaftsvertrag zugestimmt. Diese ausdrückliche Übereinkunft beinhaltet nun aber laut Rousseau auch eine stillschweigende Übereinkunft; nämlich, dass der Einzelne, wenn er sich weigert, dem Gemeinwillen zu folgen, „von der gesamten Körperschaft dazu gezwungen wird, was nichts anderes heißt, als daß man ihn zwingt, frei zu sein" (GV I 7, 21). Der Mensch darf Sonderinteressen haben und sie auch verfolgen, als Bürger aber steht der Gemeinwillen an oberster Stelle. Insofern ist der Bürger, obwohl Teilhaber an der Souveränität, dieser zugleich ausgeliefert, denn Rousseau kennt zwar Bürgerrechte, versteht darunter allerdings ausschließlich Rechte auf politische Beteiligung, nicht aber auf Schutzrechte vor dem Souverän.

Rousseau begibt sich auf die Suche nach einer politischen Ordnung, in der Leben und Vermögen des Einzelnen geschützt werden und das höchste Maß an Freiheit erhalten wird. In der Realisierung dieses Vorhabens im *Gesellschaftsvertrag* durch ein mit der absoluten Souveränität ausgestattetes Volk ergeben sich Konsequenzen für die Ausgestaltung der politischen Ordnung und die Freiheit des Menschen, die Rousseaus Lehre nicht nur den Vorwurf der Widersprüchlichkeit und Unpraktikabilität eingebracht haben. So führe z.B. Rousseaus Lehre vom Gemeinwillen laut Jacob L.

Talmon in die totalitäre Demokratie;[9] Ernst Fraenkel sieht in Rousseau den „Apostel des Anti-Pluralismus".[10] Zur Herbeiführung des Gemeinwillens verfolge Rousseau einen radikalen Kurs gegen Partikularinteressen und nehme dem Menschen wichtige Teile seiner Persönlichkeit und mache ihn zum „seelische[n] Krüppel".[11]

In Bezug auf Reformvorschläge für zu seiner Zeit bestehende Gemeinwesen war Rousseau demgegenüber ausgesprochen pragmatisch: In seinen Verfassungsentwürfen für Korsika (1764) und Polen (1771) drängt er nicht auf die Realisierung einer die Volkssouveränität verabsolutierenden Basisdemokratie, sondern spricht sich für Mischverfassungssysteme aus. Auch wenn der *Gesellschaftsvertrag* in Rousseaus Überlegungen stets eine Rolle spielt, stellt er z.b. in seinen *Betrachtungen über die Regierung von Polen und ihre beabsichtigte Reformierung* zunächst umfangreiche Studien zur Geschichte und Verfassung Polens an und schlägt anschließend ein föderatives Regierungssystem vor, welches in Rousseaus Augen „als einziges die Vorteile der großen und der kleinen Staaten in sich vereinigt und darum als einziges euch [dem polnischen Volk, AG] angemessen ist".[12]

Anmerkungen

1 Jean-Jacques Rousseau [1755]: Abhandlung über den Ursprung und die Grundlagen der Ungleichheit unter den Menschen. Übersetzt und herausgegeben von Philipp Rippel. Stuttgart 2005, S. 74 ff.
2 Ebd., S. 113.
3 Ebd., S. 89.
4 Zitate und Verweise zu Jean-Jacques Rousseau: Vom Gesellschaftsvertrag oder Grundsätze des Staatsrechts werden im Folgenden abgekürzt als (GV Buch, Kapitel, Seitenzahl).
5 Vgl. GV III 1, 62 f. sowie GV IV.
6 Siehe dazu GV II 11, 58 sowie III 7, 83.
7 Zum Ablauf der Abstimmungen siehe GV IV 2 (insbes. 116 f.).
8 Vgl. GV III 15, 104 f.
9 Jacob L. Talmon [1952]: Die Ursprünge der totalitären Demokratie. Köln und Opladen 1961. Zu Rousseau insbesondere S. 34-45.
10 Ernst Fraenkel [1964]: Der Pluralismus als Strukturelement der freiheitlich-rechtsstaatlichen Demokratie. In: Ders.: Gesammelte Schriften. Band 5. Demokratie und Pluralismus. Baden-Baden 2007, S. 256-280.
11 Ebd., S. 272.
12 Jean-Jacques Rousseau [1771]: Betrachtungen über die Regierung von Polen und ihre beabsichtigte Reformierung. In: Ders.: Kulturkritische und Politische Schriften. Berlin 1989. S. 433-530, S. 453.

III. Moderne

Dirk Jörke

Einleitung

Mit der Amerikanischen und der Französischen Revolution erfährt die Demokratie eine Wiedergeburt. War Demokratie noch für Rousseau eine nur um den Preis einer erheblichen Regression der gesellschaftlichen Entwicklung zu realisierende politische Ordnung, so wird in den Verfassungsdebatten infolge der Revolutionen ein Demokratiemodell entwickelt, das sowohl der neuen, dynamischen gesellschaftlichen Ordnung als auch den Anforderungen einer demokratischen Selbstgesetzgebung entspricht.

Der Übergang vom alten – direkten – zum modernen – repräsentativen – Demokratiemodell vollzog sich freilich nicht von heute auf morgen, sondern er konnte sich in Westeuropa und den Vereinigten Staaten nur langsam gedanklich und politisch durchsetzen. Dies lässt sich an der Geschichte der Einführung des allgemeinen Wahlrechts beobachten. So ist etwa das allgemeine Männerwahlrecht in England, dem Mutterland des Parlamentarismus, erst im Jahr 1918 gewährt worden. In Deutschland wurde es zwar mit der Gründung des Deutschen Reiches eingeführt, doch handelte es sich damals nicht um eine Demokratie, sondern um eine konstitutionelle Monarchie mit nur geringer Macht des Parlaments. Zudem bestand in Preußen, dem wichtigsten Gliedstaat, ein Drei-Klassen-Wahlrecht. In den USA ist zwar das allgemeine Männerwahlrecht bereits in der Mitte des 19. Jahrhunderts eingeführt worden, doch das Frauenwahlrecht wurde erst 1918 gewährt, ebenso in der neuen Weimarer Republik. Frauen in Frankreich, Belgien und Italien mussten bis nach dem Zweiten Weltkrieg, in der Schweiz sogar bis 1971 auf dieses primäre demokratische Recht warten. Das allgemeine Wahlrecht ist freilich nicht vom Himmel gefallen, sondern wurde in politischen Kämpfen von sozialistischen und sozialdemokratischen Parteien errungen.

Doch warum war und ist dieses Recht so entscheidend für die moderne Demokratie und warum war der Weg bis zu dessen fast vollständiger Gewährleistung so lang und von sozialen Kämpfen begleitet? Um diese Fragen zu beantworten, müssen wir den Blick auf den unterschiedlichen Verlauf der beiden Revolutionen richten, die das Schicksal der demokratischen Idee so wirkmächtig beeinflussten. Doch zunächst gilt es zu fragen, warum die Idee der Demokratie Ende des 18. Jahrhunderts wieder die politische Bühne betreten hat. Drei ineinander verschlungene Prozesse haben hierfür eine entscheidende Rolle gespielt:

1. Wie in den Beiträgen zum politischen Denken der Neuzeit deutlich geworden

ist, konnte nicht mehr ein übergreifender göttlicher Kosmos oder ein übersubjektives Naturrecht die Legitimität politischer Ordnungen stiften. Vielmehr – und davon zeugen insbesondere die Vertragstheorien von Hobbes über Spinoza und Locke bis hin zu Rousseau – bedarf es der je individuellen Zustimmung. Politische Ordnungen waren fortan nur insoweit legitim, als jeder ihr zumindest potenziell hat zustimmen können. War dieser Gedanke aber erst einmal aus den Schreibstuben der Philosophen entkommen und zum Allgemeingut geworden, so war auch nicht länger plausibel, wieso sich die Zustimmung nur auf den einmaligen Akt der Herrschaftsautorisierung (den Gesellschaftsvertrag) beschränken sollte. Vielmehr lag es in der Natur des Gedankens, dass auch die Ausübung oder zumindest die Kontrolle der Gesetzgebung nur dann zu rechtfertigen sei, wenn diese auf den gemeinsamen Willen der Bürger zurückgeht. Nur so konnte der neuzeitliche Kerngedanke der individuellen Autonomie auch im Bereich des Politischen verwirklicht werden. Gegen die Ausbreitung dieser Gedanken hat keiner so emphatisch gewettert wie Edmund Burke in seinen „Betrachtungen über die Französische Revolution".

2. Historische Studien zur politischen Semantik haben gezeigt, dass es zwischen der Mitte des 18. und Mitte des 19. Jahrhunderts zu einem grundlegenden Wandel des sozialen und politischen Vokabulars gekommen ist. So drückt der Begriff der Revolution nicht länger eine Kreislaufbewegung, sondern die eines grundlegenden Umsturzes in der Hoffnung auf gesellschaftlichen Fortschritt aus. Ursache dieses umfassenden Bedeutungswandels ist das zunehmende Bewusstsein von der Offenheit der Zukunft, von der Möglichkeit, Geschichte selbst nicht nur zu machen, sondern auch zu gestalten, gewesen. Damit verband sich die Auffassung, dass die politischen Ordnungen, denen man sich ausgesetzt sah, nicht länger natur- oder gottgegeben waren. Sie erwiesen sich vielmehr als Ausdruck historischer Konstellationen, die sich durch ein aktives und zielgerichtetes Eingreifen immer auch verbessern lassen. Damit war die Idee eines sozialen und politischen Fortschritts in der Welt, die sich deutlich vom zirkulären und erst recht vom eschatologischen Denken früherer Jahrhunderte unterschied.

3. Politik war im Mittelalter und in der Frühen Neuzeit Sache des Monarchen und des Adels; Ausnahmen waren lediglich norditalienische Republiken und einige freie Städte in Deutschland, in denen auch Teile des höheren Bürgertums an den politischen Prozessen beteiligt waren. Doch mit der Ausdehnung des Handels und der Entstehung erster Manufakturen betrat auch in West- und Zentraleuropa eine bürgerliche Schicht zunehmend die politische Bühne. Dabei blieb es jedoch nicht. Auch der sogenannte vierte Stand, die Bauern und Lohnabhängigen, trat seit Ende des 18. Jahrhunderts immer mehr in Erscheinung und forderte politische wie soziale Rechte. Zwar hatte es auch im Mittelalter und in der Frühen Neuzeit immer wieder Erhebungen der ärmeren Schichten gegeben – so etwa in den deutschen Bauernkriegen 1523-1526 – doch dabei handelte es sich um spontane Aufstände ohne bleibende

Erfolge. Dies änderte sich mit der Verbreitung frühsozialistischer Ideen Ende des 18. Jahrhunderts und dem Entstehen von sozialistischen Bewegungen und Parteien seit Mitte des 19. Jahrhunderts. Damit war auch der vierte Stand nicht länger eine politisch zu vernachlässigende Größe, sondern ein durchaus wirkmächtiger Akteur. Dies wurde bereits mit dem Verlauf der Französischen Revolution deutlich.

Über die Unterschiede zwischen der Amerikanischen und der Französischen Revolution ist viel geschrieben worden und die Debatten sind längst nicht abgeschlossen.[1] Bereits zu Revolutionszeiten war man sich der Differenzen zwischen einem radikalen Umsturz in Frankreich und der amerikanischen Neugründung der politischen Ordnung, die sich am alten – englischen – Vorbild orientiert, bewusst. Denker wie Turgot, Condorcet und Sieyès haben die Unterteilung der amerikanischen Legislative in Repräsentantenhaus und Senat kritisiert; sie sahen in ihr ein Relikt einer zumindest in Frankreich überkommenen ständischen Gesellschaft. Zu Beginn des 19. Jahrhunderts wurde von Benjamin Constant die vornehmlich in den Vereinigten Staaten verwirklichte liberale Politikkonzeption (die „Freiheit der Modernen") einem republikanischen Politikverständnis (die „Freiheit der Alten"), das den Gang der Französischen Revolution in seiner Sicht maßgeblich geprägt hat, gegenübergestellt. Dabei handelt es sich um eine Entgegensetzung, der sich im weiteren Verlauf viele anschlossen, zum Teil geblendet vom Antikenkult der französischen Revolutionäre.[2] Im 20. Jahrhundert ist es schließlich Hannah Arendt gewesen, die in *Über die Revolution* die dem politischen Prinzip der Freiheit verpflichtete Amerikanische Revolution strikt von der Französischen Revolution getrennt wissen wollte, in der ihr zufolge die „soziale Frage" die entscheidende Größe darstellte.[3] Durch die sozialen Erhebungen der Bauern und Lohnabhängigen (der bereits erwähnte vierte Stand) sei eine Dynamik entfaltet worden, an deren Ende mit einer gewissen Zwangsläufigkeit die Etablierung einer Schreckensherrschaft unter Robespierre stand. In Nordamerika sei dagegen die Stiftung einer neuen freiheitlichen Ordnung möglich gewesen, deren grundlegende Institutionen auch heute noch Bestand haben. Inwieweit Arendt mit dieser Entgegensetzung tatsächlich den so unterschiedlichen Verlauf der beiden Revolutionen erklären kann, ist Gegenstand geschichtswissenschaftlicher Kontroversen, die hier nicht beantwortet werden können. Aus ideengeschichtlicher und demokratietheoretischer Perspektive sind es auch weniger die Unterschiede als die Gemeinsamkeiten, die Beachtung verdienen.

Gemeinsam ist beiden Revolutionen die Hinwendung zu repräsentativen Verfahren der Gesetzgebung und damit verbunden eine Aufwertung von Wahlverfahren. Zwar sind Wahlen und Repräsentation keine Erfindung des späten 18. Jahrhunderts. Aber der Umstand, dass diese beiden institutionellen Mechanismen in das Zentrum des politischen Systems rücken, lässt sich als eine Folge der beiden Revolutionen begreifen. Zusammen stellten sie sicher, dass die neu entstandenen Legitimitätserwartungen auch in einem großen Flächenstaat zu erfüllen sind. Den damit verbundenen politiktheoretischen Quantensprung hat keiner so prägnant formuliert wie der amerikanische Revolutionär Thomas Paine: „Wenn wir Repräsentation auf Demokratie pfropfen, so gelangen wir zu einem Regierungssystem, welches alle verschiedenen Interessen zu verbinden und jeden Umfang des Gebiets und der Volksmenge zu umfassen fähig ist; und zwar mit Vorteilen, welche die erbliche Regierung ebensosehr übertreffen als die Republik der Wissenschaften die erbliche Literatur."[4]

Doch ist die technische Frage der Realisierung der Beteiligung der Vielen in einem großen Flächenstaat nur die eine Seite der Neuerfindung der Demokratie. Die zweite Seite besteht darin, dass dieser Beteiligungsprozess nach Ansicht jener Autoren, die das moderne Verständnis der repräsentativen Demokratie geprägt haben, gefiltert und kanalisiert werden muss. Die Verfasser der *Federalist Papers* und Emmanuel Joseph Sieyès, einer der Vordenker der Französischen Verfassung von 1791, stimmen sowohl in ihrer Ablehnung einer allzu unmittelbaren Beteiligung des *Demos* als auch in ihrem Bestreben, die Zusammensetzung der (demokratischen) Legislative zu filtern, zumindest in den Grundzügen überein. Dies zeigt sich nicht allein darin, dass ihnen ein äußerst negatives Verständnis der unmittelbaren Demokratie gemeinsam ist. Sie teilen darüber hinaus auch die Ansicht, dass die „einfachen" Bürger nicht oder nur in einem begrenzten Maße über jene Tugenden und intellektuellen Kompetenzen verfügen, die für eine aktive Beteiligung am politischen Prozess erforderlich seien. Auch ihre jeweiligen Antworten auf die demokratische Herausforderung weisen bei allen Unterschieden im Detail deutliche Parallelen auf. Sowohl Hamilton und Madison als auch Sieyès entwickeln institutionelle Vorkehrungen, die die demokratischen Leidenschaften, die sie übereinstimmend legislativen Versammlungen zuschreiben, in Schach halten sollen. Dazu gehört an erster Stelle die Idee einer Auslese des dort versammelten politischen Personals. Den Autoren der *Federalist Papers* zufolge soll dies durch möglichst große Wahldistrikte und die indirekte Wahl der Senatoren und des Präsidenten erfolgen. Ebendies ist Anlass für *Brutus*, einem der antifederalistischen Kritiker des Verfassungsentwurfs von 1787, den demokratischen Charakter der neuen Ordnung zu bezweifeln. Er befürchtet insbesondere die Entstehung einer politischen Elite, die nur unzureichend an den Willen des Volkes rückgebunden ist.

In der Debatte zwischen den Federalists und den Anti-Federalists wird auch deutlich, dass das republikanische Ideal einer möglichst unmittelbaren Selbstregierung nicht allein aus technischen Gründen in großen Flächenstaaten nicht realisierbar ist. Darüber hinaus setzt das republikanische Politikverständnis eine soziale wie ethische Homogenität voraus, die in modernen pluralistischen Gesellschaften kaum noch gegeben ist.

Insofern stehen am Ende der beiden „demokratischen" Revolutionen und ihrer Verfassungsdebatten politische Theorien, die sich sowohl von der antiken Demokratie als auch von den radikaldemokratischen Bestrebungen der Revolutionsära deutlich unterscheiden. Im amerikanischen Kontext sind es diese Ideen, die zur Legitimation eines über die Jahrzehnte außerordentlich stabilen politischen Systems führten. Ein

System, das sich zudem als offen für demokratische Erweiterungen erwiesen hat. Bereits um die Jahrhundertwende werden die elitären Föderalisten um Hamilton von der sich zunächst republikanisch, ab 1828 demokratisch nennenden Partei Thomas Jeffersons von der Macht abgelöst. Es folgt eine nicht immer geradlinige, aber doch zielgerichtete Inklusion immer größerer Bevölkerungskreise in ein zunächst oligarchisch verfasstes politisches System. Mit der „Jacksonian Revolution" der 1830er-Jahre und der Etablierung eines modernen Parteiapparates hat dieser Prozess seinen vorläufigen Abschluss gefunden. Zur Zeit des Amerikanischen Bürgerkriegs hat Abraham Lincoln in seiner berühmten *Gettysburg Address* (1863) den neuen demokratischen Grundkonsens der Vereinigten Staaten auf den Punkt gebracht.

Die Verfassungsgeschichte Frankreichs ist demgegenüber wesentlich turbulenter verlaufen. Die Verfassung von 1791 und auch die Thermidor-Verfassung von 1795 hatten nicht lange Bestand. Es folgte die plebiszitäre Diktatur Napoleons und nach dessen Sturz eine konstitutionelle Monarchie mit einem äußerst restriktiven Wahlrecht. Erst nach der Juli-Revolution von 1830 lockert sich der Wahlzensus und das Zeitalter der Gleichheit, so Tocquevilles berühmte Prophezeiung, ließ sich auch in Frankreich nicht länger aufhalten. Ebendies war für ihn Anlass, den Blick auf jenes Land zu richten, in dem die demokratischen Verhältnisse und Praktiken am weitesten entwickelt waren: die Vereinigten Staaten von Amerika. Dabei interessierte ihn insbesondere, mit welchen institutionellen und sittlichen Ressourcen sich eine „Tyrannei der Mehrheit" vermeiden lässt.

Die Sorge vor einer Mehrheitstyrannei – nicht zuletzt als Folge der Ausweitung des Wahlrechts – steht auch im Zentrum von John Stuart Mills Plädoyer für möglichst große individuelle Freiheiten. Angesichts eines drohenden „Zeitalters der Massen" (Gustave Le Bon) galt es für Mill, einen möglichst großen Spielraum für individuelle Freiheiten zu garantieren. Ein Element, das für die moderne Demokratie von zentraler Bedeutung ist. Zugleich findet sich bei Mill die Idee einer sozialen Grundsicherung, auch wenn er nicht so weit gegangen ist, moderne Formen von Sozialstaatlichkeit einzufordern.

In den Werken von Tocqueville und Mill werden damit die Probleme der modernen Massendemokratie thematisiert. Die repräsentativen Mechanismen, die im Zuge der großen Revolutionen etabliert worden sind, stoßen in dem Moment an ihre Grenzen, als die politischen Beteiligungsrechte über die Schicht des liberalen Bürgertums hinaus erweitert werden. Die voranschreitende Industrialisierung und die Entwicklung von miteinander rivalisierenden und weltanschaulich ausgerichteten Parteien drohen das Fundament der liberalen Demokratie zu untergraben. Politische Parteien im modernen Sinne, die auf die Besetzung staatlicher Ämter zielen und dafür in periodischen Wahlkämpfen werben, bildeten sich im Laufe des 19. Jahrhunderts zwar erst langsam heraus. Doch dieser Prozess hat die Praktiken der repräsentativen Demokratie entschieden verändert. Auch wenn das Parlament weiterhin in formaler Hinsicht den zentralen Ort der politischen Entscheidungsfindung darstellt, hat es an der Schwelle zum

20. Jahrhundert in den Augen zahlreicher Beobachter an Bedeutung verloren. An die Stelle einer freien Diskussion tritt der Fraktionszwang, die Reden der Abgeordneten werden mit der jeweiligen Parteiführung abgestimmt und die Auseinandersetzung im Parlament dient mehr Wahlkampfzwecken als dem offiziellen Ziel eines kollektiven Austausches von Argumenten. Auf die damit verbundenen Herausforderungen reagieren realistische Demokratietheorien, die im Kapitel „Gegenwart" behandelt werden.

Anmerkungen

1   Einen Überblick liefert Philippe Raynaud: Amerikanische Revolution. In: F. Furet u. M. Ozouf (Hrsg.): Kritisches Wörterbuch der Französischen Revolution. Frankfurt/M. 1996, S. 961-978.

2   Wilfried Nippel: Antike oder moderne Freiheit? Die Begründung der Demokratie in Athen und in der Neuzeit. Frankfurt/M. 2008, S. 201 ff.

3   Hannah Arendt: Über die Revolution. München 1965.

4   Thomas Paine: Die Rechte des Menschen (1791/92). Frankfurt/M. 1973, S. 215.

Alexander Hamilton, James Madison, John Jay

Ausgewählt und interpretiert von Dirk Jörke

Der Federalist-Artikel Nr. 10 (1787)

1   Unter den zahlreichen Vorteilen, die eine gut aufgebaute Union verspricht, verdient keiner genauer dargelegt zu werden, als die mögliche Fähigkeit, die Gewalttätigkeit von Faktionen zu beenden und auf Dauer zu kontrollieren. Der Freund von politischen Systemen, die auf dem Willen des Volkes basieren, ist über nichts,
5   was deren Ruf und Schicksal angeht, so besorgt wie über ihre Neigung zu diesem gefährlichen Übel. Deshalb wird er sich darum bemühen, jeden Plan gebührend zu würdigen, der ohne Verletzung seiner politischen Prinzipien, Abhilfe für dieses Übel verspricht. Instabilität, Ungerechtigkeit und Chaos in den Volksvertretungen waren in Wahrheit die tödliche Krankheit, an denen demokratische [popular] Regie-
10 rungssysteme überall zugrunde gegangen sind, sie sind noch immer das beliebteste und fruchtbarste Thema der Feinde der Freiheit, die daraus ihre bestechendsten, doch trügerischen Argumente ziehen. Die bedeutenden Verbesserungen der amerikanischen Verfassung gegenüber den demokratischen [popular] Vorbildern der Antike und der Moderne, kann man nicht genug bewundern, aber es würde doch
15 von unverantwortlicher Voreingenommenheit zeugen, wollte man behaupten, sie hätten in diesem Punkt die Gefahr so wirkungsvoll beseitigt, wie man das gewünscht und erwartet hatte. Allenthalben kann man die Klagen unserer besonnensten und tugendhaftesten Bürger hören, denen öffentliche und private Rechtschaffenheit ebenso am Herzen liegen wie gesellschaftliche und individuelle Freiheit: unsere
20 Regierungssysteme seien zu instabil; das öffentliche Wohl werde in den Konflikten rivalisierender Parteien mißachtet; politische Entscheidungen würden allzu häufig nicht im Einklang mit den Forderungen der Gerechtigkeit und unter Berücksichtigung der Rechte der Minderheit getroffen, sondern aufgrund der größeren Macht einer eigensüchtigen und arroganten Mehrheit. Auch wenn wir noch so sehr
25 wünschten, daß diese Klagen unbegründet wären, so lassen die allseits bekannten Tatsachen es nicht zu, ihnen einen gewissen Wahrheitsgehalt abzusprechen. Bei einer ehrlichen Prüfung unserer Lage wird sich vielmehr herausstellen, daß einige der Übel, unter denen wir zu leiden haben, fälschlich der Funktionsweise unseres Regierungssystems angelastet werden; vielmehr sind ganz andere Gründe für viele

der schwerwiegendsten Fehlentwicklungen verantwortlich, und ganz besonders für   1
das überall herrschende und wachsende Mißtrauen gegenüber öffentlichen Zah-
lungsverpflichtungen und die Sorge um individuelle Rechte, wie man sie überall
von einem Ende des Kontinents zum anderen hört. Sie sind vielmehr hauptsächlich,
wenn nicht gänzlich, Folgen der Unzuverlässigkeit und Ungerechtigkeit, mit de-   5
nen der Geist der Faktionen unsere öffentlichen Institutionen vergiftet hat. Unter
einer Faktion verstehe ich eine Gruppe von Bürgern, – das kann eine Mehrheit
oder eine Minderheit der Gesamtheit sein, – die durch den gemeinsamen Impuls
einer Leidenschaft oder eines Interesses vereint und zum Handeln motiviert ist,
welcher im Widerspruch zu den Rechten anderer Bürger oder dem permanenten   10
und gemeinsamen Interesse der Gemeinschaft steht. Es gibt zwei Methoden, die
negativen Auswirkungen solcher Faktionen abzustellen: zum einen, die Beseitigung
der Ursachen, zum anderen, die Beherrschung der Konsequenzen. [...]
Die latente Ursache für Faktionen sind also in der menschlichen Natur angelegt,
und sie werden den jeweils unterschiedlichen gesellschaftlichen Bedingungen ent-   15
sprechend unterschiedlich stark aktiviert. Der Eifer, unterschiedliche Meinungen in
Glaubensdingen, in Fragen des politischen Systems und zu vielen anderen Fragen,
theoretisch wie auch praktisch zu vertreten; die Bindung an bestimmte politische
Führer, die ehrgeizig um Vorrang und Macht konkurrieren; oder die Bindung
an andere Personen, deren Schicksal für die Menschen emotional interessant ist,   20
haben die Menschen in Parteien gespalten, die sich feindselig gegenüberstehen und
eher dazu tendieren, die anderen zu schikanieren und zu unterdrücken, als für das
Gemeinwohl zusammenzuarbeiten. So stark ist dieser Hang der Menschheit, sich
feindselig gegeneinander zu stellen, daß es auch dann dazu kommt, wenn kein
wirklicher inhaltlicher Anlaß besteht. Dann reichen nichtige und eingebildete   25
Unterschiede aus, um feindliche Leidenschaften zu entfachen und gewalttätige
Konflikte auszulösen. Aber die vorherrschende und permanente Ursache für die
Existenz unterschiedlicher Faktionen liegt in der vielfältigen und ungleichen Eigen-
tumsverteilung. Die Besitzenden und die Besitzlosen haben schon immer getrennte
gesellschaftliche Interessen gebildet. Zwischen Gläubigern und Schuldnern besteht   30
derselbe Unterschied. Grundbesitzer, Manufakturbesitzer, Vertreter von Handel
und Finanzen und viele kleinere Interessengruppen entstehen in zivilisierten Nationen zwangsläufig und spalten die Gesellschaft in verschiedene Klassen, die durch
unterschiedliche Gefühle und Meinungen motiviert sind. Diese vielfältigen und
widersprüchlichen Interessen zu regulieren, ist die vordringliche Aufgabe moderner   35
Gesetzgebung, die auch Parteigeist und Interessengegensätze in die nötigen und
normalen Funktionen eines Regierungssystems einbeziehen muß. [...]
Daraus ergibt sich, daß man die *Ursache* von Faktionen nicht beseitigen kann und
Abhilfe nur in den Mitteln zu finden ist, die deren Auswirkungen unter Kontrolle
zu bringen trachten.   40
Wenn eine Faktion zahlenmäßig kleiner als die Mehrheit ist, dann schafft das repu-
blikanische Prinzip Abhilfe, da es die Mehrheit in Stand setzt, böse Absichten per

1 Abstimmung zu Fall zu bringen. Eine Faktion mag dann den Regierungsapparat
lahmlegen oder gesellschaftliche Unruhen auslösen, aber sie kann ihre Gewalttaten nicht im Rahmen und unter dem Schutzmantel der Verfassung ausführen.
Wenn die Mehrheit jedoch Teil einer Faktion ist, dann ermöglicht die Form eines
5 demokratischen [popular] Regierungssystems es dieser Faktion, das öffentliche
Wohl und die Rechte anderer Bürger ihrer Leidenschaft oder ihrem Interesse zu
opfern. Wie das öffentliche Wohl und individuelle Rechte vor der Gefahr einer
solchen Faktion geschützt und gleichzeitig Geist und Form eines demokratischen
[popular] Regierungssystems gewahrt werden können, ist der zentrale Gegenstand
10 unserer Untersuchung. Ich betone: Das ist unser eigentliches Ziel. Denn nur so läßt
sich diese Regierungsform von dem Makel befreien, der so lange auf ihr gelastet
hat, nur so kann man sie der Menschheit zur Achtung und Annahme empfehlen.
Wie läßt sich dieses Ziel erreichen? Offenbar nur durch eine von zwei Methoden:
Entweder muß man die Entstehung gleicher Leidenschaften oder Interessen innerhalb der Mehrheit zu ein und demselben Zeitpunkt verhindern, oder man muß
15 die Mehrheit, die von solchen parallelen Leidenschaften oder Interessen erfaßt
wird, durch ihre Zahl oder geographische Umstände daran hindern, ihre unterdrückerischen Pläne zu koordinieren und auszuführen. Wenn man es zuläßt, daß
Impuls und Gelegenheit zusammenkommen, kann man sich bekanntlich weder
20 auf moralische noch auf religiöse Motive als ausreichende Kontrolle verlassen. Sie
können dies gegenüber der Ungerechtigkeit und Gewalttätigkeit von einzelnen
nicht leisten, und sie verlieren noch an Wirksamkeit, je größer die Gruppe wird,
d.h. genau in dem Verhältnis, in dem ihre Wirksamkeit umso nötiger ist.
[...]
25 Eine Republik, womit ich ein Regierungssystem meine, in dem das Konzept der
Repräsentation verwirklicht ist, eröffnet ganz andere Perspektiven und bietet das
Heilmittel, nach dem wir suchen. Analysieren wir die Punkte, in denen sich Republik und reine Demokratie unterscheiden, dann wird die Art des Heilmittels
verständlich und seine Wirkung, die es gerade aus der Union beziehen wird. Die
30 beiden entscheidenden Unterschiede zwischen einer Demokratie und einer Republik
sind: erstens, die Delegierung der Herrschaftsgewalt an eine kleine Zahl von den
Übrigen gewählter Bürger in letzterer; zweitens, eine größere Zahl von Bürgern
und ein größeres Territorium, auf das die Republik ausgedehnt werden kann.
[...]
35 Der zweite Unterschied besteht in der größeren Zahl von Bürgern und dem größeren
Gebiet, das durch ein republikanisches im Unterschied zu einem demokratischen
Regierungssystem beherrscht werden kann. Und diesem Umstand vor allem ist es
zuzuschreiben, wenn man faktiöse Vereinigungen in ersterem weniger fürchten
muß als in letzterem. Je kleiner ein Gemeinwesen ist, desto weniger Parteien und
40 Sonderinteressen werden darin existieren. Je weniger Parteien und Sonderinteressen
bestehen, desto häufiger kann sich eine Mehrheit aus derselben Partei bilden. Je
weniger Personen eine Mehrheit bilden können, und je enger sie beieinander leben,

desto leichter fällt es ihnen, ihre Pläne zur Unterdrückung anderer zu koordinieren   1
und ins Werk zu setzen. Vergrößert man das Gebiet, so umfaßt es eine größere
Vielfalt von Parteien und Interessen, damit aber wird es weniger wahrscheinlich,
daß eine Mehrheit des Ganzen ein gemeinsames Motiv hat und die Rechte der
anderen Bürger verletzt.   5

> *Hamilton, Madison, Jay, Die Federalist-Artikel. Politische Theorie und Verfassungskommentar*
> *der amerikanischen Gründerväter. Herausgegeben, übersetzt, eingeleitet und kommentiert*
> *von Angela Adams und Willi Paul Adams. Paderborn u.a. 1994,*
> *Federalist-Artikel Nr. 10 (Madison), S. 50-58 (Auszüge)*

Interpretation

Bei den von Alexander Hamilton, James Madison und John Jay verfassten *Federalist Papers,* dessen 10. Artikel hier in Auszügen wiedergegeben ist, handelt es sich um eine Sammlung von insgesamt 85 Zeitungsartikeln, die in New York im Vorfeld zur Wahl des Ratifizierungskonvents der neuen Verfassung publiziert wurden. Vor allem Alexander Hamilton (1757-1804) und James Madison (1751-1836) gehörten neben Thomas Jefferson, George Washington und John Adams zu den wirkmächtigsten Akteuren der Amerikanischen Revolution. Beide waren von der Ausbildung Juristen und Mitglieder der Philadelphia Convention, die die neue Unions-Verfassung ausgearbeitet hat. Haben sie in den *Federalist Papers* noch gemeinsam den Entwurf verteidigt, so trennten sich kurz darauf ihre Wege. Hamilton wurde Finanzminister unter George Washington und gründete 1791 die Föderalistische Partei. Madison hat sich dagegen der von Jefferson ins Leben gerufenen republikanischen (ab 1844 demokratischen) Partei angeschlossen, die sich gegen die radikal liberale Wirtschaftspolitik von Hamilton richtete. Im Jahr 1809 wurde er als Nachfolger von Jefferson zum vierten Präsidenten der USA gewählt. Dieses Amt übte er bis 1817 aus.

Der erste Artikel der *Federalist Papers,* die alle mit dem Pseudonym *Publius* unterzeichnet waren, erschien am 27. Oktober 1787, der letzte am 28. Mai 1788. Ziel der Artikel war es, dem in Philadelphia ausgehandelten Entwurf eine Mehrheit bei der Ratifikation in New York zu verschaffen. Die neue Verfassung sollte die Konföderations-Verfassung ersetzen, welche sich die 13 amerikanischen Kolonien im Zuge des Unabhängigkeitskrieges (1775-1783) gegeben hatten. Nach Ende des Krieges hatte sich diese Verfassung, welche einen lockeren Zusammenhalt zwischen den jetzt unabhängigen Republiken vorsah, jedoch in den Augen der politischen Elite als unzureichend erwiesen. Bemängelt wurden insbesondere die mangelnde wirtschaftliche und militärische Stärke der Union, die durch einen engeren Zusammenschluss überwunden werden sollte. Zugleich erhofften sich die Verfassungsväter durch die Einrichtung einer eigenständigen nationalen Legislative und Exekutive aber auch, radikaldemokratische Forderungen und Erhebungen seitens der ärmeren Schichten besser beherrschen zu können. So hatte kurz vor der Zusammenkunft der ‚Verfassungsväter‘ in Philadelphia eine Erhebung verschuldeter Kleinfarmer in Massachusetts für Unruhe unter den politischen Eliten gesorgt.

Obgleich die Debatte über die Ratifizierung der US-Verfassung somit einem konkreten Anlass geschuldet war, werden in der Auseinandersetzung zwischen den Autoren der *Federalist Papers* und ihren Widersachern, den Anti-Federalists, grundlegende Fragen einer neuen politischen Ordnung thematisiert. Da ist zum einen der friedliche Zusammenschluss der amerikanischen Republiken zu einem Nationalstaat, für den es in der Weltgeschichte keinerlei Vorbilder gab. Zum anderen ist es die Praxis der Volkssouveränität („popular government"), die erstmalig in einem großen Flächenstaat gewährleistet werden sollte. Das sich daraus ergebende Programm, ein Territorium von der Größe der 13 amerikanischen Republiken in einem demokratischen Sinne zu regieren, war für die damalige Vorstellungswelt undenkbar, galt doch Montesquieus Diktum, dass eine demokratische Regierung einzig in einem kleinen Gemeinwesen zu verwirklichen sei. Für größere Gebilde, so die verbreitete Überzeugung, käme dagegen lediglich eine Monarchie oder eine gemischte Regierungsform, wie sie etwa in Großbritannien existierte, infrage. Die Errungenschaft der *Federalist Papers*, und insbesondere des hier abgedruckten 10. Artikels, besteht darin, dieses Dogma überwunden zu haben. Wenn Demokratie als repräsentative Demokratie verstanden wird, dann ist sie auch in großen Nationalstaaten realisierbar. Doch es war nicht der Begriff der Demokratie, sondern der der Republik, welcher in den *Federalist Papers* für die neue, repräsentative Regierungsform steht.

So kommt es zu Beginn des 10. Artikels, der aus der Feder von James Madison stammt, zu einer Kritik der ‚reinen Demokratie‘. Diese wird als eine ebenso ungerechte wie maßlose Herrschaftsform charakterisiert. In ihr existiere die ständige Gefahr einer ‚Tyrannei der Mehrheit‘, der die grundlegenden Rechte des Individuums schutzlos ausgeliefert seien. Streng genommen gilt dieser Angriff zunächst nur den antiken Demokratien, die er als kleine Gemeinwesen mit direktdemokratischen Praktiken versteht. Gleichwohl wird damit eine demokratische Ordnung überhaupt kritisiert, insofern Madison nämlich in einem nächsten Schritt begrifflich strikt zwischen einer Republik und einer Demokratie unterscheidet. Ziel ist, deren semantische Einheit aufzulösen, indem einem Begriff ein negativer, dem anderen ein positiver Gehalt eingeschrieben wird. Gegenüber den beschriebenen Mängeln der Demokratie biete eine Republik die Aussicht auf Stabilität und Ordnung. Doch bleibt es nicht allein bei dieser Entgegensetzung von Demokratie und Republik, vielmehr verbirgt sich auch in der Definition von ‚Republik‘ eine entscheidende Verschiebung. Denn auch der Republikbegriff bezog sich im damaligen Verständnis auf Stadtrepubliken und kleinere

Nationalstaaten, nicht jedoch auf ein politisches Gebilde von so großem Umfang, wie es die Vereinigten Staaten darstellen würden. Auf diesen Zusammenhang haben mit Bezug auf Montesquieu die Anti-Federalists bestanden. Diese haben im Zuge der Ratifizierungsdebatte immer wieder argumentiert, dass das neue Staatsgebilde notwendig tyrannische und gerade nicht freiheitlich-republikanische Züge annehmen werde. Der entscheidende Schachzug von Madison im 10. Artikel besteht darin, die Argumentation umzudrehen. Die vermeintlichen Vorteile einer kleinen Republik erweisen sich als Nachteile, die deren Freiheit bedrohen. Einzig in einem territorial ausgedehnten Gemeinwesen, wie es die Vereinigten Staaten darstellen würden, wäre die Gefahr einer ‚Tyrannei der Mehrheit‘ ebenso wie die einer von Korruption geprägten Politik gebannt. Denn dort existiere eine hinreichende Pluralität von Interessen, die sich wechselseitig in Schach halten. Zudem garantiere der Mechanismus der Repräsentation, dass demokratische Leidenschaften nicht ungefiltert die politische Agenda bestimmen. Vielmehr erfolge durch die Wahl eine Filterung und Veredelung des politischen Personals.

Madison verbindet mit dem Republikbegriff also nicht länger Vorstellungen von Tugend und Selbstregierung, sondern begreift ‚Republik‘ als ein repräsentatives System der wechselseitigen Neutralisierung von Interessengruppen. Damit ist das herkömmliche Verständnis von Republik, dem sich die Anti-Federalists verpflichtet fühlten, auf den Kopf gestellt, und zwar in doppelter, sich subtil ergänzender Weise. Zum einen wird der Begriff in räumlicher Hinsicht neu definiert. War es für Autoren wie Machiavelli, Rousseau und eben auch *Brutus* selbstverständlich, dass eine Republik nur in kleinen Räumen verwirklicht werden könne, so ist bei Madison eine wirklich freie Republik nur in einem großen Territorium möglich. Zum anderen lässt sich ihm zufolge auch nur dort von republikanischen Zuständen reden, wo die partikularen ‚factions‘ sich wechselseitig neutralisieren oder zumindest hemmen, wo also eine möglichst umfassende Pluralität an Interessen und Gesinnungen existiert.

Wie schon mit der Betonung der individuellen Rechte folgt Madison auch hier der politischen Philosophie von John Locke, wie insgesamt die *Federalist Papers* einem liberalen Politikansatz verpflichtet sind. Mit dem Bekenntnis zu einer pluralistischen Gesellschaft grenzt Madison sich von der alten republikanischen Forderung nach einer möglichst umfassenden Homogenität der Bevölkerung ab. Ebenso wird die politische Ordnung nicht mehr in Abhängigkeit von Tugenden gesehen, sondern ein institutionelles Design soll dafür sorgen, dass partikulare Gruppen sich nicht zu Tyrannen entwickeln. Zu diesen institutionellen Mechanismen gehört vor allem das Prinzip der Gewaltenteilung und -mischung („checks and balances“).

Demokratietheoretisch bedeutsam ist aber insbesondere die Verknüpfung des Republikbegriffes mit einem großen Flächenstaat. Grundlegend hierfür ist die Idee einer repräsentativen Ordnung. Die politischen Entscheidungsträger werden in regelmäßigen Wahlen von den Bürgern bestimmt. Damit ist zum einen die Regierbarkeit eines großen

Nationalstaates gewährleistet, zum anderen aber auch die demokratische Kontrolle der politischen Eliten. Es ist keine geringe Ironie der politischen Ideengeschichte, dass sich zwar das repräsentative System hat durchsetzen können, nicht jedoch die von Madison intendierte strikte begriffliche Trennung zwischen schlechter, weil direkter Demokratie und guter, weil repräsentativer Republik. Vielmehr haben die *Federalist Papers* wesentlich zu einem Demokratieverständnis beigetragen, das auch heute noch unseren politischen Institutionen und Praktiken zugrunde liegt.

Anti-Federalists

Ausgewählt und interpretiert von Dirk Jörke

Brutus (1787)

Die Geschichte liefert keinerlei Beispiel einer freien Republik von der Größe der 1
Vereinigten Staaten. Die griechischen Republiken waren von kleinem Ausmaß, wie
auch die der Römer. Beide, das ist wahr, weiteten im Laufe der Zeit ihre Eroberungen
auf große Gebiete aus. Die Folge dessen war, dass ihre einst freien Regierungen
in die tyrannischsten verwandelt wurden, die jemals auf der Welt existiert haben. 5
Nicht nur die Meinungen der bedeutendsten Männer und die Erfahrung der
Menschheit sprechen gegen die Idee einer großflächigen Republik. Nein, es ist eine
Vielfalt von Argumenten, die gegen sie aus der Vernunft und aus der Natur der
Dinge abgeleitet werden können. In jeder Regierung ist der Wille des Souveräns
das Gesetz. Folglich ist in despotischen Regierungen, in denen ein Einzelner die 10
oberste Herrschaft innehat, sein Wille Gesetz und diese Herrschaft kann genauso
gut über ein großes Gebiet ausgeübt werden wie über ein kleines. In einer reinen
Demokratie ist das Volk der Souverän und der Wille wird von den Bürgern selbst
verkündet. Zu diesem Zwecke müssen alle zusammenkommen, um sich zu beraten
und zu entscheiden. Diese Form der Regierung kann daher nicht über ein Land 15
jeder denkbaren Größe ausgeübt werden. Sie muss sich auf eine einzelne Stadt
beschränken oder ihre Grenzen müssen zumindest so gefasst werden, dass sich
die Bürger in geeigneter Weise versammeln können und sie fähig sind, sich zu
beraten, den vorgebrachten Gegenstand zu verstehen und ihre diesen betreffende
Meinung zu äußern. 20
In einer freien Republik leiten sich zwar die Gesetze aus der Zustimmung der
Bürger ab, jedoch erklären diese ihre Einwilligung nicht persönlich, sondern durch
von ihnen gewählte Repräsentanten, von denen angenommen wird, dass sie die
Ansichten ihrer Wähler kennen und die Lauterkeit besitzen, diese Ansichten auch
zu artikulieren. 25
In jeder freien Republik müssen die Bürger ihr Einverständnis zu den Gesetzen
geben, durch die sie regiert werden. Dies ist der wahre Maßstab zur Unterscheidung
einer freien Regierung von einer willkürlichen. In erstgenannter werden die Bürger
durch den Willen der Gesamtheit regiert, in welcher Weise auch immer sich diese

1 Übereinkunft ausdrückt; in letztgenannter hingegen durch den eines Einzelnen
oder weniger Männer. Wenn die Bürger ihre Einwilligung zu den Gesetzen durch
Personen geben, die sie gewählt und ernannt haben, muss die Art und Weise der
Wahl und die Anzahl der Gewählten so sein, dass sie die Meinungen der Bürger
5 zu Kenntnis nehmen sowie bereit und damit auch geeignet sind, diese zu äußern.
Denn wenn sie die Meinungen der Menschen nicht kennen und nicht gesinnt
sind, diese auszusprechen, regiert nicht das Volk, sondern die Souveränität liegt
bei einigen Wenigen. Doch in einem Land von großem Ausmaß ist es unmöglich,
Volksvertreter zu haben, welche über die Meinungen der Bürger im Bilde sind und
10 die Rechtschaffenheit besitzen, diese zu verkünden; denn eine derartige Vertretung
würde aus so vielen Menschen und Meinungen bestehen, dass eine demokratische
Regierungspraxis sehr schwerfällig ist.
Das Gebiet der Vereinigten Staaten ist von gewaltigem Ausmaß; momentan umfasst
es beinahe drei Millionen Seelen und ist imstande, weit mehr als zehn Mal so viele
15 aufzunehmen. Ist es nun in einem Land, das bald derart groß und bevölkerungsreich
sein wird, möglich, eine Vertretung zu wählen, die die Meinung der Bürger äußert,
ohne dass jene so groß wird, dass sie außerstande ist, die öffentlichen Geschäfte
zu tätigen? Sicherlich nicht.
In einer Republik sollten die Sitten, die Meinungen und Interessen der Bürger
20 ähnlich sein. Ist dies nicht der Fall, so wird es ein dauerhaftes Aufeinanderprallen
von Ansichten geben und die Vertreter der einen Seite werden kontinuierlich gegen
die der anderen Seite ankämpfen. Dies wird den Regierungsbetrieb bremsen und
jene Beschlüsse verhindern, die das öffentliche Wohl fördern. Wenn wir diese
Überlegungen auf die Vereinigten Staaten beziehen, dann sollten wir zu der Einsicht
25 gelangen, dass es sich verbietet, eine einzige Regierung zu bilden. Die Vereinigten
Staaten umfassen eine Vielfalt von Klimazonen. Die Erzeugnisse der verschiedenen
Bundesgebiete sind sehr unterschiedlich und die Interessen ihrer Bewohner infolgedessen abweichend. Ihr Verhalten und ihre Lebensgewohnheiten unterscheiden
sich ebenso sehr wie ihre klimatischen Verhältnisse und ihre Erzeugnisse; ihre
30 Meinungen stimmen daher keineswegs überein. Die Gesetze und Gebräuche in den
einzelnen Staaten sind in vielen Bereichen sehr verschieden und in einigen davon
einander geradezu entgegengesetzt. Jeder würde die eigenen Interessen und Sitten
bevorzugen und damit würde eine Legislative, die sich aus Repräsentanten aus den
jeweiligen Staaten zusammensetzt, nicht nur zu groß sein, um mit der erforderlichen
35 Sorgfalt und Entschlossenheit zu handeln, sondern diese Repräsentanten würden
zudem so heterogene und nicht zu vereinbarende Prinzipien vertreten, dass sie in
einem ständigen Widerstreit miteinander stehen würden.
[…]
Hat die Gesamtheit des Volkes Vertrauen in die Regierung, wird diese immer fähig
40 sein, ihre Gesetze aufrechtzuerhalten und auszuführen, und sie wird jede Fraktion
überzeugen können, die ihr entgegensteht – nicht nur um Widerstand gegen die
Durchsetzung der Gesetze an sich zu vermeiden, sondern auch um die Mehrheit des

Volkes dazu zu bringen, die Obrigkeit zu unterstützen. Aber die Menschen werden   1
in einer Republik vom Ausmaß der Vereinigten Staaten aller Wahrscheinlichkeit
nach kein derartiges Vertrauen in ihre Herrscher haben wie es für diese Ziele nötig
wäre. In einer freien Republik beruht das Vertrauen der Bürger in ihre Herrscher
darauf, dass sie diese kennen, dass diese ihnen in ihrem Betragen verantwortlich   5
sind und dass die Bürger daher die Macht besitzen, die Regierenden des Amtes
zu entheben, wenn sie sich schlecht benehmen. Aber in einer Republik von der
Größe dieses Kontinents wären die Menschen nur mit sehr wenigen ihrer Herrscher
vertraut. Die Bürger in ihrer Gesamtheit wüssten wenig über deren Beratungen und
es wäre für sie extrem schwierig, diese zu beeinflussen. Die Menschen in Georgia   10
und New Hampshire würden ihre wechselseitigen Ansichten nicht kennen und
könnten daher nicht an einem Strang ziehen, um einen allgemeinen Austausch
der Repräsentanten herbeizuführen. Die Bewohner der verschiedenen Teile eines
so großen Landes könnten unmöglich mit dem Verhalten ihrer Repräsentanten
vertraut sein, noch könnten sie über die Gründe informiert werden, auf denen die   15
politischen Regelungen fußen. Die Folge würde sein, dass die Bürger kein Vertrau-
en in ihre Gesetzgeber haben und diese der Ruhmsucht verdächtigen. Sie wären
besorgt über jede Maßnahme, die die Repräsentanten einführen, und würden die
Gesetze, die sie verabschieden, nicht unterstützen. Dadurch wäre die Regierung
kraftlos und ineffizient und es gäbe keinen anderen Weg für Ordnung zu sorgen,   20
als bewaffnete Streitkräfte einzusetzen, um die Gesetze mit vorgehaltenem Bajonett
durchzusetzen – eine Regierungsform, vor der man sich am meisten fürchtet.
In einer Republik, die von so enormem Ausmaß ist wie die Vereinigten Staaten,
kann die gesetzgebende Versammlung nicht die vielfältigen Sorgen und Nöte der
Bewohner ihrer verschiedenen Landesteile berücksichtigen. Ihre Mitglieder können   25
nicht zahlreich genug sein, um mit den lokalen Bedingungen und Bedürfnissen der
verschiedenen Regierungsbezirke vertraut zu sein. Und selbst wenn sie es könnten:
Es wäre unmöglich, dass sie ausreichend Zeit haben, die Vielfältigkeit solcher Fälle,
welche stetig ansteigen würde, zu beachten und sich darum zu kümmern.
In einer so großen Republik würden die hohen Regierungsbeamten sich rasch der   30
Kontrolle der Bürger entziehen und sie würden ihre Macht missbrauchen, um
sich wichtig zu machen und die Bürger zu unterdrücken. Das Vertrauen, das den
Verwaltungsämtern entgegengebracht wird, muss in einem Land vom Ausmaß der
Vereinigten Staaten vielfältig und groß sein. Das Kommando über die Truppen
und die Marine der Republik, die Ernennung der Beamten, die Macht Verbrechen   35
zu vergeben, das Sammeln aller Staatseinkünfte und die Macht diese auszugeben
muss, neben einer Reihe anderer Verfügungsgewalten, in jedem Staat in den Händen
Weniger bleiben und von diesen ausgeübt werden. Wenn diese Aufgaben jedoch
von großem Ruhm und hohem Nutzen begleitet sind, wie dies in großen Staaten
immer der Fall ist, so wecken diese das Interesse sie auszuüben und sind geeignete   40
Objekte für ruhmsüchtige und arglistige Männer. Solche Männer werden immer
ruhelos auf der Jagd nach ihnen sein. Wenn sie die Macht erlangt haben, werden

1 sie diese nutzen, um ihre eigenen Interessen und Begierden zu befriedigen, und es ist kaum möglich, sie in einer derart großen Republik für ihr Fehlverhalten zur Verantwortung zu ziehen oder den Missbrauch der Macht zu verhindern.

The Anti-Federalist. Writings by the Opponents of the Constitution.
Edited by Herbert J. Storing, selected by Murray Dry.
Chicago und London 1985, S. 113-116 (Auszüge).
Übersetzung von Eva-Maria Reinwald und Tobias Müller

Interpretation

Wie im Kommentar zu den *Federalist Papers* erwähnt, war es 1787/88 in Nordamerika zu einer hitzigen Debatte über den in Philadelphia verabschiedeten Verfassungsentwurf gekommen. Dabei waren nicht nur die Stimmen der Federalists, sondern auch die der Verfassungskritiker, die sogenannten Anti-Federalists, in der Öffentlichkeit präsent. Die antifederalistische Kritik richtete sich gegen die Übertragung der Souveränität von den einzelnen Republiken hin zu einem übergeordneten Staat, gegen die Größe des neuen Gemeinwesens sowie gegen die neuen politischen Strukturen, von denen sie die Etablierung einer neuen, demokratisch nicht legitimierten Elite befürchteten. Die Anti-Federalists beklagten dabei insbesondere die Konzentration politischer Macht bei einer kleinen Elite, was Missbrauch und Korruption geradezu herbeizwingen würde. Weitere Kritikpunkte am Verfassungsentwurf stellten die Etablierung eines stehenden Heers sowie das Fehlen eines Grundrechtekatalogs dar. Insgesamt befürchteten sie einen Verlust jener demokratischen Errungenschaften, die die amerikanischen Bürger gerade erst mit der Unabhängigkeit vom englischen Mutterland erreicht haben.

Einer der führenden Verfassungsgegner aus New York publizierte unter dem Pseudonym *Brutus*.[1] Der Name verweist nicht auf Marcus Iunius Brutus, dem Mörder von Cäsar, sondern auf Lucius Iunius Brutus, einem sagenhaften Gründer der römischen Republik. *Brutus* hatte einen Monat, bevor der 10. Artikel der *Federalist Papers* erschienen ist, ein Pamphlet veröffentlicht, das ebenfalls eine konzeptionelle Unterscheidung zwischen Demokratie und Republik enthält. Es ist davon auszugehen, dass Madison diesen Essay kannte und auf ihn reagiert hat. Die hier abgedruckten Texte von Madison und von *Brutus* lassen sich daher auch als Dokumente einer durchaus polemisch geführten Debatte verstehen. Der polemische Stil tritt im Text von *Brutus* freilich noch deutlicher hervor, als dies bei Madison der Fall ist. Etwa wenn *Brutus* immer wieder betont, dass die schiere Größe des neuen Staates eine republikanische Regierung verhindern würde.

Bemerkenswert ist, dass *Brutus* zunächst die Begriffsstrategie von Madison vorweg-zunehmen scheint. Auch er spricht von einer ‚reinen Demokratie' und stellt dieser eine ‚freie Republik' gegenüber. Ebenso findet sich bereits bei *Brutus* die Überlegung, dass eine ‚reine Demokratie' kein geeignetes Modell für die Organisation eines Flä-chenstaates darstellt. Im Gegensatz zu Madison verzichtet *Brutus* jedoch auf eine polemische Abrechnung mit der Demokratie. Ihm geht es nicht darum, diese Form der kollektiven Entscheidungsfindung zu diskreditieren, sondern lediglich darum zu zeigen, dass sie kein Modell für die politische Organisation der einzelnen Staaten und schon gar nicht für die der Vereinigten Staaten abgeben könne. Damit ist jedoch nicht wie bei Madison impliziert, dass es sich notwendig um eine chaotische Praxis handeln muss. Vielmehr hat die direkte Demokratie für *Brutus* in den Kommunen durchaus ihren berechtigten Ort. Insgesamt ist für das antiföderalistische Denken eine starke Betonung der Vorteile lokaler Regierungsformen charakteristisch. Damit geht jedoch nicht die Ablehnung sämtlicher Formen einer repräsentativen Regierung einher.

Der Begriff, mit dem die legitime Gestalt eines überregionalen Gemeinwesens von *Brutus* bezeichnet wird, ist der der ‚freien Republik'. Er erkennt somit die Notwendigkeit der Repräsentation an; entscheidend für den Geist einer ‚freien Republik' sei lediglich, dass die Repräsentanten sich nicht zu weit von den Repräsentierten entfernten, sie an deren Willen rückgebunden blieben. Dies sei jedoch nur in kleinen Republiken der Fall, nicht jedoch in einem Gebilde von so großem Umfang, wie sie die Errichtung der Vereinigten Staaten von Amerika bedeuten würde. Diese könnten gar keine Republik darstellen, weil sie weder den erforderlichen sittlichen Zusammenhalt aufweisen noch eine wirkliche Repräsentation des Volkes ermöglichen würde. Entweder die politische Elite würde sich von den Sitten und Interessen des gewöhnlichen Mannes so sehr unterscheiden, dass von einer wirklichen Repräsentation nicht die Rede sein könne, oder aber die Zahl der Volksvertreter müsste so ausgedehnt werden, dass der politische Verband kaum arbeitsfähig wäre. Kurzum, die Vereinigten Staaten von Amerika würden sich sehr weit von dem Ideal einer ‚freien Republik' entfernen.

Hintergrund dieser Kritik ist ein traditionelles Republikverständnis, wie es auch bei Rousseau zu finden ist. Eine Republik ist gekennzeichnet durch Praktiken der möglichst unmittelbaren Selbstregierung, die Bürger begegnen sich als Gleiche. Voraussetzung für diese politische Gleichheit ist jedoch ein hohes Maß an sozialer Homogenität, zumindest unter jenen, die sich am Prozess der Selbstregierung beteiligen. Zudem werden von den Bürgern republikanische Tugenden erwartet. Zu diesen gehört insbesondere die Bereitschaft, sich dem Gemeinwillen unterzuordnen, was – etwa im Verteidigungs-fall – bis zur Selbstopferung gehen kann. Im klassischen Republikanismus besteht mithin ein Vorrang der politischen Gemeinschaft vor den individuellen Rechten. Es ist jedoch fraglich, ob diese Ideale sich noch mit der Realität einer modernen, sozial differenzierten Gesellschaft vereinbaren lassen. Aus heutiger Sicht erweist sich daher die in den *Federalist Papers* entwickelte liberale politische Theorie als fortschrittlicher.

Sie ist sowohl mit den institutionellen Erfordernissen eines großen Flächenstaates als auch mit der Realität einer zunehmend pluralistisch verfassten Gesellschaft vereinbar. Zudem scheint auch der federalistische Verzicht auf zu hohe Tugendanforderungen besser zu anonymen und individualisierten Massendemokratien zu passen. Denn dort kann sich der Bürgerstatus auf die periodische Stimmabgabe oder auch auf simples Desinteresse beschränken.

Gleichwohl wird bei der Lektüre der antifederalistischen Texte wie dem von *Brutus* auch der Preis deutlich, der mit dem modernen Verständnis von Demokratie und Staatsbürger verbunden ist. Der Kerneinwand der Anti-Federalists gegen den neuen Nationalstaat bestand ja darin, dass in einem derartig großen Gebilde demokratische Verfahren leerlaufen und in der Folge eine neue Elite von Berufspolitikern entstehen würde, die lediglich ihre eigenen Karriereinteressen verfolgten. Die Entfernungen zwischen den Repräsentanten und den Repräsentierten seien schlichtweg zu groß, als dass es noch zu einer demokratischen Kontrolle der Entscheidungsträger kommen könne. Nicht nur mit Blick auf die Geschichte der amerikanischen Demokratie sind diese Befürchtungen zumindest teilweise bestätigt worden. Auch in der Alten Welt haben sich politische Institutionen und Praktiken etabliert, die die Beteiligung der einzelnen Bürger weitgehend auf die periodische Wahl der Repräsentanten beschränken. Dass ein solches Demokratieverständnis auch zu Frustration aufseiten der Wählerinnen und Wähler führen kann, zeigen gegenwärtige Phänomene wie Politikverdrossenheit und eine abnehmende Wahlbeteiligung. Die Vergegenwärtigung der antifederalistischen Kritik an den neuen nationalstaatlichen Institutionen ist daher nicht nur von ideengeschichtlichem Interesse. Vielmehr finden sich dort Grundprobleme der modernen Demokratie diskutiert, die an Dringlichkeit in den vergangenen Jahren noch zugenommen haben dürften. Darüber hinaus enthalten die Schriften der Anti-Federalists auch eine Reihe von institutionellen Vorschlägen zur stärkeren Kontrolle der Repräsentanten – etwa durch häufige Wahlen, das imperative Mandat, das Rotationsprinzip oder den Mechanismus der Abwahl –, über deren Potentiale für die Wiederbelebung der Demokratie wieder stärker nachgedacht werden sollte.

Anmerkung

1   Die Autorenschaft ist in der Literatur umstritten; gemeinhin werden die Essays von Brutus der Feder von Robert Yates zugeschrieben.

Immanuel Kant

Ausgewählt und interpretiert von Volker Pesch

Zum ewigen Frieden.
Ein philosophischer Entwurf (1795)

Die bürgerliche Verfassung in jedem Staate
soll republikanisch sein

Die erstlich nach Prinzipien der *Freiheit* der Glieder einer Gesellschaft (als Menschen);   1
zweitens nach Grundsätzen der *Abhängigkeit* aller von einer einzigen gemeinsamen
Gesetzgebung (als Untertanen); und drittens, die nach dem Gesetz der *Gleichheit*
derselben (als Staatsbürger) gestiftete Verfassung – die einzige, welche aus der Idee
des ursprünglichen Vertrages hervorgeht, auf der alle rechtliche Gesetzgebung eines   5
Volkes gegründet sein muß – ist die *republikanische*. Diese ist also, was das Recht
betrifft, an sich selbst diejenige, welche allen Arten der bürgerlichen Konstitution
ursprünglich zum Grunde liegt; und nun ist nur die Frage: ob sie auch die einzige
ist, die zum ewigen Frieden hinführen kann?
Nun hat aber die republikanische Verfassung, außer der Lauterkeit ihres Ursprungs,   10
aus dem reinen Quell des Rechtsbegriffs entsprungen zu sein, noch die Aussicht
in die gewünschte Folge, nämlich den ewigen Frieden; wovon der Grund dieser
ist. – Wenn (wie es in dieser Verfassung nicht anders sein kann) die Beistimmung
der Staatsbürger dazu erfordert wird, um zu beschließen, „ob Krieg sein solle, oder
nicht", so ist nichts natürlicher, als daß, da sie alle Drangsale des Krieges über sich   15
selbst beschließen müßten (als da sind: selbst zu fechten; die Kosten des Krieges aus
ihrer eigenen Habe herzugeben; die Verwüstung, die er hinter sich läßt, kümmerlich
zu verbessern; zum Übermaße des Übels endlich noch eine, den Frieden selbst
verbitternde, nie [wegen immer neuer Kriege] zu tilgende Schuldenlast selbst zu
übernehmen), sie sich sehr bedenken werden, ein so schlimmes Spiel anzufangen: 20
Da hingegen in einer Verfassung, wo der Untertan nicht Staatsbürger, die also nicht
republikanisch ist, es die unbedenklichste Sache von der Welt ist, weil das Oberhaupt nicht Staatsgenosse, sondern Staatseigentümer ist, an seinen Tafeln, Jagden,
Lustschlössern, Hoffesten u.d.gl. durch den Krieg nicht das mindeste einbüßt,
diesen also wie eine Art von Lustpartie aus unbedeutenden Ursachen beschließen,   25

1 und der Anständigkeit wegen dem dazu allezeit fertigen diplomatischen Korps die
Rechtfertigung desselben gleichgültig überlassen kann.

[...]

Damit man die republikanische Verfassung nicht (wie gemeiniglich geschieht) mit
5 der demokratischen verwechsele, muß folgendes bemerkt werden. Die Formen eines
Staates (civitas) können entweder nach dem Unterschiede der Personen, welche die
oberste Staatsgewalt innehaben, oder nach der *Regierungsart* des Volks durch sein
Oberhaupt, er mag sein welcher er wolle, eingeteilt werden; die erste heißt eigentlich die Form der Beherrschung (forma imperii), und es sind nur drei derselben
10 möglich, wo nämlich entweder nur *einer*, oder *einige* unter sich verbunden, oder
alle zusammen, welche die bürgerliche Gesellschaft ausmachen, die Herrschergewalt
besitzen (*Autokratie, Aristokratie* und *Demokratie*, Fürstengewalt, Adelsgewalt und
Volksgewalt). Die zweite ist die Form der Regierung (forma regiminis), und betrifft
die auf die Konstitution (den Akt des allgemeinen Willens, wodurch die Menge
15 ein Volk wird) gegründete Art, wie der Staat von seiner Machtvollkommenheit
Gebrauch macht, und ist in dieser Beziehung entweder *republikanisch* oder *despotisch*.
Der *Republikanism* ist das Staatsprinzip der Absonderung der ausführenden Gewalt
(der Regierung) von der gesetzgebenden; der Despotism ist das der eigenmächtigen
Vollziehung des Staats von Gesetzen, die er selbst gegeben hat, mithin der öffentliche
20 Wille, sofern er von dem Regenten als sein Privatwille gehandhabt wird. – Unter
den drei Staatsformen ist die der *Demokratie*, im eigentlichen Verstande des Wortes,
notwendig ein *Despotism*, weil sie eine exekutive Gewalt gründet, da alle über und
allenfalls auch wider einen (der also nicht mit einstimmt), mithin alle, die doch
nicht alle sind, beschließen; welches ein Widerspruch des allgemeinen Willens mit
25 sich selbst und mit der Freiheit ist.

Alle Regierungsform nämlich, die nicht *repräsentativ* ist, ist eigentlich eine *Unform*,
weil der Gesetzgeber in einer und derselben Person zugleich Vollstrecker seines
Willens [...] sein kann, und, wenn gleich die zwei anderen Staatsverfassungen so
fern immer fehlerhaft sind, daß sie einer solchen Regierungsart Raum geben, so ist
30 es bei ihnen doch wenigstens möglich, daß sie eine dem *Geiste* eines repräsentativen Systems gemäße Regierungsart annähmen, wie etwa Friedrich II. wenigstens
sagte: er sei bloß der oberste Diener des Staats, dahingegen die demokratische es
unmöglich macht, weil alles da Herr sein will. – Man kann daher sagen: je kleiner
das Personale der Staatsgewalt (die Zahl der Herrscher), je größer dagegen die
35 Repräsentation derselben, desto mehr stimmt die Staatsverfassung zur Möglichkeit
des Republikanism, und sie kann hoffen, durch allmähliche Reformen sich endlich
dazu zu erheben. Aus diesem Grunde ist es in der Aristokratie schon schwerer als in
der Monarchie, in der Demokratie aber unmöglich, anders, als durch gewaltsame
Revolution zu dieser einzigen vollkommen rechtlichen Verfassung zu gelangen. Es
40 ist aber an der Regierungsart dem Volk ohne alle Vergleiche mehr gelegen, als an der
Staatsform (wiewohl auch auf dieser ihre mehrere oder mindere Angemessenheit
zu jenem Zwecke sehr viel ankommt). Zu jener aber, wenn sie dem Rechtsbegriffe

gemäß sein soll, gehört das repräsentative System, in welchem allein eine republi-   1
kanische Regierungsart möglich, ohne welches sie (die Verfassung mag sein welche
sie wolle) despotisch und gewalttätig ist. […]

Immanuel Kant: Schriften zur Anthropologie, Geschichtsphilosophie, Politik und Pädagogik.
Werkausgabe Band XI, hrsg. von Wilhelm Weischedel. Frankfurt/M. 1991, S. 204-208
(unter Auslassung der Anmerkungen Kants)

Interpretation

Immanuel Kant wird 1724 in Königsberg geboren und stirbt ebenda 1804. Dazwischen verlässt er es allenfalls kurz und nie weiter als einen Tagesritt. Selbst als er nach
immerhin schon fünfzehn Jahren des Privatdozentendaseins, verbunden mit hoher
Lehrbelastung und geringem Entgelt, Rufe an die Universitäten von Jena und Erlangen
erhält, verlässt er sich auf die in Aussicht gestellte Berufung an seine Heimatuniver-
sität, die „Albertina". Dabei sieht es lange Zeit nicht so aus, als könne er sich eine
akademische Laufbahn überhaupt leisten: 1747 muss er nach dem Tod seines Vaters
sein Studium abbrechen, vor allem aus finanziellen Gründen. Die nächsten Jahre
verdingt er sich als Hauslehrer in Königsberg und Umgebung, bevor er 1755 an die
„Albertina" zurückkehrt, sein Examen macht, dann bald promoviert wird und sich
habilitiert. Als Königsberg 1758 von Russland besetzt wird, bittet Kant kurzerhand die
Zarin Elisabeth um die Beförderung seiner Berufungssache, aber die geht darauf nicht
ein, und nach dem Ende des Siebenjährigen Krieges wird die Stadt wieder preußisch.
Kant verdient sich als Bibliothekar etwas dazu, bis 1770 endlich sein Warten belohnt
und er Ordinarius für Logik und Metaphysik wird, später zweimal Dekan, ständiges
Mitglied des Senats und auch Mitglied der Berliner Akademie der Wissenschaften –
auswärtiges Mitglied freilich.

Königsberg – sicher nicht der weiteste Erfahrungshorizont. Aber immerhin war
Königsberg zu dieser Zeit eines der kulturellen und wissenschaftlichen Zentren des
Deutschen Reichs, mit über 50 000 Einwohnern auch größer als beispielsweise Berlin.
Die Stadt mit ihrem Seehafen war eines der „Tore zum Osten", ein wichtiger Handels-
und Umschlagplatz zwischen Deutschland, den Niederlanden, England und Polen auf
der einen, dem Baltikum, Skandinavien und Russland auf der anderen Seite. Königs-
berg mit seinen Zeitschriften und bürgerlichen Clubs war auch eines der Zentren der
Aufklärung und die „Albertina" war eine ebenso traditionsreiche wie fortschrittliche
Universität mit sehr gutem Ruf. Insofern können wir beide Augen zudrücken, wenn
Kant in seiner *Anthropologie in pragmatischer Hinsicht* 1796 schreibt, in einer Stadt

wie Königsberg könne man nicht nur die lokalen Umgangsformen pflegen, sondern durchaus auch „Weltkenntniss" erlangen. Derjenige, so ließe sich der Gedanke zu Ende führen, welcher nicht das Glück hat, in einer Stadt wie Königsberg zu leben, muss sich zu diesem Behufe schon auf Reisen begeben. Nun, Kant ist das erspart geblieben.

Der knapp ein Meter und sechzig messende Philosoph mit den krummen Schultern wird einerseits als pedantischer und überaus arbeitseifriger Gelehrter beschrieben, als Muster jenes Typs des deutschen Professors, der heute – nicht ganz zu Unrecht – das Klischeebild bestimmt, andererseits aber auch als sehr geselliger Mensch, umsichtiger Gastgeber und insgesamt recht umgänglicher Zeitgenosse. Übereinstimmend ist seine Einschätzung durch Freunde und Kollegen als ungewöhnlich gebildet und – welterfahren, tatsächlich. Kant selbst bezeichnet in der schon erwähnten *Anthropologie* dann auch Geselligkeit und Konversation als die entscheidenden Bedingungen aller „Humanität", und er entwickelt einige Regeln für die gelingende Tischgesellschaft, in der auch dem Lachen der gebührende Raum zugesprochen wird.

Aber dieser Kant ist weniger berühmt geworden. Es sind vielmehr seine philosophisch-systematischen Schriften, die – das ist sicher nicht übertrieben – einen der Marksteine der okzidentalen Philosophiegeschichte bilden oder auch einen Wendepunkt in der Philosophie. Seit Kant wird anders gedacht: In der *Kritik der reinen Vernunft* geht er 1781 der Frage nach dem (theoretischen) Vernunftvermögen des Menschen und der Möglichkeit oder Unmöglichkeit von Metaphysik nach. Dabei trennt Kant die Vernunft von der Erfahrung und versucht zu zeigen, dass nicht die erfahrbaren Dinge das Denken bestimmen, sondern umgekehrt: das Denkvermögen des Menschen sich die Dinge unterwirft. Das bedeutet: Die Wirklichkeit zeigt sich dem Menschen nur aufgrund seines besonderen Erkenntnisvermögens so und nicht anders. Das ist natürlich revolutionär, gerichtet unter anderem gegen den Empirismus etwa David Humes. In der Grundlegung zur Metaphysik der Sitten entwickelt Kant 1795 den daran anschließenden Gedanken, nur solche moralischen Leitsätze könnten als gute angesehen werden, die aus reiner Vernunft begründet seien, befreit also die Moral von allen anderen Begründungen als der der Vernünftigkeit. In der *Kritik der praktischen Vernunft* führt er diese Gedanken 1788 zu einem (vorläufigen) Ende, wenn er mit dem „kategorischen Imperativ" das moralische Grundgesetz formuliert: „Handle so, dass die Maxime deines Handelns jederzeit zugleich als Prinzip einer allgemeinen Gesetzgebung gelten könne" – wiederum als Gebot der Vernunft. Den kategorischen Imperativ formuliert er immer wieder in verschiedenen Versionen. In der *Kritik der Urteilskraft* schließlich unternimmt Kant 1790 den Versuch, die Bereiche des Erkennens und des Handelns (also die Themen der beiden vorherigen Kritiken) systematisch zusammenzuführen.

Diese Schriften (und viele andere: eine Kant-Werkausgabe umfasst heute zwölf Bände mit mehr als 8000 Seiten) sind eher sperrige, jedenfalls schwer verdauliche Brocken, die sich nicht in wenigen Sätzen vorstellen lassen, ohne ihren Sinn völlig zu entstellen. Kant selbst hat aber einmal die Philosophie, hier verstanden als die „Wissenschaft von den letzten Zwecken der menschlichen Vernunft", unter vier Leitfragen gestellt: „1. Was kann ich wissen? 2. Was soll ich tun? 3. Was darf ich hoffen? 4. Was ist der Mensch?" Die erste beantworte die Metaphysik, die zweite die Moral, die dritte die Religion und die vierte die Anthropologie. Die vierte Frage sei aber die umfassendste, die Anthropologie mithin die fundamentale philosophische Disziplin. Insofern kann Kants vielfältiges philosophisches Bemühen auch verstanden werden als ein einziges Bemühen um das Wesen des Menschen. Dass er dessen Existenz in Geschichte und Gesellschaft von den Erfahrungen trennt und an der Messlatte einer reinen Vernunft gemessen wissen will, hat ihn zu einem ebenso einflussreichen wie umstrittenen Autor der Neuzeit gemacht. An Kant scheiden sich die Geister.

Das gilt auch für den politischen Schriftsteller. Neben seinen großen systematischen Werken schreibt Kant nämlich auch eine Reihe kleinerer, wir würden heute sagen: essayistischer Abhandlungen zu Fragen der Politik, die in anderen kommunikativen Kontexten entstehen und sich an ein anderes Publikum richten. Die berühmteste dieser Abhandlungen ist die *Beantwortung der Frage: Was ist Aufklärung?* von 1784, in deren Anfangspassage Kant den Grundsatz der (deutschen) Aufklärung formuliert: „Aufklärung", heißt es da, „ist der Ausgang des Menschen aus seiner selbstverschuldeten Unmündigkeit. Unmündigkeit ist das Unvermögen, sich seines Verstandes ohne Leitung eines anderen zu bedienen. Selbstverschuldet ist diese Unmündigkeit, wenn die Ursache derselben nicht am Mangel des Verstandes, sondern der Entschließung und des Mutes liegt, sich seiner ohne Leitung eines anderen zu bedienen. Sapere aude! Habe Mut, dich deines eigenen Verstandes zu bedienen! ist also der Wahlspruch der Aufklärung." Die Freiheit des Menschen als eines endlichen, aber vernunftbegabten Wesens, steht im Mittelpunkt dieser politischen Schriften, genauer: die Freiheit, sich bei der Gestaltung von Politik und Gesellschaft seiner Vernünftigkeit zu bedienen. Aber diese Freiheit muss auch, vice versa, die Wahrheit ertragen, jene Wahrheit, die eine aufgeklärte Vernunft zutage fördert. Das steht natürlich in engstem Zusammenhang mit Kants systematischer Philosophie, wird aber hier anders präsentiert und formuliert, zumal die politischen Schriften Reaktionen sind auf konkrete Anlässe oder Diskussionen, etwa auf die Französische Revolution (*Über den Gemeinspruch*, 1793; *Streit der Fakultäten*, 1798). Kant will hier weniger seine Professorenkollegen als die Öffentlichkeit überzeugen, oder vielmehr: zu ihrer Aufklärung beitragen. Bis heute werden viele seiner Thesen aus diesem Schriftencorpus diskutiert, auch und gerade die hier ausgewählte, die besagt, dass Demokratien keine Kriege führen.

Mit seinem „philosophischen Entwurf" *Zum ewigen Frieden*, aus dem die These stammt (siehe Textauszug), reagiert Kant 1795 beziehungsweise – in einer erweiterten Fassung – 1796 unmittelbar auf den Abschluss des Basler Friedens, mit dem sich Preußen aus der Koalition gegen Frankreich verabschiedet hatte. Und wenn Kant hier auch zentrale Gedanken seiner systematischen Philosophie wieder aufnimmt, so kleidet er sie in die Form eines völkerrechtlichen Vertrages, bestehend aus sechs „Präliminarartikeln" (z.b. dem, dass es in einem Friedensschluss keine geheimen Vorbehalte geben dürfe), drei „Definitivartikeln" (z.b. dem, dass die bürgerliche Verfassung in jedem Staate republikanisch sein solle), zwei Zusätzen (z.b. dem, dass Philosophen öffentlich sprechen dürfen und auch gehört werden sollen) und einem Anhang über Moral und Politik.

Wie lautet nun die These? – Zunächst scheinbar so: Wenn alle Menschen, die von einem möglichen Kriege betroffen sein würden, selbst darüber abstimmen könnten, ob der Staat in den Krieg eintritt oder nicht, entschieden sie sich immer gegen den Krieg, weil sie selbst (als Soldaten, Steuerzahler, Handelnde oder potenziell Geplünderte) die Last zu tragen hätten. Anders in einem Staat, den ein Einzelner regiere: Da dieser als Staatsbesitzer auf seinen Lustschlössern und Ländereien ja von den Lasten des Krieges nicht direkt betroffen sein würde, stimmte er („wie eine Art von Lustpartie aus unbedeutenden Ursachen") eher für den Krieg. Das Argument mutet also zunächst rein utilitaristisch an: Da ein jeder bestrebt ist, seine Kosten zu minimieren und seinen Nutzen zu maximieren, wird keiner einem so unsicheren Unternehmen wie dem Krieg zustimmen, außer demjenigen, der ausschließlich gewinnen kann.

In dieser Form vermag das Argument natürlich niemanden mehr zu überzeugen: Denn einerseits hat es immer schon Menschen gegeben, die sich in und an Kriegen bereichern, ihnen also auch emphatisch zustimmen, andererseits droht zuweilen auch den Fürsten der Verlust ihrer Lustschlösser (wenn nicht ihrer Köpfe). Außerdem spielen bei der Entstehung von Kriegen schließlich auch Ideologien eine Rolle, ebenso Machtphantasien, Fremdheitskonstruktionen, Gewalteskalation und vieles andere mehr. Der Philosoph Kant hätte die These auch ganz anders begründet als der politische Schriftsteller: mit Vernunft und Natur. Denn einerseits ist die Ausgestaltung von Politik und Gesellschaft ihm zufolge zwar der menschlichen Freiheit aufgegeben, andererseits aber ein Gebot der Vernunft, der Moral und zuletzt auch der Natur. „Jetzt ist die Frage", schreibt Kant in seinem ersten Zusatz zur Schrift, „die das Wesentliche der Absicht auf den ewigen Frieden betrifft: ‚Was die Natur in dieser Absicht, beziehungsweise auf den Zweck, den dem Menschen seine eigene Vernunft zur Pflicht macht, mithin zur Begünstigung seiner *moralischen* Absichten tue, und wie sie die Gewähr leiste, daß dasjenige, was der Mensch nach Freiheitsgesetzen tun *sollte*, aber nicht tut, dieser Freiheit unbeschadet auch durch einen Zwang der Natur, daß er es tun *werde*, gesichert sei, und zwar nach allen drei Verhältnissen des öffentlichen Rechts, des *Staats-, Völker- und weltbürgerlichen Rechts*.' – Wenn ich von der Natur sage: sie *will*, daß dieses oder jenes geschehe, so heißt das nicht soviel, als: sie legt uns eine Pflicht auf, es zu tun (denn das kann nur die zwangsfreie praktische Vernunft), sondern sie *tut* es selbst, wir mögen wollen oder nicht (fata volentem ducunt, nolentem trahunt) [Den Willigen führt das Schicksal, den Widerstrebenden schleift es mit]."

Auch Kants Erläuterung der Staatsformen, die in der These gipfelt, Demokratien seien notwendig despotisch, ist auf den ersten Blick irritierend. Dabei plädiert er aber, genau besehen, nicht gegen die (moderne) Demokratie, sondern für eine Repräsentativverfassung mit strikter Trennung von Regierung (Exekutive) und Gesetzgebung (Legislative). Kant bezeichnet mit „Demokratie" hier die Form der Herrschaft nach dem Wortlaut, das ist die Herrschaft (oder Macht: *kratos*) aller Menschen im Staat *(demos)* über sich selbst, mithin eine direkte Volksherrschaft ohne repräsentative und gewaltentrennende Momente. In einer solchen Staatsform wäre, so Kant, die Gefahr immer groß, dass sich die Masse gegen den Willen Einzelner richte und sie schlicht überstimmte. Das Ergebnis wäre aber nicht mehr mit dem allgemeinen Willen identisch. Die Demokratie in diesem Sinne wäre despotisch, weil, um noch einmal Kant selbst zu zitieren, „sie eine exekutive Gewalt gründet, da alle über und allenfalls auch wider einen (der also nicht mit einstimmt), mithin alle, die doch nicht alle sind, beschließen; welches ein Widerspruch des allgemeinen Willens mit sich selbst und mit der Freiheit ist". In dieser Staatsform wäre es also auch möglich, die Bürde des Krieges Einzelnen aufzulasten.

Einzig eine repräsentative Regierungsform, also eine Form, in der ein Oberhaupt die Regierten repräsentiert, bietet Kant zufolge davor Schutz, weil dort Gesetzgeber und Exekutive strikt getrennt sind: Der Gesetzgeber vollzieht seine Gesetze so wenig selbst, wie der Exekutor die Gesetze macht. Nur diese Regierungsform sichert die Freiheit der Menschen und ihre Gleichheit als Staatsbürger und vor dem Recht. Und nur so ist auch der Satz zu verstehen, dass ein Staat desto republikanischer sein könne, je kleiner die Zahl der Herrscher und je größer die Zahl derer sei, die sie repräsentierten. Denn für Kant ist ja nicht die Zahl der Personen entscheidend, die regieren, sondern die Trennung der Gewalten und die Repräsentation des allgemeinen Willens. Auch eine Monarchie könnte in diesem Sinne „republikanisch" sein, sofern sie nicht absolut ist, sondern der Monarch (die Exekutive) an Gesetze gebunden ist, die er nicht selbst gibt. Solche Staaten, in denen das Volk zwar nicht direkt selbst regiert, aber mittels Wahlen die Legislative (und direkt oder indirekt auch die Exekutive) bestimmt und abberuft, bezeichnen wir heute als „demokratisch". Insofern lautet die These Kants in moderner Terminologie: Demokratien führen keinen Krieg. Und so wird sie auch bis heute diskutiert (allerdings mit der Einschränkung, dass Demokratien *untereinander* keine Kriege führen).

Im zweiten „Definitivartikel", der als das „Herzstück der gesamten Friedensschrift" (Otfried Höffe) bezeichnet worden ist, führt Kant die These weiter. Er lautet: „Das Völkerrecht soll auf einen Föderalism freier Staaten gegründet sein", und Kant begründet das so, dass es ein Gebot der Vernunft sei, sich mit (allen) anderen Staaten zu einem „Friedensbund" zu vereinen. Das stellt er sich allerdings nicht als einen Weltstaat vor, sondern als Föderation freier und souveräner Staaten. Nur ein solcher kann demzufolge den ewigen Frieden sichern. Damit geht Kant über die Hobbes'sche Naturzustandskonstruktion hinaus, denn er behandelt auch Völker und Staaten „wie einzelne Menschen […], die sich in ihrem Naturzustande […] schon durch ihr Nebeneinandersein lädieren […]". Und er spricht Fragen an, die bis heute immer wieder diskutiert werden und für die Gestaltung der internationalen Beziehungen zentrale Bedeutung haben: Wie weit sollen Zusammenschlüsse von Staaten auf internationaler Ebene gehen? Welche Institutionen sollen geschaffen werden, und mit welchen Kompetenzen? Und wie weit sollen solche supra- und internationalen Institutionen die Souveränität der einzelnen Staaten einschränken? Die Spannweite des heute Denkbaren reicht hier ja von der Konföderation bis zum Weltstaat.

Die These, dass repräsentativ verfasste Staaten keine Kriege führen, hat ebenso simple wie weitreichende Implikationen: Wenn alle Staaten der Welt derart verfasst wären und sich zu einem „Föderalism" zusammenschlössen, bedeutete das für Kant das Ende aller Kriege und also den ewigen Frieden. Denn in *Zum ewigen Frieden* geht es nicht um die Beendigung eines spezifischen Krieges, sondern es geht um die allgemeinen Bedingungen, unter denen ein dauerhafter und weltweiter Friede möglich sein kann. Kant formuliert grundsätzliche Bedingungen des Friedens, und zwar im Sinne einer Aufgabe, die der Mensch als Vernunftwesen auch tatsächlich erfüllen kann und soll, wenngleich nicht überall und sofort. Die wenigen Artikel und Zusätze bilden eine Art Programm für die Pazifizierung der gesamten Welt.

Immanuel Kant hat, daran besteht kein Zweifel, das okzidentale Denken revolutioniert und damit die Welt nachhaltig verändert. Denn die Erkenntnis, dass das menschliche Erkenntnisvermögen die Erfahrungswelt nicht abbildet, sondern strukturiert, ist für das moderne Denken ebenso wichtig wie der Versuch, verbindliche moralische Grundsätze unabhängig von religiösen oder traditionellen Begründungen zu formulieren. Aber damit wurde auch der Verabsolutierung einer Form der Vernunft, die empirisch nirgends in der Welt vorzufinden ist, Vorschub geleistet: Gefühle und Leidenschaften, Irrationalitäten und Affekte, wie sie in allen menschlichen Lebenswelten eine maßgebliche Rolle spielen, werden dann nurmehr zu Attributen eines voraufgeklärten Menschen. Man könnte sagen, Kant habe Erfahrungen nicht ernst genommen, vielleicht auch deswegen, weil er von der natürlichen Anlage des Menschen zum Guten überzeugt war. Wie dem auch sei: An dem von Kant begründeten „Enthusiasmus der Vernunft" dürfen wir wohl dennoch „mit gutem intellektuellem Gewissen" festhalten (Günther Patzig), versehen allerdings mit einer guten Portion Skepsis und Selbstbescheidung.

Ohnehin bezieht sich diese Kritik ja in erster Linie auf die systematisch-philosophischen Schriften, insbesondere auf die drei *Kritiken* und die *Metaphysik der Sitten,* muss also hier nicht weiter hinterfragt werden. Und übrigens konnte Kant im angelsächsischen Raum nie die Wirkung erzielen wie im deutschen: Während hier die Kantianer verschiedener Couleur einander transzendentalphilosophisch überholten, herrschten dort *Common Sense* und Pragmatismus.

Aber was ist nun vom politischen Schriftsteller Kant zu halten, insbesondere von der These des hier ausgewählten Auszugs? Immerhin ist Kants Entwurf schon als „verpflichtender Maßstab, mahnendes Korrektiv und Legitimationsquelle in der Diskussion um die Zukunft der internationalen Politik" bezeichnet worden (Manuel Fröhlich). Aber führen Demokratien wirklich keine Kriege? Und fördert demokratische Verfassung als solche schon den Frieden? Daran schließt sich die Frage an, ob die souveränen Staaten in internationalen Bündnissen tatsächlich gleichartige (demokratische) Verfassungen haben müssen, um den (ewigen) Frieden herbeizuführen. Denn Kant zufolge muss ja die Verfassung eines *jeden* Vertragspartners so beschaffen sein.

Die These, dass Demokratien keine Kriege führen, ist in dieser simplen Form empirisch leicht zu widerlegen, man denke etwa an den Vietnamkrieg: Über viele Jahre stimmte dem die Mehrheit der Amerikaner emphatisch zu, obwohl sie ihre eigenen Söhne in den mit eigenen (Steuer-)Geldern bezahlten Krieg schicken musste. Allerdings führen Demokratien in aller Regel *untereinander* keine Kriege: In ihren internationalen Beziehungen haben sich komplexe Strategien der friedlichen Konfliktvermeidung und -lösung etabliert, und es ist kaum zu erwarten, dass beispielsweise Frankreich und Deutschland noch einmal gegeneinander kämpfen (selbst wenn man das etwa für Griechenland und die Türkei nicht so sicher sagen kann; aber das berührt schon wieder die Frage, wann ein Staat als demokratisch angesehen werden kann).

Damit ist allerdings nicht gesagt, dass *nur* Demokratien keine Kriege führen. Zwar geht in den demokratischen Staaten der Welt vor allem die Angst vor *crazy states* und „Schurkenstaaten" um, aber im immer noch weitgehend anarchischen Konzert der internationalen Staatenwelt spielen durchaus auch nichtdemokratische Staaten verlässlich ihre Instrumente, man denke an Russland oder Chile. Selbst von einem Staat wie der DDR, die ihren Nachbarstaat Bundesrepublik immer zum Feind Nr. 1 erklärte, ging spätestens seit Anfang der 70er-Jahre keine Bedrohung mehr aus. Die Kunst der internationalen Politik besteht gerade darin, unter heterogenen Staaten gemeinsame Spielregeln des friedlichen Umgangs zu finden. Eine internationale Organisation wie beispielsweise die Vereinten Nationen kann nur effektiv sein, wenn sie das Maß an innerer Demokratie der Mitgliedsstaaten *nicht* zum entscheidenden Aufnahmekriterium macht, jedenfalls gegenwärtig. Heterogenität und Souveränität der Staaten sind (noch?) die Rahmenbedingungen der internationalen Politik. Die Entstehung eines Weltstaates mit demokratischer Verfassung und die Transition der internationalen Beziehungen zur Weltinnenpolitik mögen Utopisten begeistern – eine realistische Option ist das deswegen nicht.

Die politische Form und die verfahrenstechnischen Strukturen allein garantieren also den Frieden nicht. Gleichwohl heißt das selbstredend weder, dass die Demokratie kein schützenswertes Gut sei, das weltweit verbreitet werden sollte, noch, dass sich Demokratien nicht zu Bündnissen zusammenschließen könnten, im Gegenteil. Aber da sind verschiedene Varianten empirisch gegeben und denkbar, sowohl hinsichtlich der institutionellen Form der Demokratien (z.B. Präsidialsystem oder parlamentarisches System) als auch der der Bündnisse (z.B. multipolarer Pakt, Föderation oder Vereinigung). Und auch unterhalb des *big labels* „Demokratie" bedarf es der Differenzierung, etwa nach Legitimation der Macht, nach Partizipationsmöglichkeiten, zivilen Netzwerken, politischer Kultur und so weiter. Entgegen Kant und auch so manchem Modernisierungsideologen gibt es nicht *die* Demokratie, die einfach weltweit zu verbreiten wäre, sondern zahllose Formen und Varianten.

Insofern ist Kants These defizient. Aber sein Plädoyer für die Vernunft, seine Hochschätzung von Freiheit und Gleichheit der Menschen und sein Bemühen um eine friedlichere Ordnung der Staaten und der Staatenwelt bleiben sein Vermächtnis. Und mit Karl Popper lässt sich Kants Ethik in einem Satz zusammenfassen: „Wage es, frei zu sein und achte und beschütze die Freiheit aller anderen." Als ethisches Grundgesetz taugt das ebenso für die innere Verfasstheit von Staaten wie für die internationalen Beziehungen.

Edmund Burke

Ausgewählt und interpretiert von Volker Pesch

Rede an die Wähler von Bristol (1774)

Gewiß, meine Herren, es sollte das Glück und der Ruhm eines Volksvertreters ₁
sein, in engster Verbindung, völliger Übereinstimmung und rückhaltlosem Gedankenaustausch mit seinen Wählern zu leben. Ihre Wünsche sollten für ihn großes
Gewicht besitzen, ihre Meinung seine hohe Achtung, ihre Interessen seine unab-
lässige Aufmerksamkeit. Es ist seine Pflicht, seine Ruhe, seine Freuden und seine ₅
Befriedigungen den ihren zu opfern; und vor allem in jedem Falle ihre Interessen
den seinen vorzuziehen. Doch seine unvoreingenommene Meinung, sein ausgereiftes Urteil, sein erleuchtetes Gewissen sollte er weder euch, noch irgendeinem
Menschen oder irgendeiner Gruppe von Menschen aufopfern; denn er leitet sie
nicht von eurer Gunst her, noch aus dem Recht oder der Verfassung. Sie sind ein ₁₀
von der Vorsehung anvertrautes Gut, für dessen Mißbrauch er voll verantwortlich
ist. Euer Abgeordneter schuldet euch nicht nur seinen ganzen Fleiß, sondern auch
einen eigenen Standpunkt; und er verrät euch, anstatt euch zu dienen, wenn er
ihn zugunsten eurer Meinung aufopfert. [...]
Eine Meinung zu äußern, ist das Recht aller Menschen; diejenigen der Wähler ist ₁₅
eine gewichtige und achtenswerte Meinung, die zu hören ein Volksvertreter sich
stets freuen sollte und die er immer auf das ernsthafteste erwägen müßte. Doch
verbindliche Anweisungen, erteilte Aufträge, die das Parlamentsmitglied blindlings
und ausdrücklich befolgen muß, für die es seine Stimme abgeben und für die es
eintreten soll, obgleich diese Instruktionen im Gegensatz zur klarsten Überzeugung ₂₀
seines Urteils und Gewissens stehen mögen, sind Dinge, die den Gesetzen unseres
Landes völlig unbekannt sind und die aus einem fundamentalen Mißverständnis
der gesamten Ordnung und des Inhalts unserer Verfassung entspringen.
Das Parlament ist kein Kongreß von Botschaftern im Dienste verschiedener und
feindlicher Interessen, die jeder als Vertreter und Befürworter gegen andere Ver- ₂₅
treter und Befürworter verfechten müßte, sondern das Parlament ist die beratende
Versammlung einer Nation, mit einem Interesse, dem des Ganzen, wo nicht lokale
Zwecke, nicht lokale Vorurteile bestimmend sein sollten, sondern das allgemeine
Wohl, das aus der allgemeinen Vernunft des Ganzen hervorgeht. Wohl wählt ihr

1 allein einen Abgeordneten, aber wenn ihr ihn gewählt habt, dann ist er nicht
mehr Vertreter von Bristol, sondern ein Mitglied des Parlaments. Falls der lokale
Wähler ein Interesse verfolgen oder sich eine voreilige Meinung gebildet haben
sollte, die ganz offensichtlich im Widerspruch zum wahren Wohl der restlichen
5 Gemeinschaft stehen, dann sollte der Abgeordnete dieses Wahlkreises, so gut wie
jeder andere, davon Abstand nehmen, diese Sonderinteressen durchzusetzen. [...]

Edmund Burke: Rede an die Wähler von Bristol.
In: Otto Heinrich von der Gablentz: Die politischen Theorien seit der
amerikanischen Unabhängigkeitserklärung. Politische Theorien Teil III,
2. Auflage, Köln und Opladen 1963, S. 82 f. (Auszüge)

Interpretation

Edmund Burke wird 1729 in Dublin geboren, doch geht er bald nach London und
verkehrt dort in den frühbürgerlichen Intellektuellenkreisen. Kurzfristig gibt er
verschiedene Zeitschriften heraus, wird dann Sekretär eines jungen Parlamentariers
und träumt von einer Karriere als Schriftsteller. Der einflussreiche Marquis of Rockingham, 1765/66 Premierminister, macht ihn zu seinem Privatsekretär, und 1765
bis 1794 ist Burke Abgeordneter im House of Commons, dem britischen Unterhaus,
gelegentlich auch Inhaber mittlerer politischer Ämter. Als Publizist und Politiker wird
er zum Vordenker einer Gruppe eher konservativer, wiewohl in mancher Hinsicht
auch reformorientierter Parlamentarier um den Marquis, den „Rockingham Whigs".

Burke nimmt in dieser Eigenschaft zu den unterschiedlichsten politischen Problemen
und Tagesfragen Stellung, schreibt aber keine systematisch-theoretischen Arbeiten. Große
philosophische Entwürfe sind ihm zuwider, und der Leser bekommt dann auch den
Eindruck, dass er nur wenige Autoren wirklich gelesen hat. Sein Werk besteht demzufolge in erster Linie aus Denkschriften, ein paar Reden und zahlreichen Briefen. Hierin
bezieht er immer wieder ungewöhnliche Positionen: Für die steuerliche Unabhängigkeit
der amerikanischen Kolonien, aber gegen deren Lösung vom Commonwealth; für die
englische Kolonialherrschaft in Indien und die Herrschaft in Irland, aber gegen deren
Ausbeutung bzw. Unterdrückung; für die bürgerliche Gleichheit und Freiheit, aber
gegen die Abschaffung der britischen Monarchie mit ihren aristokratischen und anderen
ständischen Elementen. Burke ist zeitlebens ein Anhänger des britischen Königtums
in seiner traditionellen Form, aber in mancher Hinsicht eben auch ein Reformer: Ein
konservativer Reformer, wenn diese contradictio in adjecto erlaubt ist.

Die hier ausgewählte Rede – an seine eigenen Wähler! – kann als beispielhaft angesehen
werden: Einerseits stellt Burke die Position und Funktion der „Volksvertreter" heraus und

bezeichnet es sogar als „Glück" und „Ruhm", „in engster Verbindung, völliger Übereinstimmung und rückhaltlosem Gedankenaustausch mit seinen Wählern zu leben". Deren
Wünsche, Meinungen und Interessen habe er zu beachten und „in jedem Falle" deren
Interessen über die eigenen zu stellen. Von einem Konservativen dieser Zeit hätte man
so viel Wertschätzung für den gemeinen Wähler kaum erwartet. Aber sogleich wendet
Burke sein Argument in eine andere Richtung: Gleichwohl nämlich sei der Volksvertreter
keineswegs an die Wünsche und Interessen seiner Wähler gebunden, im Gegenteil, er
dürfe „seine unvoreingenommene Meinung, sein ausgereiftes Urteil, sein erleuchtetes
Gewissen" niemandem opfern, denn das sei „ein von der Vorsehung anvertrautes Gut".
Denn das Parlament sei keine Delegiertenversammlung zum Ausgleich „verschiedener
und feindlicher Interessen", sondern „die beratende Versammlung einer Nation" und
als solche nur dem Ganzen verpflichtet. Burke redet hier also einem freien Mandat
der Abgeordneten das Wort, im Gegensatz zu einem imperativen (um die heute dafür
gebräuchlichen Begriffe zu nutzen), und zur Begründung müssen gleich Erleuchtung
und Vorsehung herhalten. Es ist sicher nicht weit hergeholt, Burke zu unterstellen, dass
er den gemeinen Wählern eine weniger glückliche Vorsehung und weniger Erleuchtung
unterstellt als den Volksvertretern – wie er selbst einer ist.

Mit solchen Positionen schafft er sich nicht nur Freunde, bringt es aber zu einiger
Popularität. Kaum jemand wird in den Zeitungen dieser Zeit so oft karikiert wie Burke.
Aber den einen zu progressiv und den anderen nicht konservativ genug, verliert er
nach dem Tod seines Mentors 1782 rapide an Einfluss, zieht sich 1794 endgültig aus
der Politik auf sein Landgut zurück und stirbt dort 1797. Zuvor sorgt er allerdings
noch mit einem gewaltigen Pamphlet für Wirbel: 1790 legt er seine *Reflections on the
Revolution in France* (dt.: Betrachtungen über die Französische Revolution) vor, eine
scharfe Kritik der französischen Revolutionäre und Verteidigung der britischen politischen Ordnung. Für Progressive ist das nur ein übles Machwerk der Reaktion, für
Traditionalisten eine wahre Fundgrube von Argumenten. Jedenfalls bringt Burke damit
auch jene Reformer auf, die ihn bis dato immer noch für sich zu instrumentalisieren
suchen. Thomas Paine schreibt, gewissermaßen als Gegenentwurf, 1791/92 sein Buch
über die Menschenrechte, und auch die öffentliche Meinung schlägt jetzt gegen Burke
um. Nur der britische König ehrt ihn und gewährt ihm sogar eine kleine Pension.

Burke ideengeschichtlich einzuordnen, ist nicht einfach. Denn er steht weder in
einer klaren philosophisch-theoretischen Tradition noch knüpft er explizit an ältere
Autoren an. Wie schon gesagt: Viele hat er wohl auch nicht gelesen. Burke ist ein
eigenständiger, origineller Denker, der aus der Praxis kommt und für die Praxis
schreibt. Er ist der Begründer des europäischen Konservatismus, und beinahe alle
späteren „Konservativen" haben sich seiner Gedanken bedient. Die *Betrachtungen
über die Französische Revolution* wurden von Friedrich Gentz, Metternichs rechter
Hand, ins Deutsche übersetzt, Chateaubriand bediente sich hier und Ludwig von
Haller, die spanischen Gegenrevolutionäre und politischen Romantiker kannten die

Schrift. Burke war ihnen Ideenlieferant und – oft – auch Referenzfigur. Verwunderlich ist, dass auch „Liberale" wie etwa Friedrich Julius Stahl sich einige Brocken aus dem Burke'schen Steinbruch schlugen und dass hinter den diversen Burke-Renaissancen der vergangenen 200 Jahre nicht nur Reaktionäre standen. Dies umso mehr, wenn man sich das politische Denken Burkes einmal systematisch zu vergegenwärtigen versucht.

Burke fürchtet das Übergreifen der Revolution auf England. Aber weder in den *Betrachtungen* noch in seinen anderen Reden, Briefen und Schriften stimmt er einfach ein Loblied auf die britische Krone an, der er in mancher Hinsicht sogar kritisch gegenübersteht, etwa dann, wenn sie auf die Schwächung des Parlamentes zielte. Die Abgeordneten und die *factions* des Unterhauses hält er vielmehr für die eigentlichen und unverzichtbaren Repräsentanten des nationalen Interesses. Er plädiert deswegen immer für eine gemischte Verfassung, aber eben auch für die traditionelle ständische Abstufung der Gesellschaft und für eine starke anglikanische Kirche. Es ist jene Ordnung von Politik und Gesellschaft, die sich seit der Magna Charta und insbesondere seit der *glorious revolution* von 1688 herausgebildet hat, die Burke geschützt und bewahrt, aber auch behutsam reformiert wissen will: Erinnerung an deren Grundsätze und Bewahrung ihrer Sitten und Traditionen auf der einen, Anpassung an sich ändernde ökonomische und gesellschaftliche Strukturen auf der anderen Seite.

Bedingung richtigen Handelns ist für Burke die Klugheit und Tugendhaftigkeit der Handelnden, und die sind ihm Resultate von Erfahrung in der Politik und Kenntnis der Geschichte einer Nation. Jeder Staat und jede Nation beruhen demzufolge auf spezifischen Traditionen und Gewohnheiten (prescriptions), auf Sitten und Bräuchen und auf „Vorurteilen" (prejudices), wobei „Vorurteil" hier freilich nicht im modernen Sinne zu verstehen ist: Der Begriff umfasst die gesellschaftlichen Wert- und Ordnungsvorstellungen, die sich in den Institutionen, Symbolen und Verhaltensweisen spiegeln. Und jeder Staat bedarf einer religiösen Einweihung. Das alles bildet das Fundament und die Legitimationsbasis, wenngleich Burke sich das nicht funktionalistisch vorstellt: Politik, Gesellschaft, Traditionen, Religion, Vorurteil und so weiter bilden eine Einheit, die sich nicht auflösen lässt, ohne den jeweiligen Staat zu zerstören. Und genau das geschieht in seiner Sicht gerade in Frankreich: Die Revolutionäre fegen in völliger Unkenntnis und Ignoranz solcher Zusammenhänge die alte Ordnung hinweg und werden deshalb Frankreich vernichten.

Burke bemüht also zunächst keine Metaphysik und keine Naturrechtslehre, aber auch keine Vertragstheorie für die Begründung seiner Ideen, sondern setzt ganz auf Geschichte und Gewohnheit. Nur ein Leben gemäß den eigenen *prescriptions* und *prejudices* entspricht demzufolge der Natur des Menschen, den Burke als immer nur historisch und sozial determiniert versteht. Abstrakte Spekulationen über eine mögliche andere, bessere politische Ordnung lehnt er deswegen ab: Die Vernunft des Menschen reicht dazu nicht hin und im Alltäglichen werden ohnehin immer die Irrtümer und Leidenschaften über diese Vernunft dominieren. In einer frühen Schrift heißt es dazu, es sei eine „unbestreitbare Wahrheit, dass in einem Jahr mehr Gemetzel von Menschen an Menschen ausgeht, als von allen Löwen, Tigern, Panthern, Jaguaren, Leoparden, Hyänen, Rhinozerossen, Elephanten, Bären und Wölfen seit Anfang der Welt in ihrer jeweiligen Species ausgegangen ist". Allein der Staat oder die Nation kann in Burkes Sicht der Dinge die Rechte und Freiheiten der Menschen schützen, und Staaten und Nationen haben eben nur so lange Bestand, wie sie sich behutsam im Rahmen ihrer Herkunft bewegen. Staaten, schreibt Burke an einer Stelle der *Betrachtungen*, sind „Kunststücke menschlicher Weisheit".

Aber die ganze Konstruktion hat, und damit kommt man zum Kern der Burke'schen Ideen, auch eine religiöse Begründung: Burke ist ein zutiefst religiöser Mensch, ein bekennender anglikanischer Christ des 18. Jahrhunderts. Für ihn besteht kein Zweifel, dass Gott die Welt geschaffen hat. Gott wirkt demnach nicht durch Wunder auf seine Schöpfung ein, sondern hat sie so glücklich eingerichtet, dass sich seine Vernunft im Laufe der Geschichte verwirklicht, und zwar mittels des „Mantels der Vorurteile". Denn durch die Pflege und Bewahrung der Traditionen und Gewohnheiten komme im Laufe von Jahrtausenden eine kollektive Weisheit der Gattung Mensch zusammen. Nicht also vernünftige Reflexion, sondern Erinnerung und Bewahrung zeigen den Menschen den rechten Weg. Und deswegen ist der Staat für Burke kein Experimentierfeld, sondern Gottes Mittel zur (langsamen) sittlichen Vervollkommnung des menschlichen Wesens. Dazu gehört auch die Bewahrung der ständischen Schranken. Sie ist für Burke – wie überhaupt alle Grundlinien der britischen politischen und gesellschaftlichen Ordnung seiner Zeit – die Basis der guten Ordnung, sozusagen auf dem Stand der Entwicklung des menschlichen Wesens. Die Schranken sind für Burke fest und undurchlässig, die Aristokratie ist gottgewollt. Und so singt er auch noch das Hohelied einer mittelalterlichen (und völlig verklärten) Ritterlichkeit, die ihm der Inbegriff tadellosen und vortrefflichen Handelns ist.

Burke gilt zu Recht als Begründer des Konservatismus, als Vordenker einer der einflussreichen Ideologien des 19. und 20. Jahrhunderts. Das macht ihn ideengeschichtlich relevant. Aber was bleibt von Edmund Burke? – Im Detail sicher einiges: So lassen sich aus dem Burke'schen Gedankengebäude einzelne Ziegel herausnehmen, etwa seine Hochschätzung des Parlamentes, der *factions* und Volksvertreter, die Betonung der bürgerlichen Freiheitsrechte, die Ablehnung einer kolonialen Ausbeutung und einiges mehr. Selbst dem Gedanken, die Traditionen und Gewohnheiten nicht willkürlich zu zerstören, lässt sich einiges abgewinnen, ebenso dem Gedanken einer (zivil-)religiösen Basis jeder politischen Ordnung. Manche dieser Gedanken wurden allerdings von anderen Autoren später präziser formuliert. Und insgesamt beruht Burkes politisches Denken auf einer deistischen Version eines christlichen Glaubensbekenntnisses, das heute nicht darauf hoffen darf, von allen Angehörigen einer Gesellschaft anerkannt werden zu können. Aus heutiger Sicht liegt die eigentliche Stärke Burkes in ihrer Provokation und darin, dass sie die Verfechter einer modernen Demokratietheorie dazu zwingt, seine damalige Fortschrittskritik mit guten Gegenargumenten zu kontern.

Alexis de Tocqueville

Ausgewählt und interpretiert von Volker Pesch

Über die Demokratie in Amerika (1835)

Tyrannei der Mehrheit

1 Ich halte den Grundsatz, daß die Mehrheit des Volkes in bezug auf die Regierung das Recht hat, alles zu tun, für ruchlos und verabscheuungswürdig, und dennoch ist für mich der Wille der Mehrheit der Ursprung aller Gewalten. Widerspreche ich mir selbst?

5 Es gibt ein allgemeines Gesetz, das nicht nur durch die Mehrheit dieses oder jenes Volkes, sondern von allen Menschen aufgestellt oder zumindest angenommen wurde. Dieses Gesetz heißt Gerechtigkeit.

Die Gerechtigkeit bildet also die Schranke für das Recht eines jeden Volkes.

Das Volk ist wie ein Geschworenengericht, das die Gesellschaft in ihrer Gesamtheit 10 zu vertreten und die Gerechtigkeit als ihr Gesetz anzuwenden hat. Soll das Gericht, das die Gesellschaft vertritt, mehr Recht besitzen als die Gesellschaft selbst, deren Gesetze es vollzieht?

Verweigere ich also einem ungerechten Gesetz den Gehorsam, so bestreite ich der Mehrheit keineswegs das Recht zu befehlen; ich berufe mich nur gegenüber der 15 Souveränität des Volkes auf die Souveränität der Menschheit. [...]

Was ist denn die Mehrheit im gesamten genommen anderes als ein einzelner, dessen Meinungen und in den meisten Fällen dessen Vorteile einem anderen einzelnen entgegenstehen, den man die Minderheit nennt? Wenn nun ein Mann, der über die Allmacht verfügt sie zugegebenermaßen wider seine Feinde mißbrauchen kann, 20 warum soll das gleiche nicht für eine Mehrheit gelten können? Haben die Menschen durch ihren Zusammenschluß ihre Wesensart geändert? Sind sie, indem sie stärker wurden, gegenüber Hindernissen auch geduldiger geworden? Ich kann es, was mich betrifft, nicht glauben; und ich werde die Gewalt, alles zu tun, die ich einem einzelnen meiner Mitmenschen verweigere, niemals mehreren zubilligen.

25 Ich meine damit, daß man zum Erhalten der Freiheit nicht mehrere Grundsätze in der gleichen Regierung vermischen kann, so daß sie einander in Wirklichkeit entgegenstehen.

Die Regierung, die man die gemischte nennt, ist mir stets als ein Hirngespinst   1
erschienen. Es gibt in Wahrheit keine gemischte Regierung (in dem diesem Worte unterlegten Sinne), denn in jeder Gesellschaft entdeckt man schließlich eine
Richtlinie des Handelns, die alle anderen beherrscht. [...]
So denke ich, daß man immer irgendwo eine soziale Macht allen anderen überordnen   5
muß, ich halte jedoch die Freiheit für bedroht, wenn diese Macht auf kein Hin-
dernis stößt, das ihren Schritt aufhalten und ihr Zeit lassen kann, sich zu mäßigen.
Allmacht dünkt mich eine an sich schlechte und gefährliche Sache. Ihre Ausübung
scheint mir über die Kraft des Menschen, wer immer er sei, hinauszugehen, und
ich sehe nur Gott, der ohne Gefahr allmächtig sein kann, weil seine Weisheit und   10
seine Gerechtigkeit immer seiner Macht ebenbürtig sind. Es gibt demnach auf
Erden keine Autorität, die als solche so ehrwürdig oder Trägerin eines so geheiligten
Rechtes wäre, daß ich sie unbeaufsichtigt handeln und unbehindert herrschen lassen
wollte. Sehe ich also, daß irgendeiner Macht das Recht und die Befugnis, alles zu
tun, eingeräumt wird, nenne man sie Volk oder König, Demokratie oder Aristo-   15
kratie, werde sie in einer Monarchie oder in einer Republik ausgeübt, so sage ich:
hier ist der Keim zur Tyrannei, und ich trachte, unter anderen Gesetzen zu leben.
Was ich der demokratischen Regierung, wie man sie in den Vereinigten Staaten
gebildet hat, vor allem vorwerfe, ist nicht ihre Schwäche, wie sie viele Leute in
Europa behaupten, sondern im Gegenteil ihre unwiderstehliche Stärke. Und was   20
mich in Amerika am meisten abstößt, ist nicht die weitgehende Freiheit, die dort
herrscht, es ist die geringe Gewähr, die man dort gegen die Tyrannei findet.
Erfährt ein Mensch oder eine Partei in den Vereinigten Staaten eine Ungerechtigkeit, an wen soll er sich wenden? An die öffentliche Meinung? Sie ist es, die die
Mehrheit bildet; an die gesetzgebende Versammlung? Sie stellt die Mehrheit dar   25
und gehorcht ihr blind; an die ausübende Gewalt? Sie wird durch die Mehrheit
ernannt und dient ihr als gefügiges Werkzeug; an das Heer? Das Heer ist nichts
anderes als die Mehrheit in Waffen; an das Geschworenengericht? Das Geschworenengericht ist die mit dem Recht zum Urteilsprechen bekleidete Mehrheit: die
Richter selbst werden in gewissen Staaten von der Mehrheit gewählt. Wie ungewollt   30
oder unsinnig die Maßnahme sei, die euch trifft, ihr habt ihr euch zu unterziehen.
Stellt euch dagegen eine gesetzgebende Körperschaft vor, die in ihrer Zusammensetzung die Mehrheit vertritt, ohne notwendig Sklave ihrer Leidenschaften zu sein;
eine ausübende Gewalt, die eine ihr eigene Stärke besitzt, und eine Gerichtsgewalt,
die von den beiden anderen Gewalten unabhängig ist; ihr habt immer noch eine   35
demokratische Regierung, aber die Tyrannei hat da fast keine Aussichten.
Ich sage nicht, man mache gegenwärtig in Amerika häufigen Gebrauch von der
Tyrannei, ich sage, man findet dort keine Gewähr gegen sie, und die Gründe für
die Milde der Regierung muß man mehr in den Verhältnissen und in den Sitten
suchen als in den Gesetzen.   40

Alexis de Tocqueville: Über die Demokratie in Amerika. Erster Teil von 1835,
übertragen von Hans Zbinden. Zürich 1987, S. 375-379

Interpretation

Alexis-Charles-Henri Clérel de Tocqueville wird 1805 in Paris geboren, genauer gesagt: am 11. Thermidor des Jahres XIII, denn zu dieser Zeit gilt in Frankreich noch der Revolutionskalender. Aber Alexis ist der Spross einer uralten französisch-normannischen Adelsfamilie. Sein Großvater hatte Ludwig XVI. vor dem Volk verteidigt und dafür mit dem Kopf bezahlt, sein Vater ist Grundbesitzer und wird 1820 den Grafentitel erhalten, selbst wenn er 1789 ein wenig mit der Revolution sympathisierte. Alexis wird standesgemäß zunächst von einem Abbé erzogen, macht einen Abschluss in Philosophie und studiert anschließend Jura. 1827 wird er zum Hilfsrichter ernannt. Im April 1831 schifft er sich zusammen mit einem Freund nach Amerika ein. Die offizielle Begründung dieser Reise ist die, das amerikanische Gefängniswesen studieren zu wollen, wahrscheinlich aber waren beide nicht recht glücklich mit den Zuständen in Frankreich nach der Julirevolution. Knapp ein Jahr später kehren sie zurück, und tatsächlich veröffentlicht Tocqueville auch eine Studie über *Amerikas Besserungssystem und dessen Anwendung auf Europa* (1833). Aber das ungleich wichtigere Ergebnis dieser Reise ist der erste Band von *Über die Demokratie in Amerika*, der 1835 erscheint und seinen Autor schlagartig berühmt macht (der 1840 erschienene zweite Band vervollständigt die Analyse, ist aber nicht mehr ganz so erfolgreich wie der erste). 1837 wird Tocqueville Ritter der Ehrenlegion, 1841 Mitglied der Académie française.

Aber Tocqueville strebt keine wissenschaftliche oder publizistische Karriere an, sondern geht in die Politik: 1839 wird er Abgeordneter von Valogne, wo die Clérels ein Stadthaus besitzen, 1848 Mitglied der Nationalversammlung, 1849 für einige Monate sogar Außenminister der jüngsten französischen Republik, bis die ganze Regierung von Louis-Napoléon entlassen wird. Nach dessen Staatsstreich (1852 besteigt er als Napoleon III. den Thron) zieht Tocqueville sich aus der Politik zurück, teils aus Frustration über den Gang der Entwicklung, teils aus gesundheitlichen Gründen, denn er leidet seit einiger Zeit an Tuberkulose. Zu dieser Zeit schreibt er schon länger an den *souvenirs*, seinen *Erinnerungen*, und jetzt beginnt er auch mit der Arbeit an einem Buch, das die Entwicklung Frankreichs in den vergangenen Jahrhunderten systematisch analysieren soll. Unter dem Titel *Der alte Staat und die Revolution* erscheint es 1856. Tocqueville stirbt 1859 in Cannes, wo er des besseren Klimas wegen mit seiner Frau den Winter verbringen wollte, an Herzstillstand.

Tocqueville lebt also in einem Land zwischen Revolutionen und Restaurationen. Der „alte Staat" ist zwar gestürzt, aber (noch) ist kein stabiler neuer an dessen Stelle getreten. Mit dem Bürgerkönig Louis-Philippe sitzt vielmehr ab 1830 ein König von Bürgers Gnaden auf dem Thron, von dem eigentlich niemand allzu viel hält: Den Konservativen ist er eine bürgerliche Strohpuppe, den Bürgerlichen eine Marionette in eigener Hand. So gab es in Frankreich eine „demokratische" Entwicklung, die aber, aus Sicht Tocquevilles, weder schon alle Vorzüge dieser neuen Staatsform mit sich gebracht hatte noch in Frankreich auf Institutionen, Gesetze, Sitten und Gebräuche bauen konnte, welche die Gefahren mindern würden. Louis-Napoléon bereitet ihr dann ja auch ein schnelles Ende – aber das ist nicht im Sinne Tocquevilles. Denn für ihn ist die Demokratie die neue, kommende Staatsform, die demokratische Revolution unaufhaltsam. „Die allmähliche Entwicklung zur Gleichheit der Bedingungen", schreibt er, „ist [...] ein Werk der Vorsehung; sie trägt dessen Hauptmerkmale: sie ist allgemein, sie ist von Dauer, sie entzieht sich täglich der Macht der Menschen; die Geschehnisse wie die Menschen dienen alle ihrer Entwicklung." Das heißt nicht, dass er die Demokratie liebe, im Gegenteil: „Ich liebe voller Leidenschaft die Freiheit", schreibt er einmal, „die Legalität, die Achtung vor den Gesetzen, aber nicht die Demokratie." Tocquevilles Verhältnis zur Demokratie ist vielmehr eigentümlich ambivalent. Einerseits trauert er dem „alten Staat" nach, insbesondere seinen aristokratischen Elementen, andererseits aber sieht er den Prozess der Geschichte als Ausdruck des göttlichen Willens an, und den will er nicht anzweifeln, sondern will sich bemühen, ihn zu verstehen. Und da Tocqueville an die Gerechtigkeit Gottes glaubt, glaubt er auch an die Möglichkeit der Gerechtigkeit im neuen Staat. Aber er glaubt auch, dass sich der Staat nicht von allein zum Guten entwickele, vielmehr sei es die Aufgabe der Menschen, Gesellschaft und Politik zu gestalten.

Aus diesem Grunde befasst sich Tocqueville mit Amerika, also mit jenem Staat, in dem die Demokratie am weitesten entwickelt war. Es geht ihm aber nicht um einen politischen Reisebericht, wie er in der Einleitung zu *Über die Demokratie in Amerika* schreibt: „Nicht bloß zur Befriedigung einer an sich gerechtfertigten Neugierde habe ich Amerika studiert; ich wollte dort lernen, was uns zum Nutzen gereichen könnte. [...] Ich gestehe, in Amerika habe ich mehr als Amerika gesehen; ich habe dort ein Bild der Demokratie selbst, ihres Strebens, ihres Wesens, ihrer Vorurteile, ihrer Leidenschaften gesucht; ich wollte sie kennenlernen, und sei es auch bloß, um zu erfahren, was wir von ihr zu erhoffen oder zu befürchten haben." Aber es geht ihm auch nicht um eine Übertragung der amerikanischen politischen Ordnung auf Frankreich. „Richten wir unseren Blick auf Amerika", schreibt er im Vorwort zur 12. Auflage von 1848 unter dem Eindruck der Revolution, „nicht um die Einrichtungen, die es für sich schuf, sklavisch nachzuahmen, sondern um diejenigen besser zu verstehen, die uns gemäß sind, nicht so sehr um Vorbilder als um Einsichten zu gewinnen und um eher die Grundsätze als die Einzelheiten seiner Gesetze zu übernehmen. Die Gesetze der französischen Republik können und müssen in vielen Fällen andere sein als die der Vereinigten Staaten, aber die Grundsätze, auf denen die amerikanischen Verfassungen fußen, die Grundsätze der Ordnung, der Mäßigung der Gewalten, der wahren Freiheit, der aufrichtigen und tiefen Achtung vor dem Recht sind allen Republiken unentbehrlich, sie gelten für alle, und man kann von vornherein sagen, dass da, wo sie fehlen, die Republik bald verschwunden sein wird."

Tocqueville will die Freunde der Demokratie vor deren Gefährdungen warnen und ihre Feinde von ihren Vorurteilen befreien. Er ist ein konsequenter Empiriker, der die kulturspezifischen Erfahrungen ernst nimmt, und ein geschickter Theoretiker, der daraus allgemeine Schlussfolgerungen zieht (in dieser Hinsicht Aristoteles nicht unähnlich). Anders als viele andere entwickelt er weder ein utopisches Idealbild der Demokratie noch greift er auf historische Formen zurück, etwa auf die griechischen Stadtstaaten. Tocqueville ist vielmehr der erste Theoretiker der modernen (Massen-) Demokratie und der Begründer einer neuen, erfahrungsbasierten und vergleichenden politischen Wissenschaft, einer Wissenschaft, die kritisch ist, ohne destruktiv zu sein, und praktisch, ohne sich im Tagesgeschäft zu verlieren.

Die größte Gefahr für die Freiheit in der Demokratie sieht Tocqueville in der „Tyrannei der Mehrheit" (s. Textauszug). Denn die demokratische Gleichheit der Bedingungen *(égalité des conditions)*, die historisch unaufhaltsam ist, bringt Tocqueville zufolge ein Spannungsverhältnis zur Freiheit des Einzelnen mit sich, Freiheit verstanden als das Geburtsrecht eines jeden Menschen, in allen Bereichen, die nur ihn selbst betreffen, zu tun und zu lassen, was er will, verstanden aber auch als politische Freiheit: als Freiheit, sich an der Gestaltung der Gesellschaft zu beteiligen.

Wo kommt dieses Spannungsverhältnis her? – Im obigen Textauszug bringt Tocqueville zwei Argumente: Zum einen gibt es ein Prinzip, das unabhängig von Gesetzen und Verfassungen eines Volkes Gültigkeit hat: die Gerechtigkeit. Darüber darf sich auch eine Mehrheit nicht hinwegsetzen, selbst wenn sie das kraft ihrer Gewalt könnte. Tocqueville bemüht sich hier also um ein universelles Moralprinzip jenseits allen positiven Rechts, ein göttliches Prinzip. Zum anderen argumentiert er mit der Gefahr, die jeder Macht innewohnt, wenn sie nicht begrenzt wird, der Gefahr nämlich, in Tyrannei umzuschlagen. Wenn eine Mehrheit unbeschränkt herrscht und alle Gewalten im Staat bestimmt und also alle Macht innehat, wird sie die Minderheit auf mehr oder minder subtile Weise unterdrücken und einen Konformismus der Menschen fördern, in dem sich die Freiheit, für Tocqueville ein Wesensmerkmal des Menschen, nicht mehr entfalten kann. Denn nur Gottes Weisheit und Gerechtigkeit sind einer solchen Macht ebenbürtig. Das ist also ein anthropologisches oder auch psychologisches Argument.

Unter der Überschrift „Der Einfluss der Demokratie auf das Gefühlsleben der Amerikaner" behandelt Tocqueville im zweiten Band des Amerika-Buches das Spannungsverhältnis von Gleichheit und Freiheit näher. Demzufolge gewährt die Gleichheit den Menschen „täglich eine Menge kleiner Genüsse", während die Freiheit „durch manche Opfer" erkauft und „mit vielen Anstrengungen" errungen werden will. So kommt es, dass die Menschen zwar die Freiheit suchen und lieben, ihnen aber die Gleichheit weit wichtiger ist: „Für die Gleichheit", schreibt Tocqueville, „nähren sie eine feurige, unersättliche, ewige, unbesiegbare Leidenschaft." So kommt es auch, dass der relative Wohlstand, in dem in der Demokratie alle gleichermaßen leben, den Menschen als wichtigeres Gut erscheint als die politische Freiheit und dass sie bereit sind, sich einer starken Zentralgewalt zu unterwerfen, wenn sie nur die Gleichheit (und den Wohlstand) gewährt. Damit werden die Menschen aber einander fremd und gleichgültig, Vereinzelung und Individualismus breiten sich aus: „So lässt die Demokratie jeden nicht nur seine Ahnen vergessen, sie verbirgt ihm auch seine Nachkommen und trennt ihn von seinen Zeitgenossen; sie führt ihn ständig auf sich allein zurück und droht ihn schließlich ganz und gar in der Einsamkeit seines eigenen Herzens einzuschließen." Und so malt Tocqueville das Bild einer Menge aus konformistischen Individuen, „die sich rastlos im Kreise drehen, um sich kleine und gewöhnliche Vergnügungen zu verschaffen, die ihr Gemüt ausfüllen: seine Kinder und seine persönlichen Freunde verkörpern für ihn das ganze Menschengeschlecht; was die übrigen Mitbürger angeht, steht er neben ihnen, aber er sieht sie nicht."

Menschen wollen demzufolge einerseits geführt werden, andererseits aber frei sein; daraus resultieren die Neigung zur Zentralisation der Gewalten auf der einen und der Wunsch nach Volkssouveränität auf der anderen Seite. Die periodische Wahl der Zentralgewalt, die viele Demokraten für den Kompromiss zwischen beiden Prinzipien halten, bietet für Tocqueville keinen hinreichenden Schutz, weil „man uns nicht glauben machen wird, dass eine freiheitliche, tatkräftige und weise Regierung jemals aus den Wahlen eines Volkes von Knechten hervorgehen kann", wie er schreibt. Aber zu solch einem Volk von Knechten drohen die Menschen unter den Bedingungen der Gleichheit zu degenerieren, wenn nicht bestimmte Schutzmaßnahmen greifen. Dann werden die zentralisierten Regierungen und Verwaltungen in immer mehr Lebensbereiche der Menschen eindringen, also jede Eigeninitiative lähmen und die Freiheit der Einzelnen einschränken.

Die Zentralisierung der Gewalten ist Tocqueville zufolge aber nicht die Folge, sondern vielmehr die Ursache der Revolution: „Fragt man mich, wie dieser Teil des alten Staates (d.i. die Zentralgewalt in Frankreich vor der Revolution, VP) so vollständig in die neue Gesellschaft übertragen und derselben hat einverleibt werden können, so antworte ich, daß die Zentralisation in der Revolution deswegen nicht untergegangen ist, weil sie selbst der Anfang dieser Revolution und deren Vorzeichen war; und ich füge hinzu: hat ein Volk die Aristokratie in seiner Mitte zerstört, so eilt es ganz von selbst der Zentralisation entgegen." Die Egalisierung der Gesellschaft, also die historische Abschaffung von Ständen, Privilegien und politischen Vorrechten, birgt in sich die Gefahr der Zentralisierung und damit der Gefährdung der Freiheit.

Selbst wenn sie die Freiheit lieben, so ließe sich resümieren, ist den Menschen doch die Gleichheit wichtiger; aber es ist nicht in erster Linie die Gleichheit der politischen Rechte, sondern die Gleichheit an materiellen (Konsum-)Gütern. Das ist der Nährboden für eine Zentralisierung der Gewalten und den immer umfassenderen Eingriff in alle Lebensbereiche, auch und gerade in solche, die zum ureigensten Bereich der Freiheit gehören. Und das ist in der Demokratie der Nährboden für die Tyrannei der Mehrheit, weil sie die öffentliche Meinung beherrscht, die Gesetze gibt und ausführt, die Richter bestellt und sogar das Heer kontrolliert. Denn auch eine Mehrheit aus degenerierten Individuen bleibt degeneriert.

Die Demokratie in Amerika hat dagegen Schutzvorkehrungen getroffen. Tocqueville sieht sie in der institutionellen Dezentralisation des politischen Lebens, in dem abgestuften System lokaler und regionaler Selbstverwaltung, in der Wählbarkeit der Beamten, im unabhängigen Rechtswesen mit Geschworenengerichten und auch in der Pressefreiheit, selbst wenn er letztere „weit mehr in Erwägung der Übel, die sie verhindert, als wegen des Guten, das sie leistet" schätzt. Tocqueville nimmt die Pressefreiheit um der Freiheit als solcher willen hin, fürchtet die Zeitungen aber als Macher der öffentlichen Meinung und also Instrument der Egalisierung. Aber auch hier schützt sich die Demokratie in Amerika: durch die Vielzahl der Presseorgane und ihre Heterogenität. Zuletzt aber müssen ohnehin die Bürger eines Staates selbst „unaufhörlich bereitstehen, um zu verhindern, dass die Sozialgewalt leichtfertig die Privatrechte einiger Menschen der allgemeinen Ausführung ihrer Pläne opfert". Dazu bedarf es einerseits guter Gesetze und Institutionen, andererseits aber solcher „Gewohnheiten des Herzens", die die politische Freiheit immer wieder einfordern und von ihr Gebrauch machen. Die Demokratie bedarf demokratischer Sitten und Gebräuche, oder anders gesagt: einer politischen Kultur, die sie trägt und vor den Gefährdungen schützt. Denn für Tocqueville sind es ja die Menschen selbst, die zwar nicht den Gang der Geschichte insgesamt steuern und die Gleichheit wieder abschaffen können, aber die Politik und Gesellschaft gestalten müssen: „Die Nationen unserer Tage", so schreibt Tocqueville im Schlusssatz des ganzen Werkes, „können nicht bewirken, dass bei ihnen die gesellschaftlichen Bedingungen nicht gleich seien; von ihnen jedoch hängt es ab, ob die Gleichheit sie in die Knechtschaft oder in die Freiheit, zur Gesittung oder in die Barbarei, zum Wohlstand oder ins Elend führt." Die Amerikaner, glaubt Tocqueville, haben Freiheit, Gesittung und Wohlstand erreicht; die Franzosen aber sind auf dem Weg zu Knechtschaft, Barbarei und Elend – es sei denn, sie lesen Tocqueville.

Es ist verschiedentlich bemerkt worden, dass Tocquevilles Demokratiebegriff recht unscharf ist. Schon John Stuart Mill, einer der ersten Rezensenten von *Über die Demokratie in Amerika*, kritisiert, Tocqueville verwechsele die „Wirkungen der Demokratie" mit denen der „Zivilisation" insgesamt. Das ist richtig, aber genau besehen finden sich bei Tocqueville mehrere Demokratiebegriffe, neben dem genannten Catch-all-Terminus für die gesamte historische Entwicklung seit dem Feudalismus insbesondere auch ein solcher Begriff, der „Demokratie" mit „Herrschaft der Mehrheit" unter ansonsten gleichen Bedingungen aller identifiziert. Damit bricht Tocqueville mit der Gleichsetzung von „Demokratie" mit „direkter Volksherrschaft", wie sie sich beispielsweise noch bei Kant findet (weswegen Kant sie im Verlauf dann auch als „Despotism" bezeichnet). Zumindest für jenen Stand der historischen Entwicklung der Demokratie, den Tocqueville in Amerika erfahren hat und an dem er die französischen Zustände seiner Zeit misst, ist die Mehrheitsregel ein, wenn nicht das bestimmende Kennzeichen. Wenn Tocqueville nun die Gefährdungen der Demokratie analysiert und nach Schutzmaßnahmen gegen die Tyrannei der Mehrheit sucht, dann ist das eine entscheidende demokratietheoretische Neuerung: Tocquevilles Analysen legen den Finger in eine offene Wunde, wie unscharf seine Begriffe auch immer sein mögen. Ähnlich verhält es sich mit einer anderen häufig geäußerten Kritik, nämlich jener, Tocqueville habe den Grad der Demokratisierung und Egalisierung in Amerika maßlos überschätzt, tatsächlich sei nur eine kleine Minderheit der Amerikaner zu dieser Zeit wahlberechtigt gewesen, habe es noch Sklaverei und Unterdrückung der Frauen gegeben, überhaupt sei die Demokratie in den Vereinigten Staaten in den dreißiger Jahren des 19. Jahrhunderts nur eine „democracy among white males" (Robert Dahl) gewesen. Das alles ist zweifellos richtig, und tatsächlich beschreibt Tocqueville die Staaten so, als sei dort die Gleichheit aller Menschen unabhängig von Stand, Hautfarbe oder Geschlecht längst verwirklicht – also objektiv falsch. Aber einerseits ist diese Kritik nur aus der Rückschau möglich, über 150 Jahre der Entwicklung demokratischer Staaten später, und übersieht, wie weit der französische Aristokrat über seinen Schatten gesprungen ist, um überhaupt auf diese Art und Weise mit der Gleichheit umgehen zu können. Andererseits behauptet Tocqueville nicht, die Demokratie in Amerika sei bereits eine voll entwickelte, sondern nur, er, Tocqueville, könne aus der Analyse der am weitesten entwickelten Demokratie sowohl die Grundprinzipien als auch die Gefährdungen dieser historisch neuen Staatsform erkennen. Denn Tocqueville ist gerade kein „Prophet des Massenzeitalters" (so der etwas missglückte Untertitel einer Biografie), kein Fatalist oder Kulturpessimist, sondern ein Theoretiker, der aus empirischen Prozessen und Strukturen Schlüsse zieht, und ein Praktiker, der auf dieser Grundlage Staat und Gesellschaft aktiv gestalten und vor Gefährdungen schützen will.

An diesen Kritikpunkten kann es also nicht liegen, dass Tocqueville in der ersten Hälfte des 20. Jahrhunderts mehr und mehr in Vergessenheit geraten ist, gerade in Deutschland. Eher schon ist dem remigrierten Politikwissenschaftler Siegfried Landshut zuzustimmen, der Anfang der 50er-Jahre die „eigenartige Interessenlosigkeit" an diesem Autor auf eine „Verkümmerung der politischen Wissenschaft, eine Art geistige[r] Erblindung gegenüber dem ganzen Bereich des Politischen" zurückführte. Aber heute gehört Tocqueville längst zum Kernbestand der Klassiker des Faches, nicht zuletzt dank Landshuts 1954 erschienener Auswahl seiner Schriften.

Tocqueville war der Erste, der die Gefährdungen der Demokratie analysierte, nicht um diese politische Form als Ganze zu kritisieren, sondern um sie zu verbessern. Selbst wenn er die Demokratie nicht liebte (und wahrscheinlich lieber gesehen hätte, wenn der unaufhaltsame Prozess der Geschichte nicht in Richtung Egalisierung gegangen wäre), hat Tocqueville erkannt, dass sie nicht einfach ein irgendwie geartetes Gefüge „demokratischer" Institutionen, sondern eine fragile politische Form ist, die auf ihre Bürger angewiesen ist, wenn Gleichheit und Freiheit ausbalanciert werden sollen. Seine Analysen und Reflexionen sind nicht nur ideengeschichtlich relevant, sondern bleiben anregend und teilweise durchaus aktuell. So beschrieb David Riesman die amerikanische Gesellschaft als „lonely crowd", und als der Soziologe Robert Bellah das „zivilreligiöse" Fundament der amerikanischen Demokratie analysierte, nannte er sein Buch „Habits of the Heart". Tocqueville hat auch vieles vorweggenommen, was die „Kritische Theorie" problematisieren sollte, die „Eindimensionalität" des modernen Menschen (Marcuse) beispielsweise, und seine Warnung vor der Tyrannei der Mehrheit bleibt auch im Zeitalter der Massenmedien bedenkenswert. Gegenwärtig wird vielerorts das Spannungsfeld zwischen Staatsaufgaben auf der einen und Bürgerengagement und Partizipation auf der anderen Seite eifrig diskutiert: Die Ausweitung der Staatsaufgaben und die Tendenz von Regierung und Verwaltung, in alle Lebensbereiche einzugreifen, ließ sich ja beispielsweise in der Bundesrepublik Deutschland der Nachkriegszeit deutlich beobachten (wobei die Frage, wie das zu bewerten sei, sehr unterschiedlich beantwortet wird). Mittlerweile rufen parteiübergreifend viele Politiker im Sinne Tocquevilles nach einer „Zivilgesellschaft".

Karl Marx

Ausgewählt und interpretiert von Volker Pesch

Zur Kritik der Politischen Ökonomie (1859)

In der gesellschaftlichen Produktion ihres Lebens gehen die Menschen bestimmte,   1
notwendige, von ihrem Willen unabhängige Verhältnisse ein, Produktionsverhältnisse, die einer bestimmten Entwicklungsstufe ihrer materiellen Produktivkräfte
entsprechen. Die Gesamtheit der Produktionsverhältnisse bildet die ökonomische
Struktur der Gesellschaft, die reale Basis, worauf sich ein juristischer und politi-   5
scher Überbau erhebt und welcher bestimmte gesellschaftliche Bewußtseinsformen
entsprechen. Die Produktionsweise des materiellen Lebens bedingt den sozialen,
polischen und geistigen Lebensprozeß überhaupt. Es ist nicht das Bewußtsein der
Menschen, das ihr Sein, sondern umgekehrt ihr gesellschaftliches Sein, das ihr
Bewußtsein bestimmt. Auf einer gewissen Stufe ihrer Entwicklung geraten die   10
materiellen Produktivkräfte der Gesellschaft in Widerspruch mit den vorhandenen
Produktionsverhältnissen oder, was nur ein juristischer Ausdruck dafür ist, mit
den Eigentumsverhältnissen, innerhalb deren sie sich bisher bewegt hatten. Aus
Entwicklungsformen der Produktivkräfte schlagen diese Verhältnisse in Fesseln
derselben um. Es tritt dann eine Epoche sozialer Revolution ein. Mit der Verän-   15
derung der ökonomischen Grundlage wälzt sich der ganze ungeheure Überbau
langsamer oder rascher um. In der Betrachtung solcher Umwälzungen muß man
stets unterscheiden zwischen der materiellen, naturwissenschaftlich treu zu kons-
tatierenden Umwälzung in den ökonomischen Produktionsbedingungen und den
juristischen, politischen, religiösen, künstlerischen oder philosophischen, kurz,   20
ideologischen Formen, worin sich die Menschen dieses Konfliktes bewußt werden
und ihn ausfechten. Sowenig man das, was ein Individuum ist, nach dem beurteilt,
was es sich selbst dünkt, ebenso wenig kann man eine solche Umwälzungsepoche
aus ihrem Bewußtsein beurteilen, sondern muß vielmehr dies Bewußtsein aus den
Widersprüchen des materiellen Lebens, aus dem vorhandenen Konflikt zwischen   25
gesellschaftlichen Produktivkräften und Produktionsverhältnissen erklären. Eine
Gesellschaftsformation geht nie unter, bevor alle Produktivkräfte entwickelt sind,
für die sie weit genug ist, und neue höhere Produktionsverhältnisse treten nie an
die Stelle, bevor die materiellen Existenzbedingungen derselben im Schoß der alten
Gesellschaft selbst ausgebrütet worden sind.   30

1 [...] Die bürgerlichen Produktionsverhältnisse sind die letzte antagonistische Form
des gesellschaftlichen Produktionsprozesses, antagonistisch nicht im Sinne von
individuellem Antagonismus, sondern eines aus den gesellschaftlichen Lebensbedingungen der Individuen hervorwachsenden Antagonismus, aber die im Schoß
5 der bürgerlichen Gesellschaft sich entwickelnden Produktivkräfte schaffen zugleich
die materiellen Bedingungen zur Lösung dieses Antagonismus. Mit dieser Gesell-
schaftsform schließt daher die Vorgeschichte der menschlichen Gesellschaft ab.

Auszug aus: Karl Marx: Zur Kritik der Politischen Ökonomie. Vorwort, 1859
[MEW 13, zit. n. Klaus Körner: Karl Marx Lesebuch. München 2008, S. 171 ff.]

Interpretation

Ein Demokratietheoretiker im engeren Sinne ist Karl Marx nicht. Wenn die von
ihm mit verantwortete *Neue Rheinische Zeitung* 1848 den Untertitel „Zeitschrift für
Demokratie" trägt, dann deutet das eher auf einen begriffsgeschichtlichen Wandel hin
als auf das Selbstverständnis der Redakteure. Aber Marx ist auch nicht der Revoluti-
onstheoretiker, den viele seiner Epigonen aus ihm gemacht haben.

Geboren wird der Sohn eines Anwaltes 1818 in Trier. Hier – und später in Berlin
und Köln – erlebt er als junger Mann ganz unmittelbar die Folgen der wirtschaftlichen
und gesellschaftlichen Transformationen in Preußen: In der Zeit zwischen dem Wiener
Kongress (1815) und der sogenannten Märzrevolution (1848) verdoppelt sich die Zahl
der Einwohner. Mit der Bauernbefreiung entsteht auch eine ländliche Unterschicht, die
in die Städte drängt. Hier weitet sich das Handwerk sprunghaft aus, produziert einen
Überschuss an Gesellen, für die es in den Handwerksbetrieben, Manufakturen und
Fabriken nicht ausreichend Arbeit gibt. So entsteht ein Proletariat aus unbeschäftigten
oder unterbezahlten Arbeitskräften. In den 30er- und 40er-Jahren sind ca. 20 Prozent
der Menschen verarmt, aber der preußische Staat verschleppt jede ernst zu nehmende
Armengesetzgebung. Hinzu kommen schwere Agrar- und Gewerbekrisen. Die schrittweise Auflösung der tradierten gesellschaftlichen und wirtschaftlichen Ordnung und
die daraus resultierenden sozialen Probleme bilden den Erfahrungshintergrund des
jungen Marx, als er in Bonn und Berlin Rechtswissenschaften studiert. Und auch seine
persönlichen Aussichten sind alles andere als rosig: Er gehört zu einer Generation, deren
berufliche Zukunft aufgrund tief greifender Reformen im preußischen Staatsapparat
keineswegs gewiss ist. Hinzu kommt in Marx' Fall, dass er sich mehr für Geschichte

und Philosophie interessiert als für Jura. Die deutsche akademische Philosophie steht stark unter dem Einfluss Hegels, Marx schließt sich den Linkshegelianern um Bruno Bauer an und wird mit einer philosophischen Arbeit promoviert. Spätestens jetzt ist für ihn jede Hoffnung auf eine sichere Beamtenstelle dahin.

Zunächst tritt er 1842 in die Redaktion der *Rheinischen Zeitung* ein. Zu deren Mitarbeitern zählt auch der etwa gleichaltrige Industriellensohn Friedrich Engels, und zwischen beiden entwickelt sich eine tiefe persönliche und intellektuelle Freundschaft. 1843 wird die Zeitung verboten, Marx geht nach Paris und gibt dort gemeinsam mit Arnold Ruge die *Deutsch-Französischen Jahrbücher* heraus oder vielmehr nur einen ersten Doppel-Band. Darin findet sich auch ein Aufsatz von Friedrich Engels, der für Marx eine Art Initial ist, sich verstärkt mit ökonomischen Fragen zu befassen. Er liest jetzt die Klassiker der Nationalökonomie (Smith, Ricardo) und verfasst selbst entsprechende Arbeiten. Unterdessen ist Marx auch in Paris dem preußischen Staat ein Dorn im Auge und wird auf dessen Betreiben aus Frankreich ausgewiesen. Gemeinsam mit seiner Frau Jenny, die zeitlebens an seiner Seite steht, geht er 1845 nach Brüssel. Marx sucht den Kontakt zur internationalen Arbeiterbewegung, wird Mitglied im *Bund der Gerechten*, der 1847 zum *Bund der Kommunisten* wird, für den Marx und Engels 1848 das programmatische *Manifest der Kommunistischen Partei* schreiben. Unmittelbar nach der Märzrevolution unternimmt er mit der *Neuen Rheinischen Zeitung* in Köln noch einen letzten Versuch, über die Herausgabe einer Zeitung direkten Einfluss auf die politischen Verhältnisse in Preußen zu nehmen, wird aber sogleich aus Preußen ausgewiesen und emigriert nach London.

Heute ist das *Manifest* eine geradezu legendäre Schrift, wie auch die zahlreichen anderen Arbeiten aus dieser Zeit. Aber in der Mitte des 19. Jahrhunderts ist das brotlose Kunst, die einen Mann nicht ernähren kann, geschweige denn eine Familie: Jenny Marx bringt insgesamt sieben Kinder zur Welt, von denen nur drei Töchter überleben. Wirtschaftlich geht es der Familie schlecht, erst als Engels seine persönlichen intellektuellen Ambitionen zurücksteckt, in den väterlichen Betrieb eintritt und fortan Jahr für Jahr die Familie Marx mit erheblichen Beträgen unterstützt, bessert sich die Situation. Das ist eine Ironie der Geschichte: Die bis dahin schärfste Kritik des Kapitalismus wird erst durch die regelmäßige Unterstützung eines Kapitalisten ermöglicht.

So kann sich Marx ganz auf seine Arbeit konzentrieren. Gelegentlich schreibt er für Zeitungen und Journale, auch engagiert er sich weiter für die Arbeiterbewegung. Vor allem aber arbeitet er ab 1850 und bis kurz vor seinem Tod im Jahr 1883 an seiner *Kritik der Politischen Ökonomie*. Das soll sein Hauptwerk werden, eine ökonomische und gesellschaftstheoretische Grundlegung eines „wissenschaftlichen" Sozialismus. Marx schreibt eine ganze Reihe von umfangreichen Manuskripten, veröffentlicht aber nur wenige. 1859 erscheint ein erstes Heft der *Kritik*, und auch der – mitunter als „Hauptwerk" bezeichnete – erste Band von *Das Kapital* (1867) entsteht in diesem Arbeitszusammenhang. Weitere Manuskripte werden erst postum veröffentlicht.

Der ausgewählte Textauszug entstammt dem Vorwort des ersten Heftes *Zur Kritik der Politischen Ökonomie.* Es ist sicher nicht der rhetorisch brillanteste Text aus Marx' Feder, auch nicht der politisch aggressivste oder ökonomisch fundierteste. Aber dieses Vorwort umreißt die Grundidee des ursprünglichen historischen Materialismus.

Den Ausgangspunkt der Theorie bildet, was Marx als „allgemeines Resultat" seiner bisherigen Studien und „Leitfaden" seiner künftigen Arbeit bezeichnet, nämlich die Grundannahme, dass die sozialen und politischen Verhältnisse und überhaupt alle geistigen Ausdrucksformen nur der „Überbau" einer jeweiligen ökonomischen „Basis" sind. Anders gesagt sind demnach die materiellen Existenzbedingungen einer Gesellschaft ursächlich für ihre jeweils spezifische juristische Verfassung, gesellschaftliche Organisation, ideologische Begründung und philosophische Reflexion. Wenn Marx erklärt, das Sein bestimmt das Bewusstsein, stellt er damit in der Tat die deutsche Philosophie und allen voran Hegel auf den Kopf – oder vielmehr „vom Kopf auf die Füße", wie er selbst das an anderer Stelle nennt. Denn Hegel reflektierte zuerst den „Geist" einer Gesellschaft oder Epoche und sah in ihrer ökonomischen Form nur einen Ausdruck desselben.

Marx hingegen analysiert diese ökonomische Form, und zwar hinsichtlich der materiellen Produktivkräfte, die einer Gesellschaft zur Verfügung stehen, und den Produktionsverhältnissen in dieser Gesellschaft. Ersteres meint die natürlichen Voraussetzungen, technischen Entwicklungen und Organisationsformen, letzteres die Beziehungen, welche die Menschen zu ihrer Bedürfnisbefriedigung eingehen bzw. eingehen müssen. Eine besondere Rolle kommt dabei den Eigentumsverhältnissen zu: Ein Tischler in der eigenen Tischlerei beispielsweise kann selbst den Produktionsprozess bestimmen, also darüber entscheiden, was er herstellt, aus welchen Rohstoffen, in welcher Form und zu welchem Preis. Ein Arbeiter in einer Möbelfabrik hingegen nicht. Vielmehr wird der Eigentümer dieser Möbelfabrik den Produktionsprozess so bestimmen, dass er selbst den größten Profit macht, und dementsprechend werden auch die Produktionsverhältnisse des Arbeiters sein. Der wiederum wird nicht nur ausgebeutet, sondern auch den Ergebnissen seiner Arbeit, den Produkten, zu denen er selbst keine Beziehung mehr hat und die er lediglich zur Befriedigung seiner notwendigen Bedürfnisse herstellt, entfremdet.

Nun will Marx die Gesellschaft nicht nur analysieren oder interpretieren, sondern verändern. Deswegen gibt er politische Zeitungen und Journale heraus und engagiert sich in der Arbeiterbewegung. Deswegen ruft er schon 1844 in der *Kritik der Hegelschen Rechtsphilosophie* zum „Kampf gegen den bornierten Inhalt des deutschen status quo" auf, und deswegen heißt es im berühmten *Kommunistischen Manifest,* Ziel der kommunistischen Partei ist „Bildung des Proletariats zur Klasse, Sturz der Bourgeoisieherrschaft, Eroberung der politischen Macht durch das Proletariat". Marx ist ein Theoretiker der Revolution. Aber die Marx'sche Theorie ist keine voluntaristische Revolutionstheorie, also keine Theorie, in deren Zentrum das Denken und der freie Wille stehen, sondern vielmehr eine geschichtsphilosophische.

Denn aus seiner Sicht verharrt eine Gesellschaft niemals im jeweiligen Status quo, selbst wenn die Eigentümer der Produktionsmittel und mit ihnen die politische Klasse immer daran interessiert sind. Vielmehr beschreibt Marx die gesamte Menschheitsgeschichte als eine „Geschichte von Klassenkämpfen", die immer dann aufbrechen, wenn die Produktivkräfte einer Gesellschaft in Widerspruch zu den Produktionsverhältnissen geraten. Wenn also – mit anderen Worten – die Eigentümer der Produktionsmittel die eigentlichen Produzenten immer mehr ausbeuten und zu entfremdeter Arbeit zwingen, um den eigenen Profit zu maximieren. Und darin unterscheiden sich für Marx die Sklavenhalter im alten Rom nicht von den Fabrikbesitzern seiner Zeit. Erst wenn historisch eine solche Situation des Widerspruchs eingetreten ist, können sich die Menschen ihrer bewusst werden und letzten Endes in einem revolutionären Akt die Produktionsverhältnisse umwälzen. Es geht also nicht umgekehrt: Eine Revolution vor der Zeit wird nach Marx niemals erfolgreich sein. Aber wenn der Widerspruch zwischen Produktivkräften und Produktionsverhältnissen erst eingetreten ist, wird die Revolution unausweichlich. Die herrschenden Klassen werden zwar immer versuchen, diese zu verhindern, allerdings mit der Folge einer weiteren Verschärfung des Widerspruchs und letzten Endes der Umwälzung der Verhältnisse.

Wenn Marx dann die bürgerlichen Produktionsverhältnisse – also die Produktionsverhältnisse seiner Zeit – als die „letzte antagonistische Form des gesellschaftlichen Produktionsprozesses" bezeichnet, mit der „die Vorgeschichte der menschlichen Gesellschaft" abschließt, dann räumt er dieser Form eine besondere historische Rolle ein. Das begründet er verschiedentlich damit, dass der Kapitalismus mit seiner Fixierung auf Eigentum auf der einen und der freien Verfügbarkeit von Arbeitskraft auf der anderen Seite notwendig zur Akkumulation von immer mehr Eigentum bei immer weniger Eigentümern führt und dass diese Akkumulation auch nicht an Staatsgrenzen haltmacht. Der Kapitalismus ist notwendig auf Wachstum ausgerichtet, expansiv und global. Diese Sichtweise auf die eigene Zeit verweist aber auch auf einen heilsgeschichtlichen Aspekt seiner Theorie: Die bisherige Geschichte der Menschheit ist für Marx nur „Vorgeschichte", die eigentliche Geschichte beginnt erst, wenn die Widersprüche zwischen den Produktionsmitteln und Produktionsverhältnissen in der bürgerlichen Gesellschaft offenkundig geworden sind und in einem revolutionären Akt beseitigt werden. Diese Revolution wird eine klassenlose Gesellschaft hervorbringen, in der es erstmalig keine Antagonismen mehr geben wird.

Seine eigene Aufgabe sieht Marx darin, die quasi *natur*wissenschaftliche Grundlegung dieser Theorie zu liefern und als Kommunist die Widersprüche in der eigenen Gesellschaft aufzuzeigen – nicht mehr, aber auch nicht weniger. Deswegen wendet er sich mit der *Kritik der Politischen Ökonomie* den konkreten Ausdrucksformen der materiellen Basis zu, dem Kapital, dem Eigentum, der Arbeit, dem Geld, der Ware und dem Markt.

Vor dem Hintergrund seines Grundgedankens einer historisch-dialektischen Notwendigkeit jeder Entwicklung wird deutlich, dass Marx keinen direkten Beitrag zur modernen Demokratietheorie leisten konnte und wollte. Es sei denn, die Theorie begriffe Demokratie als Übergangsform, als letztlich zu überwindende Staatsform. Dann könnte sie in den sozialen Revolten und Aufständen der jüngeren Geschichte und der Gegenwart nach Anzeichen dieser Überwindung und Modellen für eine politische Organisation jenseits der Demokratie suchen. So wie Karl Marx, der in dem kurzen Aufstand des Pariser Rates, der im Frühjahr 1871 in der Stadt versucht hatte, gegen die Zentralregierung eine Selbstverwaltung zu errichten („Pariser Kommune"), eine erste Form der Diktatur des Proletariats zu erkennen glaubt. In *Der Bürgerkrieg in Frankreich* beschreibt er mit großem Wohlwollen die politische Organisation der Kommunarden in Paris und damit zugleich seine Vorstellung der politischen Organisation in der Übergangszeit zur klassenlosen Gesellschaft: „Die Kommune bildete sich aus den durch allgemeines Stimmrecht in den verschiedenen Bezirken von Paris gewählten Stadträten. Sie waren verantwortlich und jederzeit absetzbar. Ihre Mehrzahl bestand selbstredend aus Arbeitern oder anerkannten Vertretern der Arbeiterklasse. Die Kommune sollte nicht eine parlamentarische, sondern eine arbeitende Körperschaft sein, vollziehend und gesetzgebend zu gleicher Zeit. Die Polizei, bisher das Werkzeug der Staatsregierung, wurde sofort aller ihrer politischen Eigenschaften entkleidet und in das verantwortliche und jederzeit absetzbare Werkzeug der Kommune verwandelt. Ebenso die Beamten aller andern Verwaltungszweige. Von den Mitgliedern der Kommune an abwärts, mußte der öffentliche Dienst für Arbeiterlohn besorgt werden." Marx sieht darin eine „durch und durch ausdehnungsfähige politische Form", denn sie ist „wesentlich eine Regierung der Arbeiterklasse, das Resultat des Kampfs der hervorbringenden gegen die aneignende Klasse, die endlich entdeckte politische Form, unter der die ökonomische Befreiung der Arbeit sich vollziehen konnte" (Der Bürgerkrieg in Frankreich, MEW 17, 339-341). Die Diktatur des Proletariats findet als Rätedemokratie statt.

Karl Marx ist zweifellos einer der wirkmächtigsten Denker aller Zeiten. Zwar werden unter dem Label „Marxismus" seit bald 150 Jahren ganz unterschiedliche und zum Teil abenteuerliche Derivate seines Denkens verkauft. Aber nicht alles, was von Trotzki und Lenin über Stalin und Mao bis Breschnew und Honnecker aus seinen Überlegungen gemacht wurde, darf Marx selbst angelastet werden. Immerhin ist er auch Ideengeber und geistiger Ahnherr verschiedener demokratischer Strömungen, sei es als geistiger (Adoptiv-)Vater der Sozialdemokratie im 19. Jahrhundert oder später im 20. Jahrhundert von antitotalitären Theoretikern der Rätedemokratie, von Verfechtern des demokratischen Sozialismus oder von der kritischen Theorie eines Jürgen Habermas, der sich auch heute noch explizit in die Tradition von Marx stellt. Sicherlich ist vieles an den Marx'schen Ideen schlicht falsch: Die klassenkampfzentrierte materialistische Geschichtsphilosophie beispielsweise lässt sich an vielen Beispielen leicht widerlegen. Auch ein Mittelstand kommt als tonangebende soziale Schicht bei Marx noch nicht vor, ebenso wenig wie leitende Angestellte mit sechsstelligen Jahresgehältern und Boni aller Art. Aber vieles regt zum Denken an und harrt noch der Widerlegung, etwa seine Thesen über die systemnotwendige Expansion der kapitalistischen Wirtschaftsform – Stichworte: Wachstum, Globalisierung – oder zur geistigen Verarmung durch entfremdete Arbeit – die allerdings offensichtlich auch Angestellte und Arbeitgeber betreffen kann. Ebenso fraglich ist, ob die materiellen Existenzbedingungen tatsächlich unausweichlich die Basis eines jeweiligen geistigen Überbaus sind. Vielleicht – so unternimmt es Habermas in seiner ‚Rekonstruktion des Historischen Materialismus' – verhält es sich in gewissen Epochen der Menschheit genau umgekehrt? Ist nicht schon der Fokus auf die materiellen Existenzbedingungen nur der Ausdruck eines spezifischen Bewusstseins?

Ungeachtet dieser vielen Einwände hat Marx wie nur wenige Theoretiker seiner Zeit die „soziale Frage" in den Fokus der modernen Demokratietheorie gerückt. Dass wir heute, wenn wir von der ‚Demokratie' sprechen, damit häufig auch gewisse soziale und sozialstaatliche Rechte in Verbindung bringen, ist eines der – von Marx in dieser mit dem Kapitalismus versöhnenden Form sicher nicht gewollten – Ergebnisse historischer Auseinandersetzungen, die von der Marx'schen Theorie inspiriert waren.

Abraham Lincoln

Ausgewählt und interpretiert von Gotthard Breit

Gettysburg Address
19. November 1863

1   Vor viermal zwanzig und sieben Jahren haben unsere Väter auf diesem Kontinent
eine neue Nation ins Leben gerufen, in Freiheit gezeugt und dem Grundsatz verpflichtet, daß alle Menschen gleich geschaffen sind.
Jetzt stehen wir mitten in einem gewaltigen Bürgerkrieg, der darüber entscheidet,
5   ob dieser Staat – oder jeder so entstandene und solchem Grundsatz verpflichtete
Staat – dauerhaft bestehen kann. Wir sind auf einem großen Schlachtfeld dieses
Krieges zusammengekommen. Wir sind gekommen, um einen Teil davon denen
als letzte Ruhestätte zu weihen, die hier ihr Leben ließen, damit diese Nation leben
möge. Es ist nur recht und billig, daß wir das tun.
10 Aber in einem tieferen Sinne können wir diesen Boden gar nicht weihen, können
wir ihn nicht segnen und nicht heiligen. Die tapferen Männer, ob lebend oder tot,
die hier gekämpft haben, haben ihn schon auf eine Weise geweiht, der wir auch
nicht annähernd in der Lage sind, etwas hinzuzufügen oder wegzunehmen. Die
Welt wird kaum zur Kenntnis nehmen noch sich lange an das erinnern, was wir
15 hier sagen – aber sie kann niemals vergessen, was jene hier taten. Es ist vielmehr an
uns, den Lebenden, daß wir hier dem unvollendeten Werk geweiht werden, dem
jene, die hier kämpften, sich so opferbereit gestellt haben. Es ist vielmehr an uns,
daß wir uns der großen Aufgabe, die noch vor uns liegt, hier weihen – daß wir die
Toten ehren durch noch mehr Hingabe an die Sache, für die sie das höchste Maß
20 an Hingabe aufbrachten – daß wir hier feierlich erklären, diese Toten sollen nicht
umsonst gestorben sein, daß die Nation, mit Gottes Beistand, eine Neugeburt der
Freiheit erlebe und daß das Regieren des Volkes, durch das Volk und für das Volk
von dieser Erde nicht wieder vergehen soll.

Aus dem Englischen übersetzt von Ekkehart Krippendorff.
In: Ders.: Abraham Lincoln, Gettysburg Address. München o.J., S. 11 f.

Interpretation

Der Amerikanische Bürgerkrieg von 1861 bis 1865 ist der bei weitem blutigste und verlustreichste Krieg, den die USA in ihrer Geschichte geführt haben. Als die entscheidende Schlacht in diesem Krieg gilt die Schlacht von Gettysburg vom 1. bis 3. Juli 1863. In ihr sind beinahe ebenso viele amerikanische Soldaten aus Nord und Süd gefallen wie im Vietnam-Krieg (Gettysburg über 50 000, Vietnam über 58 000 und ungefähr drei Millionen Vietnamesen). Der Ehrenfriedhof, auf dem Gefallene bestattet worden waren, wurde am 19. November 1863 eingeweiht. Edward Everett, einer der bekanntesten Redner der Zeit, hielt die Festansprache; Präsident Abraham Lincoln wurde lediglich gebeten, ein paar passende Bemerkungen („a few appropriate remarks") zu machen. Everett sprach weit über zwei Stunden, Lincoln ungefähr drei Minuten. Everetts Rede ist längst vergessen, Lincolns wenige Sätze dagegen haben den Anlass überdauert. Die Gettysburg Address gehört trotz oder vielleicht gerade wegen ihrer Kürze zu den berühmtesten Proklamationen der Freiheit.

Die schlichten und klaren Worte, aber auch der biblische Ton der Rede („vor viermal zwanzig und sieben Jahren") und vor allem der Inhalt der kurzen Ansprache verfehlen ihren Eindruck bis heute nicht. Seit langem lernen die meisten Jugendlichen in den USA diese zweihundertzweiundsiebzig Worte in ihrer Schulzeit auswendig.

An Lincolns kurzer Ansprache ist zunächst seine Erklärung von Demokratie bemerkenswert. Wer definieren möchte, was Demokratie bedeutet, gerät rasch in Schwierigkeiten. In der Gettysburg Address hat Abraham Lincoln eine Formel gefunden, die das Wesen der Demokratie ebenso knapp wie sprachlich prägnant erläutert und die sich daher gut merken lässt: „government of the people, by the people, and for the people".

In dieser Erklärung steht dem Wort government dreimal das Wort people gegenüber. Darauf wird später näher eingegangen. Zunächst einmal fallen die drei unterschiedlichen Präpositionen auf: *of, by, for.* Jede weist auf ein Wesensmerkmal der Demokratie hin:

government of the people:	In der Demokratie geht die Herrschaft aus dem Volk hervor.
government by the people:	In der Demokratie wird Herrschaft durch das Volk ausgeübt. In der Demokratie regiert das Volk sich selbst, bestimmt das Volk über sich selbst.
government for the people:	In der Demokratie wird Herrschaft im Interesse des Volkes ausgeübt.

Die Rede verfolgt zwei Aufgaben. Lincoln würdigt die Soldaten, die auf dem Schlachtfeld ihr Leben gelassen haben, und verbindet diese Ehrung mit einem Auftrag an die Lebenden. Die Struktur der Gettysburg Address entspricht damit der Totenrede, die Perikles vor über 2000 Jahren (430 v. Chr.) im Peloponnesischen Krieg, auch einem

Bürgerkrieg, gehalten hat. Perikles führte aus: „[...] Aber aus welcher Gesinnung wir dazu gelangt sind, mit welcher Verfassung, durch welche Lebensform wir so groß wurden, das will ich darlegen, bevor ich dann zum Preis unserer Gefallenen mich wende – es ist dieser Stunde, glaube ich, vielleicht ganz angemessen, dass dies ausgesprochen werde, und von Vorteil, wenn die ganze Menge von Bürgern und Fremden es anhört [...]" (Thukydides).

Die Gettysburg Address ist in drei Abschnitte gegliedert. Am Anfang erinnert Lincoln an die Gründung der USA, die er mit dem Jahr 1776 und damit mit der Unabhängigkeitserklärung beginnen lässt.

Im zweiten Abschnitt geht Lincoln darauf ein, worum es in diesem Bürgerkrieg geht: Kann die Einheit einer Nation, eines Staates verteidigt und aufrechterhalten werden, der auf dem Grundprinzip der Gleichheit aufgebaut ist, in dem alle Menschen gleichermaßen unveräußerliche Rechte besitzen und in dem das Regieren so organisiert ist, dass das Volk der Gleichen selbst herrscht. Demokratie bedeutet Volksherrschaft, politische Selbstbestimmung des Volkes, durch das Volk und für das Volk und nicht Herrschaft von Menschen über Menschen. Alle Bürger sind vor den selbst erlassenen Gesetzen gleich; jeder Bürger kann frei seine Meinung äußern und sich an Politik beteiligen. Es versteht sich von selbst, dass die Sklaverei in den Südstaaten eine besonders abstoßende Form der Herrschaft von Menschen über Menschen darstellte und daher mit diesen Grundsätzen unvereinbar war.

Im dritten Teil würdigt Lincoln die Toten. Er ehrt sie, weil sie ihr Leben für ein Werk geopfert haben, das noch unvollendet ist. Damit wendet er sich den Lebenden zu; er fordert sie auf, sich dieser Aufgabe anzunehmen. Die USA sollen eine Neugeburt der Freiheit erleben, und der Bestand der Demokratie, des Regierens des Volkes, durch das Volk und für das Volk, soll für immer gesichert sein.

Im dritten Abschnitt der Gettysburg Address geht Lincoln weit über den Anlass der Ansprache hinaus. Er wendet sich nicht nur an die Anwesenden, die den Ehrenfriedhof einweihen, und auch nicht nur an die Amerikaner, die mit ihm den Bürgerkrieg durchstehen, sondern an alle Lebenden und fordert sie auf, die große Aufgabe, für die die Soldaten gekämpft haben und für die sie gestorben sind, zu vollenden.

Worin besteht diese Aufgabe? Es geht zum einen darum, „dass die Nation, mit Gottes Beistand, eine Neugeburt der Freiheit erlebe" („that the nation shall, under God, have a new birth of freedom"). Die Sezession der Südstaaten soll abgewehrt, die USA erhalten und in ihnen den Grundsätzen der Freiheit und Gleichheit wieder Geltung verschafft werden. Das ist das Werk, das er selbst und mit ihm die Bürgerinnen und Bürger der USA zu vollenden haben. Darüber hinaus geht es darum, dass „das Regieren des Volkes, durch das Volk und für das Volk von dieser Erde nicht wieder vergehen soll" („the government of the people, by the people, and for the people, shall not perish from the earth"). Und das ist eine Aufgabe, die immer noch unvollendet ist und die daher auch heute noch Bedeutung besitzt.

Um den Charakter und die Größe dieser Aufgabe zu begreifen, ist es notwendig, auf den Beginn der Ansprache zurückzukommen. Im ersten Satz erinnert der amerikanische Präsident an die Gründung der Vereinigten Staaten von Amerika, „in Freiheit gezeugt und dem Grundsatz verpflichtet, dass alle Menschen gleich geschaffen sind". Als Gründungsdatum gibt er das Jahr 1776 an, das Jahr der Amerikanischen Unabhängigkeitserklärung. Sie geht von dem Grundsatz der Gleichheit aller Menschen aus und leitet davon unveräußerliche Rechte für alle Menschen ab. Die ersten Sätze lauten: „Wir halten die Wahrheit für selbst einleuchtend, dass alle Menschen gleich geschaffen sind, dass sie von ihrem Schöpfer mit bestimmten unveräußerlichen Rechten ausgestattet sind, darunter Leben, Freiheit und Streben nach Glück; dass zur Sicherung dieser Rechte Regierungen unter den Menschen eingesetzt werden, die ihre gerechten Vollmachten von der Zustimmung der Regierten ableiten."

Freiheit hat nur dann Bestand, wenn Menschen bereit und fähig sind, selbst zu bestimmen, d.h. selbstständig politisch zu denken und zu handeln, und so Demokratie als das Regieren des Volkes, durch das Volk und für das Volk zu verwirklichen.

Freiheit setzt Gleichheit voraus. Lincoln meint hier nicht soziale Gleichheit. Er wendet sich dagegen, dass Minderheiten nicht die gleichen Rechte besitzen wie die Mehrheit und dass ihnen mit Unrecht und Gewalt begegnet wird. Das Regieren des Volkes, durch das Volk und für das Volk kann nur dort stattfinden, wo Menschen, unabhängig von ihrer Herkunft, Rasse, Hautfarbe, Tradition, Kultur oder Religionszugehörigkeit, sich gegenseitig als gleichberechtigt anerkennen. Die vom Volk gewählten Regierungen haben auf die Einhaltung des Gleichheitsgrundsatzes und der Menschenrechte zu achten. Darin besteht ihre wichtigste Aufgabe.

In Deutschland haben die Jahre 1933 bis 1945 mit beispielloser Konsequenz gezeigt, wohin ein Volk gelangt, wenn der Gleichheitsgrundsatz und die damit verbundenen Menschenrechte für einen Teil des Volkes aufgehoben werden. Der Weg von der Zivilisation in die kollektive Barbarei war kurz.

Nach 1945 haben wir – zunächst ohne eigenes Zutun – eine „Neugeburt der Freiheit" erlebt. Die Väter und Mütter des Grundgesetzes haben die Bundesrepublik ebenfalls dem Grundsatz verpflichtet, dass alle Menschen gleich geschaffen sind. Die Fundamentalnorm, auf dem die Verfassung und damit der Staat beruhen, bildet die Unantastbarkeit der Menschenwürde. Die Bürgerinnen und Bürger des neuen Staates bekamen als Ausdruck ihrer Menschenwürde unveräußerliche Rechte, die

• ihre Freiheit schützen (Freiheitsrechte),
• ihre Teilhabe am politischen Willensbildungs- und Entscheidungsprozess garantieren (Mitwirkungsrechte) und
• ihnen soziale Ansprüche sichern (soziale Grundrechte).

Die Verwirklichung der Demokratie setzt die Akzeptanz durch die Bürgerinnen und Bürger voraus. Dazu soll konkret gefragt werden:

Haben wir in Deutschland den Zusammenhang von Freiheit, Gleichheit und

Demokratie begriffen? Sehen wir es als unsere Aufgabe an, die Würde des Menschen zu achten und zu schützen? Ist die Demokratie als das Regieren des Volkes, durch das Volk und für das Volk in unserer politischen Vorstellungs- und Wertewelt fest und unverrückbar verankert? Sind wir bereit und fähig, daran mitzuwirken und selbstständig politisch zu denken und zu handeln? Hat sich seit 1945 unsere Mentalität so gewandelt, dass die Erhaltung der Freiheit und Gleichheit für uns Vorrang besitzt vor allen anderen Zielen? Messen wir an der Erfüllung dieser Aufgabe die gewählten Politiker und deren Politik?

Von dem Grundgesetz geht eine integrative und identitätsstiftende Kraft aus. Die Analyse der Gettysburg Address (und anderer Proklamationen der Freiheit) kann diese Kraft verstärken. Wird ein Volk nicht regiert, sondern regiert es sich selbst in Freiheit, so kann dies nur gelingen, wenn die Bürgerinnen und Bürger dem Grundsatz zustimmen, dass alle Menschen gleich geschaffen sind und ihre Würde unantastbar ist. Wer diese Botschaft verstanden und akzeptiert hat, der besitzt für die Ausübung seiner Bürgerrolle in der Demokratie „ein inneres Geländer" (Manès Sperber), das Halt gibt und beim politischen Sehen, Beurteilen und Handeln hilft.

John Stuart Mill

Ausgewählt und interpretiert von Volker Pesch

Über die Freiheit (1859)

Der Gegenstand dieser Abhandlung ist nicht die sogenannte Freiheit des Willens, die   1
man so bedauerlicherweise zu der falschbenannten Lehre von der philosophischen
Notwendigkeit in Gegensatz bringt, sondern bürgerliche oder soziale Freiheit, will
sagen: Wesen und Grenzen der Macht, welche die Gesellschaft rechtmäßig über
das Individuum ausübt.   5
[…] Die Gesellschaft kann (nämlich) ihre eigenen Erlasse ausführen und tut es
auch; und wenn sie unvernünftige Befehle statt richtiger erläßt oder sich überhaupt
in Dinge mischt, die sie nichts angehen, dann übt sie eine soziale Tyrannei aus,
fürchterlicher als viele andere Arten politischer Bedrückung. Denn obwohl sie gewöhnlich durch so strenge Strafen nicht aufrechterhalten wird, läßt sie doch weniger   10
Möglichkeiten zu entwischen, da sie viel tiefer in das private Leben eindringt und
die Seele selbst versklavt. Schutz gegen die Tyrannei der Behörde ist daher nicht
genug, es braucht auch Schutz gegen die Tyrannei des vorherrschenden Meinens
und Empfindens, gegen die Tendenz der Gesellschaft, durch andere Mittel als zivile
Strafen ihre eigenen Ideen und Praktiken als Lebensregeln denen aufzuerlegen, die   15
eine abweichende Meinung haben, die Entwicklung in Fesseln zu schlagen, wenn
möglich die Bildung jeder Individualität, die nicht mit ihrem eigenen Kurs har-
moniert, zu verhindern und alle Charaktere zu zwingen, sich nach ihrem eigenen
Modell zu formen. Es gibt eine Grenze für die rechtmäßige Einmischung öffentlicher Meinung in die persönliche Unabhängigkeit, und diese Grenze zu finden   20
und gegen Übergriffe zu schützen, ist für eine gute Verfassung der menschlichen
Angelegenheiten ebenso unerläßlich wie Schutz gegen politische Willkür.
[…] Der Zweck dieser Abhandlung ist es, einen sehr einfachen Grundsatz aufzustellen, welcher den Anspruch erhebt, das Verhältnis der Gesellschaft zum Individuum
in bezug auf Zwang oder Bevormundung zu regeln, gleichgültig, ob die dabei   25
gebrauchten Mittel physische Gewalt in der Form von gerichtlichen Strafen oder
moralischer Zwang durch öffentliche Meinung sind. Dies Prinzip lautet: daß der
einzige Grund, aus dem die Menschheit, einzeln oder vereint, sich in die Handlungsfreiheit eines ihrer Mitglieder einzumengen befugt ist, der ist: sich selbst zu

1 schützen. Daß der einzige Zweck, um dessentwillen man Zwang gegen den Willen
eines Mitglieds einer zivilisierten Gemeinschaft rechtmäßig ausüben darf, der ist:
die Schädigung anderer zu verhüten. Das eigene Wohl, sei es das physische oder
das moralische, ist keine genügende Rechtfertigung. Man kann einen Menschen
5 nicht rechtmäßig zwingen, etwas zu tun oder zu lassen, weil dies besser für ihn
wäre, weil es ihn glücklicher machen, weil er nach Meinung anderer klug oder
sogar richtig handeln würde. Dies sind wohl gute Gründe, ihm Vorhaltungen zu
machen, mit ihm zu rechten, ihn zu überreden oder mit ihm zu unterhandeln, aber
keinesfalls um ihn zu zwingen oder ihn mit Unannehmlichkeiten zu bedrohen,
10 wenn er anders handelt. Um das zu rechtfertigen, müßte das Verhalten, wovon
man ihn abbringen will, darauf berechnet sein, anderen Schaden zu bringen. Nur
insoweit sein Verhalten andere in Mitleidenschaft zieht, ist jemand der Gesellschaft
verantwortlich. Soweit er dagegen selbst betroffen ist, bleibt seine Unabhängigkeit
von Rechts wegen unbeschränkt. Über sich selbst, über seinen eigenen Körper und
15 Geist ist der einzelne souveräner Herrscher.
[…] Freiheit, als Prinzip, kann man nicht auf einer Entwicklungsstufe anwenden,
auf der die Menschheit noch nicht einer freien und gleichberechtigten Erörterung
derselben fähig ist. […] Sobald aber die Menschen die Fähigkeit erreicht haben, zu
ihrer eigenen Vervollkommnung durch Überzeugung oder Überredung geleitet zu
20 werden (ein Zeitabschnitt, den alle Nationen, mit denen wir uns hier beschäftigen,
längst erreicht haben), ist keinerlei Zwang […] zu ihrer Besserung mehr zulässig,
und er ist nur noch zum Schutze der andern gerechtfertigt.
Ich halte es für geraten, hier zu erklären, daß ich auf jeden Vorteil verzichte, den
man für meine Beweisführung aus der Idee eines abstrakten, vom Nützlichkeits-
25 prinzip unabhängigen Rechtes ableiten könnte. Ich betrachte Nützlichkeit als
letzte Berufungsinstanz in allen ethischen Fragen, aber es muß Nützlichkeit im
weitesten Sinne sein, begründet in den ewigen Interessen der Menschheit als eines
sich entwickelnden Wesens.
[…] Dies ist […] das eigentliche Gebiet der menschlichen Freiheit. Es umfaßt
30 als erstes das innere Feld des Bewußtseins und fordert hier Gewissensfreiheit im
weitesten Sinne, ferner Freiheit des Denkens und Fühlens, unbedingte Unabhängigkeit der Meinung und der Gesinnung bei allen Fragen, seien sie praktischer
oder philosophischer, wissenschaftlicher, moralischer oder theologischer Natur.
Die Freiheit, Meinungen in Wort und Schrift zu vertreten, scheint unter einen
35 andersartigen Grundsatz zu fallen, da sie zu dem Teil persönlicher Lebensführung
gehört, die andere Leute mit betrifft. Aber da sie fast von gleicher Bedeutung ist
wie Gedankenfreiheit selbst, und zum großen Teil auf denselben Gründen beruht,
ist sie praktisch untrennbar von ihr. Zweitens verlangt dies Prinzip Freiheit des
Geschmacks und der Studien, Freiheit, einen Lebensplan, der unseren eigenen
40 Charakteranlagen entspricht, zu entwerfen und zu tun, was uns beliebt, ohne
Rücksicht auf die Folgen und ohne uns von unseren Zeitgenossen stören zu
lassen – solange wir ihnen nichts zuleide tun –, selbst wenn sie unser Benehmen

für verrückt, verderbt oder falsch halten. Drittens: aus dieser Freiheit jedes ein-   1
zelnen folgt – in denselben Grenzen – diejenige, sich zusammenzuschließen, die
Erlaubnis, sich zu jedem Zweck zu vereinigen, der andere nicht schädigt, unter der
Voraussetzung, daß die sich vereinenden Personen voll erwachsen sind und nicht
unter Zwang oder veranlaßt durch Vorspiegelungen in eine Verbindung treten.   5
Keine Gesellschaft ist unabhängig, wo diese Freiheiten nicht im großen und ganzen
respektiert werden, ganz gleich, auf welche Weise man sie regiert, und keine ist
vollständig frei, wenn sie nicht unbeschränkt und bedingungslos vorhanden sind.
Die einzige Unabhängigkeit, die diesen Namen verdient, ist die Möglichkeit, unser
eigenes Wohl auf unsere eigene Weise zu erreichen, solange wir nicht versuchen,   10
andere ihres Gutes zu berauben oder dessen Erwerb zu vereiteln. Jeder schützt
seine eigene Gesundheit, sei sie körperlicher, geistiger oder seelischer Art, am
besten selbst. Die Menschen gewinnen mehr dadurch, daß sie einander gestatten,
so zu leben, wie es ihnen richtig erscheint, als wenn sie jeden zwingen, nach dem
Belieben der übrigen zu leben.   15

John Stuart Mill: Über die Freiheit.
Hrsg. von Manfred Schlenke, Stuttgart 1988,
S. 5-23 (Einleitung)

Interpretation

John Stuart Mill wurde 1806 als Sohn des utilitaristischen Philosophen James Mill geboren. Die Utilitaristen, allen voran Mill und Jeremy Bentham, bauten ihr Programm auf einen einfachen Grundsatz, auf eine Glaubensmaxime auf: Wenn nur ein jeder rational gemäß seiner eigenen Wünsche, wie auch immer diese aussehen, und frei von staatlichen Eingriffen aller Art handele, dann führe das zum größten Glück für eine immer größere Zahl von Menschen. James Mill machte seinen Sohn dann auch zum Opfer eines Erziehungsexperimentes im Geiste dieser politischen Idee. Die Folge war, dass John Stuart, wie Zeitzeugen und Biografen ihn beschreiben, schon früh über ein erstaunliches intellektuelles Rüstzeug verfügte, aber auf andere eher gehemmt, humorlos und gedankenschwer wirkte. Und schon um 1826 war er zeitweilig in eine tiefe Depression gefallen, hatte dann aber die großen englischen Dichter gelesen und sich darüber ein wenig dem klassischen Utilitarismus entfremdet. Gleichwohl stand Mill im ersten Drittel seines Lebens vollständig im Schatten seines Vaters, er arbeitete für die gleiche *Company*, gründete eine *Utilitarian Society* und schrieb in den vierziger Jahren erste Bücher zur Wissenschaftstheorie und politischen Ökonomie, die ebenfalls noch sehr utilitaristisch waren. Aber darin zeichnete sich auch schon die Abkehr von der Dogmatik seines Vaters ab, insofern Mill einerseits die menschliche Erkenntnisfähigkeit als prinzipiell fehlbar und zeitabhängig beschrieb und deswegen nicht an überzeitliche Wahrheiten glaubte, andererseits staatliche Eingriffe in die Gesellschaft nicht mehr rigoros ablehnte, sondern für manche Bereiche sogar forderte.

Der obige Textauszug stammt aus einer späteren Schrift, nämlich aus seinem berühmten Essay *On Liberty* (dt.: *Über die Freiheit*) von 1859, der – neben *Utilitarianism* von 1863 – Mills Abgrenzung zum klassischen Utilitarismus markiert. Zwar blieb Mill immer Anhänger von Rationalismus und empirischer Wissenschaft, und er blieb auch immer Utilitarist, allerdings ein Utilitarist von eigener Façon: Ihn interessierte auch die Qualität der Wünsche, Wertungen und Interessen, nach denen die Menschen handeln. Damit das Handeln im Eigeninteresse tatsächlich das Glück anderer Menschen (mit-)befördert, muss dieses Interesse Mill zufolge nämlich eine bestimmte Qualität zeigen. Und damit sich solche Interessen entwickeln können, muss auch die Politik eine bestimmte Qualität haben. Sie muss die Rahmenbedingungen schaffen und garantieren, innerhalb derer die Einzelnen ihre (guten und richtigen) Wünsche und Interessen entwickeln und ihnen nachgehen können. Wie das auszusehen habe, formulierte Mill verschiedentlich, vor allem in *Thoughts on Parliamentary Reform* (1859) und *Considerations on Representative Government* (1861).

Die wohl wichtigste Person im Leben Mills dürfte zweifellos Harriet Taylor gewesen sein, die er 1830 kennen und lieben lernte, aber erst 1851 heiraten konnte. Wie sehr er sie verehrt hat, wird aus der Widmung zu *Über die Freiheit* deutlich: „Wäre ich fähig", schrieb Mill hier kurz nach ihrem Tode, „der Welt auch nur die Hälfte der hohen Ideen und erhabenen Gefühle, die mit ihr begraben sind, zu vermitteln, dann würde ich dieser eine größere Wohltat erweisen, als wahrscheinlich je aus dem entspringen wird, was ich ohne Hilfe und Anregung ihrer unvergleichlichen Weisheit schreiben kann." Harriet Taylor gebührt wahrscheinlich das Verdienst, aus dem rationalistischen Nutzenmaximierer den Philosophen der Freiheit und des Individuums gemacht zu haben. Und unter ihrem Einfluss wandte sich Mill auch der Frage der Frauenemanzipation zu: Ende der sechziger Jahre veröffentlichte er darüber sogar ein Buch (*The subjection of Women*, 1869), und er trat jener Gesellschaft bei, die in England für die Einführung des Frauenwahlrechts kämpfte.

Nach einem kurzen und überaus erfolglosen Ausflug in die Politik zog sich John Stuart Mill 1868 auf seinen Wohnsitz in Avignon zurück, an den Ort, an dem Harriet gestorben war, und schrieb eine Autobiografie. 1873 erlag er der Wundrose.

Wenngleich Mill mit seiner Schrift über den Utilitarismus diesen Begriff erst endgültig verankerte, lassen sich seine Ideen also nicht mit denen eines Jeremy Bentham oder James Mill über einen Kamm scheren. Mill kam aus dieser Tradition und entwickelte sie weiter, aber er war kein Utilitarist im modernen Sinne des Wortes. Modern gesprochen war er mehr ein Sozialliberaler und – bis zu einer gewissen Grenze – auch ein Frühsozialist, selbst wenn er beidem eine utilitaristische Begründung lieferte. Stellt man den kurzen Auszug aus der Einleitung zu *Über die Freiheit* in den Kontext seines gesamten Werkes, wird das deutlich.

Mills Denken geht von der anthropologischen Grundannahme aus, der Mensch sei als schöpferisches und spontanes Wesen potenziell zu rationaler Abwägung und Entscheidung fähig, aber eben nur *potenziell*. Individualismus ist für ihn nicht der Ausgangspunkt, sondern das Ideal. Bis dahin ist es für den Einzelnen wie für die Gesellschaften ein weiter Weg der permanenten Verbesserung *(improvement)* durch eine Art dialektischen Prozess von Meinungen und Gegenmeinungen. Auf diesem Weg ist es vor allem die Freiheit von staatlichen Repressionen und gesellschaftlichem Konformitätsdruck, die es allen Menschen und insbesondere auch den Minderheiten erlaubt, eigene Meinungen und eigene Lebensentwürfe zu entwickeln und so in die öffentliche Diskussion zu bringen. Mill glaubt also an den Fortschritt der Menschheit durch die freie Konkurrenz der Meinungen auf den „Märkten". Jede Meinung, und sei sie noch so abwegig und unkonventionell, ist nicht nur erlaubt, sondern bringt die Menschheit insgesamt weiter, und sei es nur, weil die Gegner dieser Meinung gute Argumente finden müssen, sie zu widerlegen. Zur Begründung dieser Sicht greift Mill nicht auf eine Religion oder metaphysische Spekulation oder Naturrechtsidee zurück, sondern nennt einzig das Nützlichkeitsprinzip: Gut ist, was der Vervollkommnung der Einzelnen und der Menschheit nutzt.

Allerdings bewertet Mill, auch hier anders als die klassischen Utilitaristen, die Wünsche, Meinungen und Interessen der Einzelnen durchaus qualitativ, und zwar ausgehend von der Lust. Menschen empfinden demnach Lust immer gemäß ihrem geistigen und sinnlichen Potenzial, und Mill stellt eine Rangfolge von Lüsten auf, an deren Spitze jene stehen, die aus intellektuellen und allgemein aus geistigen Tätigkeiten folgen. Ein gebildeter Mensch, dem es Lust bereitet, über sich selbst und die Gesellschaft nachzudenken und zu diskutieren, empfindet demnach eine qualitativ höhere Lust als ein ungebildeter Mensch, der sich an einfachen Dingen ergötzt. Aus der Rangfolge der Lüste ergibt sich dann natürlich eine Rangfolge der Menschen. Mill bringt das in seiner Schrift über den Utilitarismus auf den Punkt, wenn er schreibt: „Es ist besser, ein unzufriedener Mensch zu sein als ein zufriedenes Schwein, besser ein unzufriedener Sokrates als ein zufriedener Narr." Die höchste Lust bereitet es einem nahezu vollkommenen Menschen demnach, sein Handeln auf das Glück der anderen und der ganzen Menschheit zu richten.

Mill ist Realist genug, um von der faktischen Situation auszugehen und nicht – umgekehrt – die Utopie einer Gesellschaft aus freien und gebildeten Individuen auf seine Zeit zu projizieren. Ihm ist schmerzlich bewusst, dass die Menschen mehrheitlich keineswegs seinem hehren Ideal entsprechen: „Der gewöhnliche Durchschnittsmensch ist nicht nur bescheiden an Verstand, sondern auch bescheiden in seinen Neigungen", heißt es einmal. Und so plädiert Mill einerseits für die staatliche Garantie der Freiheiten, auch von Bildungseinrichtungen, Vereinigungen und Diskussionsforen, damit sich die Menschen mehr und mehr und so ungehindert wie möglich verbessern können. Andererseits aber fordert er, gewissermaßen für die Übergangszeit, eine repräsentative Demokratie, in der die Gebildeten als Vertreter des Volkes die Rahmenbedingungen schaffen, damit es nicht zur Tyrannei der Mehrheit, der Traditionen und Konventionen, kommen kann. Denn nur die Gebildeten wissen nach Mill um die Bedingungen, die zur Verbesserung der Einzelnen und der Menschheit geschaffen und gesichert werden müssen. Der Ort der Diskussion ist das Parlament, aber Mills „Kompetenz"prinzip läuft zuletzt auf eine „Regierung der Weisesten", eine Herrschaft der Intellektuellen hinaus, selbst wenn er dem Volk die Kontrolle über die Regierenden zuspricht. Denn auch das zweite Grundprinzip, das der „Teilhabe", wird eingeschränkt, wenn Mill das Wahlrecht nach dem Grad der individuellen Vervollkommnung gewichtet wissen will, sodass ein Gebildeter mehr Stimmen zu vergeben hätte als ein Ungebildeter. Das hat mit dem heutigen Verständnis von Repräsentation also nur wenig zu tun.

Mills politische Idee, das sei abschließend wenigstens erwähnt, hat auch eine sozialistische Komponente. Zwar lehnte er Eigentum in keiner Weise ab, aber er machte sich für kommunitäre und genossenschaftliche Modelle der Ordnung der Arbeitsverhältnisse stark. Staatliche Eingriffe in die Eigentumsverhältnisse lehnte er nicht grundsätzlich ab, sondern sah sie dann als rechtens und notwendig an, wenn sie den gesamtgesellschaftlichen Nutzen maximieren. Aber am Ende konstruierte John Stuart Mill nur eine Herrschaft derer, die die Einsicht in die Verhältnisse gepachtet haben, über diejenigen, die lediglich potenziell zu dieser Einsicht kommen können. Das ist wieder eine jener Avantgarde-Ideen, wie sie allen Ideologien des 19. und 20. Jahrhunderts gemein ist. Allerdings redete Mill niemals einer Erziehungsdiktatur das Wort, sondern setzte im Prozess der Vervollkommnung vollständig auf die Konkurrenz der Meinungen, übrigens auch im Bildungswesen. Das ist der Kontext, in dem das Plädoyer für die Freiheit zu sehen ist.

John Stuart Mill gilt als der Begründer des politischen Liberalismus, und zwar eines sozial abgefederten Liberalismus. Er hat als Erster nicht nur die Individuen vor der Willkür ihrer Mitmenschen und der des Staates in Schutz zu nehmen versucht, also ihnen eine Freiheit von äußeren Zwängen zugesprochen, sondern auch die Notwendigkeit gesehen, die Rahmenbedingungen zu schaffen für eine Freiheit zu Reflexion und Kommunikation von Interessen und Wünschen. Die *negative Freiheit* war für ihn also nicht bloß eine Freiheit von staatlichen Zwängen, sondern auch und vor allem eine Freiheit von den wesentlich subtileren Formen gesellschaftlicher Repression. Und die *positive Freiheit* ist eine Freiheit, die den Einzelnen wie der Gesamtgesellschaft einiges abverlangt. Zwar dominierte bei Mill noch der Aspekt der *negativen Freiheit*, und es blieb Theoretikern des 20. Jahrhunderts vorbehalten, die andere Seite der Freiheit stärker in den Blick zu nehmen. Aber gerade *On Liberty* ist, wie Isaiah Berlin 100 Jahre nach Erscheinen des Essays gesagt hat, „die klarste, offenste, überzeugendste und eindrucksvollste Formulierung der Anschauungen derer, die eine offene, tolerante Gesellschaft erstreben". Insofern formulierte John Stuart Mill die Grundsätze jener politischen Ideen, auf denen alle heutigen Demokratien, die diesen Namen verdienen, beruhen.

Was sein Konzept einer Herrschaft der Avantgarde (für die Übergangszeit) angeht, so sollten wir heute, nach den Erfahrungen der totalitären Diktaturen des 20. Jahrhunderts, allerdings klüger sein. Nicht alles, was sich sogenannte Intellektuelle ausdenken, führt zur Verbesserung der Menschheit. Im Gegenteil: Nur die Freiheit *aller* Meinungen und Lebensentwürfe schützt die Einzelnen vor den selbst erwählten Kennern der idealen Gesellschaft, und die Freiheiten und Rechte der Menschen sind da am besten gewährleistet, wo sie allen Mitgliedern einer Gesellschaft gleichermaßen garantiert sind. Der Toleranzgedanke sollte durchaus auch alle Formen von Lust umfassen, die die unterschiedlichsten Menschen aus ihrem Handeln gewinnen, selbst wenn wir uns plötzlich in einer Gesellschaft aus zufriedenen Schweinen wiederfinden und die unzufriedenen Philosophen vermissen. Das ist ein Gebot der Vorsicht.

Vielleicht würde das John Stuart Mill, um 150 Jahre Erfahrung reicher, heute auch so sehen. Und vielleicht würde er auch von seiner progressistischen Heilslehre abrücken, die auf nicht weniger als die „Vervollkommnung der Menschheit" zielte und ihn damit in die Reihe der großen Chefideologen einreiht. Mill glaubte fest daran, dass die Diskussionen auf dem Markt der Meinungen einen Fortschritt der Menschheit bis zu einem Zustand der Perfektion bewirken würden, so wie die Anhänger eines ökonomischen Liberalismus von der Konkurrenz auf den Warenmärkten alle möglichen Segnungen erwarteten (und erwarten). Diese liberale Fortschrittsideologie hat sich bis heute nicht ernsthaft erschüttern lassen, weder von Massenarbeitslosigkeit und Armut noch von der Tyrannei der öffentlichen Meinung und der Unterhaltungsindustrie. Wie alle Ideologien ist sie eigentümlich realitätsresistent.

IV. Gegenwart

Hubertus Buchstein

Einleitung

Die Demokratie hat im 20. Jahrhundert weltweit einen imposanten Siegeszug erlebt. Ließ sich die Zahl der Demokratien zu Beginn des Jahrhunderts noch an zwei Händen abzählen, so ist ihre Zahl im Jahr 2010 auf 87 gestiegen.[1] Die rapide Vermehrung von Demokratien erfolgte in mehreren Wellen. Die erste Demokratisierungswelle startete im Amerika des 19. Jahrhunderts und ließ bis Anfang der 1920er Jahre ca. 32 nach heutigen Maßstäben entwickelte Demokratien entstehen. In vielen dieser Länder wie Italien, Deutschland, Ungarn oder Estland wurden diese Demokratien von faschistischen Diktaturen abgelöst. Eine zweite Demokratisierungswelle hatte ihren Impuls in der Demokratisierungspolitik der westlichen Alliierten nach dem Zweiten Weltkrieg und dauerte bis zur Entkolonisation in den 1950er- und 60er-Jahren. Mitte der 1970er-Jahre setzte eine dritte Demokratisierungswelle ein, die vor allem in Ländern Lateinamerikas und Südeuropas den demokratischen Wandel brachte. Die vorläufig letzte Welle entstand zu Beginn der 1990er-Jahre, als in einer Reihe von Ländern aus dem Bereich des ehemaligen Ostblocks der Übergang zur modernen Demokratie beschritten wurde. Demokratien haben heute einen Anteil von 45 Prozent aller Staaten der Welt; doch so imposant sich diese Zahl im historischen Vergleich auch liest, darf die Tatsache nicht aus dem Blick geraten, dass die Mehrheit der Weltbevölkerung heute immer noch in diktatorischen und autokratischen Staaten oder in Gesellschaften ohne ein geordnetes politisches System lebt.

Wenn in diesem Sinne heute von Demokratie gesprochen wird, sind damit keine selbst ernannten ,Volksdemokratien' wie in Nordkorea oder den ehemaligen Ländern des Ostblocks gemeint, sondern das Attribut ,demokratisch' wird an inhaltlich anspruchsvolle Minimalbedingungen gekoppelt. Die vier Minimalbedingungen sind: (1) Allgemeine, freie und gleiche Wahlen, die (2) in regelmäßigen Abständen eine gleichberechtigte Mitwirkung aller Staatsangehörigen bei der Wahl oder Abwahl des politischen Führungspersonals möglich machen. (3) Die Garantie der freien Meinungsäußerung und Interessenwahrnehmung mit gesicherten Rechten der politischen Selbstorganisation und politischen Opposition. Sowie (4) die qua Verfassung gesicherte Existenz der zentralen politischen Institutionen in einem Staat (Verfassungsstaat). Diese vier Minimalbedingungen definieren den Typus der modernen liberalen Demokratie und sind in den gegenwärtigen Demokratietheorien im Wesentlichen unumstritten.

Umstritten dagegen ist, ob diese Mimimalbedingungen bereits ausreichen, um ein politisches System ‚demokratisch' zu nennen, und ob und inwieweit diese Minimalbedingungen in heutigen real existierenden Demokratien auch wirklich vorliegen. Der politische Streit geht beispielsweise über die Frage, inwieweit es mit der politischen Gleichberechtigung in der Demokratie vereinbar ist, wenn die Wahlkampffinanzierung nicht entsprechend reguliert ist oder wenn Vertreter mancher gesellschaftlichen Interessen eher Zugang zu politischen Amtsträgern finden als andere. Ein anderer Streit geht beispielsweise über die Frage, wo die Grenzen der Toleranz zu ziehen sind, wenn im Interesse der Verteidigung der Demokratie ihren extremistischen Gegnern das politische Leben schwer gemacht werden soll. Umstritten ist auch, unter welchen Bedingungen Migranten politische Staatsbürgerrechte erlangen und welche Verpflichtungen damit einhergehen sollen. Heftig diskutiert wird schließlich auch, inwieweit sich die Minimalbedingungen der Demokratie in die Welt des Cyberspace übertragen lassen. Diese und andere Fragen sind das Thema vieler gegenwärtiger Debatten in Politik und Wissenschaft und die Vielstimmigkeit der Antworten ist ihrerseits Ausdruck der demokratischen Vielfalt.

Angesichts der rapide gewachsenen Zahl an Demokratien auf der Welt ist es nicht überraschend, wenn die vergleichende Demokratieforschung zu dem Ergebnis gekommen ist, dass die Demokratie kein überall auf der Welt identisch organisiertes politisches System ist. Heutige Demokratien weisen im Vergleich untereinander zum Teil erhebliche Unterschiede auf. Im typologischen Vergleich zwischen den verschiedenen Demokratieformen lassen sich folgende Hauptunterschiede erkennen:[2] Mehrheitsdemokratien (nach englischem Muster) oder Demokratien mit Verhältniswahlrecht; direkte Demokratien (mit Volksabstimmungen und Direktwahlen) oder repräsentative Systeme; expansive Demokratien (mit weitreichenden Beteiligungsmöglichkeiten) und restriktive Demokratien; föderalistisch organisierte Demokratien oder zentralstaatliche; Wettbewerbsdemokratien, in denen politische Konflikte hauptsächlich auf der Basis von Mehrheitsentscheidungen ausgetragen werden oder Verhandlungsdemokratien, in denen (wie in der Bundesrepublik Deutschland) diese eher unter Anwendung von institutionalisierten Kompromisstechniken geregelt werden.

Mit diesen typologischen Unterschieden wird kein krudes Entweder-oder markiert, sondern in der heutigen Welt der Demokratien existiert eine Reihe von Misch- und Kombinationsformen. In den beobachtbaren „patterns of democracy" (Arend Lijphart) gelangen jeweils länderspezifische Traditionen und historische Umstände, aber auch unterschiedliche Verständnisse der Grundprinzipien der Demokratie zum Ausdruck.[3] Es ist eine in der Politikwissenschaft neuerdings viel diskutierte Frage, ob und inwieweit sich die unterschiedlichen Demokratieformen im Zuge der Globalisierung einander angleichen oder ob mit Blick auf Demokratisierungsprozesse im asiatischen und arabischen Raum zukünftig eher mit einer noch größeren typologischen Vielfalt zu rechnen ist.

Vor dem Hintergrund der grob umrissenen Unterschiede und angesichts der vielfältigen politischen Herausforderungen, mit denen Demokratien heute konfrontiert sind, ist es wenig verwunderlich, wenn die Demokratietheorie der Gegenwart jenseits der genannten Minimalbedingungen ebenfalls von einem Pluralismus der theoretischen Ansätze geprägt ist.

Doch bevor man sich auf diese Unterschiede konzentriert, darf man nicht aus dem Blick verlieren, worin sich die gegenwärtigen Theorien der Demokratie einig sind. Gut zu erkennen ist diese Übereinstimmung vor allem dann, wenn man sich im ideengeschichtlichen Rückblick noch einmal die markanten Veränderungen des Verständnisses dessen, was ‚Demokratie' bedeutet, in den Quellentexten aus den bisherigen drei Kapiteln zur Antike, zum Mittelalter und zur Neuzeit sowie zur Moderne vor Augen hält. Mit dem Abstand unserer heutigen Sichtposition lassen sich in einem solchen ideengeschichtlichen Rückblick drei semantische Transformationen – d.h. drei große Schübe des begrifflichen Bedeutungswandels – erkennen, die der Demokratiebegriff in seiner langen Geschichte durchgemacht hat. Diese Schübe lassen sich am besten mit den Schlagworten *Positivierung*, *Futurisierung* und *Ergänzung* überschreiben.[4]

- Die erste semantische Transformation bestand in der *Positivierung* des Demokratiebegriffs. In den antiken Theorien von Herodot, Platon und Aristoteles sowie von Cicero war die „Demokratie" eindeutig ein Negativbegriff. Alle wichtigen Quellen, aus denen uns der antike Demokratiebegriff überliefert ist, stammen von Kritikern, wenn nicht entschiedenen Gegnern der Demokratie; selbst der Textauszug der Rede des Perikles stammt aus einer Überlieferung von Thukydides, einem Kritiker der damaligen Demokratie. Die negative Verwendung des Demokratiebegriffs setzte sich ungebrochen über das Mittelalter bis in die Neuzeit fort und erst bei Spinoza finden wir in der Sache eine positive Verwendung des Demokratieverständnisses. Die lobende Redeweise über die Demokratie setzte sich nur ganz allmählich im Zusammenhang mit den politischen Kämpfen im Zuge der Französischen Revolution sowie der Ausweitung des Wahlrechts im 19. Jahrhundert in den USA, verschiedenen Ländern Westeuropas, in Neuseeland und Australien durch. Heute ist der Wandel zu einem Positivbegriff zumindest im westlichen Kulturkreis relativ unangefochten.

- Eine zweite semantische Transformation ist die *Futurisierung* des Demokratiebegriffs. Für Cicero und die anderen römischen Autoren war die Demokratie eine Angelegenheit der alten Griechen und sie galt als Regierungsform einer längst vergangenen Epoche. Demokratie wurde vergangenheitsorientiert gedacht und mit der Existenz kleiner Stadtstaaten aus der versunkenen Welt der griechischen Poliswelt verbunden. Schon deshalb war sie (abgesehen von ihrem negativen Bedeutungsgehalt) für Autoren wie Machiavelli, aber auch Montesquieu, John Locke oder für die Verfasser der Federalist Papers keine ernsthafte Begriffsoption zur Formulierung ihrer eigenen politischen Zukunftsvisionen. Selbst ein Autor wie Rousseau, dessen Theorie einen so großen Positivierungsschritt wagte, blieb bezüglich einer konkret möglichen Zukunft der Demokratie pessimistisch. Erst mit Tocquevilles Buch über

Amerika beginnt sich eine politische Sprache durchzusetzen, die nach über 2000 Jahren den der Demokratie anhaftenden Vergangenheitsbezug wieder umkehrt und die Demokratie als ein Projekt mit Zukunft wahrnehmen lässt. In Tocquevilles Sicht war Nordostamerika schon in weiten Teilen eine Demokratie, und auch in Europa würde sich dieses politische System bald durchsetzen, so problematisch diese Erwartung aus seiner Sicht auch war. Erst die damit gegebene Futurisierung machte den Demokratiebegriff zu einer Schlüsselparole in den politischen Kämpfen des 19. und 20. Jahrhunderts. Gegner wie Befürworter der Demokratie waren von der Futurisierung wie elektrisiert. Die einen, weil sie (wie John Stuart Mill) sich einer neuen Herausforderung gegenübergestellt sahen, die für sich die Zukunft reklamierte, die anderen, weil sie (wie Abraham Lincoln oder auf seine Weise auch Karl Marx) nun eine realisierbare politische Zukunftsvision mit dem Namen „Demokratie" vor Augen hatten. Heute ist der Zukunftscharakter der Demokratie weiterhin fast unumstritten. Die Demokratie ist ein Projekt, an dessen stetiger Verbesserung wir alle mitwirken, bis es einmal voll eingelöst und auch im arabischen und asiatischen Raum verbreitet ist. Nur ganz vereinzelt lassen sich Stimmen wie die von Colin Crouch vernehmen, in denen die Vermutung geäußert wird, dass die besten Tage der Demokratie möglicherweise bereits wieder hinter uns liegen könnten.

• Drittens erfuhr der Demokratiebegriff in einer *Ergänzungsstrategie* entscheidende Veränderungen in seinen institutionellen Komponenten. Bestand in der Antike der Vorrang der unmittelbaren politischen Beteiligung der Bürger und der dafür geeigneten Institutionen, so setzte sich nun eine an festen Verfassungsordnungen orientierte Verwendungsweise des Demokratiebegriffs durch. Das Moment der direkten politischen Beteiligung wurde dadurch im Gegenzug eingeschränkt. Es ist der von den liberalen Theoretikern wie Kant oder Tocqueville begrüßte Wechsel von der „Freiheit der Alten" zu der „Freiheit der Modernen", der diese Veränderung besonders deutlich macht: nun werden garantierte liberale Abwehrrechte wie auch das Repräsentativsystem zu festen Komponenten von Demokratie. Die institutionellen Folgerungen dieses Transformationsschritts sind gravierend: Die Demokratie wird im Sinne der Federalist Papers als eine Ordnung betrachtet, die mit einem System von „checks and balances" ergänzt werden muss, damit die negative Freiheit – der Schutz des Individuums vor Beschlüssen der demokratischen Mehrheit – gesichert bleibt. Die Liste der Vorschläge, wie die Institutionen der Demokratie entsprechend ergänzt werden sollten, ist lang und bezeugt ein hohes Maß an Kreativität der damaligen Autoren. Die wichtigsten neuen Komponenten sind die institutionellen Garantien von Rechtsstaatlichkeit (z.B. Unabhängigkeit der Justiz, Verfassungsgerichtsbarkeit), verschiedene Modelle der Gewaltenteilung, mehrstufige Repräsentativsysteme und der Föderalismus.

Soweit drei zentrale Punkte, bei denen sich die gegenwärtigen Theorien der Demokratie aus ideengeschichtlicher Perspektive einig sind. Doch neben diesen grundlegenden

Übereinstimmungen stößt man heute auf eine verwirrend anmutende Vielfalt an Demokratietheorien, in der sich nur noch Experten zurechtzufinden scheinen. Wäre dies tatsächlich der Fall, so wäre es um die Demokratie schlecht bestellt. Denn die Demokratie ist eine Staatsform, die mehr als alle anderen politischen Systeme darauf angewiesen ist, dass die in ihr politisch handelnden Bürger über ein angemessenes Grundverständnis ihrer eigenen Rolle in der Politik verfügen. Um an diesem Punkt Missverständnisse zu vermeiden: Damit ist nicht gemeint, dass sich alle Bürger mit sämtlichen Details des politischen Betriebes vertraut machen müssen, und damit ist auch nicht gemeint, dass alle Bürger ein identisches Demokratieideal, nach dem sie die politische Wirklichkeit beurteilen, teilen müssen. Aber ohne ein Mindestmaß – auch wenn der Grenzwert nach unten schwer zu bestimmen ist – an politischer Kenntnis und an demokratischen Überzeugungen aufseiten ihrer Bürger kann sich eine Demokratie nicht am Leben erhalten.

An diesem Punkt ist die Demokratie also selbstbezüglich: Denn die immer wieder notwendige und neu aufflammende Debatte darüber, worin das Ideal der Demokratie besteht und wie es am besten umzusetzen ist, gehört selbst zu den politischen Auseinandersetzungen, die in einer Demokratie geführt werden. Und tatsächlich brechen bei politischen Auseinandersetzungen etwa über Fragen der Bildungs- und Sozialpolitik, der Atompolitik oder bei den Konflikten um das Verkehrsprojekt Stuttgart 21 regelmäßig heftige Kontroversen darüber auf, was unter einem fairen ‚demokratischen' Entscheidungsverfahren zu verstehen ist. In Konfliktsituationen brechen sich die untergründigen Unterschiede im Demokratieverständnis Bahn und sind nicht mehr nur das Thema der akademischen Politikwissenschaft und der politischen Bildung.

Vonseiten der Politikwissenschaft gibt es für die Bewältigung des gegenwärtigen Pluralismus in der Demokratietheorie eine Reihe von Sortierhilfen. Die Sortierungen, mit denen ein wenig Ordnung in die Vielzahl unterschiedlicher begrifflicher Verwendungen und Argumentationen gebracht werden soll, lassen sich ihrerseits in drei Verfahrensweisen einteilen. Beim ersten Verfahren werden die *ideengeschichtlichen Linien* des demokratischen Denkens nachgezeichnet; der Zweck dieses Verfahrens besteht darin, grobe Phaseneinteilungen und markante thematische Änderungen im demokratischen Denken herauszuarbeiten. Beim zweiten Verfahren werden Demokratietheorien zu *Modellen oder Ansätzen* verdichtet; der Zweck dieses Verfahrens besteht darin, sie besser miteinander vergleichbar zu machen. Beide Vorgehensweisen werden in diesem Buch miteinander kombiniert. Es dient der Übersicht und dem Verständnis der gegenwärtigen Debatten über die Perspektiven der Demokratie, wenn man drittens in eher abstrakter Weise auf die Art und Weise schaut, wie generell an das Thema Demokratie herangegangen wird. Es lassen sich dann drei *grundlegende Typen* von Demokratietheorie unterscheiden: der empirische, formale und normative Typus. Die empirischen Demokratietheorien versuchen zu ermitteln, welche konkrete Form von Demokratie am ehesten rationale Politikergebnisse erzeugt. Die formale

Demokratietheorie leitet ihre Modelle aus bestimmten Rationalitätsannahmen von Akteuren oder Systemzusammenhängen ab. Die normative Demokratietheorie bemüht sich darum, die Demokratie als das in vernünftiger Hinsicht beste aller politischen Ordnungssysteme zu rechtfertigen. Mit diesen drei grundlegenden Typen sind ganz unterschiedliche Perspektiven und Herangehensweisen an demokratiepolitische Fragen verbunden. Viele tagespolitische und politikwissenschaftliche Debatten zum Thema Demokratie würden mit weniger Heftigkeit und mit mehr Gewinn für alle daran Beteiligten geführt, wenn man diese unterschiedlichen Ebenen voneinander trennt.

Zu den drei Typen im Einzelnen:

- *Empirische Demokratietheorien* beanspruchen, die politischen Systeme, die die oben genannten Minimalbedingungen erfüllen, zu beschreiben und zu analysieren. Sie bedienen sich dabei unterschiedlicher Methoden der qualitativen und quantitativen Sozialforschung. Die Theoriebildung erfolgt induktiv auf dem Wege der schrittweise vorgehenden Verallgemeinerung empirischer Befunde. Empirische Demokratietheorien beschreiben die Systemeigenschaften moderner Demokratien, klassifizieren unterschiedliche Typen demokratischer Systeme, messen deren Leistungsfähigkeit im Hinblick auf bestimmte Problemlagen und arbeiten die Funktionsvoraussetzungen der verschiedenen Formen moderner Demokratie heraus. Gerade die neuere Forschung hat gezeigt, dass die Leistungen (die „Performanz") moderner Demokratien in vielen Bereichen (etwa bei in die längere Zukunft reichenden Themen wie der Klima- und Schuldenpolitik) deutlich zu wünschen übrig lassen, dass sie im Vergleich mit Autokratien aber insgesamt deutlich besser abschneiden.[5] Die Textauszüge in diesem Band von Max Weber, Ralf Dahrendorf, Giovanni Sartori, Arend Lijphart, Fritz Scharpf und Colin Crouch sind Beispiele für empirische Demokratietheorien.

- Ganz anders gehen *formale Demokratietheorien* vor. Sie konstruieren Modelle, deren Konstruktionen auf wenigen logischen Voraussetzungen basieren und die sich je nach Theorieansatz unterscheiden. Ausgehend von diesen Voraussetzungen werden dann die Eigenschaften demokratischer Systeme modellhaft entwickelt. Weder diese Grundannahmen noch die Modelle erheben einen normativen Anspruch – etwa in dem Sinne, dass die jeweiligen Autoren sie als positive Ideale vorstellen. Doch in der Hoffnung, für die Realität zutreffende Grundannahmen gewählt und die Modelle richtig konstruiert zu haben, beanspruchen formale Demokratietheorien, eine Erklärung der Funktionsabläufe existierender Demokratien liefern zu können. Gegenwärtig konkurrieren in der Politikwissenschaft zwei dieser formalen Theorieansätze, der akteurszentrierte Ansatz von Rational-Choice-Modellen (repräsentiert durch die Textauszüge von Schumpeter und Anthony Downs in diesem Band) und der systemtheoretische Ansatz (Niklas Luhmann in diesem Band).

- In Abgrenzung zu den bisher genannten Zugangsweisen beanspruchen *normative Demokratietheorien*, dass sie überzeugende Begründungen für demokratische Herrschaftssysteme geben können. Die Begründung und die Bewertung von Demokratie werden nicht unter dem Signum der „Wertfreiheit der Wissenschaft" in den vorwissenschaftlichen Bereich abgedrängt, sondern ausdrücklich zum Gegenstand der eigenen wissenschaftlichen Tätigkeit gemacht. Normative Theorien beanspruchen, überzeugende Kriterien für das Lob oder die Kritik an real existierenden politischen Systemen bereitzustellen (so die Beiträge von Ernst Fraenkel, John Rawls und Jürgen Habermas in diesem Band). Normative Demokratietheorien unterscheiden sich voneinander sowohl in der Art der Begründung ihrer Sollensaussagen als auch darin, wie sie Demokratie konkret ausgestalten wollen. Dabei ist es in den letzten zwanzig Jahren zu einer bis dato nicht gesehenen Ausdifferenzierung und argumentativen Verästelung bestehender Grundsätze gekommen. Häufig verbinden die Autoren der normativen Demokratietheorie ihre Überlegungen auch mit konkreten Reformvorschlägen (so die Textauszüge von Benjamin Barber, Anne Phillips und Heidrun Abromeit in diesem Band).

Angesichts der vielfältigen globalen Herausforderungen, mit denen sich die Demokratien gegenwärtig konfrontiert sehen, wird es eine mit Spannung zu beobachtende Frage sein, ob und inwieweit die Herrschaftsform ‚Demokratie' diesen Herausforderungen auf längere Sicht gewachsen sein wird. Die Verfechter der sich seit Ende des 18. Jahrhunderts unter dem Namen ‚Demokratie' schrittweise etablierenden neuen politischen Ordnungen in Nordamerika und Westeuropa konnten den aus der Antike stammenden Namen deshalb erfolgreich für sich reklamieren, weil es ihnen gelang, das mit der Demokratie verbundene Institutionensystem an die *erste räumliche Transformation* ihres Herrschaftsbereichs vom Stadtstaat zum Flächenstaat anzupassen. Die Demokratien dieser zweiten Generation der nationalstaatlichen Massendemokratie nahmen unter anderem Parlamente, den Ausbau der Gewaltenteilung sowie die Wahl von Repräsentanten und anderen Amtsinhabern in ihr verändertes Demokratieverständnis auf. Diese mit dem Wandel zum nationalen Flächenstaat einhergehenden institutionellen Muster prägen unsere Demokratievorstellungen bis heute, auch wenn die politische Realität sich von diesen Grenzen bereits verabschiedet hat. Der sich in Etappen vollziehende Auf- und Weiterbau der Europäischen Union ist nur ein, wenn auch ein besonders markantes Beispiel für den Tatbestand, dass die Ära exklusiv nationalstaatlich organisierter Demokratien an ihr Ende gekommen ist. Die Entstehung supranationaler Regime wie der EU wirft die so schlichte wie grundlegende Frage auf, ob und wie eine *zweite räumliche Transformation der Demokratie* hin zu einer dritten Generation der Demokratie in der postnationalen Konstellation gelingen kann.

Am Beispiel der Veränderungen, die von der Europäisierung politischer Entscheidungsprozesse im Rahmen der EU für nationalstaatliche Parteisysteme ausgehen, lässt sich die demokratische Transformationsproblematik vielleicht am besten illustrieren. Nach der klassischen Lehre der traditionellen Parteienforschung sollen sich die Interessen und Meinungen der Bürger in den politischen Parteien bündeln, weshalb es in dem bekanntesten Buch zum Parteisystem von seinem Autor Ulrich von Alemann zusammenfassend heißt, dass es bei aller vereinzelt berechtigten Kritik an Parteien in der modernen Demokratie zu politischen Parteien und dem Parteienwettbewerb „keine ernsthafte Alternative"[6] gibt. Nun haben sich allerdings in den letzten Jahren im Zuge der Etablierung eines politischen Systems der EU zwar auch die politischen Parteien zu losen europaweiten Verbünden zusammengeschlossen. Von einem kraftvollen europäischen Parteiensystem kann dabei aber nicht die Rede sein, die politischen Parteien sind in ihrer Programmatik und Organisation weiterhin in erster Linie nationalstaatlich orientiert geblieben. Für die Formulierung von politischen Entscheidungen auf Ebene der EU spielen die Parteien keine mit ihrer nationalstaatlichen Funktion vergleichbare Rolle. An die Stelle der Parteien, so stellt Michael Th. Greven an die Adresse von Alemann fest, tritt auf europäischer Ebene „der Einfluss anderer kollektiver und organisierter Akteure, von den viel thematisierten Lobbyisten und Nichtregierungsorganisationen bis hin zu den als politische Akteure noch wenig thematisierten Agenturen, internationalen Rechtsanwaltsfirmen und Stiftungen".[7] Durch diese Veränderungen verlieren die politischen Parteien auch auf nationalstaatlicher Ebene an politischer Bedeutung, was eine weitere Schwächung der nationalen Parteiensysteme in Konkurrenz zur Einflussnahme durch andere Interessenorganisationen in Gang setzt. Dieser Abwärtsspirale in der Bedeutung politischer Parteien eine demokratische Wendung zu geben ist nur eine der vielen Herausforderungen, vor denen die geforderte zweite räumliche Transformation der Demokratie sich heute gestellt sieht. Falls diese Transformation nicht gelingt, stünde mit der Formel „Postdemokratie" (vgl. den Textauszug von Colin Crouch) bereits ein erster Begriff zur Bezeichnung für diesen neuen politischen Zustand bereit.

Dennoch gibt es keinen Grund, vor den aktuellen Herausforderungen, denen sich die Demokratie derzeit gegenübersieht, zu verzagen. Denn wenn die lange Geschichte der Demokratietheorien von der Antike bis zur Gegenwart eines belegt, dann ist es die Tatsache, dass das Nachdenken über die Demokratie zu unterschiedlichen Zeiten immer wieder ganz neue praktische Wege der Demokratiepolitik, also der Reform des demokratischen Systems, in Gang gebracht hat.[8] Demokratien sind nicht perfekt und werden es vermutlich auch niemals sein. Die Kraft zu nüchternen politischen Diagnosen und der Mut zu institutionellen Reformen sind Aufgaben, mit denen sich jede politische Generation von Neuem konfrontiert sieht. Demokratie und Demokratiepolitik gehören untrennbar zusammen.

Mit dieser Feststellung ist kein moralisierender Appell verbunden. Sie soll nicht mehr sein als der schlichte Hinweis auf die Zumutungen der Demokratie: Demokratie muss sich immer wieder neu bewähren und immer wieder neue Anhänger gewinnen. Insofern ähnelt die Demokratiepolitik notgedrungen der Arbeit des Sisyphos aus der antiken griechischen Sage, der immer wieder damit beschäftigt ist, einen schweren Stein auf den Berg zu schieben. Dieser Vergleich hat nichts Alarmierendes oder gar Verzweifelndes – der Sagenheld Sisyphos war entgegen seinem populären Image kein bisschen unglücklich –, sondern steht lediglich als ein Symbol für die grundlegende Existenzbedingung der modernen Demokratie: Sowenig wie Menschen bereits als sprechende oder sich im Cyberspace bewegende Wesen geboren werden, sowenig kommen sie als Demokraten auf die Welt. Die Demokratie muss wie die Sprache immer wieder neu von jeder Generation erlernt und gegebenenfalls an neue Erfordernisse angepasst und verändert werden.

Anmerkungen

1 Vgl. Manfred G. Schmidt: Demokratietheorien. 5. Auflage, Wiesbaden 2010, S. 495.

2 Einen Überblick über die Befunde der vergleichenden Demokratieforschung gibt Manfred G. Schmidt: Demokratietheorien. 5. Auflage, Wiesbaden 2010, S. 289-452. Eine knappe Definition und eine genauere Erklärung der im Folgenden aufgezählten Demokratietypen finden sich in Manfred G. Schmidt: Wörterbuch der Politik. 3. überarbeitete Auflage. Stuttgart 2010.

3 Die Bedeutung dieser historischen Faktoren betont mit Blick auf den Vergleich zwischen der Bundesrepublik und anderen westlichen Demokratien Ernst Fraenkel in: Historische Vorbelastungen des deutschen Parlamentarismus (1960). In: Ders.: Gesammelte Schriften, Band 5. Baden-Baden 2007, S. 53-73.

4 Ausführlicher werden diese Bedeutungsveränderungen nachgezeichnet in Hubertus Buchstein: Demokratietheorie in der Kontroverse. Baden-Baden 2009, S. 108-120.

5 Einen prägnanten Überblick über diese Befunde gibt Manfred G. Schmidt: Zur Leistungsfähigkeit von Demokratien – Befunde neuerer vergleichender Analysen. In: André Brodocz/Marcus Llanque/Gary S. Schaal (Hrsg.): Bedrohungen der Demokratie. Wiesbaden 2008, S. 29-41.

6 Ulrich von Alemann: Das Parteiensystem der Bundesrepublik Deutschland. 2. Auflage. Opladen 2001, S. 7.

7 Michael Th. Greven: Sind Parteien in der Politik alternativlos oder ist ihre Rolle historisch begrenzt? Zur Parteienforschung angesichts von ‚Globalisierung‘, ‚Transnationalisierung‘ und ‚Europäisierung‘. In: David Gehne/Tim Spier (Hrsg.): Krise oder Wandel der Parteiendemokratie. Wiesbaden 2010, S. 225-235, S. 231.

8 Einige Reformvorschläge werden vorgestellt in Claus Offe (Hrsg.): Demokratisierung der Demokratie. Diagnosen und Reformvorschläge (Frankfurt/M. 2006) und dem Heft 7 (2009) der Zeitschrift ‚Polar‘ mit dem Schwerpunkt ‚Zukunft der Demokratie‘ (Frankfurt/M.). Ein Vorschlag, wie sich zum Beispiel mit der Einführung von Losverfahren die Demokratiedefizite der EU beheben lassen könnten, findet sich in Hubertus Buchstein/Michael Hein: Zufall mit Absicht. Das Losverfahren als Instrument einer reformierten Europäischen Union. In: Soziale Welt, Sonderheft 18, Baden-Baden 2009, S. 351-384.

Max Weber

Ausgewählt und interpretiert von Gotthard Breit

Bismarcks politisches Erbe und der Parlamentarismus (1918)

Was war infolgedessen [...] Bismarcks politisches Erbe? Er hinterließ eine Nation   1
ohne alle und jede politische Erziehung, tief unter dem Niveau, welches sie in dieser
Hinsicht zwanzig Jahre vorher bereits erreicht hatte. Und vor allem eine Nation
ohne allen und jeden politischen Willen, gewohnt, daß der große Staatsmann an
ihrer Spitze für sie die Politik schon besorgen werde. Und ferner, als Folge der   5
mißbräuchlichen Benutzung des monarchischen Gefühls als Deckschild eigener
Machtinteressen im politischen Parteikampf, eine Nation, daran gewöhnt, unter
der Firma der ‚monarchischen Regierung‘ fatalistisch über sich ergehen zu lassen,
was man über sie beschloß, ohne Kritik an der politischen Qualifikation derjenigen,
welche sich nunmehr auf Bismarcks leergelassenen Sessel niederließen und mit   10
erstaunlicher Unbefangenheit die Zügel der Regierung in die Hand nahmen. An
diesem Punkt lag der bei weitem schwerste Schaden. Eine politische Tradition dagegen
hinterließ der große Staatsmann überhaupt nicht. Innerlich selbständige Köpfe und
vollends Charaktere hatte er weder herangezogen, noch auch nur ertragen. Und der
Unstern der Nation hatte überdies gewollt, daß er neben seinem rasenden Argwohn   15
auf alle Persönlichkeiten, die ihm irgendwie als denkbare Nachfolger verdächtig
waren, auch noch einen Sohn besaß, dessen wahrlich bescheidene staatsmännische
Qualitäten er erstaunlich überschätzte. Demgegenüber nun als ein rein negatives
Ergebnis seines gewaltigen Prestiges: ein völlig machtloses Parlament. [...]
Jene Machtlosigkeit bedeute aber zugleich: ein Parlament mit tief herabgedrücktem   20
geistigen Niveau. Zwar die naive moralisierende Legende unserer unpolitischen
Literaten denkt sich die ursächliche Beziehung vielmehr gerade umgekehrt: weil
das Niveau des Parlamentslebens niedrig gewesen und geblieben sei, deshalb sei es,
und zwar verdientermaßen, machtlos geblieben. Höchst einfache Tatsachen und
Erwägungen zeigen aber den wirklichen Sachverhalt, der sich übrigens für jeden   25
nüchtern Denkenden von selbst versteht. Denn darauf: ob große Probleme in einem
Parlament nicht nur beredet, sondern maßgeblich entschieden werden, – ob also
etwas und wie viel darauf ankommt, was im Parlament geschieht, oder ob es nur
der widerwillig geduldete Bewilligungsapparat einer herrschenden Bürokratie ist,
stellt sich die Höhe oder Tiefe seines Niveaus ein. [...]   30

1   Man mag den parlamentarischen Betrieb hassen oder lieben, – beseitigen wird man ihn nicht. Man kann ihn nur politisch machtlos machen, wie Bismarck es mit dem Reichstag getan hat. Die Machtlosigkeit des Parlaments aber äußert sich außer in den allgemeinen Konsequenzen der ‚negativen Politik‘ in folgenden
5   Erscheinungen. Jeder parlamentarische Kampf ist selbstverständlich ein Kampf nicht nur um sachliche Gegensätze, sondern ebenso: um persönliche Macht. Wo die Machtstellung des Parlaments es mit sich bringt, daß der Monarch in aller Regel den Vertrauensmann der entschiedenen Mehrheit mit der Leitung der Politik betraut, richtet sich dieser Machtkampf der Parteien auf die Erlangung dieser
10   höchsten politischen Stellung. Es sind dann die Leute mit großem politischem Machtinstinkt und mit den ausgeprägtesten politischen Führerqualitäten, welche ihn durchfechten und welche also die Chance haben, in die leitenden Stellungen zu kommen. Denn die Existenz der Partei im Lande und alle die zahllosen ideellen und zum Teil sehr materiellen Interessen, welche damit verknüpft sind, erheischen
15   dann gebieterisch, daß eine mit Führereigenschaften ausgestattete Persönlichkeit an die Spitze kommt. Es besteht dann, und nur dann, der Anreiz für die politischen Temperamente und politischen Begabungen, sich der Auslese dieses Konkurrenzkampfes zu unterziehen.

Auszug aus: Max Weber [1918]: Parlament und Regierung im neugeordneten Deutschland.
In: Max Weber: Gesammelte Politische Schriften. Herausgegeben von Johannes Winckelmann.
2. Auflage, Tübingen 1958, S. 307 f., 328 f.

Interpretation

Max Weber (* 21.4.1864, † 14.6.1920) war ein bedeutender Volkswirtschaftler und Soziologe. Sein Einfluss auf die Politikwissenschaft ist auch heute noch groß. Aus der nationalliberalen Tradition des Bürgertums kommend, war ihm, wie seine berühmt gewordene Freiburger Antrittsvorlesung vom 13. Mai 1890 zeigt, das Groß- und Weltmachtstreben der wilhelminischen Zeit nicht fremd. In den folgenden Jahrzehnten lernte er die Strukturdefekte der Politik im Kaiserreich kennen, die zum Niedergang führen sollten.

Bei der Abfassung seiner von ihm selbst als Streitschrift bezeichneten Studie *Parlament und Regierung im neugeordneten Deutschland* im fünften Kriegsjahr 1918 ging Weber von der politischen Unreife des Bürgertums, der unkontrollierten Herrschaft der Bürokratie, der Machtlosigkeit des Parlaments und der leichtfertig ausgeübten Regierungsgewalt im kaiserlichen Deutschland aus und entwickelte von hier aus Vorschläge zur Stärkung des Parlaments, der Einführung einer vom Reichstag abhängigen politischen Leitung des Staates und damit zur Einführung der Demokratie. Es waren vor allem praktische Vernunftgründe, die ihn zur Befürwortung eines demokratischen Systems brachten. Dadurch sollten die von ihm erkannten Strukturschwächen des bisherigen politischen Systems behoben werden, denn nur so konnte für ihn Deutschlands Zukunft dauerhaft gesichert werden. In seinen letzten Lebensjahren hatte er zu den Parteien eine kritische, aber prinzipiell positive Einstellung entwickelt. Er vertrat den Parlamentarismus und wollte, dass er kraftvoll funktionierte. Die Stärkung des Parlaments sollte eine gute Führungsauslese garantieren. Im Kampf um die parlamentarische Mehrheit sollten sich Persönlichkeiten mit Temperament und politischer Begabung durchsetzen, in leitende Stellungen aufsteigen und Verantwortung übernehmen. So sollte eine im Umgang mit Macht erfahrene, verantwortungsbewusste und demokratisch legitimierte Führung des Staates etabliert werden, von der über die Öffentlichkeit der Auseinandersetzungen im Parlament eine erzieherische Wirkung auf das politische Bewusstsein im Volk ausgehen sollte.

In den beiden Textauszügen spricht Max Weber die Folgen von Bismarcks politischem Erbe an: die Ohnmacht der Bürger als Untertanen „ohne allen und jeden politischen Willen", die Machtlosigkeit des Parlaments und den fehlenden Anreiz für politische Begabungen zum Kampf um Macht im Parlament, eine herrschende Bürokratie und eine erstaunlich unbefangene, politisch unerfahrene Leitung an der Spitze des Staates, die nicht aus dem Konkurrenzkampf im Parlament hervorgegangen war.

Bismarck hatte sich als preußischer Ministerpräsident und als Reichskanzler erfolgreich einer Parlamentarisierung des politischen Systems und einer Demokratisierung des politischen Lebens entgegengestellt. Auch nach der Reichsgründung 1871 blieben Regierung und Verwaltung von Parlament und Parteien getrennt. Der Übermacht und Leistungskraft des Obrigkeitsstaates stand ein ohnmächtiger Reichstag gegenüber. Die neue Reichsverfassung bedeutete eine Niederlage für das Bürgertum. Zwar wurde das Parlament beibehalten und den Deutschen für den Reichstag ein im Vergleich zu Preußen modernes Wahlrecht eingeräumt. Bismarck sorgte aber dafür, dass der Reichskanzler und mit ihm die Exekutive vom Vertrauen des Reichstages unabhängig blieben und damit das Volk über den machtlosen Reichstag von der Regierungsgewalt ausgeschlossen blieb. Die Bürger kannten keine Mitbestimmung über ihr politisches Schicksal durch die gewählten Volksvertreter. Diese Machtlosigkeit führte nach Weber zu einem niedrigen politischen Niveau. Mangels politischer Beteiligung blieb das politische Denken und Urteil der Bürger ungeschult. Unfähig zu selbstständiger Kritik und ohne eigenen politischen Willen seien die Deutschen gezwungen gewesen, „fatalistisch über sich ergehen zu lassen, was man über sie beschloß". Im Reichstag, in dem viel geredet und wenig entschieden wurde, konnten keine politischen Begabungen „mit großem Machtinstinkt und mit den augeprägtesten politischen Führerqualitäten" heranwachsen. Politisches Engagement lohnte sich nicht, da Abgeordnete keine Chance besaßen, in leitende Stellungen zu gelangen. So fand im Reichstag keine positive Führungsauslese statt.

Max Weber weist in den beiden Textauszügen Bismarck die Hauptverantwortung für die politische Unreife des deutschen Volkes zu. Dieser Vorwurf ist nur zum Teil berechtigt. Bismarck hat zwar den Heeres- und Verfassungskonflikt (1859-1866) und damit den Streit um die Vorherrschaft zwischen Krone und Parlament zugunsten des Obrigkeitsstaates entschieden. Das Parlament in Preußen und nach 1871 im Kaiserreich blieb ohnmächtig und der Reichskanzler hat mit seiner Regierungsweise viel zur Unfreiheit und politischen Unreife des Volkes beigetragen. Das deutsche Bürgertum (Besitz, Beamtenschaft, Bildung) seinerseits zeigte sich von der Bismarck'schen Machtpolitik und den militärischen Erfolgen in den Einigungskriegen so beeindruckt, dass es von sich aus das Streben nach politischer Selbstbestimmung aufgab. So hat es seine politische Unmündigkeit auch selbst verschuldet. Vor 1848 strebten in Deutschland die Bürgerinnen und Bürger zwei Ziele an: Einheit und Freiheit. 1848 schuf das Parlament in der Paulskirche den Entwurf für eine freiheitlich-demokratische Verfassung. Über den Grundrechtskatalog wurde lange beraten und heftig gestritten. Damals besaß die Unverletzlichkeit dieser Rechte für die Abgeordneten große Bedeutung.

Dem Bürgertum blieb es versagt, die Einheit zu vollenden und den deutschen Nationalstaat aus eigener Kraft zu schaffen. Nach der erfolglosen Revolution von 1848/49 und der Niederlage des Liberalismus im preußischen Verfassungskonflikt (1859-1866) führten die siegreichen Kriege von 1864, 1866 und 1870/71 zur nationalen Einheit und zugleich zu einem Triumph des Obrigkeitsstaates. Dieser Erfolg prägte nachhaltig die politische Vorstellungs- und Wertewelt der Deutschen. Die Bürger übernahmen die Sicht von Politik, die Bismarck ihnen vorgab. Wenn ein Staatsmann von seiner Größe an der Spitze des Staates Führung ausübte und jeder Bürger an seinem Platz gehorsam seine Pflicht erfüllte, dann bildete diese Ordnung die beste Voraussetzung für das erfolgreiche Betreiben von Machtpolitik nach außen. Beeindruckend spektakulär hatte der Kanzler seine Vorhersage wahrgemacht, die Einheit der Nation als die große Frage der Zeit werde nicht im Parlament „durch Reden und Majoritätsbeschlüsse [...] – das ist der große Fehler von 1848 und 1849 gewesen –, sondern durch Eisen und Blut" herbeigeführt (Bismarck, Rede am 30. September 1862 vor der Budgetkommission des preußischen Abgeordnetenhauses). Von nun an lagen für viele Deutsche die großen Fragen der Zeit und damit die Aufgaben staatlicher Führung auf dem Feld äußerer Machtpolitik, die mit „Eisen und Blut" betrieben wurde. Der Bezugspunkt von Politik war nicht das Individuum mit seinen Grundrechten, sondern der Erhalt und die Stärkung des Reiches. Der Staat war nicht für die Bürger da, sondern die Bürger für den Staat.

Unter dem Eindruck Bismarck'scher Machtpolitik gab das Bürgertum das Ziel „einer ,bürgerlichen Gesellschaft' unter bürgerlicher Herrschaft" (Hans-Ulrich Wehler) auf. Die Vorstellung einer freien Gesellschaft mit dem Recht des Volkes, sich selbst zu regieren, übte von nun an ebenso wenig Anziehungskraft aus wie die Unantastbarkeit der Menschenwürde, die Achtung der Freiheitsrechte und das Gleichheitsprinzip. An die Stelle von Bürgern mit politischem Niveau traten Untertanen „ohne alle und jede politische Erziehung". Ihre Bürger- bzw. Untertanenrolle sahen sie durch die neue Politikauffassung und die außenpolitische Zielsetzung als gerechtfertigt an. Danach setzte eine erfolgreiche Machtpolitik nach außen nationale Geschlossenheit voraus. Im Inneren des Reiches sollten keine politischen Auseinandersetzungen geführt, sondern alle Interessen auf die Stellung des Reiches in Europa und in der Welt hin ausgerichtet werden. Politische Selbst- und Mitbestimmung erschien da fehl am Platze.

Im Kaiserreich kultivierte das Bürgertum seine Bereitschaft zu Unterordnung und Pflichterfüllung als nationale Tugend. Damit und nicht mit aktiver politischer Beteiligung leistete man seinen Beitrag fürs Vaterland. Dank bürgerlicher Tüchtigkeit war das kaiserliche Deutschland auf vielen Gebieten führend in der Welt. Damals wurden wirtschaftliche, wissenschaftliche, technische und kulturelle Spitzenleistungen vollbracht.

Soldatische Tugenden wie Gehorsam, Tapferkeit und Opferbereitschaft standen in hohem Ansehen. Pflichterfüllung im Beruf, Staatstreue und Loyalität gegenüber dem Herrscherhaus gaben Halt und sicherten bzw. steigerten das eigene Selbstwertgefühl („Mit Gott für König und Vaterland!"). Das waren die Tugenden, die den Heranwachsenden von frühester Jugend an in Elternhaus und Schule vermittelt wurden. Ein „monarchisches Gefühl" verklärte die eigene Unterordnung. Der gebildete deutsche Bürger schaute mit Ehrerbietung zum Monarchen auf, verachtete die Politik als ein schmutziges Geschäft, blickte geringschätzig auf die ,niedrige' und ,gemeine' Gesinnung der (Partei-)Politiker und das Geschehen in der Schwatzbude ,Reichstag' herab und hielt sich von politischen Auseinandersetzungen fern. Dabei wurde übersehen, dass diese Haltung recht bequem war und einen vor den Anstrengungen politischer

Selbstständigkeit bewahrte. Die Bürger verließen sich darauf, dass die Leitung „an ihrer Spitze für sie die Politik schon besorgen werde". Durch die Aufgabe der Freiheit sah sich der Einzelne insbesondere im Bereich der Politik von der Last der Eigenverantwortung enthoben. Die fehlende politische Beteiligung wirkte sich auf das Verständnis für Politik aus. Unter der Vormundschaft des Obrigkeitsstaates verkümmerte die Fähigkeit zum politischen Denken, Urteilen und Handeln.

Die politische Untertanenkultur blieb auch nach dem Ende des Kaiserreichs 1918 in weiten Teilen des deutschen Bürgertums bestehen. Die Weimarer Republik war eine Demokratie mit viel zu wenigen Demokraten. Sie ist hauptsächlich an diesem Mangel zugrunde gegangen. Die alten Eliten und die national, antidemokratisch und unpolitisch eingestellte Mehrheit des Bürgertums verhinderten die Entwicklung einer demokratischen politischen Kultur und einer zivilen Gesellschaft. Viele Deutsche warteten darauf, dass die „undeutsche" Republik durch ein neues Reich abgelöst wurde. Die politischen Institutionen der jungen Demokratie konnten ihre Funktionsfähigkeit nicht entfalten, da die dazu notwendige mentale und soziokulturelle Verankerung im Volk fehlte. Nur eine Minderheit bekannte sich zur Verfassung.

Der Mangel an „politischer Tradition" und ein politisches Niveau tief unter dem, das 1848/49 schon einmal erreicht war, verhinderten eine Hinwendung zur parlamentarischen Demokratie, wie sie Max Weber bereits vor 1918 vollzogen hatte. Er hatte das verhängnisvolle Erbe Bismarcks durchschaut und daraus weitsichtige Schlussfolgerungen gezogen. Mit seinem Wissen von Politik und der Notwendigkeit von politischer Erziehung und mit seinem Eintreten für ein starkes Parlament stand er am Ende des Ersten Weltkrieges ziemlich alleine da. Ein Volk, das aus Mangel an politischem Verständnis „ohne allen und jeden politischen Willen" der Leitung an der Spitze des Staates blind vertraute, trug in seinen Augen Verantwortung für Fehlentwicklungen in Staat und Gesellschaft. Nicht um der Menschenwürde und Freiheit willen, sondern aus Gründen der Effizienz von Herrschaft sollten Bürger sich politisch beteiligen und die Fähigkeit und den Willen zum politischen Denken, zu Kritik an der Qualifikation der Regierenden und zur Kontrolle der Regierung besitzen. Das Fehlen von politischer Erziehung und, daraus folgend, die passive Bereitschaft zur Unterordnung hatten nach Max Weber an der Spitze des Kaiserreichs zu einer erstaunlich unbefangenen Ausübung der Staatsgeschäfte geführt. Wäre im Volk ein politischer Wille als Erbe einer bis 1848/49 sich entwickelnden und von Bismarck unterbundenen politischen Tradition vorhanden gewesen, dann hätten nach dessen Entlassung nicht politisch Unqualifizierte Herrschaft ausüben können. Daraus erwächst für Weber die Verpflichtung, bei den Bürgerinnen und Bürgern für politische Erziehung zu mündiger Aktivität zu sorgen.

Wie verhängnisvoll sich das Erbe Bismarcks ausgewirkt hat, zeigt das Geschehen in der NS-Zeit. Das Dritte Reich erschien vielen Deutschen als der gelungene Versuch einer autoritären Herrschaft. Adolf Hitler traute man zu, die Gesellschaft im Inneren zu einen und die Politik auf die Stärkung Deutschlands als Machtstaat nach außen hin auszurichten. Trotz mancherlei Begleiterscheinungen, die viele keineswegs billigten, aber aus Mangel an „politischer Erziehung" nicht zu deuten wussten, erfreute sich die neue Herrschaft breiter Zustimmung. Adolf Hitler sprach die nationalen Gefühle der Deutschen an und nutzte sie zur Verwirklichung seiner Ziele aus.

Im Gegensatz zu Max Weber, der sich schon 1918 zur parlamentarischen Demokratie bekannt hatte, führte Deutschlands langer Weg nach Westen (Heinrich August Winkler) dahin erst über die Katastrophe des Dritten Reiches. Und auch in der Bundesrepublik Deutschland bedurfte es geraumer Zeit, bis die Einsichten Webers in das Wesen von Politik, die Notwendigkeit eines machtvollen Parlaments und die Berechtigung des parlamentarischen Kampfes „nicht nur um sachliche Gegensätze, sondern ebenso: um persönliche Macht" allgemein anerkannt wurden. Die intensive Beschäftigung mit dem politischen Werk Max Webers haben in den letzten Jahrzehnten zu der späten Überwindung von Bismarcks politischem Erbe beigetragen.

Joseph Schumpeter

Ausgewählt und interpretiert von Peter Massing

Demokratische Elitetheorie (1942)

1 [...] Im Gebiet der öffentlichen Angelegenheiten gibt es Sektoren, die mehr innerhalb der Vorstellungskraft des Bürgers liegen als andere. Das gilt erstens für die lokalen Angelegenheiten. Aber selbst dort stoßen wir auf eine beschränkte Fähigkeit, die Tatsachen zu erkennen, eine beschränkte Bereitschaft, danach zu handeln, ein
5 beschränktes Verantwortungsgefühl. Wir alle kennen den Mann – häufig ist er in seiner Art ein Musterexemplar –, der erklärt, daß die lokale Verwaltung nicht seine Sache sei, und der nur die Achseln zuckt über Praktiken, derentwegen er auf seinem eigenen Bureau lieber sterben als daß er sie dulden würde. Hochgesinnte Bürger, die gerne Mahnreden halten und über die Verantwortlichkeit des einzelnen
10 Wählers oder Steuerzahlers predigen, entdecken immer wieder die Tatsache, daß sich dieser Wähler durchaus nicht verantwortlich dafür fühlt, was die Lokalpolitiker tun. Dennoch kann der Lokalpatriotismus, namentlich in Gemeinwesen, die nicht zu groß für persönlichen Kontakt sind, ein sehr wichtiger Faktor für das „Funktionieren der Demokratie" sein. Auch sind die Probleme einer Stadt in
15 mancher Beziehung den Problemen eines Industriekonzerns verwandt. Der Mann, der diesen versteht, versteht bis zu einem gewissen Grad auch jene. Der Fabrikant, der Händler und der Arbeiter braucht nicht aus seiner Welt herauszutreten, um eine rational vertretbare Auffassung (die natürlich richtig oder falsch sein kann) über Straßenreinigung oder Rathäuser zu gewinnen.
20 Zweitens gibt es viele nationale Streitfragen, welche Individuen und Gruppen so unmittelbar und unmißverständlich angehen, daß sie Willensäußerungen hervorrufen, die durchaus echt und bestimmt sind. Das wichtigste Beispiel bieten jene Fragen, die einen unmittelbaren und persönlichen pekuniären Vorteil für einzelne Wähler und Wählergruppen bedeuten, wie direkte Zahlungen, Schutzzölle, die
25 Silberpolitik und dergleichen mehr. Eine Erfahrung, die bis auf das Altertum zurückgeht, zeigt, daß im großen ganzen die Wähler rasch und rational auf jede solche Chance reagieren. Aber die klassische Lehre von der Demokratie hat offenkundig nur wenig aus der Entfaltung einer derartigen Rationalität zu gewinnen. Die Wähler erweisen sich durch sie als schlechte, sogar korrumpierbare Richter über

solche Fragen – ja, sie erweisen sich oft sogar als schlechte Kenner ihrer eigenen 1
langfristigen Interessen; denn es ist nur das kurzfristige Versprechen, das politisch
zählt, und nur die kurzfristige Rationalität, die sich wirksam durchsetzt.
Wenn wir uns jedoch noch weiter von den privaten Belangen der Familie und des
Bureaus entfernen und uns in jene Regionen nationaler und internationaler Ange- 5
legenheiten begeben, denen eine unmittelbare und unmißverständliche Verbindung
mit jenen privaten Belangen fehlt, so entsprechen die private Willensäußerung,
die Beherrschung der Tatsachen und die Methode der Schlußfolgerung sehr bald
nicht mehr den Erfordernissen der klassischen Lehre. Was mir am meisten auffällt
und mir der eigentliche Kern aller Schwierigkeiten zu sein scheint, ist die Tatsache, 10
daß der Sinn für die Wirklichkeit so völlig verlorengeht. Normalerweise teilen die
großen politischen Fragen im Seelenhaushalt des typischen Bürgers den Platz mit
jenen Mußestunden-Interessen, die nicht den Rang von Liebhabereien erreicht
haben, und mit den Gegenständen der verantwortungslosen „Konversation". Diese
Dinge scheinen so weit weg zu sein; sie haben so gar nichts von einem Geschäfts- 15
unternehmen an sich; die Gefahren verwirklichen sich vielleicht überhaupt nicht,
und wenn sie es doch tun sollten, so können sie sich immer noch als nicht so ernst
erweisen; man hat das Gefühl, sich in einer fiktiven Welt zu bewegen.
Dieser reduzierte Wirklichkeitssinn erklärt nun nicht nur ein reduziertes Verantwortungsgefühl, sondern auch den Mangel an wirksamer Willensäußerung. Jeder- 20
mann hat natürlich seine eigenen Phrasen, seine Begehren, seine Wunschträume
und seine Beschwerden; namentlich besitzt jedermann seine Vorlieben und seine
Abneigungen. Aber gewöhnlich entspricht dies nicht dem, was wir seinen Willen
nennen – das psychische Gegenstück zu ziel- und verantwortungsbewußtem Handeln. De facto gibt es für den privaten Bürger, der über nationale Angelegenheiten 25
nachsinnt, keinen Spielraum für einen solchen Willen und keine Aufgabe, an der
er sich entwickeln könnte. Er ist Mitglied eines handlungsunfähigen Komitees, des
Komitees der ganzen Nation, und darum verwendet er auf die Meisterung eines
politischen Problems weniger disziplinierte Anstrengung als auf ein Bridgespiel.
Das reduzierte Verantwortungsgefühl und das Fehlen wirksamer Willensäuße- 30
rung erklären ihrerseits den Mangel an Urteilsvermögen und die Unwissenheit
des gewöhnlichen Bürgers in Fragen der innern und äußern Politik, die im Fall
gebildeter Leute und solcher Leute, die mit Erfolg in nichtpolitischen Lebensstel-
lungen tätig sind, womöglich noch anstößiger sind als bei ungebildeten Leuten auf
bescheidenen Posten. Informationsmöglichkeiten sind reichlich vorhanden und 35
leicht zugänglich. Aber dies scheint überhaupt keinen Unterschied auszumachen.
Und wir sollten uns drob nicht weiter verwundern. Wir brauchen nur die Haltung
eines Advokaten gegenüber seinen Instruktionen und die Haltung des gleichen
Advokaten gegenüber den Darstellungen politischer Tatsachen in seiner Zeitung
zu vergleichen, um zu sehen, was los ist. Im einen Fall hat der Advokat durch 40
jahrelange zielbewußte Arbeit, die unter dem eindeutigen Stimulus des Interesses
an seiner beruflichen Tüchtigkeit stand, sich dazu befähigt, die Relevanz seiner

Fakten richtig zu würdigen; und unter einem nicht weniger starken Stimulus richtet er nun seine Fertigkeiten, seinen Verstand, seinen Willen auf den Inhalt der Instruktionen. Im anderen Fall hat er sich nicht die Mühe genommen, sich auszubilden; er gibt sich auch keine Mühe, die Informationen zu verarbeiten, oder die Regeln der Kritik, die er sonst so gut zu gebrauchen weiß, darauf anzuwenden; und lange und komplizierte Argumentationen machen ihn ungeduldig. Dies läuft alles darauf hinaus, zu zeigen, daß ohne die Initiative, die aus unmittelbarer Verantwortlichkeit hervorgeht, die Unwissenheit angesichts zahlreicher und noch so vollständiger und richtiger Informationen weiterbesteht. Sie besteht weiter auch angesichts der verdienstvollen Bemühungen, die über das bloße Präsentieren von Informationen hinauszugelangen und ihre Verwendung mittels Vorträgen, Kursen und Diskussionsgruppen zu lehren suchen. Die Resultate sind nicht gleich Null. Aber sie sind gering. Man kann die Menschen nicht die Leiter hinauftragen.

So fällt der typische Bürger auf eine tiefere Stufe der gedanklichen Leistung, sobald er das politische Gebiet betritt. Er argumentiert und analysiert auf eine Art und Weise, die er innerhalb der Sphäre seiner wirklichen Interessen bereitwillig als infantil anerkennen würde. Er wird wieder zum Primitiven. Sein Denken wird assoziativ und affektmäßig. Dies zieht nun zwei weitere Folgen von ominöser Bedeutung nach sich.

Erstens würde der typische Bürger – selbst wenn es keine politischen Gruppen gäbe, die ihn zu beeinflussen suchten – in politischen Fragen leicht den außerrationalen oder irrationalen Vorurteilen oder Trieben nachgeben. Die Schwäche der rationalen Verfahrensweise, die er auf die Politik anwendet, und das Fehlen einer wirksamen logischen Kontrolle der Resultate, zu denen er gelangt, würden an sich schon zur Erklärung genügen. Überdies wird er, einfach weil er nicht „ganz dabei" ist, in seinen gewöhnlichen moralischen Anforderungen nachlassen und gelegentlich dunklen Impulsen nachgeben, die die Verhältnisse seines privaten Lebens ihm gewöhnlich zu unterdrücken helfen. Wenn er aber einem Ausbruch edler Entrüstung nachgibt, kann es in bezug auf die Weisheit oder Rationalität seiner Folgerungen und Schlüsse gerade so schlecht herauskommen. Dadurch wird es für ihn noch schwieriger, die Dinge in ihren richtigen Proportionen zu sehen oder gar gleichzeitig mehr als nur eine Seite einer Sache zu sehen. Wenn er einmal aus seiner gewöhnlichen Unbestimmtheit heraustritt und den bestimmten Willen entfaltet, den die klassische Lehre der Demokratie postuliert, ist es infolgedessen sehr wohl möglich, daß er noch unintelligenter und verantwortungsloser wird, als er gewöhnlich schon ist. An gewissen Wendepunkten kann sich das für eine Nation als verhängnisvoll erweisen.

Zweitens: je schwächer jedoch das logische Element in der öffentlichen Meinung ist und je vollständiger die rationale Kritik und der rationalisierende Einfluß persönlicher Erfahrung und Verantwortlichkeit fehlt, desto größer sind die Chancen für Gruppen, die Privatinteressen zu verfolgen. Diese Gruppen können aus berufsmäßigen Politikern bestehen oder aus Exponenten wirtschaftlicher Interessen

oder aus Idealisten der einen oder andern Art oder aus Menschen, die einfach an   1
der Inszenierung und Leitung politischer Schaustellungen ein Interesse finden.
Die Soziologie solcher Gruppen ist für das vorliegende Argument unwesentlich.
Hier ist einzig wichtig, daß sie angesichts der „menschlichen Natur in der Politik", wie sie nun einmal ist, fähig sind den Volkswillen zu formen und innerhalb   5
sehr weiter Grenzen sogar zu schaffen. Wir sehen uns bei der Analyse politischer
Prozesse weithin nicht einem ursprünglichen, sondern einem fabrizierten Willen
gegenüber. Und oft ist es einzig dieses Artefakt, das in Wirklichkeit der volonté
générale der klassischen Lehre entspricht. Soweit dies so ist, ist der „Wille des
Volkes" das Erzeugnis und nicht die Triebkraft des politischen Prozesses.   10
[…]
Ich glaube, daß die meisten politisch Interessierten bereits soweit sind, daß sie alle
Kritik akzeptieren, die im vorangegangenen Kapitel gegen die klassische Lehre
der Demokratie gerichtet wurde. Ich glaube auch, daß die meisten schon jetzt
bereit sind oder es bald sein werden, eine andere Theorie zu akzeptieren, die viel   15
lebenswahrer ist und gleichzeitig viel von dem vor dem Untergang bewahrt, was
die Paten der demokratischen Methode mit diesem Ausdruck wirklich meinen.
Sie sei wie die klassische Theorie in aller Kürze hier definiert.
Es sei daran erinnert, daß unsere Hauptschwierigkeiten bei der klassischen Theorie
sich um die Behauptung gruppierten, daß „das Volk" eine feststehende und rationale   20
Ansicht über jede einzelne Frage besitzt und daß es – in einer Demokratie – dieser
Ansicht dadurch Wirkungskraft verleiht, daß es „Vertreter" wählt, die dafür sorgen,
daß diese Ansicht ausgeführt wird. So wird die Wahl der Repräsentanten dem
Hauptzweck der demokratischen Ordnung nachgeordnet, der darin besteht, der
Wählerschaft, die Macht des politischen Entscheides zu verleihen. Angenommen   25
nun, wir vertauschen die Rollen dieser beiden Elemente und stellen den Ent-
scheid von Fragen durch die Wählerschaft der Wahl jener Männer nach, die die
Entscheidung zu treffen haben. Oder um es anders auszudrücken: wir nehmen
nun den Standpunkt ein, daß die Rolle des Volkes darin besteht, eine Regierung
hervorzubringen oder sonst eine dazwischengeschobene Körperschaft, die ihrerseits   30
eine nationale Exekutive oder Regierung hervorbringt. Und wir definieren: die
demokratische Methode ist diejenige Ordnung der Institutionen zur Erreichung
politischer Entscheidungen, bei welcher einzelne die Entscheidungsbefugnis vermittels eines Konkurrenzkampfs um die Stimmen des Volkes erwerben.
Die Verteidigung und Erklärung dieser Idee wird sehr bald zeigen, daß sie hinsichtlich   35
der Wahrscheinlichkeit ihrer Prämissen und der Haltbarkeit ihrer Behauptungen
die Theorie des demokratischen Prozesses beträchtlich verbessert.
Erstens gelangen wir in den Besitz eines leidlich brauchbaren Kriteriums, mit
welchem demokratische Regierungen von anderen unterschieden werden können. Wir haben gesehen, daß die klassische Theorie deswegen in Schwierigkeiten   40
gerät, weil durch Regierungen, die nach keinem anerkannten Gebrauch des
Begriffes „demokratisch" genannt werden können, sowohl dem Willen wie auch

1 dem Wohl des Volkes gerade so gut oder sogar besser gedient werden kann und in vielen historischen Fällen auch gedient worden ist. Jetzt befinden wir uns aber in einer etwas besseren Lage, zum Teil darum, weil wir die Bedeutung des modus procendendi hervorzuheben entschlossen sind, dessen Vorhandensein oder Fehlen
5 in den meisten Fällen leicht zu verifizieren ist.

Zum Beispiel erfüllt eine parlamentarische Monarchie wie die englische die Anforderungen der demokratischen Methode, weil der Monarch praktisch dazu gezwungen ist, die gleichen Männer in das Kabinett zu berufen, die das Parlament wählen würde. Eine „konstitutionelle" Monarchie besitzt nicht die Eigenschaften,
10 um sie demokratisch nennen zu können, weil den Wählerschaften und Parlamenten – während sie alle andern Rechte mit den Wählerschaften und Parlamenten der parlamentarischen Monarchie gemein haben – doch die Befugnis fehlt, ihre Wünsche in bezug auf das regierende Komitee durchzusetzen: die Kabinettsminister sind in diesem Falle Diener des Monarchen, dem Wesen wie auch dem Namen
15 nach, und können im Prinzip von ihm ebenso gut entlassen wie ernannt werden. Solch eine Ordnung kann das Volk durchaus befriedigen. Die Wählerschaft kann diese Tatsache bestätigen dadurch, daß sie gegen jeden Vorschlag einer Abänderung stimmt. Der Monarch kann so populär sein, daß er jeden Mitbewerber um das höchste Amt zu schlagen vermag. Aber da kein Mechanismus vorhanden ist, um
20 diese Konkurrenz wirksam zu gestalten, fällt dieser Fall nicht unter unsere Definition. Zweitens läßt uns die in dieser Definition verkörperte Theorie allen wünschbaren Raum für eine angemessene Anerkennung der lebenswichtigen Tatsache der Führung. Die klassische Theorie hat das nicht getan, sondern hat, wie wir gesehen haben, der Wählerschaft ein völlig wirklichkeitsfremdes Ausmaß von Initiative beigelegt, was
25 praktisch auf ein Ignorieren der Führung herauskam. Kollektive handeln jedoch beinahe ausschließlich dadurch, daß sie eine Führung akzeptieren – es ist dies der beherrschende Mechanismus praktisch jedes kollektiven Handelns, das mehr ist als bloßer Reflex. Behauptungen über das Funktionieren und die Resultate der demokratischen Methode, die dem Rechnung tragen, sind daher notwendig sehr
30 viel wirklichkeitsnäher als Behauptungen, die es nicht tun. Sie werden nicht schon bei der Ausführung einer volonté générale haltmachen, sondern werden weitgehend zeigen, wie sie entsteht oder wie sie substituiert oder verfälscht wird. Was wir den „fabrizierten Willen" genannt haben, steht nun nicht mehr außerhalb der Theorie, ist keine Verirrung mehr, um deren Nichtvorhandensein wir den Himmel bitten;
35 es gehört, wie es sein muß, in die Mitte unseres Gebäudes.

Drittens jedoch, soweit es überhaupt echte Willensäußerungen von Gruppen gibt – zum Beispiel den Willen von Arbeitslosen, Arbeitslosenunterstützung zu bekommen, oder den Willen anderer Gruppen, zu helfen –, werden auch diese von unserer Theorie nicht vernachlässigt. Im Gegenteil vermögen wir ihnen nun gerade die
40 Rolle zuzuweisen, die sie tatsächlich spielen. Solche Willensäußerungen setzen sich in der Regel nicht unmittelbar durch. Selbst wenn sie kräftig und bestimmt sind, bleiben sie oft während Jahrzehnten latent, bis sie von einem politischen Führer,

der sie in politische Faktoren verwandelt, zum Leben erweckt werden. Dies tut   1
er – oder sonst tun es seine Agenten für ihn –, indem er diese Willensäußerungen
organisiert, indem er sie aufstachelt und indem er zuletzt geeignete Punkte in seine Werbeschriften aufnimmt. Die Wechselbeziehung zwischen Sonderinteressen
und öffentlicher Meinung und die Art, in der sie die Form hervorbringen, die wir   5
die politische Situation nennen, erscheinen von diesem Standpunkt aus in einem
neuen und viel klareren Licht.

Viertens ist natürlich unsere Theorie ebensowenig genau bestimmt, als der Begriff des Konkurrenzkampfes um die Führung ist. Dieser Begriff bietet ähnliche
Schwierigkeiten wie der Begriff der Konkurrenz in der wirtschaftlichen Sphäre,   10
mit dem er nutzbringend verglichen werden kann. Im Wirtschaftsleben fehlt
die Konkurrenz nie völlig, aber sie ist kaum je vollkommen. Ähnlich besteht im
politischen Leben immer einige Konkurrenz, wenn auch vielleicht nur potentiell,
um die Gefolgschaft des Volkes. Zur Vereinfachung haben wir jene Art von Konkurrenz um die Führung, die die Demokratie definieren soll, auf freie Konkurrenz   15
um freie Stimmen beschränkt. Berechtigt ist dies deshalb, weil „Demokratie" eine
anerkannte Methode zu implizieren scheint, nach welcher der Konkurrenzkampf
zu führen ist, und weil die Methode der Wahl praktisch die einzig mögliche für
Gemeinwesen aller Größen ist. Doch obschon dadurch viele Arten der Gewinnung
der Führung ausgeschlossen werden, die ausgeschlossen werden sollten, wie zum   20
Beispiel die Konkurrenz durch einen militärischen Aufstand, werden doch nicht die
Fälle ausgeschlossen, die auffallend analog zu jenen wirtschaftlichen Phänomenen
sind, die wir als „unfaire" oder „betrügerische" Konkurrenz oder als Konkurrenz-
beschränkung bezeichnen. Und wir können sie nicht ausschließen, da uns, wenn
wir es täten, nur ein völlig wirklichkeitsfremdes Idealbild übrigbliebe. Zwischen   25
diesem Idealfall, der nicht existiert, und den Fällen, in welchen jegliche Konkurrenz
mit dem regierenden Führer mit Gewalt verhindert wird, liegt eine fortlaufende
Reihe von Variationen, innerhalb derer die demokratische Regierungsmethode
mit unendlich kleinen Schritten allmählich in die autokratische übergeht. Aber
wenn wir nicht philosophieren, sondern verstehen wollen, so ist dies durchaus in   30
Ordnung. Der Wert unseres Kriteriums wird dadurch nicht ernsthaft geschädigt.

Fünftens scheint unsere Theorie die Beziehung zu klären, die zwischen der
Demokratie und der individuellen Freiheit besteht. Wenn wir mit letzterer das
Vorhandensein einer Sphäre individueller Selbstregierung meinen, deren Grenzen
historisch veränderlich sind – *keine* Gesellschaft duldet absolute Freiheit, nicht   35
einmal eine absolute Gewissens- und Redefreiheit, *keine* Gesellschaft reduziert diese
Sphäre auf Null –, dann wird diese Frage offenkundig zu einer Sache des Grades.
Wir haben gesehen, daß die demokratische Methode nicht unbedingt eine größere
Summe individueller Freiheit garantiert, als irgendeine andere politische Methode
unter gleichen Umständen gestatten würde. Es kann sehr wohl umgekehrt sein!   40
Aber es besteht noch eine Beziehung zwischen den beiden. Wenn wenigstens im
Prinzip jedermann die Freiheit hat, sich dadurch um die politische Führung zu

1 bewerben, daß er sich der Wählerschaft vorstellt, dann wird dies in den meisten,
wenn auch nicht in allen Fällen, ein beträchtliches Quantum Diskussionsfreiheit
für *alle* bedeuten. Namentlich wird es ein beträchtliches Quantum Pressefreiheit
bedeuten. Diese Beziehung zwischen Demokratie und Freiheit ist nicht absolut
5 bündig und kann verfälscht werden. Aber vom Standpunkt des Intellektuellen aus
ist sie nichtsdestoweniger sehr wichtig. Gleichzeitig ist dies aber auch alles, was
über diese Beziehung gesagt werden kann.

Sechstens sollte beachtet werden, daß indem ich es zur Hauptfunktion der Wählerschaft machte, (direkt oder durch eine dazwischengeschobene Körperschaft)
10 eine Regierung hervorzubringen, ich in diese Formulierung auch die Funktion
ihrer Absetzung einschließen wollte. Das eine bedeutet einfach die Akzeptierung
eines Führers oder einer Gruppe von Führern, das andere einfach die Rücknahme
dieser Akzeptierung. Dadurch wird ein Element berücksichtigt, das der Leser
bisher vermißt haben dürfte. Er mag daran gedacht haben, daß die Wählerschaft
15 nicht nur installiert, sondern auch kontrolliert. Aber da die Wählerschaft normalerweise ihre politische Führung nur insofern kontrolliert, als sie es ablehnt, sie
selbst oder die sie stützenden parlamentarischen Mehrheiten wiederzuwählen,
scheint es angebracht zu sein, unsere Vorstellungen einer Kontrolle, in der durch
unsere Definition angedeuteten Weise zu reduzieren. Gelegentlich ereignet sich
20 ein spontaner Umschwung, der unmittelbar eine Regierung oder einen einzelnen
Minister stürzt oder einen bestimmten Kurs aufzwingt. Aber dies sind nicht nur
Ausnahmefälle – sie stehen auch, wie wir noch sehen werden, im Gegensatz zum
Geist der demokratischen Methode.

Siebtens erhellt unsere Methode, was sehr wünschenswert ist, einen alten Streit-
25 punkt. Wer immer die klassische Lehre der Demokratie akzeptiert und folglich
glaubt, daß die demokratische Methode die Entscheidung der strittigen Fragen
und die Gestaltung der Politik nach dem Willen des Volkes gewährleistet, muß
sich an der Tatsache stoßen, daß selbst wenn dieser Wille unbestreitbar wirklich
und bestimmt wäre, dann die Entscheidung durch einfache Mehrheiten ihn in
30 vielen Fällen mehr verdrehen als wirksam werden lassen würde. Der Wille der
Mehrheit ist augenscheinlich der Wille der Mehrheit und nicht der Wille „des
Volkes". Letzterer ist ein Mosaik, das durchaus nicht von ersterem „repräsentiert"
wird. Die beiden durch eine Definition gleichzusetzen, heißt nicht das Problem
lösen. Versuche zu einer wirklichen Lösung sind jedoch von den Verfassern der
35 verschiedenen Pläne für eine „proportionale Vertretung" unternommen worden.
Diese Pläne sind aus praktischen Gründen auf ablehnende Kritik gestoßen. Es liegt
in der Tat offen zutage, daß der Proporz nicht nur allen möglichen Idiosynkrasien
Gelegenheit bietet sich breitzumachen, sondern daß er auch die Demokratie hindern mag, arbeitsfähige Regierungen hervorzubringen, und sich so als Gefahr in
40 Zeiten der Bedrängnis erweisen kann. Bevor wir jedoch daraus den Schluß ziehen,
daß die Demokratie funktionsunfähig wird, sobald man ihr Prinzip folgerichtig
durchführt, sollten wir uns lieber fragen, ob dieses Prinzip wirklich die proportionale

Vertretung impliziert. In Tat und Wahrheit tut es dies nicht. Wenn die Anerken-   1
nung der Führung die eigentliche Funktion der Stimmabgabe der Wählerschaft
ist, bricht die Verteidigung des Proporzes zusammen, weil ihre Prämissen nicht
mehr bindend sind. Das Prinzip der Demokratie bedeutet dann einfach, daß die
Zügel der Regierung jenen übergeben werden sollten, die über mehr Unterstützung   5
verfügen als die anderen, in Konkurrenz stehenden Individuen oder Teams. Und
dies wiederum scheint die Geltung des Majoritätssystems innerhalb der Logik der
demokratischen Methode zu sichern, obschon wir es auf anderen Gebieten, die
außerhalb dieser Logik liegen, immer noch verurteilen mögen. [...]

Joseph A. Schumpeter: Kapitalismus, Sozialismus und Demokratie. 4. Aufl., München 1950
(1. Aufl., New York 1942), S. 413-420 und S. 427-433 (Auszüge)

Interpretation

Joseph A. Schumpeter gilt neben Anthony Downs als einer der beiden großen Vordenker der ökonomischen Theorie der Demokratie. Schumpeter setzt bei der politischen Ökonomie, den alten und neuen Elitetheorien und bei Max Weber an. Anthony
Downs stützt sich dann auf Schumpeters Ausführungen.

Joseph A. Schumpeter wurde 1883 in Triesch, einem Städtchen in der österreichisch-
ungarischen Provinz Mähren, geboren und starb 1950 in den USA. Dazwischen lag
ein bewegtes Leben: Professor für Nationalökonomie in Graz (1919-1921); eine kurze
Episode als österreichischer Finanzminister (1919); Präsident der österreichischen
Biedermann Bank (1921-1924); Professor in Bonn (1925-1932). 1932 wanderte
Schumpeter dann in die USA aus und wurde Professor in Harvard, wo er bis zu
seinem Lebensende blieb. Zu seinen Publikationen gehörten nicht nur viel beachtete
Schriften zur Ökonomie, sondern auch wichtige Arbeiten zur Soziologie. Er wollte
damit in erster Linie die Entwicklung einer Sozialökonomik befördern.

Schumpeters Beitrag zur Demokratietheorie entstammt seinem Werk *Kapitalismus,
Sozialismus und Demokratie*, das 1942 zum ersten Mal erschien und das ihm letztlich
zu Weltruhm verhalf. Es entstand in den Jahren 1938 bis 1941 und war als Fortsetzung
und Ergänzung seines großen wirtschaftswissenschaftlichen Werkes über die „Business
Cycles" gedacht. Vor allem wollte Schumpeter hier die Institutionenanalyse nachliefern,
die er in „Business Cycles" zurückgestellt hatte.[1] Die demokratietheoretisch wichtigen
Aussagen finden sich im vierten Teil von *Kapitalismus, Sozialismus und Demokratie*.
Im ersten Teil analysiert Schumpeter die marxsche Lehre, im zweiten Teil stellt er die
Frage: „Kann der Kapitalismus weiterleben?" und im dritten Teil die Frage: „Kann
der Sozialismus funktionieren?" Im vierten Teil setzt sich Schumpeter dann mit dem

Verhältnis von Sozialismus und Demokratie auseinander. In allen Teilen kommt er dabei zu – für die damalige Zeit – überraschenden Antworten. Er interpretiert Marx als Vertreter einer Prophetie und einer wissenschaftlichen Analyse, wobei er zwischen Marx, dem Soziologen, und Marx, dem Nationalökonomen, unterscheidet. Im zweiten Teil seines Buches stellt er die These auf, dass die Existenz des Kapitalismus aus rein wirtschaftlichen Gründen gesichert sei, allerdings werde er durch die Transformation der Institutionen unterminiert und habe den Weg zum Sozialismus eingeschlagen.

Obwohl Schumpeter den Sozialismus politisch scharf ablehnt (auch wenn in der Einleitung Edgar Salin ihn als Sozialisten bezeichnet. Er fügt allerdings hinzu: „Aber kein Sozialist, gehöre er zu den Marxisten oder zu den Fabiern, wird seinen Sozialismus bei Schumpeter finden", 8), geht er davon aus, dass er nicht nur funktionieren, sondern dass er auch effizienter als der Kapitalismus sein könne. Zudem seien Sozialismus und Demokratie durchaus miteinander vereinbar.

Vor diesem Hintergrund müssen die Thesen gesehen werden, die er in Kapitel 21 und 22 seines Buches entwickelt und die die demokratietheoretische Auseinandersetzung und die moderne Demokratietheorie prägten.

Ausgangspunkt, Grundlage und negative Interpretationsfolie für seine eigenen demokratietheoretischen Überlegungen ist die Beschreibung und Kritik der „klassischen Demokratietheorie". Er fasst die klassische Demokratie des achtzehnten Jahrhunderts (in der sich nach Schumpeter die Ideen von Platon über Rousseau bis Marx bündeln) wie folgt zusammen: „Die demokratische Methode ist jene institutionelle Ordnung zur Erzielung politischer Entscheide, die das Gemeinwohl dadurch verwirklicht, dass sie das Volk selbst die Streitfragen entscheiden lässt und zwar durch die Wahl von Personen, die zusammenzutreten haben, um seinen Willen auszuführen."

Auch wenn Kritiker diese Definition als haarsträubend falsch und als gedankenlose Verfälschung des klassischen Begriffs der Demokratie anprangern, von einer Lehre sprechen, die nie existiert habe, und die Behauptung, diese Definition erfasse die Philosophie der Demokratie im 18. Jahrhundert, für maßlos übertrieben halten bzw. als Mythos bezeichnen (Pateman), so eignet sie sich in dieser Überspitzung doch dazu, die Schwächen direktdemokratischer Konzeptionen aufzuzeigen und die eigene Theorie als allein sinnvolle und „realistische" Demokratietheorie vorzustellen.

Die Schwächen der klassischen Lehre der Demokratie sieht Schumpeter vor allem in folgenden Annahmen:

Erstens gehe die Lehre davon aus, dass es ein vorgegebenes Allgemeinwohl gäbe „als sichtbaren Leitstern der Politik, das stets einfach zu definieren ist und das jedem normalen Menschen mittels rationaler Argumente sichtbar gemacht werden kann" (397). Dieses vorgegebene Gemeinwohl impliziere, dass es auch einen allgemeinen Willen des Volkes gäbe, der mit dem Gemeinwohl oder dem Gemeininteresse, einer volonté générale also gleichbedeutend sei. Nach Schumpeter aber gibt „es kein solches Ding wie ein eindeutig bestimmtes Gemeinwohl, über das sich das ganze Volk kraft rationaler Argumente einig wäre oder zur Einigkeit gebracht werden könnte" (399), denn für verschiedene Individuen und für verschiedene Gruppen müsse auch das Gemeinwohl mit Notwendigkeit etwas Verschiedenes bedeuten. Aber selbst wenn ein hinreichend bestimmtes Gemeinwohl sich für alle als annehmbar erweise, könne man doch über die Mittel, wie es zu erreichen sei, so sehr in Streit geraten, dass größtenteils die gleichen Wirkungen entständen wie bei einer „fundamentalen" Uneinigkeit über die Ziele selbst. Daraus folge, dass sich auch der besondere Begriff des Volkswillens, die volonté générale verflüchtige.

Aber auch wenn man auf die Annahme eines solchen Gemeinwillens verzichte, stände die klassische Lehre der Demokratie immer noch vor der Notwendigkeit, dem Willen des Individuums eine Unabhängigkeit und eine rationale Qualität zuzuschreiben, die völlig wirklichkeitsfremd seien. „Wenn wir argumentieren, daß der Wille des Bürgers per se ein politischer Faktor ist, der Anspruch auf Achtung hat, so muß er erst einmal existieren. Das heißt, daß er etwas mehr sein muß als nur eine unbestimmte Hand-voll vager Triebe, die um vorhandene Schlagworte und falsch verstandene Eindrücke lose herumspielen. Jedermann müßte eindeutig wissen, wofür er sich einsetzen will. Dieser bestimmte Wille müßte mit der Fähigkeit ausgerüstet sein, die Tatsachen, die jedermann direkt zugänglich sind, richtig zu beobachten und zu interpretieren und die Informationen über Tatsachen, die nicht direkt zugänglich sind, kritisch zu sich-ten. Endlich müßte aus diesem bestimmten Willen aus diesen gesicherten Tatsachen, gemäß den Regeln der logischen Folgerung, ein klarer und rascher Schluß in bezug auf besondere Probleme gezogen werden – und zwar mit einem so hohen Grade all-gemeiner Effizienz, daß die Ansicht des einen als ebenso gut wie die Meinung irgend eines andern gelten könnte, ohne daß dies offensichtlicher Unsinn wäre. Und alles dies müßte der ideale Bürger aus sich selbst heraus und unabhängig vom Druck einzelner Gruppen und von irgendwelcher Propaganda leisten" (403).

Schumpeter kritisiert diese Annahmen mit dem, was er „die menschliche Natur in der Politik" nennt. Ausgehend von Le Bons „Psychologie der Massen" und Er-kenntnissen über Einfluss und Techniken der Reklame, entwickelt Schumpeter ein Bürgerleitbild, das in seinem Zynismus kaum noch zu übertreffen ist, das aber die „Demokratietheorie" Schumpeters eigentlich berühmt gemacht hat. Danach fällt der Bürger, dem bei den meisten Entscheidungen des täglichen Lebens zumindest die Absicht, rational zu handeln, nicht abgesprochen werden kann, auf eine tiefere Stufe der gedanklichen Leistung zurück, sobald er das politische Gebiet betritt. „Er argumentiert und analysiert auf eine Art und Weise, die er innerhalb seiner wirklichen Interessen bereitwillig als infantil anerkennen würde. Er wird wieder zum Primitiven. Sein Denken wird assoziativ und affektmäßig" (410 f.). Er erweise sich als schlech-ter Kenner seiner langfristigen Interessen, und er neige dazu, außerrationalen und irrationalen Trieben zu folgen, in seinen gewöhnlichen moralischen Anforderungen nachzulassen und gelegentlich dunklen Impulsen nachzugeben. Dies liege nun nicht darin, dass die Menschen von Natur aus dumm seien, sondern an der strukturellen Eigenart des Politischen selbst. Politische Fragen bezögen in der Regel viele Aspekte mit ein, die außerhalb der unmittelbaren Erfahrungswelt von Bürgern lägen. Die Politik sei so komplex, dass sie von Nichtexperten nicht erfasst werden könne, und da die Bürger dies durchaus erkennen würden, verwendeten sie „auf die Meisterung eines politischen Problems weniger disziplinierte Anstrengung als auf ein Bridgespiel" (415). Bemühungen politischer Erziehung mittels Vorträgen, Kursen und Diskussionsgruppen seien zwar verdienstvoll, aber von geringer Wirksamkeit. Man könne die Menschen nicht die Leiter hinauftragen.

Angesichts der „menschlichen Natur in der Politik" ist auch der Volkswille nicht – wie in der klassischen Lehre – eine eigenständige und unabhängige Größe, sondern das Ergebnis eines politischen Prozesses; er ist nicht ein ursprünglicher, sondern ein fabrizierter Willen. Darin liegt vielleicht der wichtigste und weiterführende Beitrag seiner Demokratietheorie.

Schumpeter hält der klassischen Lehre, die in so offenkundigem Gegensatz zu den Tatsachen steht, seine „andere Theorie der Demokratie" entgegen.

Der vorliegende Text enthält ihre zentralen Elemente, die er in Abgrenzung zur klassischen Lehre formuliert hat. Schumpeter hält seine Theorie für realistischer und lebenswahrer. Gleichzeitig bewahre sie vieles von dem vor dem Untergang, was die Paten der demokratischen Methode mit diesem Ausdruck wirklich meinten.

Ausgangspunkt dieser anderen Theorie der Demokratie ist zunächst ein anderes Verständnis der Rolle des Volkes. Das Volk besitzt jetzt keine feststehende rationale Ansicht über jede einzelne Frage mehr, der es dadurch Wirksamkeit verleiht, dass es Vertreter wählt, deren alleinige Funktion darin besteht, diese Ansichten auszuführen, sondern die Entscheidung von Fragen durch das Volk wird der Wahl der Männer, die die Entscheidung treffen sollen, nachgestellt. Das heißt, die Rolle des Volkes besteht vor allem darin, mittels Wahl eine Regierung hervorzubringen – oder eine dazwischengedachte Körperschaft –, die ihrerseits eine Regierung hervorbringt. „Und wir definieren: die demokratische Methode ist diejenige Ordnung der Institutionen zur Erreichung politischer Entscheidungen, bei welcher Einzelne die Entscheidungsbefugnis vermittels eines Konkurrenzkampfes um die Stimmen des Volkes erwerben" (437 f.).

Diese Definition, behauptet Schumpeter, verbessere die Theorie des demokratischen Prozesses sowohl hinsichtlich der Wahrscheinlichkeit der Prämissen als auch hinsichtlich der Haltbarkeit der Behauptungen beträchtlich. Erstens liefere sie ein leidlich brauchbares Kriterium, mit welchem demokratische Regierungen von anderen unterschieden werden könnten. Zweitens werde in dieser Definition, anders als in der klassischen Lehre, die „lebenswichtige Tatsache der Führung" angemessen anerkannt. Drittens würden die Willensäußerungen der Wähler realistisch interpretiert. Solche Willensäußerungen setzten sich nämlich in der Regel nicht unmittelbar um, sondern müssten erst einmal von irgendeinem politischen Führer zum Leben erweckt und durchgesetzt werden. Viertens impliziere diese Definition der Demokratie, die vereinfacht die Konkurrenz um die Führung auf die freie Konkurrenz um freie Stimmen beschränke, eine anerkannte Methode, nach welcher der Konkurrenzkampf zu führen sei und zeige, dass die Methode der Wahl praktisch die einzig mögliche für Gemeinwesen aller Größen ist. Fünftens garantiere die Auswahl des Führungspersonals zwar nicht unbedingt eine größere Summe individueller Freiheit, aber wenn jeder im Vorfeld die Freiheit habe, sich um die politische Führung zu bewerben, indem er sich der Wählerschaft vorstellt, dann werde dies in der Regel – wenn auch nicht immer – ein hohes Maß an Diskussionsfreiheit, vor allem an Pressefreiheit bedeuten.

Sechstens werde jetzt die tatsächliche Kontrolle der Führerschaft durch die Wähler realistisch, nämlich als sehr begrenzt, eingeschätzt. Kontrolle erfolge nur in Ausnahmefällen, nämlich in Zeiten der Wahl.

Schumpeter versteht also unter seiner „anderen Theorie der Demokratie" vor allem die Elitenkonkurrenz um die politische Führung, und er hat dabei die Grundüberlegungen formuliert, die auch heute noch für die Elitetheorien der 90er-Jahre gelten. Aber auch die Elitedemokratie kann nur funktionieren, wenn bestimmte Voraussetzungen erfüllt sind, insofern kommt auch sie nicht ohne normative Annahmen aus. Schumpeter nennt als solche Voraussetzungen: hoch qualifizierte Parteiarbeiter, Parlamentarier und Minister, wenig Staatsintervention in Gesellschaft und Wirtschaft, die Existenz einer qualifizierten Bürokratie, ein hohes intellektuelles und moralisches Niveau der Wählerschaft – und vor allem die Bereitschaft der großen Mehrheit der Bevölkerung in allen Klassen, sich an die Regeln des demokratischen Spiels zu halten (478).

Schumpeters Theorie hat heftige Diskussionen ausgelöst und heftige Kritik provoziert. Kritisiert wurde unter anderem, dass er die intermediären Organisationen, wie die Parteien, Verbände und Interessengruppen, nicht zur Kenntnis genommen sowie den „objektiven Sinn" der Institutionen zugunsten ihrer abstrakten Bestimmung vernachlässigt habe. Man warf ihm Defätismus vor und fragte u.a., wie denn unfähige Wähler in der Lage seien, fähige Führer zu wählen. Grundsätzlich ist richtig, dass Schumpeters Demokratietheorie an einem „mageren", allein auf die Führungsauswahl zugeschnittenen, Demokratiebegriff laboriert (so Schmidt).[2] Er wendet sich gegen Übersteigerungen und normative Überhöhungen der klassischen Demokratietheorie, die er allerdings zum großen Teil erst selbst in diese hineininterpretiert hat, und scheut nicht davor zurück, in die andere Richtung zu übersteigern. Aus der Diskrepanz zwischen normativen Demokratievorstellungen und der Realität leitet er keinen Impuls zur Veränderung der Realität ab, sondern umgekehrt, er versucht die Theorie an die Realität anzupassen, die dadurch jegliche aufklärerische und reformerische Kraft verliert. Ob dabei von einem „Ausverkauf der Demokratie"[3] gesprochen werden kann, ist allerdings fraglich. Zumindest lag es wohl nicht in seiner Absicht. Schumpeter hat die Schwächen normativer Demokratiekonzepte schonungslos aufgedeckt, und er hat versucht, die Demokratie von überzogenen normativen Ansprüchen zu befreien, um wenigstens Teile der Demokratie zu retten. Aber in erster Linie verstand sich Schumpeter als Analytiker, der kein politisches Buch geschrieben hat in der Absicht, irgendetwas zu verteidigen oder zu befürworten, sondern dessen einziges Ziel es war, den Leser dazu zu bringen, dass er nachdenkt. Zumindest hat er die Diskussion angeregt und Weiterentwicklungen in der Demokratietheorie befördert. In der Auseinandersetzung mit seiner „realistischen" Theorie der Demokratie hat nicht nur die liberale Elitetheorie Profil gewonnen, sondern auch normative Demokratietheorien haben Nutzen daraus gezogen, indem sie sich gezwungen sahen, die politisch-gesellschaftliche Realität stärker zu berücksichtigen.

Darüber hinaus ist Schumpeter neben Max Weber der Begründer einer Schule, die die Institution des Marktes in die Demokratietheorie eingeführt hat, und kann als der wichtigste Vordenker der ökonomischen Theorie der Demokratie gelten, wie sie von Antony Downs weiterentwickelt wurde.

Anmerkungen

1 Vgl. Manfred G. Schmidt: Demokratietheorien. Eine Einführung. 5. Auflage, Wiesbaden 2010, S. 184.
2 Ders., S. 193.
3 Karl Mittermaier/Meinhard Mair: Demokratie. Die Geschichte einer politischen Idee. Von Platon bis heute. Darmstadt 1995, S. 184.

Anthony Downs

Ausgewählt und interpretiert von Hubertus Buchstein

Eine ökonomische Theorie der Demokratie (1957)

Die Voraussetzungen der Theorie   1

Die ökonomische Analyse besteht [...] aus zwei Hauptschritten: aus der Auffindung der Ziele, die der betreffende Entscheidungsträger anstrebt, und aus einer Analyse, die zeigt, auf welche Weise sie am besten zu erreichen sind, d.h. mit dem geringsten Aufwand an knappen Mitteln. Bei der Durchführung des ersten Schrittes haben   5 die Theoretiker im allgemeinen versucht, die Zwecke jedes Wirtschaftssubjekts auf ein einziges Ziel zu reduzieren, so daß man einen wirtschaftlichsten Weg zu seiner Erreichung finden kann. Wenn eine Vielzahl von Zielen zugelassen wird, dann können die zur Erreichung des einen geeigneten Mittels den Weg zu einem anderen versperren. Folglich kann man dann dem rationalen Entscheidungsträger   10 keinen Kurs vorschreiben, den er als den allein richtigen verfolgen müßte. Um diese Schwierigkeit zu vermeiden, setzen die Theoretiker fest, daß die Unternehmungen den Gewinn und die Verbraucher den Nutzen maximieren. Alle anderen Ziele, die beide Seiten haben mögen, werden als Abweichungen betrachtet, die den rationalen Kurs auf das Hauptziel modifizieren.   15
In einer solchen Analyse wird der Begriff *rational* niemals auf die Ziele, sondern stets nur auf die Mittel eines Handlungsträgers angewendet. Dies folgt aus der Definition von *rational* als wirtschaftlich, d.h. den Output eines bestimmten Input maximierend bzw. den zur Erreichung eines bestimmten Outputs nötigen Input minimierend.   20
Ökonomische Rationalität läßt sich formell [...] definieren. Ein rationaler Mensch ist einer, der sich wie folgt verhält: (1) wenn er vor eine Reihe von Alternativen gestellt wird, ist er stets imstande, eine Entscheidung zu treffen; (2) er ordnet alle Alternativen, denen er gegenübersteht, nach seinen Präferenzen so, daß jede im Hinblick auf jede andere entweder vorgezogen wird oder indifferent oder weniger   25
wünschenswert ist; (3) seine Präferenzrangordnung ist transitiv; (4) er wählt aus den möglichen Alternativen stets jene aus, die in seiner Präferenzordnung den höchsten Rang einnimmt; (5) er trifft, wenn er vor den gleichen Alternativen steht,

immer die gleiche Entscheidung. Alle rationalen Entscheidungsträger in unserem Modell – politische Parteien, Interessengruppen und Regierungen eingeschlossen – besitzen diese Eigenschaften. […] Unser Ansatz zur Analyse von Wahlen veranschaulicht, wie sich diese enge Definition der Rationalität auswirkt. Die politische Funktion von Wahlen in einer Demokratie ist, so nehmen wir an, das Auswählen einer Regierung. Daher ist im Zusammenhang mit Wahlen ein Verhalten rational, das auf dieses Ziel und auf kein anderes ausgerichtet ist.

Unser Modell beruht auf der Annahme, daß jede Regierung das Ausmaß an Ansehen und Unterstützung, das sie beim Volk genießt, zu maximieren sucht. Wir nehmen ferner an, daß wir es mit einer Regierung in einer demokratischen Gesellschaft zu tun haben, in der periodisch Wahlen abgehalten werden, daß das Hauptziel der Regierenden die Wiederwahl ist und daß ferner ein Wahlsieg das Ziel auch jener Parteien ist, die im Augenblick nicht regieren. Nach jeder Wahl beherrscht die Partei, die die meisten Stimmen (wenn auch nicht unbedingt eine absolute Mehrheit) erhält, bis zur nächsten Wahl den gesamten Staatsapparat, Zwischenabstimmungen, entweder durch das Volk als Ganzes oder durch ein Parlament, sind dabei ausgeschlossen. Die regierende Partei verfügt daher über unbegrenzte Handlungsfreiheit innerhalb der durch die Verfassung gesetzten Grenzen.

Die Schlussfolgerungen aus der Theorie

[…]

Satz 2. In einem Zweiparteiensystem stimmen beide Partner in allen Fragen überein, für die eine Mehrheit der Bürger eine starke Vorliebe hat.

Satz 3. In einem Zweiparteiensystem sind die politischen Konzepte der Parteien (a) verschwommener, (b) einander ähnlicher und (c) weniger direkt mit Ideologien verknüpft als in einem Mehrparteiensystem.

Satz 4. In einem von einer Koalition regierten Mehrparteiensystem unternimmt die Regierung weniger wirksame Schritte zur Lösung der sozialen Grundprobleme, und ihre Politik ist weniger integriert und folgerichtig als in einem Zweiparteiensystem.

Satz 5. Neue Parteien entstehen entweder (a) wenn eine Änderung des Wahlrechts die Verteilung der Bürger auf der politischen Skala stark verändert, oder (b) wenn die Wählerschaft ihre sozialen Anschauungen auf Grund eines Umsturzes (Krieg, Revolution, Inflation, wirtschaftliche Depression) plötzlich ändert, oder (c) in einem Zweiparteiensystem, wenn eine der Parteien zu einer Streitfrage einen gemäßigten Standpunkt einnimmt und ihre radikalen Mitglieder eine Splitterpartei gründen, um sie in eine extremere Position zurückzuzwingen.

Satz 6. Demokratische Regierungen neigen dazu, das Einkommen von den Reichen auf die Armen umzuverteilen.

Satz 7. Demokratische Regierungen neigen dazu, in ihren Maßnahmen die Produzenten gegenüber den Konsumenten zu begünstigen.

[…]

Satz 12. Weil fast jedem Bürger klar ist, daß seine Stimme bei der Wahl nicht   1
entscheidend ist, besteht für die meisten Bürger nur ein sehr geringer Anreiz, vor
der Wahl Informationen zu erwerben.

Satz 13. Ein großer Prozentsatz der Bürger – einschließlich der Wähler – informiert
sich nicht in bedeutendem Ausmaß über die Streitfragen, um die es bei der Wahl   5
geht, selbst wenn diese Bürger den Wahlausgang für wichtig halten.

Satz 14. Die Bürger, die über eine bestimmte Streitfrage jeweils am besten informiert
sind, sind jene, auf deren Einkommen sie sich direkt auswirkt, d.h. jene, die ihre
Einkommen in dem betreffenden politischen Bereich verdienen.

[…]   10

Satz 23. Politische Parteien neigen dazu, möglichst viele ihrer Versprechungen zu
halten, wenn sie gewählt werden.

Satz 24. Politische Parteien neigen dazu, im Ablauf der Zeit an ihrer ideologischen
Linie konsequent festzuhalten, es sei denn, sie erleiden schwere Niederlagen; dann
ändern sie ihre Ideologien so, daß diese der Ideologie der Siegerpartei ähneln.   15

Anthony Downs: Ökonomische Theorie der Demokratie. Tübingen1968.
S. 4-11, 290-293 (Auszüge)

Interpretation

Anthony Downs (geb. 1930), seit 1977 Senior Fellow am Brookings-Institute in Washington D.C., gilt mit der Veröffentlichung seines bahnbrechenden Buches *An Economic Theory of Democracy* im Jahre 1957 (dt. Ausgabe 1968) als ein Begründer der Ökonomischen Theorie der Demokratie. Downs forscht heute in erster Linie zu den ökonomischen Aspekten moderner Städteplanung. Mit der Veröffentlichung des Buches von Downs wurde die Demokratietheorie zu einem der wichtigsten Gebiete der Ökonomischen Theorie der Politik. Im politikwissenschaftlichen Sprachgebrauch haben sich für einen derartigen Ansatz auch die Bezeichnungen „Rational Choice", „Public Choice" oder „Neue Politische Ökonomie" eingebürgert.[1]

Ökonomische Theorien der Politik erstellen Modelle und Hypothesen, die sie aus Grundannahmen über das menschliche Verhalten, die aus den Wirtschaftswissenschaften übernommen worden sind, logisch ableiten. Neben Downs gelten Kenneth Arrow mit seinem Buch *Social Choice and Individual Values* (1951) und Mancur Olson mit *The Logic of Collective Action* (1965) zu den originellsten Wegbereitern dieses Ansatzes, der sich seit den 60er-Jahren zu einer eigenständigen Richtung in der modernen Demokratietheorie entwickelt hat und in den 80er- und 90er-Jahren zumindest die US-amerikanische Politikwissenschaft dominiert hat. Seit Mitte der 1990er-Jahre haben sich die kritischen Stimmen gegen Rational Choice wieder deutlich mehr Gehör verschafft und der Ansatz verliert seitdem wieder etwas an Bedeutung. Dennoch gehört dieser Ansatz weiterhin zu den wichtigsten Strömungen in der modernen Politikwissenschaft.[2]

Im Kern geht Rational Choice auf Überlegungen von Joseph A. Schumpeter aus dem Jahre 1942 zurück, nach denen man sich das Handeln politischer Akteure wie das wirtschaftlicher Akteure auf einem Markt – in diesem Fall: dem politischen Markt – vorstellen solle.[3] Schumpeter wollte in seiner Demokratietheorie von – wie er sie nannte: „realistischen" – Grundannahmen des menschlichen Verhaltens ausgehen. Hierfür erfand er die Figur des „rationalen Akteurs" in der Politik, der seine Präferenzen, d.h. seine Ziele, wie im wirtschaftlichen Leben von Marktgesellschaften möglichst kostengünstig erreichen möchte und paradoxerweise dazu neigt, sich in politischen Dingen nicht genauer informieren zu wollen. Anthony Downs hat im Anschluss an Schumpeter die Voraussetzungen der Ökonomischen Theorie der Demokratie stringenter definiert. Ein rationaler Akteur ist – wie im Textauszug zu lesen – durch fünf Verhaltenseigenschaften charakterisiert: (1) Wenn er vor eine Reihe von Alternativen gestellt wird, ist er stets imstande, eine Entscheidung zu treffen; (2) er ordnet alle Alternativen, denen er gegenübersteht, nach seinen Präferenzen; (3) die Präferenzrangordnung ist logisch transitiv; (4) er wählt aus den möglichen Alternativen stets jene aus, die in der eigenen Präferenzordnung den höchsten Rang einnimmt; (5) er trifft, wenn er vor den gleichen Alternativen steht, immer die gleiche Entscheidung.

Bis heute nehmen alle Rational-Choice-Theorien Bezug auf diese von Downs formulierten fünf Voraussetzungen. Vor dem Hintergrund seiner Grundannahmen gelangt Downs mittels streng logischer Ableitungen zu den im Textauszug abgedruckten „Deduktionen" über das Verhalten von Politikern und Wählern sowie über die Funktionsmechanismen von Parteien, Parlamenten und Regierungen. Diese Deduktionen erheben den Anspruch, einen gewissen vorhersagbaren Wert im Hinblick auf das Handeln von politischen Akteuren bereitzustellen. Stößt man in der Realität auf Abweichungen von den Deduktionen, muss das Modell Downs zufolge um weitere Zusatzannahmen erweitert werden, bis es die Vorgänge in der politischen Realität nachvollziehbar zu erklären vermag. So muss zum Beispiel jede Übertragung auf das deutsche politische System die föderative Struktur der Bundesrepublik einbeziehen, da sie das Handeln in der Bundesrepublik bei entsprechenden Mehrheitsverhältnissen (Stichwort: unterschiedliche parteipolitische Mehrheiten zwischen Bundestag und Bundesrat) stark beeinflussen kann. Aus empirischer Sicht beansprucht Downs lediglich Deutungsangebote zu geben, die erst noch im Einzelnen überprüft werden müssen.

In dem Textauszug beschreibt Downs die Politiker als politische Unternehmer. Sie sind von dem Interesse geleitet, Macht zu haben und die Regierungsgeschäfte zu übernehmen. Sie treten bei Wahlen mit Programmen auf, von denen sie sich die größte Unterstützung der Wählerschaft versprechen. Die Bürger sieht Downs als Akteure. Sie wollen durch die Abgabe ihres Stimmzettels (oder andere Beteiligungsformen) ihre jeweils eigenen, meist materiellen Interessen durchsetzen. In einem Zweiparteiensystem wie den USA führt dies nach Downs dazu, dass die Parteien vornehmlich um die Wähler in der Mitte konkurrieren. Extreme, aber auch innovative Politikvorschläge haben nach der Logik dieses Modells nur eine sehr geringe Durchsetzungschance. In einem Parteiensystem wie dem der Bundesrepublik, in dem neben den zwei großen Volksparteien auch eine geringe Zahl kleinerer Parteien in den Parlamenten vertreten ist, bemühen sich die großen Parteien ebenfalls, die Mitte für sich zu besetzen, während kleinere Parteien relevante Minderheiten zu bedienen versuchen. Koalitionsregierungen sind nach Downs wenig geeignet, wirksame Schritte zur Lösung sozialer Grundprobleme zu leisten.

Die Kritik an Rational-Choice-Theorien konzentriert sich zumeist auf ihre Orientierung am „homo oeconomicus". Denn häufig treten in der politischen Wirklichkeit Personen auf, die dem Bild des ausschließlich an seinem eigenen Nutzen orientierten Bürgers und Politikers nicht unbedingt entsprechen. Rational Choice wird von Kritikern häufig auch unterstellt, gegenüber den Schwächen der westlichen Demokratie blind zu sein; zumindest der letztgenannte Vorwurf läuft ins Leere. Schlimmer noch: Der Vorwurf verbaut wichtige Einsichten in Mängel und Problemlagen moderner Demokratien, die durch die Brille von Rational Choice erst in aller Schärfe sichtbar werden. Diese Problembeschreibungen beziehen sich in der Nachfolge von Downs auf drei Bereiche, die „Konsumenten" und die „Anbieter" im ökonomischen Politikmodell sowie die zwischen ihnen geltenden „Spielregeln".

Die „Konsumenten" des politischen Marktes sind die Bürger. Rational Choice erinnert an das schlichte Faktum, dass Wählen und andere Formen der politischen Partizipation Kosten verursachen, seien es Zeit, Geld oder Aufmerksamkeit. Die Bürger, die über eine bestimmte Streitfrage am besten informiert sind, sind zuvorderst jene, auf deren Einkommen sich die Streitfrage besonders auswirkt. Generell gilt: Der Ertrag einer informierten Wahlentscheidung ist aufgrund der randständigen Bedeutung seiner eigenen Stimme so gering, dass es „für die meisten Bürger irrational ist, politische Informationen für Wahlzwecke zu erwerben" (134). Downs nennt dies die „rationale Unwissenheit" (ebd.) der Bürger. Diese Überlegung lässt sich noch weiterführen: Da bei einer Bevölkerung von 60 Millionen Wählern (so derzeit in der Bundesrepublik Deutschland) die Wahrscheinlichkeit, auf dem Weg zur Wahlurne tödlich zu verunglücken, höher ist als die Wahrscheinlichkeit, dass die eigene Stimme die Wahl entscheidet, ist es für den Bürger „rational", sich erst gar nicht an der Wahl zu beteiligen. Eine sinkende Wahlbeteiligung ist nach Rational Choice demnach ebenso plausibel wie Wahlkämpfe, die auf Gefühle statt auf gute Argumente setzen. Das paradoxe Ergebnis von Rational Choice: Es ist für Bürger in der Demokratie rational, der politischen Irrationalität Vorschub zu leisten.

Der zweite Punkt betrifft die „Anbieter" auf dem politischen Markt, die Politiker. In den Modellen von Rational Choice finden wir sie in der Rolle von politischen Unternehmern, die ausschließlich am Machterwerb interessiert sind. Sie haben kein Interesse daran, die Bürger mit kostenintensiven Argumentationsangeboten zu versorgen. Ihr Kalkül muss es sein, für möglichst viele Bürger als wählbar zu gelten. Programmatisch werden sie deshalb so unklar wie möglich bleiben und versuchen, unterschiedliche Wählergruppen mit – sich zum Teil ausschließenden – Programmpunkten zu gewinnen; auch werden sie sich an einer Emotionalisierung der politischen Auseinandersetzung und dem Aufgreifen populistischer Forderungen beteiligen, wann immer es ihren Erfolgskalkülen dient. Einmal an die Regierung gekommen, haben Politiker ein Interesse, ihre Klientel zu bedienen, um wiedergewählt zu werden. Von den Medien und der Opposition ermuntert, greifen sie in kurzen Abständen immer neue Themen publikumswirksam auf. Ihr kurzfristiges Interesse an der Wiederwahl konterkariert langfristige Politiken, wie sie insbesondere in den fünf Politikfeldern der Finanz-, Renten-, Bildungs-, Umwelt- und Klimapolitik notwendig sind, um Erfolge zu erlangen. In Anschluss an Downs sind verschiedene formale Modelle von „Politischen Konjunkturzyklen" konstruiert worden, die die Verlagerung politischer Probleme in die Zukunft zugunsten kurzfristiger Interessen von politischen Unternehmern in demokratischen Systemen veranschaulichen. Für sämtliche der genannten fünf Politikbereiche weisen diese Modelle auf signifikante Schwächen in der Problemlösungsfähigkeit demokratischer Systeme hin. Nun schneiden Diktaturen in ihrer modellierten Problemlösungsfähigkeit vielfach sogar noch deutlich schlechter ab, sodass die Einsichten von Rational Choice weniger einer generellen Demokratiekritik Vorschub leisten, sondern eher als Aufforderung für institutionelle Reformen von bestehenden demokratischen Systemen zu verstehen sind.

Rational-Choice-Theorien werfen schließlich drittens einen kritischen Blick auf die „Spielregeln" des politischen Marktes, also die demokratischen Entscheidungsprozeduren. An diesem Punkt haben die logischen Modellkonstruktionen des Rational Choice auch Konsequenzen für die normative Demokratietheorie. So wird von der normativen Demokratietheorie als eine der wichtigsten Rechtfertigungen für die Demokratie angeführt, dass in ihr der Mehrheitswille fälschungsfrei zum Ausdruck gebracht werde. Dass aber selbst eindeutige Mehrheitsentscheidungen dieser Norm nicht unbedingt genügen, geht beispielsweise aus dem sog. „Ostrogorski-Paradox" hervor. Dieses Paradox besagt, dass einfache Änderungen in Abstimmungsablauf gravierende Unterschiede bei den Abstimmungsresultaten ergeben können.[4] Das Ostrogorski-Paradox ist insofern brisant, als es die Frage der Anerkennungswürdigkeit demokratisch erzielter Mehrheitsentscheidungen gezielt anzweifelt. Eine mögliche Konsequenz daraus hat der amerikanische Politikwissenschaftler William H. Riker gezogen: Wenn sich aufgrund des Ostrogorski-Paradoxes keine sachliche Entscheidung in der Demokratie vor dem Verdacht schützen kann, manipulativ erzeugt worden zu sein, dann müssen die an die Demokratie gerichteten Erwartungen radikal neu formuliert werden. Riker schlägt vor, von der „Demokratie" gar nicht erst zu erwarten, dass sie die Wünsche der Bürger umsetzt, sondern in ihr allein eine politische Ordnung zu sehen, die die Möglichkeit der Abwahl politischer Amtsinhaber erlaubt. Anders als Diktaturen, so Riker, bieten Demokratien nicht mehr, aber auch nicht weniger als die Möglichkeit „to permit people to get rid of rulers".[5]

Anmerkungen

1 Die besten deutschsprachigen Überblicke über den Rational-Choice-Ansatz in der Politikwissenschaft bieten Dietmar Braun: Theorien Rationalen Handelns in der Politikwissenschaft. Eine kritische Einführung. Opladen 1999 sowie Volker Kunz: Rational Choice. Frankfurt/M. 2004.

2 Diese Kritik findet sich gebündelt in: Ian Shapiro/Donald Green: Pathologies of Rational Choice. New Haven/London 1994.

3 Vgl. Joseph A. Schumpeter: Kapitalismus, Sozialismus und Demokratie (1942). München 1992, S. 427 ff.

4 Das Paradox ist benannt nach dem Parteienforscher Morsei Ostrogorski (1854-1919). Was sich dahinter verbirgt, illustriert die nachfolgende Tabelle (aus: Claus Offe: Politische Legitimation durch Mehrheitsentscheidung? In: Ders./Bernd Guggenberger (Hrsg.): An den Grenzen der Mehrheitsdemokratie. Opladen 1984, S. 163). In der Tabelle besteht das Paradox in dem Sieg der Partei B (die beispielsweise für eine rigide Sparpolitik eintritt) über die Partei A (die beispielsweise für eine Politik des Investierens eintritt), sobald die Parteipräferenz nicht für jedes Thema getrennt, sondern für alle Themen zusammen ermittelt wird.

Tabelle: Beispiel für das Ostrogorski-Paradox

Wählergruppe	Stärke	Parteipräferenz bei Abstimmung über			
		Thema 1	Thema 2	Thema 3	alle Themen gemeinsam
W	20%	A	B	B	B
X	20%	B	A	B	B
Y	20%	B	B	A	B
Z	40%	A	A	A	A
Wahlsieger		A	A	A	B

In dem Beispielfall der Tabelle entscheidet allein die Reihenfolge in der Abstimmung über Erfolg oder Misserfolg der Parteien. Wenn das Ergebnis auf Grundlage getrennter Abstimmungen über die einzelnen drei Themen ermittelt wird, dann gewinnt jeweils Partei A (z.B. mit ihrer Politik des Investierens). Entscheidet man sich aber für eine simultane Abstimmung über alle drei Themen (z.B. Bildung, Rente, Umwelt), dann gewinnt Partei B (mit ihrer Politik des Sparens). Der Erfolg ist in jedem der beiden Fälle das Produkt des gewählten Abstimmungsmodus. Die Konsequenz daraus lautet: Die inhaltliche Abstimmung kann derjenige entscheiden, der die Tagesordnung und damit die formale Abstimmungsweise bestimmt.

5 William H. Riker: Liberalism against Populism. Prospect Heights 1982, S. 244.

Giovanni Sartori

Ausgewählt und interpretiert von Peter Massing

Liberale Elitetheorie (1962)

[…] Es ist jetzt an der Zeit, zur *präskriptiven Definition* der Demokratie als eines 1
Regierungssystems überzugehen. Dieses Problem wird zwar selten direkt aufgeworfen, doch liegt es unserer Beurteilung von Führung zugrunde. Sind Eliten und Führungsminderheiten ein notwendiges (oder sogar unnötiges) Übel, oder sind sie ein lebenswichtiger und nützlicher Faktor? Letzten Endes lautet die Frage, ob 5
wir die Führung gering- oder hochschätzen sollen. […]
In den vorangegangenen Kapiteln habe ich mich ausführlich mit den Wechselwirkungen zwischen der Trägheit der Tatsachen und der Energie der Ideale beschäftigt, und mein Hauptgedanke war, die Demokratie brauche sowohl Realismus (Beachtung der Tatsachen) als auch Idealismus (Einbindung der Tatsachen 10
durch Werte). Demgemäß frage ich jetzt: Wie verhält sich das vertikale Problem der Demokratie im Hinblick auf diese Kriterien? Die Antwort lautet schlicht: Es verhält sich überhaupt nicht.
Es ist einfach so, daß sich die Ideale der Demokratie gegenüber dem 4. Jahrhundert
v. Chr. kaum verändert haben. Und wenn die Ideale der Demokratie im wesentli- 15
chen immer noch ihre griechischen Ideale sind, dann bedeutet das, daß sie sich auf eine direkte und keine repräsentative Demokratie beziehen. Daraus folgt, daß noch heute die Deontik und der Wert-Druck der Demokratie nur an der horizontalen Dimension der Politik ansetzen. […] So kommt es zu der erstaunlichen Tatsache, daß wir eine repräsentative Demokratie geschaffen haben – und damit beinahe 20
ein Wunder vollbracht haben, das noch Rousseau für unmöglich erklärt hatte –,
ohne daß sie durch Werte gestützt wäre. […]
Deskriptiv, so sagte ich, *ist* die Demokratie eine Wahl-Polyarchie. Aber was *sollte* sie sein? Polyarchie ist ein *tatsächlicher Zustand*; was aber ist ihre Deontik, ihr entsprechender *NormZustand?* Im Grunde geht es nicht nur darum, ob die reprä- 25
sentative Demokratie ohne eigenen Wert-Druck auf lange Sicht funktionieren und hoffentlich besser funktionieren kann, sondern, noch dringlicher, wie sie angesichts eines Wert-Drucks weiter funktionieren kann, der die vertikale Dimension immer stärker *abwertet.*

1 Diese Abwertung drückt sich unmißverständlich in unserer heutigen Sprache aus.
Die Wörter, die spezifisch die vertikale Dimension bezeichnen, sind „Wahl", „Elite"
und „Auswahl". Diese Bezeichnungen wurden alle ursprünglich als *wertende Filter*
konzipiert. Wahl bedeutete runde fünfzehn Jahrhunderte lang ein qualitatives Aus-
5 wählen – wie in der Sprache des Protestantismus „die (von Gott) Auserwählten".
„Elite" leitet sich von der selben Wurzel her und wurde geprägt, als „Aristokratie"
seine ursprüngliche Bedeutung verlor und nur noch einen Stand bezeichnete, um
gerade „die Besten, die *ristoi*, als den ausgewählten Teil zu bezeichnen. (Und in dieser
Bedeutung machte sich, wie wir wissen, Pareto den Ausdruck zu eigen.) „Auswahl"
10 oder „Selektion" leitet sich dagegen von „seligere" her, nähert sich aber allmählich
dem „eligere" (wenn mit Wahl speziell der Wahlakt gemeint ist): Auswahl aufgrund
besonderer Fähigkeiten oder Eignung. In der heutigen politischen Sprache sind all
diese Bedeutungen entweder verlorengegangen oder werden angegriffen. Unter Wahl
wird nur noch die Stimmabgabe verstanden. Auswahl (Selektion) bedeutet kaum
15 mehr als bloße Bevorzugung durch den Willen – soweit es nicht als „Diskrimina-
tion" entstellt und herabgewürdigt wird. Demgemäß sind in heutiger Sprache „die
Gewählten" einfach die in ein Amt Gewählten; und daß die Gewählten „ausgewählt"
werden sollten, kommt uns eher als eine Tautologie vor, denn als eine axiologische
Aussage. „Elite" schließlich wurde zunächst von Lasswell zu einem neutralen Wort
20 und dann von den Antielitisten des Tages zu einem Buhwort gemacht. In beiden
Fällen werden unter der Elite in völliger Verkennung der eigentlichen Bedeutung
die Mächtigen und/oder die Privilegierten verstanden. [...]
Beginnen wir mit dem Wort „Auswahl". Hier ist keineswegs alles verloren, denn der
Ausdruck ist – bezeichnenderweise – nur in der Politik neutralisiert und verzerrt
25 worden. Viele Leute, die „Wahl" und „Auswahl" unterschiedslos gebrauchen, gehen
in allen nichtpolitischen Zusammenhängen ganz von selbst zur wertenden Bedeutung des Wortes über. Wenn ein wissenschaftliches Unternehmen wissenschaftlich
sein will, muß es sein Personal „auswählen". Im akademischen Bereich versteht
man die „Auswahl" eines Kandidaten für eine Position so, daß der Ausgewählte
30 der Beste sein soll. Wenn eine Firma Personal einstellt, dann „wählt sie aus", sonst
ist sie bald bankrott. Ist denn nun die demokratische Politik so einfach und so
grundverschieden von allen anderen gesellschaftlichen Vorgängen, daß hier eine
Auswahl überflüssig oder gar eine Sünde wäre? Wenn dem nicht so ist, stelle ich als
erste axiologische Definition die folgende auf: Die Demokratie sollte ein *selektives*
35 *System* konkurrierender gewählter Minderheiten sein. Dasselbe noch kürzer und
in Übereinstimmung mit der deskriptiven Definition: Die Demokratie sollte eine
selektive Polyarchie sein. [...]
Werden die Eliten, insbesondere die politischen, rein aufgrund der Macht oder
vertikal definiert, so hindert einen das an der Betrachtung der Diskrepanz zwischen
40 *elitären Eigenschaften* (als Maßstäbe) und *Machtpositionen* (die abwegigerweise als
Elitepositionen erscheinen). Und als Folge davon verfehlt die Eliteforschung das,
worum es grundlegend geht – nämlich nicht um die Tatsache, daß es Mächtige

gibt, und nicht nur, ob es mehrere *Machteliten* gibt, sondern letztlich darum, ob   1
die Mächtigen echte oder falsche Eliten sind. [...]
Gewiß die Autoren gehen von der als horizontale Gleichheit gedachten „Machtgleichheit" (der für alle gleichen Macht des demos) zu einer „Chancengleichheit"
über, die also vertikale Vorgänge voraussetzt. Doch gleiche Chancen deuten mehr   5
auf einen Anfangspunkt als einen Endzustand hin. Interessiert man sich für die
Wertkonsequenzen der beiden Arten von Gleichheit, dann scheint die Chancengleichheit ein Aufsteigen zu rechtfertigen, braucht es aber nicht positiv bewerten.
Daher dürfte die Gleichheit, die zentral die vertikalen Vorgänge und Arbeitsweisen
der Demokratie kennzeichnet, die „Verdienstgleichheit" sein, also die Aristotelische   10
verhältnismäßige Gleichheit. Um die Gleichheit als einen *höherführenden Wert* zu
begreifen, lautet die Maxime: gleiches Gleiche, also jedem gemäß seinem Verdienst,
seiner Fähigkeit, seiner Begabung.
Unsere bisherige normative Definition lautete: Die Demokratie sollte eine selektive Polyarchie sein. Sie kann jetzt durch folgende Definition ergänzt werden: Die   15
Demokratie sollte eine Polyarchie des *Verdienstes* sein. [...]
Ein Einwand neben anderen könnte lauten, das Vorstehende bewege sich auf einem
zu hohen Abstraktionsniveau. Um den Gedankengang etwas konkreter zu machen,
ist besonders zu fragen: *gleich im Hinblick auf wen?* Für die Antwort möchte ich auf
den Begriff der Bezugsgruppe zurückgreifen, und zwar des genaueren auf die Elite   20
(in der ursprünglichen Bedeutung) als Bezugsgruppe. Der Zusammenhang ist der,
daß der Elitebegriff mit seiner Idee der „Würdigkeit, ausgewählt zu werden" auf eine
Bezugsgruppe verweist – und zwar auf eine eindeutig wertbesetzte Bezugsgruppe.
Die Frage, gleich im Hinblick auf wen, läßt sich nun so beantworten: im Hinblick
auf *elitäre Wertparameter*. Und das bedeutet, daß die konkreten Eliten keineswegs   25
gerade aus denen bestehen, die zufällig mächtig sind (aus der politischen Klasse).
Im Gegenteil, unter dem Gesichtspunkt der Bezugsgruppe stehen die konkreten
Gruppen auf einem ständigen Prüfstand; sie liefern einen „Bezugspunkt" aufgrund
ihrer Vorzüge und nur dann, wenn sie solche aufweisen. Wir können den Gedanken zusammenfassen: Gleichheit führt konkret zu einer Wert-Anhebung, wenn   30
sie mit Elite zusammengebracht wird – wobei dieser Ausdruck eine Bezugsgruppe
bezeichnen und in einer dementsprechenden Elitetheorie fungieren muß.
Wir sind in diesem Kapitel einen weiten Weg gegangen, daher möchte ich an den
roten Faden erinnern. Wenn man sich mit der Demokratie als Regierungssystem
beschäftigt, muß man sich dem Problem der einflußreichen Gruppen und der   35
Führung stellen. Eine Möglichkeit dazu ist das Anerkennen, daß Macht ungleich
verteilt ist, daß es Machtgruppen gibt und aller Wahrscheinlichkeit nach weiter
geben wird. Das könnte man den realistischen Standpunkt nennen; und hier wende
ich nicht ein, daß irgend etwas davon empirisch falsch sei, sondern daß man alles
so läßt, wie es ist. Für die umgekehrte Behandlungsweise des Problems ist der an-   40
tielitistische Standpunkt ein Beispiel; und hier wende ich ein, daß die kurzfristigen
polemischen Gewinne der antielitistischen Parole von ihrer Tiefenschädlichkeit weit

1   aufgewogen werden. Man bilde sich doch nicht ein, durch Abwertung der Meritokratie gewänne man irgend etwas anderes als Immeritokratie; durch Abwertung
    der Auswahl etwas anderes als falsche Auswahl; durch Abwertung der Gleichheit
    nach Verdienst etwas anderes als Gleichheit nach Nichtverdienst.
5   Stellen wir nun die Argumentation in den großen Zusammenhang und fragen
    wir, wo heute die unmittelbaren Gefahren für die Demokratie als politische Form
    liegen. In einer Art „Minderheitsherrschaft"? Ich glaube nicht. Denn es liegt auf der
    Hand, daß alle demokratischen Regierungen – die einen mehr, die anderen weniger
    – an Autoritätsverlust leiden und mit zu vielen Forderungen überhäuft werden,
10 mit denen sie nicht zu Rande kommen können. Man beachte, daß Überlastung
    nicht dasselbe ist wie „Großregierung". Eine „Großregierung" begünstigt zwar die
    Überlastung, doch das eine kann mit Sicherheit ohne das andere bestehen. Wir
    leben also in einer blockierten, ganz verschiedenen Druckrichtungen ausgesetzten
    Demokratie mit geringer Regierungsfähigkeit, nämlich geringem Widerstand
15 gegenüber Forderungen und geringer Fähigkeit zum Fällen und Durchführen
    von Entscheidungen. Am häufigsten gab es in den sechziger und siebziger Jahren
    Unentschlossenheit, Kurzsichtigkeit, Ineffizienz und zu hohe Ausgaben. Das ist
    nicht durchweg etwas Negatives. Es beweist nämlich ganz klar – entgegen den
    Behauptungen der Perfektionisten, Mitwirkungsverfechtern und Populisten –,
20 daß die repräsentative Demokratie keineswegs eine Attrappe ist, ein Gemeinwesen,
    in dem dem Volk seine Macht genommen ist. Denn all das beweist, in welchem
    Maße der repräsentative Mechanismus, das *Eingehen auf* (den Wähler) maximiert
    hat. Doch das ist nur eines der Elemente der repräsentativen Demokratie. Eine
    Regierung, die nur Forderungen nachgibt, die einfach klein beigibt, erweist sich
25 als eine höchst unverantwortliche Regierung, sie wird ihrer Verantwortung nicht
    gerecht. Ein Repräsentant ist nicht nur *Personen* gegenüber verantwortlich, sondern
    auch *für etwas* verantwortlich. Das heißt nichts anderes, als daß die Repräsentation
    ihrem Wesen nach zwei Bestandteile hat: Eingehen auf den Wähler *und* unabhängige Verantwortlichkeit. Und je stärker die Regierungen *auf* etwas eingehen und
30 dabei weniger Verantwortung *für* etwas zeigen, desto eher werden wir schlecht
    und/oder gar nicht regiert. Und das heißt auch: Je mehr auf etwas eingegangen
    worden ist, desto notwendiger wird die *unabhängige Verantwortlichkeit* – um die
    es bei der Führung geht.
    Damit sind wir wieder bei der Ausgangsfrage, nämlich ob Führung ein untrennbarer
35 Bestandteil der Demokratie ist oder nicht. Die alte und jetzt wieder aufpolierte
    Auffassung meint, Führung sei nur in dem Maße nötig, wie die Rolle des Volkes
    etwas Sekundäres bleibe. Diese Auffassung gewinnt leicht Beifall. Doch wenn ihre
    Vertreter wirklich an sie glauben, warum dann nicht anstelle der Führer durchs
    Los bestimmte „Administratoren"? Während ich noch darauf warte, daß diese
40 Möglichkeit erprobt wird, möchte ich meine Darlegungen abschließen.
    Wenn wir die Demokratie als selektive Polyarchie definieren, haben wir nicht das
    „gute" Funktionieren des Systems im Auge – denn die Konkurrenz im Hinblick

auf Wahlen gewährleistet nicht die Qualität der Ergebnisse –, sondern nur ihren   1
demokratischen Charakter. Das übrige – der Wert des Ergebnisses – hängt von der
Qualität (und nicht nur von der Responsivität) der Führung ab. Doch während
die lebenswichtige Rolle der Führung häufig anerkannt wird, nimmt sie in der
Theorie der Demokratie nur einen verschwindenden Platz ein. Diesem Problem   5
widmet sich meine Suche nach einer vertikalen normativen Definition. Dazu habe
ich eine *Bezugsgruppentheorie der Eliten* und zwei einander stützende Kurzdefinitio-
nen vorgeschlagen, nämlich daß die Demokratie a) eine selektive Polyarchie und
b) eine Verdienst-Polyarchie sein sollte. [...]

Giovanni Sartori: Demokratietheorie. Darmstadt 1992, S. 173-182 (Auszüge)

Interpretation

Giovanni Sartori gilt als der moderne Vertreter und Verteidiger der liberalen Elitedemokratie. In der stark überarbeiteten Neuauflage seiner *Democratic Theory* (*Demokratietheorie,* englische Erstausgabe 1962) aus dem Jahr 1992 sieht Sartori in den
Ereignissen von 1989 eine klare Bekräftigung der Stabilität und der Stärke der liberalen
Elitedemokratie. Dennoch zwinge gerade der Zusammenbruch der kommunistischen
Systeme zu einem Neudurchdenken dieser liberalen Demokratietheorie, zeige sich
doch gerade jetzt, dass die westlichen Demokratien vor einer Vielzahl von Problemen
ständen, die im Wesentlichen auf hausgemachten Blockaden beruhten.

Giovanni Sartori wurde 1924 in Florenz geboren. Von 1950 bis 1976 war er in
unterschiedlichen Funktionen als Professor für Politikwissenschaft und Soziologie an
der Universität Florenz tätig. Von 1976 bis 1979 lehrte er an der Stanford Universität
in Kalifornien. Danach war er bis zu seiner Emeritierung als „Albert Schweitzer Professor in the Humanities" an der Columbia Universität in New York. Unter anderem
war Sartori auch Gastprofessor in Harvard und Yale sowie Fellow in zahlreichen wissenschaftlichen Einrichtungen. Seinen Namen hat er sich vor allem als profundester
Kenner der repräsentativen liberalen Demokratietheorie gemacht. Im Rahmen der
„International Political Science Association" hatte Sartori 1970 die Leitung einer
Forschungsgruppe mit dem Namen „Commitee on Conceptual and Terminological
Analysis" (COCTA) übernommen. Die Forschungsgruppe hatte sich die Aufgabe
gestellt, in Anknüpfung an Wittgensteins Gegenüberstellung von der Offenheit der
natürlichen Sprache im Vergleich zur Geschlossenheit der mathematischen Sprachen
sozialwissenschaftliche Konzepte auf ihre Mehrdeutigkeit und Unbestimmtheit hin
zu untersuchen.

Diese Intention wird auch in Sartoris Werk *Demokratietheorie* deutlich. Er diagnostiziert darin eine Inflationierung des Demokratiebegriffs (12). Alle politischen Regime, selbst kommunistische und faschistische, würden sich als Demokratien bezeichnen. Damit sei Demokratie zwar zu einem allerseits verehrten Wort geworden, gleichzeitig aber auch zu einem undefinierbaren Allerweltswort, zu einer Leerformel. Was heute herrsche, sei eine Theorie der „verworrenen Demokratie" oder eine verworrene Theorie der Demokratie. Vor diesem Hintergrund hält Sartori eine politikwissenschaftliche, vor allem aber eine terminologische Aufräumarbeit für unerlässlich. Notwendig sei, dass saubere und verbindliche Begriffe wieder durchgesetzt würden. Der weitaus größte Teil seines Buches widmet er denn auch dem „begrifflichen Großreinemachen", bevor er im letzten Kapitel „Eine Entscheidungstheorie der Demokratie" zwar nicht eine neue Theorie der Demokratie vorstellt, jedoch der Demokratietheorie aus einer entscheidungstheoretischen Perspektive neue und originale Wendungen gibt. Seine grundlegende Vorstellung von Demokratie formuliert er jedoch in dem hier in Ausschnitten abgedruckten Kapitel über die normative Definition der Demokratie.

Sartori knüpft in seiner Arbeit zwar an die realistische Demokratietheorie Schumpeters an, unterscheidet sich aber auch in vielen Aspekten deutlich von ihm. Wie Schumpeter, wenn auch weniger spöttisch und zynisch, geht Sartori davon aus, dass der Normalbürger sich für Politik wenig interessiert. Deshalb benötigten auch demokratische Systeme Eliten und Führung. Demokratietheoretische Konzeptionen dürften die Realität nicht außer Acht lassen, und Meinungsumfragen und Wahluntersuchungen hätten zweifelsfrei ergeben, dass wir es mit einem führungssuchenden und führungsbedürftigen Publikum zu tun haben. Allerdings sei es wichtig zu erkennen, welche Art von Führung notwendig sei, um die Merkmale demokratischer Führung herausarbeiten zu können.

Sartori gibt sich also nicht, wie Schumpeter, mit der Beschreibung der Realität – der gewachsenen Zweiteilung aller Gesellschaften in „elitefremde" Schichten und etablierte Eliten – zufrieden, sondern er fragt normativ nach der notwendigen Qualität demokratischer Eliten und wie diese sicherzustellen ist.

Entwickelt Schumpeter von seinem Anspruch her eine „realistische" und empirische Demokratietheorie und hat für normative Demokratietheorien nur Hohn und Spott übrig, versucht Sartori empirische und normative Aspekte in seiner Demokratietheorie zu vereinen und zu versöhnen. Für ihn gibt es denn auch keine zwei alternativen Theorien der Demokratie, die klassische als normative und die Konkurrenztheorie der Demokratie als empirische bzw. deskriptive Theorie, sondern nur eine einzige Demokratietheorie, die zumindest zwei Fragen beantworten muss: die empirische Frage nach der Funktionsfähigkeit der Demokratie und die normative nach der Vervollkommnungsfähigkeit der Demokratie oder wie die Demokratie demokratischer werden kann (164 f.). Sartori hebt zweierlei hervor: „Erstens ist das, was Demokratie *möglich* macht, nicht zu verwechseln mit dem, was sie *demokratischer* macht; und zweitens müssen die beiden Probleme in dieser Reihenfolge behandelt werden, sonst zäumt man das Pferd beim Schwanz auf" (165).

Bei dem Versuch, die empirische Frage nach der Funktionsfähigkeit der Demokratie zu beantworten, greift Sartori auf Schumpeters Definition zurück, die er als Konkurrenztheorie der Demokratie bezeichnet. Doch auch schon für die Beantwortung der empirischen Frage hält Sartori diese Theorie nicht für ausreichend. Er kritisiert an Schumpeters Definition, sie sei rein verfahrensmäßig: „die Demokratie wird in eine Methode aufgelöst" (160). Schumpeter beschränke seine Argumentation auf die „Input-Seite" des demokratischen Gesamtprozesses. Man müsse aber fragen, wie man von der Methode zu ihren demokratischen Konsequenzen, von der Eingabeseite der Demokratie zu ihrer Ausgabeseite komme. Die Antwort liefert nach Sartori Friedrichs Regel der „vorweggenommenen Reaktion". Diese Regel, dass gewählte Amtsträger, die unter Konkurrenzbedingungen wiedergewählt werden möchten, bei ihren Entscheidungen beeinflusst werden, durch die Vorwegnahme der Reaktionen der Wähler auf ihre Entscheidung, liefere das Bindeglied zwischen Eingaben und Ausgaben, zwischen dem Verfahren und seinen Konsequenzen. Damit erweitert Sartori die Konkurrenztheorie Schumpeters zur „Konkurrenz-Rückkoppelungstheorie der Demokratie".

Aber auch sie ist noch nicht die ganze Demokratie, sondern eine Minimaldefinition, die eine Gruppe notwendiger und hinreichender Bedingungen für das Bestehen einer politischen Demokratie liefert. Über die Vervollkommnungsfähigkeit der Demokratie sage sie jedoch nichts aus. Um diese Frage beantworten zu können, geht Schumpeter auf Robert A. Dahl zurück, der da einsetze, wo Schumpeter aufhöre. Während Schumpeters Problem darin bestand zu verstehen, wie Demokratie funktioniert, möchte Dahl außerdem die Demokratie fördern. Auch Dahl versucht also, empirische und normative Aspekte zu unterscheiden und zusammenzubringen. Dahl macht dies deutlich, indem er von zwei Begriffen ausgeht: von Demokratie und von Polyarchie. Das Wort Demokratie reserviert Dahl für das *ideale* System, das Wort Polyarchie für die unterschiedlichen *realen* demokratischen Systeme. Im Unterschied zu Dahls Ansatz bezeichnet Sartori auch die realen Systeme, wenn sie bestimmte Bedingungen erfüllen, als Demokratie. Er unterscheidet dabei aber die präskriptive (normative) und die deskriptive (empirische) Bedeutungskomponente. Dennoch verwendet Sartori in der Folgezeit den Begriff der Polyarchie. Deskriptiv, sagt er, kann man das „Rückkoppelungsmodell" als *Wahl-Polyarchie* bezeichnen. Sartoris deskriptive Definition der Demokratie lautet jetzt: „Die Großdemokratie ist ein Verfahren und/ oder *Mechanismus*, der a) eine *offene Polyarchie* erzeugt, deren *Konkurrenz* auf dem Wahl-Markt b) *dem Volk Macht* verleiht und c) insbesondere erzwingt, dass sich die Führer gegenüber den Geführten *aufgeschlossen zeigen*" (165).

Damit hat Sartori den ersten Schritt getan und wendet sich jetzt der präskriptiven Definition der Demokratie zu. Nun bezieht sich der normative Aspekt in Sartoris Demokratietheorie – die Frage, wie die Demokratie demokratischer wird – nicht wie in den meisten normativen Demokratietheorien auf die Möglichkeit erweiterter Partizipation oder auf die Frage nach den Kompetenzen oder Tugenden des Bürgers in der Demokratie, sondern vor allem auf die Frage der Notwendigkeit von Führung – „ob wir die Führung gering schätzen oder hoch schätzen sollten" (172) – und auf die Frage nach der Qualität von Führung und wie sich diese Qualität sichern lässt. Die Notwendigkeit von Führung scheint unstrittig. Wenn aber die Demokratie sowohl Realismus, d.h. Beachtung der Tatsachen, als auch Idealismus, d.h. Einbindung der Tatsachen durch Werte, bedarf, dann stellt sich in erster Linie die Frage: wie lassen sich Werte mit der Notwendigkeit von Führung in Verbindung bringen? Die Ideale der Demokratie, schreibt Sartori, sind noch ihre griechischen Ideale und setzen an der horizontalen Dimension von Politik an, während die vertikale Struktur der repräsentativen Demokratie auf Nationenebene nicht durch Werte gestützt wird.

Wenn Sartori die direkte Demokratie, die Referendumsdemokratie, kurz gesagt alle Formen einer partizipatorischen Demokratie ablehnt und die repräsentative Demokratie für die einzig mögliche Form in größeren Gebilden hält, bedeutet dies nicht, dass er mit der Realität der repräsentativen Demokratien zufrieden wäre, im Gegenteil: „Wäre ich nicht unglücklich damit", schreibt er, „wie unsere Demokratien funktionieren, so würde ich mich mit der deskriptiven Definition von Demokratie zufrieden geben, nämlich als eines diffusen, offenen Systems von Einflußgruppen, die für die Wahlen miteinander konkurrieren – und mir die normative Anstrengung ersparen" (175). Wie aber lässt sich die repräsentative Demokratie und ihre vertikale Struktur normativ, d.h. mit Idealen aufladen? Auf jeden Fall nicht, indem man die Ideale der Vergangenheit wieder entdeckt, die nichts mit der repräsentativen Demokratie zu tun haben, und auch nicht, indem man – wie die Neue Linke – schlicht zur horizontalen Demokratie zurückkehrt, sondern der erste Schritt auf dem Wege zur normativen Anreicherung der repräsentativen Demokratie besteht darin, dass die politische Wahl als Auswahlinstrument im qualitativen Sinne gedacht wird. Jedes wissenschaftliche oder wirtschaftliche Unternehmen müsse sein Personal im wertenden Sinne „auswählen". „Ist nun die demokratische Politik so einfach und so grundverschieden von allen anderen gesellschaftlichen Vorgängen, dass hier eine Auswahl überflüssig oder gar eine Sünde wäre?" fragt Sartori und definiert dann normativ: „Die Demokratie sollte ein selektives System konkurrierender gewählter Minderheiten sein [...] Die Demokratie sollte eine selektive Polyarchie sein" (175). Um den normativen Gehalt der selektiven Polyarchie noch deutlicher zu machen, bezieht er sie auf den Begriff der Gleichheit. Gleichheit aber ist nun der zentrale Wert der horizontalen Demokratie, und das Problem, das nun gelöst werden muss, besteht darin, den Gleichheitsbegriff in die vertikale Dimension einzubringen. Dies kann weder die als horizontale Gleichheit gedachte „Machtgleichheit" sein, noch die Chancengleichheit, die eher einen Anfangspunkt als einen Endzustand bezeichnet, sondern die Gleichheit, die die vertikalen Vorgänge und Arbeitsweisen der Demokratie kennzeichnet, ist die „Verdienstgleichheit". Diese

Überlegung führt ihn dann zu einer erweiterten normativen Definition: Die Demokratie sollte eine selektive Polyarchie des Verdienstes sein.

Damit aber im Zusammenhang von Eliten überhaupt von Verdienst gesprochen werden kann, fordert Sartori von den gewählten politischen Eliten „Führung", d.h. nicht nur Verantwortlichkeit gegenüber Personen (das wäre das Rückkoppelungsmodell), sondern Verantwortlichkeit für etwas. „Das heißt nichts anderes, als daß die Repräsentation ihrem Wesen nach zwei Bestandteile hat: Eingehen auf den Wähler und unabhängige Verantwortlichkeit. Und je stärker die Regierungen auf etwas eingehen und dabei weniger Verantwortung für etwas zeigen, desto eher werden wir schlecht und/oder gar nicht regiert. Und das heißt auch: Je mehr auf etwas eingegangen worden ist, desto notwendiger wird die unabhängige Verantwortlichkeit – um die es bei der Führung geht" (181).

Damit hat Sartori die wesentlichen begrifflichen Elemente seiner Demokratietheorie entwickelt. Am Ende seiner Arbeit formuliert er auf dieser Grundlage eine „Entscheidungstheorie der Demokratie". Damit erhebt er zwar nicht den Anspruch, eine „neue Theorie" der Demokratie vorzustellen, aber er formuliert darin Überlegungen, die aktuelle Probleme der Demokratie aufgreifen. Unter anderem im Zusammenhang mit der Mehrheitsregel, die ungleiche Intensität der Präferenzen, die das Mehrheitsprinzip außer Acht lässt und dazu führt, dass die Mehrheitsregel nie völlig akzeptiert wird, dass ihre Anwendung oft das Ziel verfehlt und dass intensiv empfindende Minderheiten ihren Grundsatz in Frage stellen (225). Um diese Probleme zu minimieren, präferiert Sartori als politisches Entscheidungssystem das Ausschusssystem, das innerhalb der Ausschüsse aufgrund zeitverschobener gegenseitiger Kompensation oder Tauschgeschäfte funktioniert und als System aufgrund von Nebenleistungen, die weitgehend aufgrund vorweggenommener Reaktionen erfolgen. Das Ausschusssystem lässt sich dann mit Demokratie verbinden, wenn man die Betrachtungsweise ändert, wenn man statt des Inputs den Output in den Blick nimmt. „Mikrodemokratien lassen sich noch allein anhand des Inputs fassen und somit auf den Begriff der Volksmacht zurückführen; für Makrodemokratien gilt das meiner Auffassung nach nicht mehr, man faßt und fördert sie am besten anhand des Outputs. Ich meine also, wichtige Verbesserungen sind nicht auf der Machtseite des Problems möglich – mehr Macht dem Volk –, sondern beim Endergebnis: mehr gleiche Vorteile oder weniger ungleiche Nachteile für das Volk" (235).

Das bedeutet nun nicht, dass Sartori das Mehrheitsprinzip abschaffen und durch ein konsensorientiertes Ausschusswesen ersetzen will. Für ihn gibt es kein optimales Entscheidungssystem, und es geht daher vielmehr um die Frage, an welchem Punkt zu viel Ausschusswesen und an welchem zu viel Mehrheitsentscheidung zu negativen Folgen zu führen beginnen. Um diese Frage beantworten zu können, greift er die idealtypische Unterscheidung von Arend Lijphart zwischen „Mehrheitsdemokratie" und „Einhelligkeitsdemokratie" auf. Indem er ihr ihren polaren Charakter nimmt und sie weniger rigide fasst, gelangt er zu folgendem Ergebnis: „Erstens kommen in einigen Ländern die Mehrheitsregeln mit der Intensität zurecht, während sich in anderen Ländern die Entscheidungsregeln den Intensitäten fügen und anpassen müssen. Zweitens sind ‚Mehrheitsdemokratie' und ‚Einhelligkeitsdemokratie' zwei Typen des Ausgleichs zwischen Nullsummen- und Positivsummenpolitik. Drittens: Auf einem Kontinuum von ‚immer mehrheitsorientiert' bis ‚nie mehrheitsorientiert' sind die wirklichen Demokratien der Tendenz nach umso mehrheitsorientierter, je stärker sie von Konsens beherrscht sind, je (kulturell) homogener und je weniger segmentiert (gespalten) sie sind; und sie sind umso weniger mehrheitsorientiert (d.h. umso stärker einhelligkeitsorientiert), je weniger diese Eigenschaften zutreffen. Etwas anders formuliert: Man findet zwar immer eine Mischung aus mehrheitlichen und nichtmehrheitlichen Entscheidungen, doch die Anteile variieren nach folgender Faustregel: Je stärker intensive Minderheiten präsent sind, desto weniger ist eine Nullsummenregierungsweise ratsam und durchführbar" (241).

Aus dem letzten Zitat wird deutlich, was die gesamte Demokratietheorie Sartoris kennzeichnet. Sartori geht eklektisch vor mit der Folge, dass in seiner Demokratietheorie nichts wirklich neu ist. Das aber ist auch eigentlich nicht sein Anspruch, sondern es geht ihm im Wesentlichen darum, begriffliche Klarheit in die „verworrene Demokratie" zu bringen. Dies ist ihm sicherlich über weite Strecken gelungen. Allerdings kann man gegenüber der Wirkung dieser „terminologischen Aufräumarbeit" skeptisch sein. Standardisierungsversuche bleiben in den Sozialwissenschaften in der Regel isoliert und eine Auswahl und sprachliche Säuberung von Grundbegriffen über Definitionsarbeit wird kaum auf die Zustimmung aller Politikwissenschaftler rechnen und so ist die Verworrenheit in der Demokratietheorie auch nach Sartori nicht weniger geworden.

Ideengeschichtlich lässt sich Sartori in die liberaldemokratische, empirisch-angloamerikanische Demokratietheorie von Locke über Montesquieu, den Autoren der Federalist Papers, Tocqueville bis Schumpeter einordnen. Für die aktuelle Diskussion ist der Versuch Sartoris von Bedeutung, empirische und normative Elemente in einer Theorie zusammenzufügen, das richtige Verhältnis von rational-normativem, kontinentalem und empirisch-gemäßigtem angloamerikanischem Demokratieverständnis zu finden: die Balance zwischen richtigem Realismus und richtigem Idealismus. Ähnliche Ansprüche finden sich in den pluralistischen und neopluralistischen Demokratietheorien. Für die aktuelle Diskussion bedeutender sind vielleicht seine Überlegungen zur Legitimität der Mehrheitsregel sowie seine Betonung der Output-Orientierung der Demokratie durch die Effektivität und Qualität von Entscheidungen, die sich beide in aktuellen Diskussionen (vgl. den Text von Fritz W. Scharpf) wieder finden. Seine Entscheidungstheorie der Demokratie, insbesondere das System der Ausschüsse, bietet Anknüpfungspunkte für die Diskussion um die Verhandlungsdemokratie, die im Rahmen interner Differenzierungen und zunehmender Internationalisierung (z.B. im Zusammenhang mit der Europäischen Union) von zentraler Bedeutung ist.

Ralf Dahrendorf

Ausgewählt und interpretiert von Peter Massing

Liberale Demokratie (1967)

Von der Öffentlichkeit ist heute vielfach im Modus der Klage die Rede. Bei 1
Wissenschaftlern wie bei Politikern erscheint das Publikum oft als Objekt pädagogischer Bemühung, Adressat zorniger Anklage oder Ursache resignierter
Abwendung – jedenfalls aber als Problem. Nur die Ebenen der Beschreibung des
Problems unterscheiden sich. Manchem steht beim Gedanken der Öffentlichkeit 5
der imaginäre Leser der „Bild"-Zeitung oder der nicht minder imaginäre in der
Masse versinkende Besucher des Fußballspiels vor Augen: das wehrlose Objekt
der Manipulation, passiv, nicht zu eigener Prägung der Ansprüche seiner Rollen,
geschweige denn zum Protest in der Lage. […]
In den Reden wohlmeinender Politiker und den Diskussionen politischer Akademien 10
kehrt dieselbe Figur als apathischer Staatsbürger wieder, als der Mensch also, der
nicht zur Wahl geht oder auch keine Zeitung liest oder nur keiner Partei angehört
und keine Politiker-Reden und Podiumsdiskussionen besucht. […]
Das Grundgesetz für die Bundesrepublik Deutschland dekretiert im Einklang
mit vielen Verfassungen seit der französischen Revolution: „Alle Staatsgewalt geht 15
vom Volke aus." In der geltenden politischen Theorie, wie sie beispielhaft durch
das Bundesverfassungsgericht verfochten wird, heißt es zu diesem Prinzip: „Das
ermöglicht und erfordert aber, daß jedes Glied der Gemeinschaft freier Mitgestalter
bei den Gemeinschaftsentscheidungen ist." Weder die Bundesverfassungsrichter
noch die Abgeordneten des parlamentarischen Rates waren so naiv, hier an direkte 20
Demokratie zu denken; im Grundgesetz ist ausdrücklich davon die Rede, daß die
Staatsgewalt „vom Volke in Wahlen und Abstimmungen und durch besondere Orga-
ne der Gesetzgebung, der vollziehenden Gewalt und der Rechtsprechung ausgeübt"
wird; aber auch die repräsentative Demokratie beruht auf dem Gedanken, daß das
Publikum die letzte Quelle aller politischer Entscheidungen ist. 25
Nun ist unverkennbar, daß der hier postulierte klare Strom der Souveränität
auf dem Weg zur Entscheidung durch mancherlei Abwässer getrübt wird. Die
Öffentlichkeit beteiligt sich tatsächlich nur sporadisch, und auch dann nur in
beschränktem Umfange am politischen Prozeß; ihre Beteiligung wird durch die

1 Art der Information, die ihren Mitgliedern offensteht, inhaltlich in einer Weise
geprägt, die mit der Vorstellung des freien Bürgers nicht immer verträglich ist;
die vermittelnden Instanzen der Verbände und Parteien haben ein Eigengewicht
erhalten, das es gelegentlich selbst ihren Mitgliedern schwermacht, Meinungen
5 durchzusetzen.

[...]

Doch wäre es ein soziologischer Fehlschluß aus dieser Tatsache schon abzuleiten,
daß das fundamentaldemokratische Verständnis ein Mißverständnis ist. Das folgt
vielmehr erst, wenn sich auch zeigen läßt, daß die Rolle der Öffentlichkeit, die das
10 Grundgesetz will und deren Fehlen viele beklagen, für den politischen Prozeß einer
modernen freien Gesellschaft gar nicht nötig, ja nicht einmal sinnvoll ist. Je strenger
eine moderne Gesellschaft die fundamentaldemokratische Verpflichtung der in der
französischen und der amerikanischen Revolution begründeten Tradition versteht,
desto sicherer wird sie das Ziel verfehlen, das sie sich stellt: den Menschen in ihr
15 die Freiheit einer offenen Gesellschaft zu garantieren. Wir müssen also in unserer
Einschätzung der Rolle der Öffentlichkeit im politischen Prozeß umdenken. [...]
Denn die Kritik an der aus dem unmittelbaren Verhalten abgelesenen Nichtteilnahme irrt doppelt. Einmal ist es falsch, zu meinen, daß politische Teilnahme in
diesem Sinn gerade in Deutschland besonders unterentwickelt sei. An Wahlen haben
20 sich Deutsche immer schon stärker beteiligt als Menschen in den meisten freien
Ländern ohne Wahlpflicht; bei der Mitgliedschaft in politischen Parteien gibt es
gewiß unterschiedliche strukturelle Traditionen, doch ist sie in Deutschland immer
noch hoch, und das gleiche gilt für Vereinsmitgliedschaft; große Zeitungsleser sind
die Deutschen bekanntlich nicht, doch erlauben auch hier die Unterschiede keine
25 weittragenden Schlüsse. Die sichtbaren Indizes politischer Teilnahme bringen die
Bundesrepublik also eher der Spitze als dem Ende einer gedachten Rangordnung
der Länder nahe. Der zweite Fehler läßt sich auch so ausdrücken, daß dies *leider* so
ist: Entgegen der naiven Vermutung nämlich, daß hohe politische Teilnahme ein
Zeichen „gesunder" also gefestigter und verläßlicher politischer (gar demokratischer)
30 Verhältnisse wäre, zeigt die vergleichende Forschung, daß sie entweder politische
Störungen oder politischen Zwang signalisieren. [...]
Ein gewisses, recht erhebliches Maß an politischer Teilnahmslosigkeit kann also
mit durchaus stabilen marktrationalen Verhältnissen zusammengehen. Übersetzen
wir diese Erkenntnis in ein Werturteil, so können wir auch sagen, Nichtteilnahme
35 sei innerhalb gewisser Grenzen nicht nur tragbar, sondern geradezu wünschenswert. Es ist ein Element freiheitlicher Verhältnisse, daß die Öffentlichkeit nicht
aus einer Menge gleich motivierter und gleicherweise teilnahme-orientierter
Individuen besteht. Sie selbst ist gegliedert. [...] Zwischen den Gruppen gibt es
ständigen Austausch; aber zu jeder gegebenen Zeit können wir wenigstens diese
40 Gruppen unterscheiden: a) die *latente Öffentlichkeit* der Nichtteilnehmenden, sei
es, daß sie durch widerstreitende Einflüsse („cross-pressure") an der Entscheidung
gehindert werden; b) die *passive Öffentlichkeit* derer, die als Publikum und Wähler

sporadisch im politischen Prozeß in Erscheinung treten, aber deren Initiative nicht   1
über eine Frage in der Wahlversammlung, allenfalls eine nominelle Mitgliedschaft
in Organisationen hinausreicht; die *aktive Öffentlichkeit*, der regelmäßig und mit
eigenen Vorstellungen am politischen Prozeß Teilnehmenden, die Organisationen
angehören, Ämter übernehmen und in ihren Reden die Nichtteilnahme der anderen   5
bedauern. Die Größenordnung der Öffentlichkeit schwankt unter Bedingungen,
die die Forschung in beträchtlichem Maße erkundigt hat; normalerweise jedoch
ist die aktive Öffentlichkeit sehr viel kleiner als die beiden anderen. Sie dürfte zu
keiner Zeit und nach keiner Definition mehr als 10% der Wähler und zu mancher
Zeit sowie nach mancher Definition weniger als ein Prozent der Wähler umfassen.   10
Das – und erst durch diese Behauptung geht unsere Argumentation über wohlbe-
kannte Phänomene hinaus – ist auch ganz in Ordnung so; es ist kein Grund zur
Klage. Die demokratische Utopie der total aktivierten Öffentlichkeit ist als Entwurf
zur Realisierung so totalitär wie alle Utopien; glücklicherweise ist sie auch ebenso
unmöglich. Wer so argumentiert, begibt sich nun allerdings in eine Nähe, über   15
die ein Wort gesagt werden muß, bevor wir uns wieder den Öffentlichkeiten und
ihren Aufgaben im politischen Prozeß zuwenden.

„Die Bildung von Oligarchien im Schoße der mannigfaltigen Formen der Demokratien ist eine organische, also eine Tendenz, der jede Organisation, auch die
sozialistische, selbst die libertäre, notwendigerweise unterliegt. [...] Somit stellt jede   20
Parteiorganisation eine mächtige, auf demokratischen Füßen ruhende Oligarchie
dar. Allüberall Wähler und Gewählte. Aber auch allüberall Macht der gewählten
Führerschaft über die wählenden Massen [...] Die Idee von der Vertretbarkeit
der Volksinteressen, an der die große Mehrzahl der Demokraten, insbesondere
die kompakten Arbeitermassen in den Ländern deutscher Zunge, immer noch   25
mit Zähigkeit und aufrichtigem Glauben festhält, ist eine durch einen falschen
Lichteffekt, einen effet de mirage, hervorgerufene Wahnidee." Das war Robert
Michels, der Erfinder des „ehernen Gesetzes der Oligarchie", seinerzeit auf dem
Wege vom Sozialismus zum italienischen Faschismus. Ihm sind in der Weimarer
Republik viele gefolgt, und nicht alle nur bis zu Mussolini. Schon deuten sich in   30
der Bundesrepublik erste Tendenzen einer neuerlichen Mode der Demokratie-
Kritik an, in der die wahren, nämlich verfassungspolitischen Gaullisten sich mit
den Autoritären, den Naiven und den Unverbesserlichen leichtfertig verbinden, um
im Namen einer bestimmten (meist allerdings imaginären) aktiven Öffentlichkeit
den als solche verketzerten Massen ihre Rechte zu nehmen.   35
Hier aber regieren politische Einfalt oder Zynismus; jedenfalls nicht der Wunsch
nach einer modernen Verfassung der Freiheit. So sehr wir im Hinblick auf unsere
Verfassung – auch beim Parteiengesetz, auch beim Wahlrecht – aus der Erforschung
der politischen Teilnahme und der oligarchischen Neigung aller Organisationen
lernen müssen, so wenig darf diese Lehre darin bestehen, denen, die tatsächlich   40
zu einem gegebenen Zeitpunkt der aktiven Öffentlichkeit nicht angehören, den
Zugang zu dieser zu versperren. Die aktive Öffentlichkeit mag eine besonders

1 wichtige und qualifizierte Kraft im politischen Prozeß, insofern im funktionalen
wie im wertenden Sinne eine Elite sein; ihr Begriff und ihre Rolle sowie die Begründung ihrer Notwendigkeit teilt jedoch nur den nicht-utopischen Zug mit den
lateinischen Elitetheoretikern Pareto, Mosca und dem Wahl-Italiener Michels.

5 Strukturen der politischen Teilnahme erlauben eine Differenzierung der politischen Öffentlichkeit. Analysen des Zusammenhanges von Teilnahme und Regierungssystem zeigen, daß solche Differenzierungen sich wahrscheinlich unter allen
Umständen ergeben, daß sie aber jedenfalls in vergleichender und historischer
Sicht keinen Einwand gegen marktrationale Verfassungsverhältnisse begründen

10 können. Eine kleine aktive Öffentlichkeit ist mit der Verfassung der Freiheit
durchaus verträglich. [...]
Der fundamentaldemokratische Irrtum einer grenzenlos aktiven Öffentlichkeit aller
Bürger ist nach dem Klassenkampf nicht mehr zu übersehen. Initiative verlangt
Initiatoren (und natürlich Realisierung Realisatoren und Kontrolle Kontrolleure).

15 Daß alle prinzipiell Berechtigten dies leisten, ist unwahrscheinlich; zu fordern, daß
alle prinzipiell Berechtigten es leisten sollen, ist für den politischen Prozeß hinder-
lich, wenn nicht vernichtend, weil es zumindest durch Implikation den Wenigen
die Aktivität untersagt. Der politische Prozeß verlangt eine aktive Öffentlichkeit,
die kleiner, sehr viel kleiner ist als die Gesamtheit der Bürger; die Förderung,

20 auch die systematische Förderung der aktiven Öffentlichkeit, eine Bedingung der
Möglichkeit moderner dynamischer Politik.
Solche Behauptungen werfen vor allem die Frage auf, wie ernst dann wohl die
ihnen vorausgeschickte Distanzierung von den lateinischen Elitetheoretikern zu
nehmen sei. Die Frage ist um so dringender, als alle drei Genannten zumindest

25 unklare Beziehungen zum Faschismus hatten, sei es auch nur, daß der Faschismus
sich auf sie berief. Um solchen Einwänden zu begegnen, sind zwei Dinge noch
anzufügen. Einer betrifft die aktive Öffentlichkeit selbst. Um ihre Aufgabe im
Sinne der Verfassung der Freiheit zu erfüllen, muß sie offen und vielfältig sein.
Offenheit bedeutet, daß jede formalisierende Trennungslinie zwischen aktiver und

30 passiver Öffentlichkeit zu vermeiden ist; ein ständiger Austausch über die Grenzen
ist Teil ihres liberalen Begriffs. Der Austausch kann selbst regelhaft sein – wie
der Prozeß zunehmender Aktivität bei Jüngeren mit beruflichem Fortkommen,
Familiengründung, überhaupt sozialer Etablierung – oder gleichsam zufällig, also
aus individuellem Entschluß erfolgen; seine Chance vor allem ist wichtig. Vielfalt

35 bedeutet, daß die aktive Öffentlichkeit nie auf nur einen Entwurf festgelegt sein
darf. Die Diskussion ist das Element ihrer Existenz als Öffentlichkeit; der Streit
also findet in ihr seinen Ausdruck. (Daß es diesen erleichtert, wenn die Mitglieder
der aktiven Öffentlichkeit sozial nicht zu weit voneinander entfernt sind, ist eine
andere Frage.)

40 Doch kann die Garantie der Verfassung der Freiheit nicht in der aktiven Öffentlichkeit allein erfolgen. Für die Aufrechterhaltung marktrationaler Verhältnisse,
ja auch für die einer offenen und vielfältigen Öffentlichkeit, ist vielmehr das

Verhältnis von aktiver und passiver Öffentlichkeit entscheidend. Dieses aber   1
erscheint in der hier vorgeschlagenen Analyse nicht als eines von Pflanze und
Wurzel, von sichtbarer und unsichtbarer Initiative, sondern selbst als ein Verhältnis
der Spannung. Die aktive Öffentlichkeit ist die Quelle politischer Initiative. In
der Wahl alternativer Strategien, wie sie durch den Prozeß der Initiative zustande   5
kommt, sind nun die Träger der Entscheidung innerhalb gewisser Grenzen frei.
Aber es gibt solche Grenzen; das heißt, es gibt politische Entscheidungen, die sich
zwar entwerfen, aber nicht realisieren, nämlich durchsetzen lassen. Alle politische
Initiative ist in einen Horizont sozialer Möglichkeiten eingebunden. Wird dieser
Horizont überschritten, so setzt der Widerstand gegen die Entscheidung ein: 10
Unlust, Abkehr, Abwehr, Protest. Hier, genau hier, tritt die passive Öffentlichkeit
aus dem Halbdunkel ihrer „normalen" Existenz: Ihre Reaktionen zeigen an, ob die
Herrschenden die Schwellen ihrer Legitimität überschritten haben. Sie sollten es
zumindest tun; denn an den Reaktionen der passiven Öffentlichkeit wird spürbar,
ob die Verfassung der Freiheit in einem Lande funktioniert. [...]   15
In diesen letzten Bemerkungen soll ein bestimmter Begriff von Demokratie erkennbar werden, der mich von Anfang an geleitet hat. Es ist nicht der irreführend
harmonisierende Begriff der Autoren der „Federalist Papers" oder gar Rousseaus.
Es ist auch nicht Lipsets Begriff des „demokratischen Klassenkampfes", also der
zum Ausdruck sozialer Spannungen dienenden politischen Institutionen. Es ist   20
vielmehr der Begriff einer Verfassung, deren Kraft im Wechselspiel von Initiative
oder Herrschaft und Kontrolle oder Widerstand liegt. Das Wechselspiel mag innerhalb der aktiven Öffentlichkeit stattfinden; aber während die Initiative dort in
der Regel auch ihre Quelle findet, lebt der Widerstand von der Protestbereitschaft
der passiven Öffentlichkeit. Die Mehrzahl der Bürger nimmt also nur reaktiv,   25
Grenzen markierend, am politischen Prozeß teil, der aber auf diese Weise sowohl
seine Marktrationalität als auch seine Dynamik behält. Unter allen Vorzügen eines
solchen Begriffes von Demokratie dürfte dies nicht der geringste sein, daß er uns
der Verlockung des Kulturpessimismus enthebt und es erlaubt, die Öffentlichkeit
klaglos anzuerkennen, wie sie sich uns darstellt. Daran also, daß es nur eine kleine   30
aktive und eine große passive oder bloß latente Öffentlichkeit gibt, liegt es nicht,
daß die Verfassung der Freiheit heute soviel gefährdet erscheint.

Ralf Dahrendorf: Fundamentale und liberale Demokratie (Dezember 1967).
In: Ders.: Für eine Erneuerung der Demokratie in der Bundesrepublik.
Sieben Reden und andere Beiträge zur deutschen Politik 1967-1968.
München 1968, S. 31-46 (Auszüge)

Interpretation

Der Vertreter einer liberalen Demokratie und einer demokratischen Eliteherrschaft in Deutschland ist Ralf Dahrendorf. In den 60er-Jahren versuchte er diese anhand des liberalen Prinzips der Öffentlichkeit auf die Verhältnisse des Nachkriegsdeutschlands zu übertragen. Dahrendorf hat zwar keine eigenständige Demokratietheorie entwickelt, dennoch haben viele seiner Ideen die demokratietheoretische Diskussion in Deutschland nachhaltig beeinflusst.

Ralf Dahrendorf wurde am 1. Mai 1929 in Hamburg geboren. Nach dem Studium der Philosophie und der klassischen Philologie in Hamburg und der Promotion 1952 studierte Dahrendorf Soziologie an der London School of Economics und erwarb dort den englischen Doktortitel. 1957 habilitierte er sich an der Universität Saarbrücken und erhielt 1958 einen Ruf als Professor für Soziologie an die Akademie für Gemeinwirtschaft in Hamburg. Nach einer Gastprofessur an der Columbia Universität in New York lehrte er ab 1966 an der Universität Tübingen und ab 1966 an der Universität Konstanz. Von 1974 bis 1984 war Dahrendorf Rektor der London School of Economics und von 1987 bis 1997 Rektor am St. Antony's College in Oxford. 1993 wurde Dahrendorf, der seit 1988 britischer Staatsbürger ist, zum „Baron of Clare Market in the City of Westminster" mit Sitz im britischen Oberhaus ernannt. Dahrendorf starb am 17. Juni 2009 in Köln.

Ralf Dahrendorf war nicht nur ein Sozialwissenschaftler von Weltruf, er engagierte sich auch in der Politik. Als Mitglied der FDP war Dahrendorf Landtagsabgeordneter in Baden-Württemberg, Bundestagsabgeordneter, Parlamentarischer Staatssekretär im Auswärtigen Amt und Mitglied der Europäischen Kommission in Brüssel.

Von der Philosophie her kommend, vertrat Dahrendorf einen dezidiert erfahrungswissenschaftlichen Ansatz. Soziologische Erkenntnisse dienen zur Analyse gesellschaftlicher Verhältnisse und als Basis makrosoziologischer Entwürfe. Unter anderem entwickelte er eine moderne Theorie des sozialen Konflikts, sozialer Ungleichheit und in seinem Werk *homo sociologicus* eine Theorie von der Gesellschaft.

Neben seinen soziologischen Arbeiten hatten vor allem seine bildungspolitischen Arbeiten großen Einfluss. Als Berater der Landesregierung von Baden-Württemberg erarbeitete er mit anderen 1967/68 einen „Hochschulgesamtplan für Baden-Württemberg", den sogenannten „Dahrendorf-Plan", und sein Buch *Bildung ist Bürgerrecht* von 1965 gab zusammen mit Georg Pichts *Die deutsche Bildungskatastrophe* den entscheidenden Anstoß für die deutsche Bildungsreform Ende der 60er- und Anfang der 70er-Jahre.

Ralf Dahrendorf war der erste Soziologe, der versucht hat, das „Ganze" der bundesrepublikanischen Nachkriegsgesellschaft darzustellen. Mit seiner Arbeit *Gesellschaft und Demokratie in Deutschland* (1968) erhebt Dahrendorf den Anspruch einer Gesamtanalyse der Bundesrepublik Deutschland. Im Vorwort nennt Dahrendorf eine Voraussetzung einer solchen Analyse, die sein „liberales" Verständnis von Demokratie in besonderer Weise deutlich macht. Er geht davon aus, dass gute gesamtgesellschaftliche Analysen einen Leitfaden verlangen. Sie sollten an einem Problem orientiert sein, „das alle Aussagen aus dem lästigen Nebel der Beliebigkeit rückt und dem Ganzen Anfang und Ende gibt". – Tocqueville hätte ein solches Problem gehabt: eben die „Demokratie" in Amerika und der politische Leitfaden seiner eigenen Studie sei die Frage nach der „Demokratie" in Deutschland. „Allerdings heißt dabei nun ‚Demokratie' etwas anderes als bei Tocqueville, nämlich eher *liberté* als *égalité*, ein liberales Staatswesen und nicht eine egalitäre Gesellschaft. Damit werden zwei Aspekte deutlich, die Dahrendorfs Demokratieverständnis prägen. Erstens: Freiheit ist ein zentraler Wert und zweitens: Demokratie bezieht sich im Wesentlichen auf das Staatswesen und definiert das Verhältnis Staat und Bürger.

Die liberale Demokratie im Verständnis von Dahrendorf ist dadurch gekennzeichnet, dass sie in allen Bereichen die Verfassung der Freiheit durchgesetzt hat, und die Frage, die sich für die Zukunft stellt, ist die, wie sich diese Verfassung der Freiheit dauerhaft verankern lässt. „Was muss geschehen, damit Deutschland ein Land liberaler Demokratie werden kann?" Dabei wird der Begriff der Gleichheit zwar mit einbezogen, allerdings nicht in dem Sinne einer sozialen Gleichheit, sondern im Sinne der Gleichheit möglicher Teilnahme am Leben der Gesellschaft, im Sinne staatsbürgerlicher Gleichheit also.

Der zweite Begriff, der sich aus dem der Freiheit ergibt und der die liberale Demokratie prägt, ist der des Konflikts. Wenn sinngemäß Freiheit charakterisiert ist durch die Möglichkeit, eigene Interessen weitestmöglich zu verfolgen und zu realisieren, dann ist die Folge davon Konkurrenz, und Konkurrenz ist eine Form von Konflikt, die in Deutschland allerdings eine schwächliche Tradition hat.

Die Theorie sozialer Konflikte bildet einen Schwerpunkt in Dahrendorfs soziologischen Arbeiten. Dahrendorf entwickelt seine Konflikttheorie in Auseinandersetzung mit der strukturfunktionalistischen Gesellschaftstheorie Talcott Parsons'. Während es Parsons darum geht, die Stabilität und die Integrationskraft von Gesellschaften zu erklären und er gesellschaftliche Konflikte im Wesentlichen als dysfunktional und als Störung interpretiert, geht es Dahrendorf um die Erklärung sozialen Wandels. Von dieser Perspektive aus, sind soziale Konflikte durch „Normalität, Ubiquität und Permanenz" gekennzeichnet. Dahrendorf bewertet soziale Konflikte positiv als wichtigsten Motor sozialen Wandels, als schöpferische Kraft, die den Wandel vorantreibt. Alle utopischen Gesellschaftsmodelle, von Platons Staat bis George Orwells schöner neuer Welt, seien im Wesentlichen dadurch gekennzeichnet, dass sie Gesellschaften seien, in denen der Wandel fehlt, und in ihnen ein allgemeiner Consensus über die geltenden Werte und die institutionelle Ordnung herrsche sowie soziale Harmonie existiere. Wenn aber die Utopie wirklich wird, dann wird sie immer totalitär. So verstanden sind Konflikt und Wandel für Dahrendorf weit mehr als notwendige Übel. Der Konflikt bedeutet die große Hoffnung einer würdigen und rationalen Bewältigung des Lebens in Gesellschaft, und Gesellschaften bleiben nur dadurch menschliche Gesellschaften, insoweit sie das

Unvereinbare in sich vereinen und den Widerspruch lebendig erhalten. Damit hat Dahrendorf zwei zentrale Elemente seiner liberalen Demokratie, die er als soziologische Theorie der Demokratie fasst, formuliert: Liberale Demokratie kann nur wirksam werden in einer Gesellschaft, in der erstens die bürgerlichen Gleichheitsrechte wirksam durchgesetzt sind, zweitens soziale Konflikte in allen Bereichen anerkannt sind.

Als weitere Elemente, die eine liberale Demokratie kennzeichnen, führt Dahrendorf die Elite ein, die die Vielfalt der sozialen Interessen und Gruppierungen spiegeln muss. Der Grad der politischen Vielfalt der Führungsgruppen in einer Gesellschaft ist ein weiterer Strukturbereich für die Soziologie der Demokratie. Nach Fundament (bürgerliche Gleichheitsrechte), Bauwerk (soziale Konflikte) und Dach (Eliten) bleibt noch als viertes Element „die scheinbar vagere, nichtsdestoweniger aber für jeden spürbare Atmosphäre, die das Gebäude besitzt, der Grad der Öffentlichkeit, die Betonung des Sozialen und Politischen in den vorherrschenden Werten". Mit diesen vier Elementen hat Dahrendorf eine „rudimentäre Theorie der Demokratie" entwickelt.

In dem hier abgedruckten Text von 1967 versucht Dahrendorf die beiden letzten Elemente „Eliten" und „Öffentlichkeit" etwas präziser zu fassen. Im Mittelpunkt steht dabei das Verhältnis von Eliten und Normalbürger sowie die Struktur der Öffentlichkeit in der Demokratie.

Dahrendorf nennt seinen Aufsatz *Fundamentale und liberale Demokratie*. Im Text wird deutlich, dass beide Demokratiekonzepte durch ein unterschiedliches Verständnis von Öffentlichkeit und ihrer Rolle im politischen Prozess gekennzeichnet sind.

Während Dahrendorf in seinem Werk *Gesellschaft und Demokratie in Deutschland* den Begriff der Öffentlichkeit weitgehend normativ im Zusammenhang mit öffentlichen Tugenden und im Widerspruch zu privaten Tugenden fasst, benutzt er den Begriff der Öffentlichkeit in dem abgedruckten Text eher deskriptiv-pragmatisch. Öffentlichkeit ist hier das Publikum, d.h. die Gesamtheit der Bürger bzw. das Volk eines Staates. Von dieser Öffentlichkeit sei nun sowohl in Theorie als auch in der Realität vielfach im Modus der Klage die Rede. Vor allem als apathischer Staatsbürger, der nicht zu Wahl gehe, keine Zeitung lese, keiner Partei angehöre und sich nicht für Politik interessiere, sei er der Alptraum von Politikern und politischen Bildnern sowie der Adressat zorniger Attacken und Objekt pädagogischer Aktivitäten.

Tatsächlich dekretiere die „Fundamentale Demokratie", und dazu gehören nach Dahrendorf die Traditionslinien von Rousseau über die Federalist Papers bis hin zum Grundgesetz der Bundesrepublik Deutschland, dass alle Staatsgewalt vom Volk ausgehe. Auch die repräsentative Demokratie beruhe auf dem Gedanken, dass das Publikum die letzte Quelle aller politischen Entscheidungen sei. Nun sei aber unverkennbar, „daß der hier postulierte klare Strom der Souveränität auf dem Weg der Entscheidung durch mancherlei Abwässer getrübt wird". Empirisch gehe das fundamentaldemokratische Verständnis (und dazu zählt Dahrendorf, um es noch einmal zu betonen, auch die repräsentative Demokratie) an der Wirklichkeit moderner Gesellschaften vorbei und normativ sei es ein Missverständnis. Denn die Rolle der Öffentlichkeit, die das Grundgesetz wolle, ist für den politischen Prozess nicht nötig, ja sogar schädlich. Denn entgegen dem naiven Verständnis, dass hohe politische Teilnahme ein Zeichen gefestigter und verlässlicher demokratischer Verhältnisse wäre, sei es genau umgekehrt. Für demokratische pluralistische Gesellschaften sei eine Nichtteilnahme innerhalb gewisser Grenzen nicht nur tragbar, sondern geradezu wünschenswert. Nach Dahrendorf ist die Öffentlichkeit in liberalen Demokratien in Gruppen gegliedert, zwischen denen es einen ständigen Austausch gibt: 1. die latente Öffentlichkeit der Nichtteilnehmenden, 2. die passive Öffentlichkeit, die als Publikum und Wähler sporadisch am politischen Prozess teilnimmt und 3. die aktive Öffentlichkeit, die regelmäßig und mit eigenen Vorstellungen am politischen Prozess partizipiert.

Dabei ist die aktive Öffentlichkeit sehr viel kleiner als die beiden anderen und die Gesamtheit der Bürger. Diese Thesen bringen Dahrendorf auf den ersten Blick in die Nähe der Elitetheoretiker, und er wird in der demokratietheoretischen Diskussion auch häufig zu diesen gezählt. Der entscheidende Unterschied aber z.B. zu Schumpeter und in der Klarheit der Forderung auch zu Sartori besteht darin, dass nach Dahrendorf die aktive Öffentlichkeit in der liberalen Demokratie durch Offenheit und Vielfältigkeit gekennzeichnet sein muss. „Offenheit bedeutet, daß jede formalisierte Trennungslinie zwischen aktiver und passiver Öffentlichkeit zu vermeiden ist; ein ständiger Austausch über die Grenzen ist Teil ihres liberalen Begriffs." Anders formuliert, die Zugehörigkeit zu aktiver oder passiver Öffentlichkeit ist nicht das Ergebnis sozialer Strukturen, von Expertenwissen oder die Folge von „Verdienst", sondern Ergebnis freier Entscheidung der Bürger, die jederzeit die Chance haben müssen, diese revidieren zu können, d.h. von der passiven zur aktiven Öffentlichkeit zu gelangen und umgekehrt.

Ein zweites wesentliches Kennzeichen der aktiven Öffentlichkeit in der liberalen Demokratie besteht darin, dass sie durch Vielfalt gekennzeichnet ist, dass sie nie auf nur einen Entwurf festgelegt sein darf, dass die Diskussion, der Streit, der Konflikt in ihr seinen Ausdruck findet.

Doch die Existenz einer so strukturierten Öffentlichkeit reicht für die liberale Demokratie allein noch nicht aus. Entscheidend für die Garantie der Verfassung der Freiheit ist vor allem das Verhältnis von aktiver und passiver Öffentlichkeit. Während die Aufgabe der Initiative, der Entscheidung bei der aktiven Öffentlichkeit liegt, ist die Aufgabe der passiven Öffentlichkeit die Kontrolle. Sie übt diese aus durch Widerstand gegen die Entscheidungen, durch Unlust, Abkehr, Abwehr, Protest.

Als Soziologe ist Ralf Dahrendorf in der Tradition der Demokratietheorie schwer einzuordnen. Ihn schlicht zu den „liberalen Elitetheoretikern" zu zählen, wird ihm nicht gerecht. Er ist zweifellos ein Liberaler, bei der Kennzeichnung als Elitetheoretiker sind allerdings erhebliche Abstriche zu machen. Er selbst stellte sich außerhalb der gängigen demokratietheoretischen Traditionen. Als Soziologe sah er sich eher in der Tradition der Konflikttheoretiker: sowohl in der Denktradition ihrer Gründerväter, für die der Konflikt die zentrale Kategorie zur Erklärung der Veränderung und Verbesserung der Gesellschaft war, als auch in der Denktradition der marxschen Theorie des Klassenkampfes. Dahrendorf nimmt wichtige Elemente aus beiden Traditionen auf und verarbeitet sie zu einer eigenen Konflikttheorie. Gerade in dieser Konflikttheorie und in der positiven Bewertung von Konflikten bietet Dahrendorfs Werk Anknüpfungspunkte für eine vertiefte soziologische Fundierung pluralistischer Demokratietheorien. Doch beide entwickeln sich weitgehend isoliert voneinander. Weder findet sich bei Dahrendorf eine systematische Auseinandersetzung mit Pluralismustheorien, noch suchten die politologischen Pluralismustheorien eine Beziehung zu Dahrendorfs Theorien. Dennoch hat Dahrendorf einen wichtigen Beitrag geleistet, um den Konflikt in der politischen Kultur der Bundesrepublik von seinen negativen Konnotationen zu befreien und Einsicht in die Notwendigkeit von Konflikten in der Demokratie zu wecken. Gegen den latenten Autoritarismus der Nachkriegszeit hat er immer wieder die freiheitsfördernde und freiheitssichernde Funktion von Konflikten geltend gemacht. Die Dahrendorf'sche Konflikttheorie bedeutete dann auch mehr als einen Beitrag zur akademischen Theoriediskussion. Sie war praktische Aufklärung über die ideologische Ausbeutbarkeit der Utopie einer konfliktfreien Gesellschaft, die letzten Endes die theoretische Grundlage für das ist, was sich in der Praxis als „Kadavergehorsam, Untertanengeist und blinde Obrigkeitsverehrung" zeigt. So verstanden ist die Konflikttheorie Dahrendorfs vor allem eine „Theorie der Bildung, Praxis und Legitimation von Opposition" (Winfried Steffani), von Widerspruch und Kritik, von politischer Aktivität und Beteiligung in einem demokratischen System und darin liegt auch ihre Bedeutung für unser heutiges Demokratieverständnis.

Für die politische Bildung hat Dahrendorf eine wichtige Rolle gespielt. Der einflussreiche konfliktdidaktische Ansatz, vor allem in der Formulierung Hermann Gieseckes von 1965 basiert im Wesentlichen auf seiner Konflikttheorie. Dahrendorf selbst schien dagegen der politischen Bildung und ihrer Wirkung gegenüber eher skeptisch zu sein. In seinen Arbeiten finden sich immer wieder Spitzen gegen die politische Bildung, die bis zu der Aussage reichen, dass die Stabilität der Demokratie nicht von politischer Bildung abhängt, sondern vom Funktionieren der Institutionen. Dagegen lässt sich die jüngste Diskussion um Bürgerleitbilder in der Demokratietheorie, und vor allem in der politischen Bildung, die zwischen dem Bürger als reflektiertem Zuschauer, dem interventionsfähigen Bürger und dem Aktivbürger unterscheiden, leicht zu der Dahrendorf'schen Differenzierung von latenter, passiver und aktiver Öffentlichkeit in Verbindung bringen.

Ernst Fraenkel

Ausgewählt und interpretiert von Peter Massing

Pluralistische Demokratietheorie (1966)

Politische Bildung ist unvollkommen, wenn sie sich nicht darüber Rechenschaft   1
ablegt, von welchem Bild des Menschen unser politisches Denken geprägt ist, das
heißt aber, zu welcher politischen Anthropologie wir uns bekennen. Die westlichen
Demokratien – einschließlich der Bundesrepublik – legen ihrem Demokratiebegriff
die auf der jüdisch-christlichen Tradition beruhende Anthropologie zugrunde, daß   5
der Mensch zwar in der Lage ist, das Gute zu erkennen, daß es ihm aber verwehrt
ist, es jemals voll zu verwirklichen. Jede Form des Messianismus ist ihnen zuwider;
sie erblicken in dem Zustand der Entfremdung das Schicksal des modernen Menschen im Industriezeitalter. Die Aufhebung der Entfremdung streben sie nicht an,
weil sie die menschliche Natur nicht für manipulierbar halten.   10
Politische Bildung muß von der Natur der homines sapientes und darf nicht von
der Unnatur von homunculi ausgehen. Politische Bildung muß gleicherweise in
Rechnung stellen, daß der Mensch in seinem politischen Denken zwar für die Vorstellung einer gerechten Gesellschaftsordnung empfänglich, in seinem politischen
Handeln jedoch weitgehend von dem Bestreben motiviert ist, seinen Interessen   15
bestmöglich zu dienen und seine Bedürfnisse bestmöglich zu befriedigen.
[...] Hier liegt der Ansatzpunkt für das Verständnis der Möglichkeiten und Grenzen der politischen Betätigung der Bürger in der parlamentarischen Demokratie.
Die moderne parlamentarische Demokratie gestattet ihren Bürgern, auch in ihrer
Eigenschaft als Bürger um die Förderung ihrer Interessen besorgt zu sein. Sie   20
ermuntert sie geradezu, dies auf dem einzig wirksamen Wege – nämlich kollektiv
– zu tun. Sie verwirft den Gedanken, daß lediglich gespaltene Persönlichkeiten
– Gemeinschaftsmenschen in der politischen und Privatmenschen in der sozio-
ökonomischen Sphäre – gute Bürger zu sein vermögen.
[...] Die Gretchenfrage der dem modernen Industriezeitalter adäquaten Staatsform   25
der parlamentarischen Demokratie lautet, ob es angängig ist, unter ihrer Herrschaft
trotz des heterogenen Charakters ihrer Gesellschaftsstruktur von einem Gemeinwohl
zu sprechen. [...] Politische Bildung schließt die Notwendigkeit ein zu begreifen,
daß es noch niemals in der Geschichte einen Staat gegeben hat, der sich nicht zu

dem Grundsatz bekannt hat, salus rei publicae sei suprema lex. Eine Politikwissenschaft, die zu dem Phänomen „Gemeinwohl" nichts zu sagen hat, ähnelt einer Vorführung des Hamlet ohne den Prinzen von Dänemark.

Unter Gemeinwohl soll in folgendem eine in *ihrem Kern* auf einem als allgemein gültig postulierten Wertkodex basierende, in ihren *Einzelheiten* den sich ständig wandelnden ökonomisch-sozialen Zweckmäßigkeitserwägungen Rechnung tragende regulative Idee verstanden werden, die berufen und geeignet ist, bei der Gestaltung politisch nicht kontroverser Angelegenheiten als Modell und bei der ausgleichenden Regelung politisch kontroverser Angelegenheiten als bindende Richtschnur zu dienen.

Ich wiederhole, daß mit der für den demokratischen Staat kennzeichnenden Vorstellung der Autonomie politischer Willensbildung der Gedanke eines a priori-Gemeinwohls in Form eines politischen Aktionsprogramms nicht in Einklang zu bringen ist. Schließt dies aber – so müssen wir uns fragen – die Möglichkeit eines a posteriori-Gemeinwohls aus – eines Gemeinwohls, das nicht vorgegeben ist, sondern das als Resultante aus dem Parallelogramm der divergierenden ökonomischen, sozialen und ideellen Kräfte entsteht und den optimalen Ausgleich der antagonistischen Gruppeninteressen darstellt? Diese Frage ist nur dann sinnvoll, wenn man es für möglich erachtet, in den mit der kollektiven Wahrnehmung von Gruppeninteressen betrauten Verbänden die geeigneten Instrumente zwecks Überwindung der zentrifugalen Tendenzen zu sehen, die in der heterogenen Gesellschaft in Erscheinung treten. Die Frage ist nur dann nicht paradox, wenn man von der Arbeitshypothese ausgeht, es sei möglich, aus der heterogenen Not eine pluralistische Tugend zu machen.

[...] Eine politische Bildung, die sich nicht in einer phrasenhaften Bejahung oder Verdammung des Pluralismus verlieren will, muß an Tocqueville anknüpfen. Sie darf über den Möglichkeiten nicht die Grenzen einer mittels der Gruppen zu verwirklichenden Mitwirkung der Bürger am Staat übersehen.

Pluralismus darf nicht mit einem Laissez-faire auf kollektiver Ebene gleichgesetzt werden. Ein richtig verstandener Pluralismus schließt die Erkenntnis ein, daß auch in der heterogensten Gesellschaft stets neben dem kontroversen auch ein nicht-kontroverser Sektor des gesellschaftlichen Lebens besteht. Ein richtig verstandener Pluralismus ist sich der Tatsache bewußt, daß das Mit- und Nebeneinander der Gruppen nur dann zur Begründung eines a posteriori-Gemeinwohls zu führen vermag, wenn die Spielregeln des politischen Wettbewerbs mit Fairneß gehandhabt werden, wenn die Rechtsnormen, die den politischen Willensbildungsprozeß regeln, unverbrüchlich eingehalten werden, und wenn die Grundprinzipien gesitteten menschlichen Zusammenlebens uneingeschränkt respektiert werden, die als regulative Idee den Anspruch auf universale Geltung zu erheben vermögen. Sie tragen einen modifizierenden und korrigierenden Charakter und stellen kein unmittelbar realisierbares Aktionsprogramm dar.

Der Pluralismus stellt gleichsam einen Transformator dar, in dem gesellschaftliche

in politische Energie umgewandelt wird. In ihm werden die diffusen Elemente der 1
heterogenen Massengesellschaft in kompakte Gebilde umgeformt, denen in einer
parlamentarischen Demokratie der Zugang zu Parlament, Regierung und Verwaltung jederzeit offenstehen sollte. Die pluralistischen Verbände sind dazu berufen,
dem einzelnen die Möglichkeit zu eröffnen, einen Ausweg aus der Isolierung und 5
Vereinsamung zu finden, die ihn im Industriezeitalter ständig bedroht. Denn die
Mitwirkung des Bürgers an öffentlichen Angelegenheiten darf sich nicht darauf
beschränken, alle vier Jahre zur Wahlurne zu gehen und durch seine Stimmabgabe
Einfluß darauf auszuüben, welches Team im Bereich der hohen Politik regieren
soll – so wichtig dies auch ist. Die Mitwirkung des Bürgers muß die Möglichkeit 10
einschließen, durch Mitgliedschaft und Mitarbeit in den Interessenorganisationen
an der Regelung der Alltagsfragen teilzunehmen, die ihn unmittelbar berühren.
Letzten Endes ist der Sinn der kollektiven Demokratie darin zu suchen, ohne den
utopischen Versuch zu unternehmen, die Wirkungen der Entfremdung völlig
abzustellen und aufzuheben, sie doch soweit wie möglich abzuschwächen und 15
erträglich zu machen. Durch aktive Mitarbeit in den Verbänden und Parteien
soll das Gefühl der passiven Hilflosigkeit überwunden werden, das den einzelnen
befallen muß, wenn er keinen Ausweg aus dem Prozeß der Vermassung sieht, die
uns alle täglich bedroht.

Mitarbeit des Bürgers in der parlamentarischen Demokratie gewährt dem einzelnen 20
das unmittelbar politische Wahlrecht; Mitarbeit des Bürgers in der pluralistischen
Demokratie gewährt dem einzelnen ein mittelbares, durch die Parteien und Verbände geltend zu machendes Mitgestaltungsrecht auf die öffentliche Meinung,
die Fraktionen und damit auch auf Regierung und Parlament [...]. Pluralismus
ermöglicht eine durch die Parteien und Gruppen zu bewerkstelligende demokra- 25
tische Mitwirkung der Bürger im Staat nur dann, wenn die Gruppen und Parteien
selber demokratisch konstituiert sind und sich gegenüber dem ehernen Gesetz der
Partei- und Gruppenoligarchie immun erweisen. Die Existenz einer pluralistischen
Demokratie setzt nicht nur voraus, daß der Staat pluralistisch ist, sie setzt auch
voraus, daß die pluralistischen Parteien und Verbände demokratisch sind, das 30
heißt, daß sie offene Gesellschaften darstellen, die nicht von Eliten, die sich durch
Kooption ergänzen, beherrscht werden, sondern als Stätten zu dienen vermögen,
an denen jeder Bürger sich aktiv zu betätigen in der Lage ist [...]

Ernst Fraenkel: Möglichkeit und Grenzen politischer Mitarbeit der Bürger in einer
modernen parlamentarischen Demokratie. In: Ders., Gesammelte Schriften Band 5,
Demokratie und Pluralismus. Herausgegeben von Alexander von Brünneck,
Baden-Baden 2007, S. 283-296 (Auszug S. 291-296)

Interpretation

Ernst Fraenkel gilt heute als der Begründer und wichtigster Vertreter der sogenannten Neopluralismustheorie. Grundzüge dieser Theorie, die liberale und sozialistische Demokratievorstellungen verknüpft, lassen sich schon in seinen Veröffentlichungen während der Weimarer Republik finden, in der er sich aus einer reformsozialistischen Perspektive für die Demokratie aussprach. Wie kaum ein anderer Autor hat Ernst Fraenkel die historischen Erfahrungen des 20. Jahrhunderts und die eigenen biografischen Erfahrungen in seiner Theorie verarbeitet.

Ernst Fraenkel wurde am 26. Dezember 1898 als Sohn jüdischer Eltern in Köln geboren. Von 1916 bis 1918 nahm Ernst Fraenkel am Ersten Weltkrieg teil. Seit 1919 bis zu seinem Referendarsexamen 1921 studierte er Rechtswissenschaft und Geschichte in Frankfurt/M. Sein wichtigster akademischer Lehrer war Otto Sinzheimer, bei dem er 1923 mit einer Arbeit aus dem Bereich des kollektiven Arbeitsrechts promovierte. Seit 1921 war Fraenkel Mitglied der SPD und arbeitete nebenamtlich in der Arbeiterbildung der Freien Gewerkschaften. Als der Deutsche Metallarbeiterverband eine eigene Gewerkschaftsschule errichtete, wurde Fraenkel hauptamtlicher Dozent an dieser Schule.

Von 1926 bis 1938 wirkte er dann als Rechtsanwalt am Kammergericht in Berlin, war Syndikus des Deutschen Metallarbeiter Verbandes und vertrat auch den Parteivorstand der SPD in öffentlich-rechtlichen Streitigkeiten. Neben seiner praktischen Tätigkeit veröffentlichte Fraenkel wissenschaftliche Beiträge zum Arbeitsrecht, zum Verfassungsrecht und zur Politikwissenschaft. In der Endphase der Weimarer Republik kämpfte er in seinen Publikationen leidenschaftlich für die Erhaltung der demokratischen Verfassung. Wegen seiner freiwilligen Kriegsteilnahme behielt Fraenkel 1933 seine Zulassung als Anwalt. In dieser Zeit beteiligte er sich an der Widerstandsarbeit des „Internationalen Sozialistischen Kampfbundes" und war als Verteidiger und Berater politisch und rassistisch Verfolgter tätig. Während dieser Zeit arbeitete er heimlich an der ersten großen kritischen Analyse des nationalsozialistischen Herrschaftssystems: *Der Doppelstaat*. Das Buch, das 1941 in englischer Übersetzung in New York erschienen ist, gilt als eines der bedeutendsten Standardwerke der antifaschistischen Literatur der Kriegszeit. Am 20. September 1938 musste Ernst Fraenkel aus Deutschland fliehen. Von 1939 bis 1941 studierte er amerikanisches Recht an der Law School der University of Chicago. 1944 trat er in den amerikanischen Regierungsdienst ein. Er war Berater der amerikanischen Behörde in Südkorea und wirkte dort u.a. an der Ausarbeitung einer Verfassung mit.

1951 kehrte Fraenkel, als amerikanischer Staatsbürger, nach Deutschland zurück, zunächst als Dozent und ab 1953 als Professor an der Deutschen Hochschule für Politik, dem späteren Otto-Suhr-Institut für Politikwissenschaft der Freien Universität Berlin. Nach seiner Emeritierung 1967 bis zu seinem Tode am 28. März 1975 lebte Fraenkel in Berlin.

Zentrales Ziel seiner wissenschaftlichen Arbeiten sah Fraenkel darin, die theoretischen Grundlagen der wiedererstandenen deutschen Demokratie zu festigen und die
praktische Funktionsfähigkeit ihrer Institutionen zu verbessern. Politikwissenschaft
war für Fraenkel vor allem Demokratiewissenschaft, und diese gewann einen Teil
ihrer Identität auch über ihren politischen Bildungsauftrag, dem sie sich verpflichtet
fühlte. Für Ernst Fraenkel, der seinen Wurzeln aus der Arbeiterbildung stets treu blieb,
standen Politikwissenschaft und politische Bildung in einem engen Zusammenhang.
Dieser Zusammenhang wird auch in dem abgedruckten Text deutlich, der Ausschnitte
aus einem Einleitungsreferat zu einem Kongress zur politischen Bildung (1966) in
Bonn enthält.

Die grundlegenden Abhandlungen zum Pluralismus publizierte Fraenkel in
dem Sammelband *Deutschland und die westlichen Demokratien*, der 1964 in der
1. Auflage erschien und 2011 die 9. Auflage erlebt.

Es sind vor allem drei historische Erfahrungen, die Fraenkels pluralismustheoretische
Arbeiten prägen: die Erfahrung der Weimarer Republik und ihres Untergangs, die
Erfahrungen mit der Realität des faschistischen Totalitarismus und die Erfahrungen
mit der durch den Gruppenpluralismus geprägten amerikanischen Demokratie.

Grundlage für die Fraenkel'sche Pluralismustheorie, wie sie seit Mitte der 60er-Jahre
zur Verfügung steht, ist ihr normativ-empirischer Charakter. In seiner Theorie verarbeitet
er neben seinen biografischen Erfahrungen die Erfahrungen der politischen Geschichte
Kontinentaleuropas und der angloamerikanischen Staaten. Mit der angloamerikanischen Staatstheorie und der amerikanischen Demokratie konnte er sich während seiner
Emigration in den USA vertraut machen. Unter „westliche Demokratie" versteht er
eine bestimmte gemeinsame Tradition, die ein gemeinsames ideengeschichtliches
Band bildet, u.a. die Idee des Rechtsstaates, die Gewaltenteilung und die Betonung
des repräsentativen Charakters moderner Demokratien. Er übernimmt aber auch
Elemente aus der Arbeiterbewegung, insbesondere die Bedeutung der sozialen Gerechtigkeit und die Notwendigkeit gesellschaftlich-politischer Gruppenbildung. Fraenkel
kommt aus der Arbeiterbewegung und ist zunächst marxistisch geprägt, spätestens
jedoch nach dem Hitler-Stalin-Pakt ist ihm klar, dass die deutsche Arbeiterbewegung
nur eine Zukunft haben kann im Vertrauen und in der „Zusammenarbeit mit den
angelsächsischen Demokratien, die die Welt davor bewahrt haben, in der Nacht der
Diktatur zu versinken". Der Hitler-Stalin-Pakt zerstörte die Illusion einer klassenfreien
Demokratie, die Erfahrung der Roosevelt-Revolution schuf die Bereitschaft, an der
Entwicklung eines pluralistischen Demokratiemodells mitzuarbeiten.

Bereits während der Weimarer Republik hatte Fraenkel die wichtigsten Elemente
seiner pluralistischen Demokratietheorie entwickelt. Er sprach damals nicht von der
pluralistischen, sondern von der „dialektischen Demokratie", deren charakteristisches
Merkmal er darin sieht, die vorhandenen Gegensätze aufzudecken und sich frei entfalten zu lassen. Fraenkel ging es in der dialektischen Demokratie um die Legitimierung

von Vielfalt in der politischen Willensbildung, konkretisiert vor allem als Einfluss sozialer Interessenorganisationen. Die positive Funktion von Interessengruppen, ihre Beteiligung an der Bildung des Staatswillens, die Notwendigkeit des streitigen und des nichtstreitigen Sektors, das Spannungsverhältnis von Konsens und Konflikt und der Kompromiss als Ergebnis politischer Willensbildung und Entscheidung sind Strukturmerkmale, die schon die dialektische Demokratie enthielt. Nach seiner Rückkehr nach Deutschland hat Fraenkel diese Grundgedanken aufgegriffen, weiterentwickelt und zu seiner Konzeption des Neopluralismus verdichtet. Die neopluralistische Theorie ist eine politologische Demokratietheorie. Politikwissenschaft hat im Verständnis Fraenkels ein zweifaches Anliegen: 1. die Beschäftigung mit dem bestehenden und 2. die Beschäftigung mit dem guten Staat. Auf der Grundlage der angelsächsischen Konkurrenztheorie, stark beeinflusst von den frühen englischen Pluralisten, besonders Ernest Barker, hat Fraenkel die Theorie des Neopluralismus, des autonom legitimierten, heterogen strukturierten politischen Gemeinwesens, historisch im Gegensatz zum kontinental-europäischen Denken des heteronom legitimierten und homogen strukturierten Staates, dessen geistigen Vater Fraenkel vor allem in Rousseau sieht und das er vulgärdemokratisch nennt, entwickelt und will sie normativ als Antwort auf die Herausforderung des Totalitarismus verstanden wissen. Im Hinblick darauf, dass man den totalen Staat aus der Negation des Pluralismus gerechtfertigt hat, sieht er es geboten, durch die Negation der Negation, den Totalitarismus durch den Neopluralismus zu überwinden.

Fraenkel geht in seiner neopluralistischen Demokratietheorie von mehreren Grundvoraussetzungen aus. Erstens von einem Menschenbild, das dem der *Federalist Papers* ähnelt, vielleicht etwas weniger skeptisch ist, und das, wie in dem Text deutlich wird, in der jüdisch-christlichen Tradition gründet. Der Neopluralismus erhebt als empirische Theorie den Anspruch, sein Denken auszurichten am Menschen, wie er ist. Empirisch ist er ein Wesen, das weitgehend von dem Bestreben motiviert ist, seine Bedürfnisse bestmöglich zu verwirklichen, das verstümmelt und ein seelischer Krüppel wäre, hätte es keine Eigeninteressen mehr und hörte es auf, an sich und seine Interessen zu denken. Denn gerade die Verfolgung von Eigeninteressen muss als ein essenzieller Bestandteil der menschlichen Natur angesehen werden. In Antithese zu Rousseaus politischer Anthropologie – eines von Natur aus guten, durch die Gesellschaft aber vom Eigennutz verdorbenen Menschen –, gewinnt der Begriff des Interesses und der an seinen Interessen orientierte Mensch in der neopluralistischen Theorie eine positiv kategoriale Bedeutung.

Zweitens, aus der anthropologischen Fassung des Interesses verknüpft mit dem Bekenntnis zur „westlichen Demokratie" folgt die Anerkennung der Befugnisse der Bürger, ihre Interessen frei und ungehindert vertreten zu können. Das der „westlichen Demokratie" zugrunde liegende Konkurrenzmodell beruht auf der „Natürlichkeitsannahme" der Interessendivergenz, was die Natürlichkeit von Konflikten zwischen den

Interessen nach sich zieht. Die Anerkennung der Legitimität partikularer Interessen, die Bejahung der Interessenvielfalt und die positive Bewertung der freien Austragung von Interessenkonflikten als Maßstab der Freiheitlichkeit einer Gesellschaft und Voraussetzung menschlicher Emanzipation, wirft die Frage auf, wie gesellschaftliche Ordnung trotzdem möglich ist. Um der vom Interessenpluralismus ausgehenden Gefahr einer Destabilisierung des politischen Systems zu begegnen, gibt es drittens bei Fraenkel neben dem kontroversen Sektor auch einen nichtkontroversen Sektor, der zur Stabilität des politischen Systems beiträgt. Voraussetzung hierfür ist ein Minimalkonsens, der sowohl zentrale Werte als auch die Regeln des gesellschaftlichen Konfliktaustrages enthält. Viertens begreift der Neopluralismus – wie im Text deutlich wird – das Gemeinwohl nicht als vorgegeben und objektiv erkennbar. Es gibt kein Gemeinwohl a priori. Nicht zuletzt deswegen übt Fraenkel scharfe Kritik an der Rousseau'schen volonté générale. Das Gemeinwohl des demokratisch pluralistischen Staats muss immer a posteriori als Resultat konkurrierender gesellschaftlicher Gruppeninteressen gefunden werden, das als „Resultante aus dem Parallelogramm der divergierenden ökonomischen, sozialen und ideellen Kräfte entsteht und den optimalen Ausgleich der antagonistischen Gruppeninteressen darstellt". Kurz zuvor spricht Fraenkel vom Gemeinwohl als einer regulativen Idee, das in einem immerwährenden innergesellschaftlichen Prozess neu definiert werden muss. Fraenkel sieht darin auch den fundamentalen Unterschied zu den totalitären Diktaturen des 20. Jahrhunderts, die ein Gemeinwohl a priori definierten.

Die fünfte Voraussetzung betrifft die Organisation von Partikularinteressen in der modernen Massengesellschaft. Sie haben dann ihre größte Aussicht auf Erfolg, wenn sie sich im Rahmen einer kollektiven Interessenvertretung organisieren lassen. Gerade über autonome Gruppen hat der Einzelne die Möglichkeit, sich am politischen Willensbildungs- und Entscheidungsprozess zu beteiligen. Die Mitgliedschaft in der Gruppe gibt dem Bürger die Chance, zusammen mit anderen, die gleiche oder ähnliche Interessen haben, diese zu artikulieren und sich für ihre Realisierung einzusetzen. Darüber hinaus vermittelt die Gruppe soziale Identität und schützt vor Vereinsamung.

Dies ist ein Plädoyer für die Parteien und für die Interessengruppen, die im pluralistischen Staat eine wichtige Funktion erfüllen. Eine pluralistisch strukturierte Gesellschaft zeichnet sich aus durch den Wettbewerb und gleichzeitig die Koexistenz verschiedener gesellschaftlicher Gruppen im politischen Willensbildungsprozess. Dieses Pluralismuskonzept unterstützt die Entfaltung von Minderheiten und neuen gesellschaftspolitischen Entwicklungen. Im Gegensatz zur demokratischen Elitetheorie setzt es einen Bürger voraus, der sich *aktiv* im politischen Willensbildungs- und Entscheidungsprozess engagiert und seine Rolle nicht darauf reduziert, alle vier Jahre zur Wahl zu gehen.

Die neopluralistische Demokratietheorie von Ernst Fraenkel hatte es nicht einfach, theoretische und praktische Anerkennung zu finden. Dies lag nur zum geringen Teil daran, dass sie fragmentarisch geblieben ist. Es lag vielmehr daran, dass die politische

Kultur der Bundesrepublik weitgehend „antipluralistisch" war. Noch 1964 hielt Fraenkel den Begriff Pluralismus für eine ausgemachte Provokation, und nicht umsonst sprach er davon, dass Pluralismus kein Geschäft für Leisetreter und Opportunisten sei. In den fünfziger und Anfang der sechziger Jahre war es vor allem die Kritik von „rechts", der sich der Pluralismus ausgesetzt sah. Die „rechte" Pluralismuskritik ging dabei von einem Menschen aus, dem als sterbliches Wesen das unausrottbare Bedürfnis innewohne, „sich in übergreifenden Ordnungen geborgen zu wissen – in Ordnungen, die ihn überdauern und ihm eine Würde verleihen, die das einzelne gebrechliche Individuum in größere Zusammenhänge stellt" (Armin Mohler). Der Mensch wolle nicht frei sein, sondern in einem Sinnzusammenhang stehen. Andere Autoren wie Carl Schmitt gingen, in Anlehnung an Thomas Hobbes, von einem Menschen aus, der sich darstellt als ein radikal böses Wesen, voll animalischer Kraft, bar jeder Kompromissbereitschaft, ohne Willensfreiheit und kollektivistisch ausgerichtet, „geboren aus einer Erschütterlichkeitssphäre, geschaffen als Verfallstyp". Jedes Interesse wurde von diesen Ansätzen verstanden als von vornherein emotional bestimmt, als unaufhebbar partikular und als unaufhebbar irrational. Zwischen den Interessen herrsche der reine Naturzustand. Nackte Gewalt kämpft gegen nackte Gewalt, ohne dass von diesem Boden aus ein höheres rationales Korrektiv denkbar wäre. Die Anerkennung des pluralistischen Gemeinwesens bedeute, die Irrationalität der Interessen zum herrschenden gesellschaftlichen Prinzip zu erheben. Das Ergebnis dieses Denkens war die Abneigung gegen Interessen und Interessenwahrnehmung, besonders in ihrer organisierten Form. Man beklagte die „Anarchie der Interessengruppen" und forderte einen „starken und über den hungrigen Interessenhaufen stehenden Staat". Dem Chaos der Interessendurchsetzung sollte eine mit großer Gewalt ausgestattete Institutionalisierung des allgemeinen Interesses gegenübergestellt werden, der Irrationalität der Gesellschaft sollte durch die Rationalität des Staates begegnet werden. Nun darf die „rechte" Pluralismuskritik nicht nur als eine theoretisch- wissenschaftliche Diskussion gesehen werden, sie spiegelt auch einen erheblichen Teil der damals herrschenden politischen Kultur wider. Harmoniebedürftig und konfliktfeindlich, ablehnend gegenüber Parteien, vor allem aber gegenüber gesellschaftlichen Interessengruppen, war sie durchaus politisch wirksam.

Erst Ende der 60er-Jahre begann sich der Pluralismus durchzusetzen, allerdings nur, um allzu bald in das Visier einer jetzt „linken" Pluralismuskritik zu geraten. Die gemeinsame Ausgangsposition dieser Kritik bestand darin, im Pluralismus generell ein Anpassungskonzept zu sehen, ein Instrument der herrschenden Klasse, deren Funktion darin bestehen würde, den tatsächlichen Klassenantagonismus zu verschleiern und die bestehenden Herrschaftsstrukturen zu stabilisieren.

Obwohl die Bundesrepublik Deutschland seit über 60 Jahren eine im Großen und Ganzen funktionierende pluralistische Demokratie ist und die politische Kultur durch den Pluralismus mittlerweile tief geprägt ist, sind bis heute Vorbehalte gegen den Pluralismus nicht ganz geschwunden. Noch immer gibt es im deutschen politischen Denken, und zwar von links und rechts, eine etatistische Tradition, die, ausgehend vom Dualismus von Staat und Gesellschaft, entweder den Einfluss von gesellschaftlichen Interessen auf politische Entscheidungen für illegitim hält oder die mehr auf die Regulierungsfähigkeit des Staates hofft, als auf die Selbstregulierung der Gesellschaft vertraut.

Dennoch, bei aller Kritik und bei durchaus vorhandenen Defiziten der Theorie, eine überzeugende Alternative zur pluralistischen Demokratie ist bis heute noch nicht entwickelt worden. Seit Beginn der 90er-Jahre erlebt die Pluralismustheorie Fraenkels eine Renaissance ganz in dem Sinne, dass die pluralistische Demokratie in Theorie und Praxis vor allem Arbeitsprogramm ist und bleibt.

Arend Lijphart

Ausgewählt und interpretiert von Philipp Harfst

Typen der Demokratie (1999)

1 Es gibt viele Arten auf die eine Demokratie prinzipiell organisiert und geführt werden kann; ebenso weisen Demokratien in der Praxis eine Vielzahl an formalen Regierungsinstitutionen auf, darunter die Legislative und die Gerichte sowie politische Parteien- und Interessengruppensysteme. Dennoch treten klare Muster und
5 Regelmäßigkeiten hervor, wenn diese Institutionen daraufhin untersucht werden, wie mehrheitsdemokratisch oder konsensual ihre Regeln und Praktiken sind. Dieser Gegensatz von Mehrheit und Konsensus ist zurückzuführen auf die ursprünglichste und wörtliche Definition der Demokratie – Regierung des Volkes oder, im Falle von repräsentativen Demokratien, Regierung durch die Repräsentanten des Volkes.
10 Gemäß Abraham Lincolns berühmter weiterer Maßgabe ist Demokratie nicht nur die Regierung durch, sondern auch für das Volk – sodass Demokratie definiert ist als Regierung im Einklang mit dem Volkswillen.[1]
Wenn nun Demokratie als „Regierung durch und für das Volk" [„government by and for the people"] definiert ist, wirft dies eine fundamentale Frage auf: Wer
15 wird regieren und gegenüber welchen Interessen sollte die Regierung responsiv sein, wenn die Menschen uneins sind und divergierende Präferenzen haben? Eine Antwort auf dieses Dilemma lautet: die Mehrheit des Volkes. Dies ist das Wesen des Mehrheitsmodells der Demokratie. Diese einfache und gradlinige Antwort findet großen Anklang, da eine Regierung durch und gemäß dem Willen der Mehrheit
20 dem demokratischen Ideal einer „Regierung durch und für das Volk" offensichtlich näher kommt als eine Regierung, die die Interessen einer Minderheit berücksichtigt. Die alternative Antwort lautet: so viele Menschen wie möglich. Das ist der Kern des Konsensusmodells der Demokratie. Ebenso wie das Mehrheitsmodell akzeptiert das Konsensusmodell, dass die Mehrheitsherrschaft besser ist als die Herrschaft der
25 Minderheit, aber es akzeptiert die Mehrheitsherrschaft nur als Minimalforderung: Anstatt sich mit knappen Mehrheiten zufrieden zu geben, strebt das Konsensusmodell danach, die Größe dieser Mehrheiten zu maximieren. Seine Regeln und Institutionen zielen auf eine umfassende Beteiligung an den Regierungsgeschäften und auf breite Zustimmung zu den Politiken, die die Regierung verfolgen sollte. Das
30 Mehrheitsmodell konzentriert die politische Macht in den Händen einer einfachen Mehrheit – und häufig sogar lediglich in denen einer relativen Stimmenmehrheit

anstatt in denen einer absoluten Mehrheit [...]. Das Konsensusmodell strebt 1
dagegen danach, politische Macht auf vielfältige Weise zu teilen, zu streuen [to
disperse] und zu begrenzen. Ein eng verwandter Unterschied besteht darin, dass das
demokratische Mehrheitsmodell exklusiv und wettbewerblich ist und Gegensätze
betont, während das Konsensusmodell durch Inklusivität, Verhandlungen und 5
Kompromisse charakterisiert ist. Aus diesem Grund könnte die Konsensusdemokratie
auch als „Verhandlungsdemokratie" [„negotiation democracy"] bezeichnet werden.
Zehn Unterschiede hinsichtlich der wichtigsten demokratischen Institutionen und
Regeln können aus dem Mehrheits- und dem Konsensusprinzip abgeleitet werden.
Da alle Charakteristika der Mehrheitsdemokratie denselben Ursprung haben und 10
demnach logisch verbunden sind, kann man erwarten diese auch in der realen Welt
gemeinsam vorzufinden; dies gilt analog für die Charakteristika der Konsensusdemokratie. Für alle zehn Variablen wären daher enge Zusammenhänge zu erwarten.
Frühere Forschungen haben diese Erwartung weitestgehend bestätigt – mit einer
wesentlichen Ausnahme: die Variablen clustern in zwei eindeutig voneinander zu 15
unterscheidenden Dimensionen. Die erste Dimension fasst fünf Charakteristika
der Exekutivmacht, der Partei- und Wahlsysteme sowie der Interessengruppen
zusammen. Um der Kürze Willen bezeichne ich diese erste Dimension als die
Exekutiv-Parteien-Dimension [executives-parties dimension]. Da die meisten der fünf
Variablen der zweiten Dimension im Allgemeinen mit dem Gegensatz zwischen 20
föderalistischer und unitaristischer Staatsorganisation zusammenhängen – ein
Gegenstand auf den ich in Kürze zurückkommen werde – nenne ich diese zweite
Dimension die *Föderalismus-Unitarismus-Dimension [federal-unitary dimension].*
Die zehn Unterschiede werden im Folgenden als dichotome Gegensätze zwischen
dem Mehrheits- und dem Konsensusmodell formuliert. Es handelt sich aber in 25
allen Fällen um Variablen, die für bestimmte Länder entweder Extremwerte an
einem der beiden Enden des Kontinuums oder auch Werte zwischen diesen beiden
Polen annehmen können. Die Mehrheitscharakteristika werden jeweils an erster
Stelle aufgeführt. Die fünf Unterschiede auf der Exekutiv-Parteien-Dimension
sind nun folgende: 30

1. Konzentration exekutiver Macht in Einparteienmehrheitskabinetten versus
   exekutive Machtteilung in breiten Mehrparteienkoalitionen.
2. Exekutiv-legislative Beziehungen, in denen die Exekutive dominant ist versus
   Exekutiv-legislative Machtbalance.
3. Zweiparteien- versus Mehrparteiensysteme. 35
4. Mehrheits- und disproportionale Wahlsysteme versus proportionale Repräsentation.
5. Pluralistische Interessengruppensysteme mit einem freien Wettbewerb
   zwischen den Gruppen versus koordinierte und „korporatistische" Interessengruppensysteme, die auf Kompromiss und Abstimmung zielen. 40

1 Die fünf Unterschiede auf der Föderalismus-Unitarismus-Dimension sind die
Folgenden:

1. Unitaristische und zentralistische versus föderale und dezentralisierte Staatsorganisation.

5 2. Konzentration legislativer Macht in einem Einkammerparlament versus
Aufteilung der legislativen Macht zwischen zwei gleichstarken aber unterschiedlich zusammengesetzten Häusern.

3. Flexible Verfassungen, die mit einer einfachen Parlamentsmehrheit novelliert
werden können versus rigide Verfassungen, die nur mit übergroßen Mehr-
10 heiten verändert werden können.

4. Systeme, in denen das Parlament das letzte Wort über die Verfassungsmäßigkeit seiner eigenen Gesetze hat versus Systeme, in denen Gesetze Gegenstand
einer juristischen Überprüfung hinsichtlich ihrer Verfassungsmäßigkeit durch
oberste Gerichte oder Verfassungsgerichte sind.

15 5. Zentralbanken, die von der Exekutive abhängig sind versus unabhängige
Zentralbanken.

[...]

Die Unterscheidung zwischen zwei Basistypen der Demokratie, der Mehrheits- und
der Konsensusdemokratie, ist in der Politikwissenschaft keineswegs revolutionär.
20 [...] Nichtsdestotrotz gibt es in der Disziplin eine starke und anhaltende Tendenz, Demokratie ausschließlich mit Mehrheitsdemokratie gleichzusetzen und
dabei die Konsensusdemokratie als eine alternative und gleichermaßen legitime
Form zu ignorieren. Ein besonders eindeutiges Beispiel ist in Stephanie Lawsons
Argument zu finden, wonach eine starke politische Opposition „das *sine qua non*
25 zeitgenössischer Demokratie" sei und ihr primärer Zweck darin bestehe „Regierung zu werden". Diese Betrachtungsweise basiert auf der Annahme des Modells
der Mehrheitsdemokratie, dass Demokratie ein System zweier Parteien (oder
möglicherweise zweier konkurrierender Blöcke von Parteien) mit sich bringe,
welche sich in der Regierung abwechseln. Dabei wird außer Acht gelassen, dass
30 konsensusorientierte Mehrparteiensysteme dazu neigen, Koalitionen zu bilden
und dass ein Regierungswechsel in diesen Systemen normalerweise nur mit einem
partiellen Austausch der Regierungsparteien einhergeht – und die Opposition eben
nicht die Regierung „wird".

Der häufige Gebrauch des „turnover"-Tests, der zeigen soll, ob eine Demokratie
35 als stabilisiert und konsolidiert gelten kann, lässt die gleiche Annahme des Modells
der Mehrheitsdemokratie erkennen. Samuel P. Huntington schlägt sogar einen
„doppelten turnover-Test" vor, demzufolge „eine Demokratie als konsolidiert betrachtet werden kann, wenn die Partei oder Gruppe, welche die Macht in der ersten
Wahl während der Transition zur Demokratie übernimmt, eine der nachfolgenden
40 Wahlen verliert und die Macht dann auch an die Gewinner jener Wahl übergibt
und wenn diese Wahlgewinner die Macht wiederum friedlich an die Gewinner

einer späteren Wahl übergeben". Von den 20 Langzeitdemokratien, die in diesem   1
Buch analysiert werden, alles zweifelsohne stabile und konsolidierte demokratische
Systeme, fallen nicht weniger als vier – Deutschland, Luxemburg, die Niederlande
und die Schweiz – im Betrachtungszeitraum von den späten 1940ern bis 1996
selbst durch den einfachen turnover-Test, da sie eine Reihe von Regierungswech-   5
seln, aber keinen vollständigen Turnover erfahren haben. Acht Staaten – dieselben
vier sowie Belgien, Finnland, Israel und Italien – bestehen darüber hinaus den
doppelten turnover-Test nicht.

Dieses Buch wird zeigen, dass reine oder annähernd reine Mehrheitsdemokratien
tatsächlich ziemlich selten sind – lediglich das Vereinigte Königreich, Neuseeland   10
(bis 1996) und die früheren britischen Kolonien in der Karibik (aber nur mit Blick
auf die Exekutiv-Parteien-Dimension) gehören zu dieser Gruppe. Die meisten
Demokratien haben signifikante oder sogar vorherrschend konsensuale Züge.
Wie dieses Buch weiterhin zeigt, können Konsensusdemokratien im Vergleich zu
Mehrheitsdemokratien hinsichtlich der meisten Gesichtspunkte sogar als demo-   15
kratischer bezeichnet werden.

[...]

[Abschließend zur] „so what?"-Frage: Macht der Demokratietyp, insbesondere
mit Blick auf effektive ökonomische Politik-Gestaltung und die Qualität einer
Demokratie einen Unterschied? [Diese Untersuchung zeigt,] dass es bezüglich der   20
Regierungseffektivität nur kleine Unterschiede gibt, dass aber Konsensussysteme
signifikant höhere Werte über ein breites Spektrum von Indikatoren für demokratische Qualität erreichen.

Arend Lijphart (1999): Patterns of Democracy. Government Forms and Performance
in Thirty-Six Countries. New Haven/London, S. 1-8 (Auszug).
Übersetzung: Stephanie Niemuth, Philipp Harfst

Interpretation

Arend Lijphart, heute als Emeritus an der University of California, San Diego immer noch als Politikwissenschaftler aktiv, wurde 1936 in Apeldoorn (Niederlande) geboren. Bereits 1955 verließ Lijphart die Niederlande, um in den USA ein Studium der Internationalen Beziehungen aufzunehmen. Nach seinem Studium promovierte er 1963 an der Yale University. In der Folge lehrte und forschte er an den Universitäten in Berkeley, Leiden und San Diego. In seiner Zeit in Leiden engagierte er sich beim Aufbau des *European Consortium for Political Research* (ECPR) und war zudem Herausgeber des *European Journal of Political Science*. Im Laufe seiner Karriere erhielt Lijphart eine Reihe von Preisen und Auszeichnungen, wurde 1989 in die *National Academy of Arts and Sciences* gewählt und leitete von 1995 bis 1996 die *American Political Science Association* als deren Präsident.

Mit seinem Buch *Patterns of Democracy* hat Lijphart 1999 eines der einflussreichsten Schlüsselwerke der empirischen Demokratietheorie der letzten Jahre vorgelegt. Dieses Buch stellt einen der Höhepunkte in der Debatte um die Vor- und Nachteile verschiedener Demokratietypen dar, die im Licht der Erfahrungen mit dem Scheitern einer Reihe europäischer Demokratien spätestens seit dem Ende des Zweiten Weltkriegs leidenschaftlich geführt wurde.

In ihrer Anfangsphase prägte die angloamerikanische Politikwissenschaft diese Diskussion maßgeblich. Aus ihrer Perspektive erschienen die kontinental-europäischen Demokratien mit ihren Vielparteiensystemen und vermeintlich instabilen Koalitionsregierungen im Vergleich zu dem angeblich deutlich effizienteren Westminster-Modell britischer Prägung oder dem US-amerikanischen Präsidentialismus unvorteilhaft. Dieser sehr holzschnittartigen Analyse stellten seit den 1960er-Jahren Autoren mit europäischen Wurzeln Untersuchungen gegenüber, die die Vorteile der Proporzdemokratie (Gerhard Lehmbruch) oder der *consociational democracy* (Arend Lijphart) betonten. Lijpharts *Patterns of Democracy* ist die bislang letzte Monografie aus dieser zweiten Phase und ist zu einem der einflussreichsten politikwissenschaftlichen Werke der letzten Jahre geworden.

Das Buch besticht durch einen klaren demokratietheoretischen Entwurf, eine hervorragend dokumentierte empirische Grundlage und ist zudem bestrebt, eindeutige Belege für die Ursachen der zwischen einzelnen Demokratietypen beobachtbaren Leistungsbilanzunterschiede, oder: wie es im politikwissenschaftlichen Vokabular heißt: Performanzunterschiede beizubringen.

Lijpharts Buch lässt sich in dreifacher Hinsicht kritisch würdigen. Erstens im Hinblick auf seine empirischen Ergebnisse. Zweitens mit Blick auf seine demokratietheoretischen Annahmen und Konzeptionalisierungen. Und drittens schließlich bezüglich seiner methodischen Entscheidungen sowie empirischen Umsetzungen und Operationalisierungen. Für den Zweck dieser Interpretationshilfe des demokratietheoretischen Beitrags Arend Lijpharts genügt es, sich auf die beiden ersten Punkte zu konzentrieren. Für die Auseinandersetzung mit den methodischen Fragen soll auf die einschlägige Literatur[2] verwiesen werden.

Als zentrales Ergebnis von Lijpharts Beschäftigung mit unterschiedlichen Demokratiemustern lässt sich festhalten, dass moderne Demokratien sich auf der Grundlage von zehn Indikatoren (siehe Textauszug) in einem zweidimensionalen Raum verorten lassen. Die erste Dimension ist geprägt von den Polen Partei- und Exekutiveinfluss, die zweite von den Polen Föderalismus und Unitarismus. Diese Strukturmerkmale haben Lijphart zufolge systematischen Einfluss auf die Qualität politischer Performanz. Demnach sind Konsensusdemokratien – anders als dies die Verfechter des Westminster-Modells beziehungsweise des US-amerikanischen Präsidialsystems behaupten – keineswegs durch eine schlechtere makroökonomische Leistungsbilanz geprägt; vielmehr stehen sie den Mehrheitsdemokratien in ihrer wirtschaftlichen Entwicklung in nichts nach und sind ihnen bei der Inflationsbekämpfung sogar überlegen. Ein besseres Zeugnis als den Mehrheitsdemokratien stellt Lijphart konsensualen Systemen vor allem bei der Verwirklichung „weicherer" Politikziele wie dem Sozialhilfeniveau, dem Schutz der Umwelt oder einer großzügigen Entwicklungshilfepolitik aus. Die zentralen Ergebnisse seiner Forschung fasst Lijphart mit der Formel zusammen, dass die Konsensusdemokratie insgesamt die „kinder, gentler democracy" (275) sei.

In der kritischen Auseinandersetzung mit dem demokratietheoretischen Beitrag der *Patterns of Democracy* sind drei Aspekte von Bedeutung. Erstens besteht begrifflicher Klärungsbedarf. Zweitens sind Fragen zur Konzeption der zwei Dimensionen zu beleuchten. Drittens ist ganz grundsätzlich die Beziehung des theoretisch behaupteten eindimensionalen Konzepts von Mehrheits- und Konsensusdemokratie zu den empirisch identifizierten zwei Dimensionen zeitgenössischer Demokratien zu hinterfragen.

Auf der Ebene der Begrifflichkeit fällt eine erste Unstimmigkeit auf. „Konsens" und „Mehrheit" sind mitnichten die von Lijphart behaupteten polaren Gegensätze. Das Gegenstück zu Konsens ist vielmehr der Konflikt, nicht die Mehrheit. Zudem ist der Begriff der Konsensusdemokratie so stark positiv aufgeladen, dass er den Gegenbegriff der Mehrheitsdemokratie bereits sprachlich abwertet. Einige Autoren verwenden daher bevorzugt den neutraleren Begriff „Verhandlungsdemokratie".

Im Anschluss an diesen begrifflichen Stolperstein ist die Konzeptionalisierung der zwei Dimensionen moderner Demokratien zu behandeln. Absolut nachvollziehbar ist, dass die beiden Dimensionen jeweils unterschiedliche Problembereiche abbilden. Die erste Dimension bezieht sich im Wesentlichen auf das Parteiensystem und die Beziehung zwischen Parlament und Regierung, während die zweite Dimension vor allem Charakteristika der Staatsorganisation und ihrer konstitutionellen Ordnung darstellt. Diese inhaltlichen Unterschiede begründen die Zweidimensionalität des Demokratiemusters Lijpharts. Neben inhaltlichen Unterschieden lassen sich zwischen den zwei Dimensionen allerdings auch deutliche konzeptionelle Differenzen erkennen.

Die Exekutive-Parteien-Dimension ist dadurch gekennzeichnet, dass vier ihrer fünf Elemente logisch in eine kausale Abfolge gebracht werden können. So hat das Wahlsystem (Element 5 in Lijpharts Aufzählung; siehe Textauszug) einen direkten Einfluss auf den Charakter des Parteiensystems (3). Das Parteiensystem wiederum beeinflusst die Anzahl der Kabinettsparteien (1) sowie die Dominanz der Exekutive gegenüber dem Parlament (2), die Lijphart mithilfe eines Indikators zur Regierungsstabilität beschreibt. Logisch unverknüpft mit den übrigen Elementen der Exekutive-Parteien-Dimension bleibt lediglich der Charakter des Interessengruppensystems.

Im Gegensatz zur ersten Dimension ist die Föderalismus-Unitarismus-Dimension geprägt von jeweils voneinander unabhängigen Elementen. Eine rigide Verfassung kombiniert mit der Möglichkeit zur richterlichen Kontrolle von Parlamentsbeschlüssen genau wie eine starke zweite Kammer mag zwar in föderalen Systemen notwendig sein, um die Interessen der Gliedstaaten zu repräsentieren und deren Kompetenzen zu schützen. In Zentralstaaten können aber sowohl rigide wie auch flexible Verfassungen, starke wie auch schwache Verfassungsgerichte und Ein- oder Zweikammersysteme zu sinnvollen institutionellen Arrangements kombiniert werden. Eine logisch herleitbare Kausalbeziehung zwischen den fünf Elementen der zweiten Dimension besteht demnach nicht. Vielmehr sind die einzelnen Elemente dieser Dimension als Vetoinstitutionen additiv und in einigen Fällen möglicherweise gar als funktionale Äquivalente zu verstehen.

Neben den Unterschieden bei ihrer logischen Verknüpfung bestehen konzeptionelle Differenzen in der Qualität der einzelnen Merkmale der zwei Dimensionen. Die Föderalismus-Unitarismus-Dimension ist eindeutig institutionell definiert, sie bezieht sich auf meist konstitutionell definierte Merkmale der Staatsorganisation. Die Exekutive-Parteien-Dimension mit ihrem Fokus auf Parteiensystem und die Beziehung zwischen Parlament und Regierung scheint auf den ersten Blick dagegen das Verhalten einer Auswahl bestimmter politischer Akteure in dem durch die erste Dimension definierten institutionellen Rahmen zu beschreiben. Bei genauerem Hinsehen stellt man jedoch fest, dass neben Verhaltensaspekten auch in der ersten Dimension Institutionen beschrieben werden. Das wird besonders deutlich bei Lijpharts Betrachtungen zum Wahlsystem, das mithilfe eines Indikators zur Verzerrung der Stimmen-Mandate-Relation beschrieben wird. Diese Operationalisierung lässt keine Unterscheidung zwischen der Institution „Wahlsystem", dem Verhalten von Parteien und Wählerinnen und Wählern innerhalb dieser Institution sowie grundlegenden gesellschaftlichen Konfliktdimensionen mehr zu. Vielmehr ist die Verzerrung der Stimmen-Mandate-Relation immer ein Produkt aus dem komplexen Zusammenspiel (zumindest) dieser drei Faktoren.

In der Exekutive-Parteien-Dimension werden also Verhalten und institutionelle Charakteristika vermischt, während die Föderalismus-Unitarismus-Dimension eine solche Vermischung nicht kennt. Wäre die erste Dimension ausschließlich auf das Verhalten politischer Akteure gegründet, könnte man von einem sinnvollen qualitativen Unterschied sprechen, der die inhaltlichen Unterschiede zwischen den zwei

Dimensionen widerspiegelt. So aber steht eine Mischform einem Reintyp gegenüber – eine konzeptionell wenig überzeugende Lösung. Die beiden Dimensionen weisen bezüglich der Qualität ihrer Merkmale sowie deren logischer Verbindung innerhalb jeder Dimension so starke konzeptionelle Unterschiede auf, dass von *zwei* Dimensionen *eines* Demokratietyps kaum mehr gesprochen werden kann.

Schließlich liegt das dritte Problem bei Lijpharts Demokratietheorie in der unklaren Beziehung zwischen dem bipolaren Konzept von Konsensus- und Mehrheitsdemokratie und den empirisch identifizierten zwei Dimensionen von Demokratie. Konzeptionell stark ist Lijpharts Entwurf dort, wo er die grundsätzliche Unterscheidung vornimmt von machtkonzentrierenden Elementen, die – wie im Textauszug beschrieben – die Beteiligung der „Mehrheit der Menschen" an den politischen Entscheidungen sicherstellen sollen, und machtdispersiven Elementen, die „so viele Menschen als möglich" einzubeziehen suchen. Erstere prägen idealtypisch die Mehrheits-, letztere die Konsensusdemokratie. Nun zeigt Lijpharts eigene Analyse jedoch, dass diese theoretisch behauptete bipolare Typologie empirisch nicht haltbar ist. Statt seine theoretischen Annahmen auf dieser Grundlage weiterzuentwickeln, hält Lijphart an seiner bipolaren Typologie fest, ohne zu klären, wie diese mit seinen zweidimensionalen empirischen Demokratiemustern in Übereinstimmung zu bringen ist.

Zusammenfassend bleibt festzuhalten, dass sich Lijphart die Möglichkeit verbaut, theoretisch trennscharf zwischen Akteurshandeln und institutionellen Strukturen in unterschiedlichen Dimensionen zu unterscheiden. Dies liegt erstens an der unzureichenden Würdigung der konzeptionellen Unterschiede zwischen den zwei Demokratie-Dimensionen und zweitens an seinem Festhalten an einem eindimensionalen, bipolaren Demokratietyp – trotz der empirischen Hinweise auf die Existenz zweier Dimensionen von Demokratie.

Vor dem Hintergrund der aufgezählten Kritikpunkte überrascht es deshalb nicht, wenn sich verschiedene Autoren in den letzten Jahren um eine Weiterentwicklung des Theorieentwurfs der *Patterns of Democracy* bemüht haben. Als Ausgangspunkt beibehalten wird das von Lijphart entwickelte Konzept des Gegensatzes von Machtdispersion und Machtkonzentration. Basierend auf dieser Unterscheidung können *mehrere* institutionelle und akteursbezogen definierte Dimensionen bestimmt werden, die jeweils die Konzentration oder Verteilung von Macht fördern oder vermindern. Behält man nun die Mehrdimensionalität in der weiteren Analyse bei, statt sie wie Lijphart auf ein bipolares Konzept zu reduzieren, so bleiben mögliche Unterschiede in der Wirkungsweise jeder einzelnen Dimension sichtbar, Wechselwirkungen zwischen den Dimensionen werden nicht automatisch zugedeckt, sondern sie können sogar Gegenstand einer Untersuchung werden. Extreme Ausprägungen auf verschiedenen Dimensionen laufen damit nicht mehr Gefahr, sich bei ihrer Kombination zu einem eindimensionalen Konzept gegenseitig aufzuheben.

Insgesamt hat Lijpharts *Patterns of Democracy* ungeachtet aller Kritik in Einzelpunkten einen wertvollen Beitrag zur empirischen Demokratietheorie geleistet. In den etwas mehr als zehn Jahren seit seinem Erscheinen hat das Buch eine Reihe von Weiterentwicklungen inspiriert, die dazu beitragen wollen, das Verständnis des Funktionierens moderner Demokratien zu fördern.[3]

Anmerkungen

1 Wie Clifford D. May herausstellt, sollte der Verdienst für diese Definition wahrscheinlich an Daniel Webster anstelle von Lincoln gehen. Webster hielt 1830 eine Rede – 33 Jahre vor Lincolns Gettysburgrede –, in welcher er von einer „Volksregierung, gemacht für das Volk, gemacht durch das Volk und verantwortlich gegenüber dem Volk" [„people's government, made for the people, made by the people, and answerable to the people"] sprach.

2 Die Diskussion um empirisch-methodische Stärken und Schwächen der *Patterns of Democracy* fasst Manfred G. Schmidt zusammen (Demokratietheorien. Eine Einführung, 5. Auflage, Wiesbaden 2010, S. 306-319).

3 In der Tradition der *Patterns of Democracy* macht beispielsweise Steffen Ganghof (2005: Normative Modelle, institutionelle Typen und beobachtbare Verhaltensmuster: Ein Vorschlag zum Vergleich parlamentarischer Demokratien. In: Politische Vierteljahresschrift 46/3, S. 406-431) einen Vorschlag, wie die oben diskutierten Probleme in Lijpharts Konzept zu lösen wären. Eine kritische Auseinandersetzung mit Ganghofs Ansatz und dessen Weiterentwicklung findet sich bei Ferdinand Müller-Rommel, Philipp Harfst und Henrike Schultze (2008: Von der typologischen zur dimensionalen Analyse parlamentarischer Demokratien: konzeptionelle Überlegungen am Beispiel Mittelosteuropas. In: Politische Vierteljahresschrift 49/4, S. 669-694). Ein alternatives Konzept zur Erklärung der Leistungsbilanz moderner Demokratien legt George Tsebelis vor (2002: Veto Players. How Political Institutions Work. Princeton: Princeton University Press).

John Rawls

Ausgewählt und interpretiert von Bernd Ladwig

Die Idee der öffentlichen Rechtfertigung (1993)

Die Idee der öffentlichen Rechtfertigung geht einher mit der Idee der wohlge-   1
ordneten Gesellschaft, denn eine solche Gesellschaft wird durch eine öffentlich
anerkannte Gerechtigkeitskonzeption reguliert (§ 3). Aus der bisherigen Erörterung
ist zu ersehen, daß eine Gerechtigkeitskonzeption, um diese Aufgabe zu erfüllen,
drei Merkmale aufweisen sollte. Dadurch wird sie zu einer politischen Konzeption   5
der Gerechtigkeit:

> a) Sie ist zwar natürlich eine moralische Konzeption, aber sie wird im Hinblick
> auf einen spezifischen Gegenstand ausgearbeitet, nämlich im Hinblick auf
> die Grundstruktur einer demokratischen Gesellschaft. [...]
>
> b) Die Bejahung dieser Konzeption setzt nicht voraus, daß man irgendeine   10
> spezielle Globaltheorie akzeptiert. Eine politische Konzeption stellt sich als
> ausschließlich für die Grundstruktur gedachte vernünftige Konzeption dar,
> und ihre Prinzipien bringen eine Reihe politischer Werte zum Ausdruck,
> die charakteristischerweise für diese Struktur gelten.
>
> c) Eine politische Gerechtigkeitskonzeption wird so weit wie möglich aus-   15
> schließlich mit Hilfe von Grundideen formuliert, die aus der politischen
> Kultur einer demokratischen Gesellschaft bekannt oder implizit in dieser
> Kultur enthalten sind. Beispiele sind die Idee der Gesellschaft als faires Ko-
> operationssystem und die Idee der Bürger als freier und gleicher Personen.
> Daß solche Ideen hier zur öffentlichen Kultur gehören, wird als Faktum   20
> bezüglich demokratischer Gesellschaften aufgefaßt.

9.2. In einer wohlgeordneten Gesellschaft, die von einer öffentlich anerkannten
politischen Gerechtigkeitskonzeption effektiv reguliert wird, akzeptiert jeder, wie wir
gesehen haben, dieselben Gerechtigkeitsprinzipien. Diese Prinzipien liefern demnach
einen allgemein akzeptablen Standpunkt, von dem aus über die Ansprüche der   25
Bürger an die Hauptinstitutionen der Grundstruktur befunden werden kann. Es ist
ein wesentliches Merkmal einer wohlgeordneten Gesellschaft, daß ihre öffentliche
Konzeption der politischen Gerechtigkeit eine gemeinsame Basis begründet, mit

1 deren Hilfe die Bürger ihre politischen Urteile voreinander rechtfertigen können: Jeder kooperiert unter Bedingungen, die von allen für gerecht erachtet und gebilligt werden, in politischer wie in sozialer Hinsicht mit den übrigen. Das ist es, was man unter öffentlicher Rechtfertigung versteht.

5 So verstanden, richtet sich die Rechtfertigung an andere, die nicht der gleichen Meinung sind wie wir selbst (Theorie der Gerechtigkeit, § 87). Sofern zwischen den Urteilen über Fragen der politischen Gerechtigkeit – also zwischen den Urteilen über die Gerechtigkeit bestimmter Prinzipien und Maßstäbe, über spezielle Institutionen und Maßnahmen und dergleichen – kein Konflikt besteht, gibt 10 es zunächst gar nichts zu rechtfertigen. Unsere politischen Urteile gegenüber anderen rechtfertigen heißt: diese anderen durch öffentlichen Vernunftgebrauch überzeugen, d.h. durch Formen des Denkens und Schließens, die politischen Grundfragen angemessen sind, sowie durch Berufung auf Überzeugungen und politische Werte, deren Anerkennung seitens der anderen ebenfalls vernünftig 15 ist. Öffentliche Rechtfertigung geht von einem Konsens aus: von Prämissen, bei denen man vernünftigerweise erwarten kann, daß sie von allen am Meinungsstreit beteiligten, laut Voraussetzung freien, gleichen und ganz denkfähigen Parteien angenommen und aus freien Stücken gebilligt werden. […]

9.3. Freilich würde man zuviel erwarten, wenn man bei allen politischen Fragen 20 mit vollständiger Zustimmung rechnete. Das praktisch erreichbare Ziel ist eine Verminderung der Meinungsverschiedenheit wenigstens hinsichtlich der besonders konflikträchtigen Streitpunkte, insbesondere derjenigen, bei denen wesentliche Punkte der Verfassungsgebung ins Spiel kommen (§ 13.5). Denn ein Konsensus hinsichtlich dieser Punkte ist von größter Dringlichkeit. Dabei geht es beispiels- 25 weise um folgende Dinge:

1) die Grundprinzipien zur Bestimmung der allgemeinen Struktur des Staatswesens und der politischen Prozesse; die Macht der Legislative, der Exekutive und der Judikative; die Grenzen der Mehrheitsherrschaft;

2) die gleichen Grundrechte und -freiheiten der Bürger, die von den gesetzge- 30 benden Mehrheiten respektiert werden müssen, wie etwa das Stimmrecht und das Recht zur Beteiligung an der Politik, Gedanken- und Versammlungsfreiheit, Gewissensfreiheit und der Schutz der Rechtsherrschaft. […]

9.4. Ein Hauptziel der öffentlichen Rechtfertigung besteht offensichtlich darin, die Bedingungen der effektiven und demokratischen sozialen Kooperation auf 35 einer Ebene der wechselseitigen Achtung zwischen als frei und gleich angesehenen Bürgern zu halten. Diese Art der Rechtfertigung hängt davon ab, daß zumindest hinsichtlich der wesentlichen Verfassungselemente die Urteile übereinstimmen. Daher besteht, sobald diese Übereinstimmung gefährdet ist, eine Aufgabe der politischen Philosophie darin, daß sie sich bemüht, eine Gerechtigkeitskonzeption 40 auszuarbeiten, die zumindest im Hinblick auf die besonders umstrittenen Fragen die Meinungsverschiedenheit verringert.

Hier sollte man eine Gegenüberstellung vornehmen zwischen zwei Vorstellungen 1
von der öffentlichen Rechtfertigung in politischen Angelegenheiten: Die erste
beruft sich auf eine politische Gerechtigkeitskonzeption, die zweite beruft sich
auf eine religiöse, philosophische oder moralische Globallehre. Eine moralische
Globallehre versucht zu zeigen, welche politischen Urteile etwa gemäß den Be- 5
stimmungen des rationalen Intuitionismus oder einer Spielart des Utilitarismus als
wahr gelten. Der politische Liberalismus hingegen vermeidet es nach Möglichkeit,
irgendwelche spezifischen Globallehren moralischer oder religiöser Art zu akzeptieren oder abzulehnen. Dabei räumt er ein, daß es diesen Lehren zusteht, nach
religiöser, philosophischer und moralischer Wahrheit zu streben. Die Konzeption 10
der Gerechtigkeit als Fairneß hofft, daß es gelingt, seit langem schwelende religiöse
und philosophische Kontroversen außer acht zu lassen und der Angewiesenheit auf
irgendwelche spezifischen Globalanschauungen zu entgehen. Diese Konzeption
benutzt eine andere Idee – nämlich die der öffentlichen Rechtfertigung – und
bemüht sich, konfliktträchtige politische Auseinandersetzungen beizulegen [...]. 15
Um dieses Ziel zu erreichen, versuchen wir – von den in der politischen Kultur
implizit enthaltenen Grundideen ausgehend – eine öffentliche Basis der Rechtfertigung zu errichten, die alle als vernünftige und rationale Personen aufgefaßten
Bürger aus dem Bereich ihrer eigenen Globallehren heraus gutheißen können. Ist
das erreicht, haben wir einen übergreifenden Konsens vernünftiger Lehren (§ 11) 20
und damit zugleich die politische Konzeption, die im Zustand des Überlegungs-
gleichgewichts bejaht wird. Diese zuletzt genannte Bedingung der durchdachten
Reflektion gehört zu denen, durch die sich die öffentliche Rechtfertigung von der
bloßen Übereinstimmung unterscheidet.

John Rawls: Gerechtigkeit als Fairneß. Ein Neuentwurf.
Frankfurt/M. 2006, S. 55-59 (Auszug)

Interpretation

John Rawls (1921-2002) war Professor für Philosophie an der Harvard University. Er lehrte vorwiegend Geschichte und Gegenwart des moralischen und des politischen Denkens. Bei aller äußerlichen Beschaulichkeit seines Akademikerdaseins hat er sich zeitlebens stark anregen lassen von den politischen Entwicklungen und Konflikten in den USA. Mit seiner bahnbrechenden *Theorie der Gerechtigkeit* von 1971 (deutsch 1975) reagierte Rawls nicht zuletzt auf die Proteste gegen den Vietnamkrieg und auf die Bürgerrechtsbewegung, zu deren Repertoire auch gezielte Regelverletzungen gehörten. Zugleich lieferte er mit seinem Werk eine Art Flankenschutz für Präsident Lyndon B. Johnsons Programm einer *Great Society*. Johnson bemühte sich um mehr Chancengleichheit für unterprivilegierte Amerikaner und vor allem für die Nachfahren schwarzer Sklaven; er wollte mit sozialstaatlichen Reformen die Armut bekämpfen und das Bildungs- und Gesundheitswesen verbessern. Rawls legte, ohne sich ausdrücklich auf Johnsons Programm zu beziehen, philosophisch dar, dass sozialstaatliche Reformen mit einem liberalen Grundverständnis verträglich sind und sogar aus ihm folgen. Eine gerechte Gesellschaft gibt den Freiheitsrechten der Bürger Priorität, aber sie sorgt auch dafür, dass alle Bürger sie unter Bedingungen fairer Chancengleichheit tatsächlich nutzen können. Das spricht etwa für besondere Fördermaßnahmen *(affirmative action)*, wenn nur so die unverschuldeten Startnachteile beispielsweise von Afro-Amerikanern ausgeglichen werden können. Zugleich argumentierte Rawls, dass das amerikanische Wahlsystem veränderungsbedürftig sei: Finanzstarke Spender könnten übermäßigen Einfluss auf das politische Personal und seine Entscheidungen nehmen und dadurch den fairen Wert der politischen Freiheiten untergraben.

Später zeigte Rawls sich beeindruckt von der Stärke weltanschaulicher Grundsatz-konflikte auch in rechtsstaatlichen Demokratien, wie sie am Konflikt um Abtreibung sichtbar wurden. Er wollte darum wissen, auf welcher Grundlage an politischen Überzeugungen sich Bürgerinnen und Bürger, die weltanschaulich vieles trennt, dennoch treffen können. Diesen Treffpunkt soll wiederum die Gerechtigkeit bilden. Rawls geht davon aus, dass wir als freie und gleiche Bürger miteinander kooperie-ren müssen, damit jeder auf seine Weise selig werden kann. Nicht untypisch für einen Amerikaner, fasst er tiefes Vertrauen in die versöhnende Kraft der Besinnung auf eine verbindende politische Tradition. Dieser Tradition, und nicht etwa einer philosophischen Letztbegründung, entnimmt Rawls die Grundwerte der Freiheit und Gleichheit, in deren stimmiger und umfassender Entfaltung seine *Theorie der Gerechtigkeit* besteht.

Rawls meint, wir würden uns, wenn wir nur wahrhaft unparteiisch urteilten, auf zwei Grundsätze einigen. Alle haben ein gleiches Recht auf die politischen und persönlichen Grundfreiheiten. Materielle Ungleichheit ist dagegen zulässig, sofern sie zwei Bedingungen genügt: Gesellschaftliche Ämter und berufliche Positionen

stehen allen nach Maßgabe fairer Chancengleichheit offen; die inegalitäre Verteilung
der Einkommen und Vermögen stellt noch die Schlechtestgestellten besser, als wenn
diese Grundgüter gleich verteilt wären. Wahrhaft unparteiisch ist das Urteilen über
Gerechtigkeitsgrundsätze, wenn die Parteien zwar rational ihren eigenen Vorteil suchen
dürfen, aber keiner in einer besseren Verhandlungsposition ist als irgendein anderer.
Jeder soll, mit anderen Worten, urteilen müssen, wie ein Beliebiger urteilen würde.
Ein Kunstgriff soll dies gewährleisten. Wir sollen uns gedanklich hinter einen Schleier
des Nichtwissens versetzen, hinter dem keiner wissen kann, woran er in der wirklichen
Welt ist. Dadurch soll unser Urteilen strikt allgemein ausfallen. Es wäre schlicht zu
gefährlich, unter Bedingungen der Unwissenheit etwa Regelungen zu wählen, die im
tatsächlichen Leben zu Rechtlosigkeit oder großer Armut führen könnten.

Rawls wendet sich damit gegen den Utilitarismus. Utilitaristen meinen, die Moral
verlange von uns, nach optimalen Weltzuständen zu streben, in denen die Summe des
Nutzens für alle Betroffenen zusammen so groß wie möglich wäre. Rawls legt dagegen
großen Wert darauf, dass wirklich jeder Einzelne sein Leben bejahen und selbstbestimmt
führen kann. Das könnte ein Grundsatz der Nutzenmaximierung über die Grenzen
aller Individuen hinweg nicht garantieren. An dieser Stelle steht Rawls dem Denken
des deutschen Philosophen Immanuel Kant näher, der von der Würde des Menschen
auf unveräußerliche Rechte jedes Einzelnen geschlossen hatte.

Rawls hat in späteren Jahren nicht so sehr die wesentlichen Inhalte seiner Theorie
als das mit ihr verbundene Verständnis von politischer Philosophie modifiziert. Er
konzentriert sich jetzt stärker auf Fragen der Stabilität einer gerechten Ordnung unter
Bedingungen eines tiefen und unaufhebbaren weltanschaulichen Pluralismus. Unsere
gemeinsame politische Kultur soll uns erlauben, von verschiedenen metaphysischen
oder philosophischen Ausgangspunkten aus dieselben Grundsätze der Gerechtigkeit –
weiterhin schweben Rawls hier seine eigenen vor – zu bejahen. Liberale Christen, Juden
und Muslime, Kantianer und Regelutilitaristen werden je eigene Gründe dafür sehen,
einer Gleichheit der Grundfreiheiten und einem sozialstaatlichen Ausgleichsprogramm
zuzustimmen. Aber alle werden in einer „freistehenden", das heißt unabhängig von
jeder besonderen Globallehre entwickelten Gerechtigkeitskonzeption ihre politischen
Ideale wiedererkennen: Die Gerechtigkeitskonzeption legt dar, was wir einander als
Angehörige eines demokratischen Rechtsstaats schulden.

Hier setzt der dokumentierte Text ein. Alle Bürger werden anerkennen, dass sie
einander Rechenschaft schulden, wenn sie Regelungen vorschlagen, die der Staat mit
seinen Zwangsmitteln durchsetzen solle. Schließlich muss jeder Bürger die grundlegenden Gesetze des Zusammenlebens mit seinem Sinn für Freiheit und Gleichheit
vereinbaren können. Das aber wäre unmöglich, wenn die Verfassung und die wichtigsten
Gesetze auf weltanschaulichen Grundlagen stünden, die einigen moralisch verantwortlich urteilenden Bürgern aus guten Gründen haltlos vorkämen. Als Bürgerinnen
und Bürger müssen wir darum nach Argumenten suchen, die auch Menschen, die

uns weltanschaulich fernstehen, überzeugen können. Rawls nennt dies das Erfordernis des öffentlichen Vernunftgebrauchs.

Rawls bestreitet nicht, dass Menschen aus Weltanschauungen heraus ihre moralischen Ansichten für wahr halten. Aber alle müssten anerkennen, dass in moralischen Fragen eine vernünftige Nichtübereinstimmung möglich ist: Menschen guten Willens, die allesamt die einschlägigen Tatsachen kennen und keine Denkfehler machen, können dennoch zu miteinander unvereinbaren Auffassungen über das Gute und das Richtige gelangen. Dies einzusehen, ist selbst ein Gebot der Vernunft. Wer es befolgt, wird zwischen Argumenten, die ihm aus seiner Globallehre heraus noch so zwingend vorkommen, und solchen, die auch alle anderen Bürger überzeugen könnten, zu unterscheiden wissen.

Die Rechtfertigungen, die Bürger einander schulden, beziehen sich auf Angelegenheiten, die alle etwas angehen. Das gilt in erster Linie für die Grundordnung des Gemeinwesens: seine wichtigsten Einrichtungen und Verfahren. Rawls hofft, dass freie und gleiche Bürger sich über die gerechte Gestaltung der gesellschaftlichen Grundordnung leichter einigen können, als wenn sie weiter reichende Fragen der Moral und des guten Lebens beantworten müssten. Seine Theorie der Gerechtigkeit stellt ein Deutungsangebot dar, das für Bürger rechtsstaatlicher Demokratien aus allen vernünftigerweise vertretbaren Globallehren heraus akzeptabel sein sollte. Schließlich nimmt es nicht mehr für sich in Anspruch als die tragenden Ideen der gemeinsamen politischen Kultur. Es könnte darum allgemeine Zustimmung in Gestalt eines übergreifenden Konsenses finden: Die vielen moralischen Ansichten treffen sich an bestimmten Punkten, etwa den Rawls'schen Gerechtigkeitsgrundsätzen, ohne dass die Verschiedenheit der Hintergrundüberzeugungen damit verschwunden wäre.

Gegen diese Vorstellung vom öffentlichen Vernunftgebrauch sind vor allem vier Einwände vorgebracht worden. Ein erster Einwand lautet, dass ein übergreifender Konsens einer bloßen Streitbeendigung ,um des lieben Friedens willen' näher stehe als einer argumentativ erzielten moralischen Einigkeit[1] und dieser Unterschied an schwierigen moralischen Streitfragen, wie Abtreibung, auch immer wieder sichtbar werde. Zweitens ist zweifelhaft, ob Bürger, die untereinander in vielem weltanschaulich uneins sind, ausgerechnet in Fragen der Gerechtigkeit im Grunde einer Meinung sein müssten. Gerade in den USA ist die Forderung nach einem eingreifenden Staat, der mit Zwangsmitteln gegen die Armut vorgeht, für mehr Chancengleichheit oder für ein inklusiveres Gesundheitswesen sorgt, notorisch umstritten. Wenn wir demnach mit vernünftiger Nichtübereinstimmung zu rechnen haben, warum dann nicht auch für Streitfragen, die die Gerechtigkeit betreffen?[2] Ein dritter Einwand bezieht sich auf das Bild vom Bürger: Dieser soll in politischen Fragen zum Beispiel die Selbstbestimmung seiner Mitbürger schätzen und verteidigen, auch wenn er persönlich etwas ganz anderes, etwa eine Lebensführung nach den Geboten der Bibel oder des Koran, für zwingend geboten hält. Das mutet schizophren an: Was sollte einen Bürger dazu bewegen, in seiner politischen Rolle für ein freiheitsfreundliches Gemeinwesen einzutreten, wenn ihm eine selbstbestimmte Lebensführung nicht ganz generell wichtig ist?[3] Viertens kann man die Idee des öffentlichen Vernunftgebrauchs für zu restriktiv halten, da sie bestimmte Arten von Argumenten ungeprüft ausschließe. Aber können wir wirklich von vornherein wissen, welche Erwägungen die allgemeine Zustimmung unter freien und gleichen Mitbürgern finden könnten? Und besteht nicht die Gefahr, die Sichtweisen von Außenseitern, oder auch nur von Leuten, die wenig geübt darin sind, sich ihren Mitbürgern verständlich zu machen, ohne echte Prüfung als unvernünftig abzutun?[4]

Anmerkungen

1   So Jürgen Habermas: Versöhnung durch öffentlichen Vernunftgebrauch. In: Philosophische Gesellschaft Bad Homburg und Wilfried Hinsch (Hrsg.): Zur Idee des politischen Liberalismus. John Rawls in der Diskussion. Frankfurt/M. 1997, S. 169-195, hier S. 182 ff.
2   Dieser Ansicht ist etwa Gerald Gaus: Justificatory Liberalism. New York/Oxford 1996.
3   Vgl. Ursula Wolf: Übergreifender Konsens und öffentliche Vernunft. In: Philosophische Gesellschaft Bad Homburg und Wilfried Hinsch (Hrsg.): Zur Idee des politischen Liberalismus. John Rawls in der Diskussion. Frankfurt/M. 1997, S. 52-66, hier S. 63 f.
4   Vgl. Thomas A. McCarthy: Kantian Constructivism and Reconstructivism. Rawls and Habermas in Dialogue. In: Ethics 105 (1994), S. 44-63.

Benjamin Barber

Ausgewählt und interpretiert von
Hubertus Buchstein und Kerstin Pohl

Starke Demokratie (1984)

1 Die Zukunft der Demokratie liegt in der starken Demokratie – in der Wiederbelebung einer Form von Gemeinschaft, die nicht kollektivistisch, einer Form
des öffentlichen Argumentierens, die nicht konformistisch ist, und einer Reihe
bürgerlicher Institutionen, die mit einer modernen Gesellschaft vereinbar sind.
5 Starke Demokratie ist durch eine Politik der Bürgerbeteiligung definiert: sie ist
buchstäblich die Selbstregierung der Bürger, keine stellvertretende Regierung, die
im Namen der Bürger handelt. Tätige Bürger regieren sich unmittelbar selbst,
nicht notwendigerweise auf jeder Ebene und jederzeit, aber ausreichend häufig
und insbesondere dann, wenn über grundlegende Maßnahmen entschieden und
10 bedeutende Macht entfaltet wird. Selbstregierung wird durch Institutionen betrieben,
die eine dauerhafte Beteiligung der Bürger an der Festlegung der Tagesordnung,
der Beratung, Gesetzgebung und Durchführung von Maßnahmen (in der Form
„gemeinsamer Arbeit") erleichtern. Die starke Demokratie setzt kein grenzenloses
Vertrauen in die Fähigkeit der Individuen, sich selbst zu regieren, hält aber wie Ma-
15 chiavelli daran fest, daß die Menge im großen und ganzen ebenso einsichtig, wenn
nicht gar einsichtiger als die Fürsten sein wird. Sie pflichtet Theodore Roosevelts
Ansicht bei, daß „die Mehrheit des einfachen Volkes tagein tagaus weniger Fehler
machen wird, wenn sie sich selbst regiert als jene kleine Gruppe von Männern,
die versucht das Volk zu regieren".
20 Als Antwort auf die Dilemmata der politischen Ausgangsbedingungen betrachtet, läßt
sich starke Demokratie formal so definieren: *Starke Demokratie als Bürgerbeteiligung*
löst Uneinigkeit bei Fehlen eines unabhängigen Grundes durch den partizipatorischen
Prozeß fortwährender, direkter Selbstgesetzgebung sowie die Schaffung einer politischen
Gemeinschaft, die abhängige, private Individuen in freie Bürger und partikularistische
25 *wie private Interessen in öffentliche Güter zu transformieren vermag.*
Die entscheidenden Begriffe in dieser starken Formulierung von Demokratie sind:
Tätigkeit, Prozeß, Selbstgesetzgebung, Schaffung einer Gemeinschaft und *Transforma-*
tion. Während schwach-demokratische Formen Uneinigkeit entweder auflösen
(die anarchistische Disposition) oder unterdrücken (die realistische Disposition)

bzw. tolerieren (die minimalistische Position), transformiert starke Demokratie   1
Uneinigkeit. Sie macht aus Meinungsverschiedenheiten einen Anstoß zu Gegen-
seitigkeit und aus privaten Interessen ein erkenntnistheoretisches Werkzeug des
öffentlichen Überlegens.

Eine Politik der Bürgerbeteiligung handhabt öffentliche Streitfragen und Interes-   5
senkonflikte so, daß sie einem endlosen Prozeß der Beratung, Entscheidung und
des Handelns unterworfen werden. Jeder Schritt des Prozesses vollzieht sich auf
eine flexible Weise im Rahmen anhaltender Verfahren, die in konkret historische
Bedingungen, soziale und wirtschaftliche Gegebenheiten eingebettet sind. Starke
Demokratie sucht nicht nach einem vorpolitischen, unabhängigen Grund oder   10
einem veränderlichen rationalen Plan, vielmehr vertraut sie der Partizipation in
einer Gemeinschaft, die sich weiterentwickelt, Probleme löst und öffentliche Zwecke schafft, wo es zuvor keine gab. All dies vermag die Gemeinschaft zu leisten,
weil sie tätig ist und ihre eigene Existenz zum Brennpunkt des Verlangens nach
wechselseitig anerkannten Lösungen wird. In Gemeinschaften dieser Art leiten   15
sich öffentliche Zwecke weder aus etwas Absolutem her, noch werden sie in einem
vorgängig existierenden, „verborgenen Konsens" entdeckt. Sie werden buchstäblich
im Akt der öffentlichen Partizipation geformt und durch gemeinsame Beratung
wie gemeinsames Handeln geschaffen, wobei eine besondere Rolle spielt, daß sich
der Gehalt und die Richtung von Interessen ändert, sobald sie partizipatorischen   20
Prozessen dieser Art ausgesetzt sind.

Starke Demokratie scheint demnach potentiell in der Lage zu sein, die Grenzen
des Prinzips der Repräsentation und das Vertrauen auf vermeintlich unabhängige
Gründe zu überschreiten, ohne so entscheidende demokratische Werte wie Freiheit,
Gleichheit und soziale Gerechtigkeit aufzugeben. Tatsächlich gewinnen diese Werte   25
eine reichere und gehaltvollere Bedeutung als ihnen jemals im instrumentellen
Rahmen liberaler Demokratie zukommen könnte. Denn die starkdemokratische
Lösung für die politische Ausgangsbedingung entsteht aus einer sich selbst zuar-
beitenden Dialektik aktiver Bürgerbeteiligung und ununterbrochener Schaffung
einer Gemeinschaft, in der Freiheit und Gleichheit gefördert und politisches Le-   30
ben aufrechterhalten werden. Gemeinschaft erwächst aus Bürgerbeteiligung und
ermöglicht zugleich Partizipation. Nehmen Individuen ihre Aufgaben als Bürger
wahr, dann werden sie zugleich dazu erzogen, öffentlich als Bürger zu denken, so
wie die Bürgerschaft die staatsbürgerliche Tätigkeit mit dem erforderlichen Sinn für
Öffentlichkeit und Gerechtigkeit erfüllt. Politik wird zu ihrer eigenen Universität,   35
Bürgerschaft zu ihrer eigenen Lehranstalt und Partizipation zu ihrem eigenen Lehr-
meister. Freiheit ist das, was diesem Prozeß entspringt, nicht was in ihn eingeht.

Wie viele andere politische Begriffe hat auch die Idee der Bürgerschaft eine wesentlich normative Dimension – eine Dimension, die von dem Begriff der Bürgerschaft
umrissen wird. Massen machen Lärm, Bürger beratschlagen, Massen verhalten   40
sich, Bürger handeln, Massen stoßen zusammen und überschneiden sich, Bürger
engagieren sich, teilen etwas miteinander und leisten einen Beitrag. In dem Augen-

1 blick wo „Massen" beginnen, sich zu beratschlagen, zu handeln und beizutragen, hören sie auf, Massen zu sein und werden zu Bürgern. Erst dann „nehmen sie teil". Wir können auch, aus einer anderen Richtung kommend, sagen: Bürger zu sein *heißt*, auf eine bestimmte, bewußte Weise an etwas teilzunehmen, auf eine Weise,

5 die voraussetzt, daß man andere wahrnimmt und gemeinsam mit ihnen handelt. Aufgrund dieses Bewußtseins verändern sich die Einstellungen und gewinnt Partizipation jenen Sinn von *wir*, den ich mit Gemeinschaft assoziiert habe. Teilzunehmen *heißt*, eine Gemeinschaft zu schaffen, die sich selbst regiert und eine sich selbst regierende Gemeinschaft zu schaffen, *heißt* teilzunehmen. Ja, vom Standpunkt

10 starker Demokratie aus sind die zwei Begriffe, *Partizipation* und *Gemeinschaft*, Aspekt ein und derselben sozialen Daseinsweise: der Bürgerschaft. [...]

Ein stark demokratisches Programm zur Wiederbelebung der Bürgerschaft

1. Ein landesweites System von *Nachbarschaftsversammlungen*, die aus jeweils eintausend bis fünftausend Bürgern bestehen; sie hätten anfangs nur Bera-

15 tungsfunktionen, später dann auch legislative Kompetenzen im kommunalen Bereich.

2. Eine nationale *Kommunikationsgenossenschaft der Bürger*, die die staatsbürgerlich förderliche Nutzung neuer Kommunikationstechnologien regelt und überwacht, und gleichzeitig Debatte und Diskussion von Fragen beaufsichtigt,

20 die zur Volksabstimmung vorliegen.

3. Ein *Videotext-Dienst* und eine *Postverordnung zur staatsbürgerlichen Erziehung*, um den Zugang zu Informationen für alle zu gewährleisten und die staatsbürgerliche Erziehung aller Bürger zu fördern.

4. Versuche in *Entkriminalisierung und informeller Laienjustiz* durch eine engagierte

25 Bürgerschaft.

5. Ein nationales *Volksbegehren- und Volksabstimmungsverfahren*, das Volksbegehren und Volksabstimmungen über die Gesetzgebung des Kongresses möglich macht. Dazu gehören ein Multiple-Choice-Format und ein Abstimmungsprozeß in zwei Phasen.

30 6. Versuche mit *elektronischer Abstimmung*, anfangs ausschließlich zu erzieherischen Zwecken und zur Meinungsforschung, unter Supervision der Kommunikationsgenossenschaft der Bürger.

7. Besetzung kommunaler Ämter in ausgewählten Bereichen durch *Losentscheid*, mit finanziellen Anreizen.

35 8. Versuche mit einem *internen Gutscheinsystem* für ausgewählte Schulen, öffentlichen Wohnungsbau sowie Transport und Verkehr.

9. Ein *allgemeiner Bürgerdienst*, mit der Möglichkeit für alle Bürger, Militärdienst zu leisten.

10. Öffentliche Finanzierung von *kommunalen Programmen mit Freiwilligen*.

11. Öffentliche Förderung von Versuchen zur *Demokratisierung der Arbeitswelt,*   1
    wobei öffentliche Einrichtungen als Beispiele alternativer Wirtschaftsformen
    zu dienen hätten.
12. Eine neue *Architektur des öffentlichen Raumes.*

Dieses Programm ist keine Illusion starker Demokratie; es ist starke Demokratie.   5
Wird es umgesetzt, bekommt die hier von uns entwickelte Theorie die Lebendig-
keit echter Praxis.

Benjamin Barber: Starke Demokratie. Über die Teilhabe am Politischen.
Aus dem Amerikanischen von Christiane Goldmann und Christel Erbacher-von Grumbkow,
mit einem Nachwort von Hubertus Buchstein und Rainer Schmalz-Bruns. Hamburg 1994
(Original: Benjamin Barber: Strong Democracy. Participatory Politics for a New Age,
Berkeley: University of California Press 1984). Gekürzter Auszug, S. 146-152.
Hervorhebungen im Original

Interpretation

Benjamin Barber wurde 1939 in New York geboren und lebt auch heute wieder
dort. Nach einem Forschungsaufenthalt in der Schweiz war er ab 1970 Professor für
Politikwissenschaft an der Rutgers University in New Jersey und gründete dort die
Zeitschrift ‚Political Theory‘, das bis heute international wichtigste wissenschaftliche
Fachorgan zu Fragen der Politischen Theorie. Später wechselte Barber an die Universität
Maryland. Neben seiner wissenschaftlichen Arbeit war Barber u.a. auch als politischer
Berater des ehemaligen US-Präsidenten Bill Clinton tätig. In seinen insgesamt 17
Büchern hat sich Barber intensiv mit Fragen der Demokratietheorie beschäftigt und
seine Arbeiten zeichnen sich nicht zuletzt durch die Diskussion praktisch orientierter
Vorschläge zur Verbesserung der politischen Beteiligung von Bürgerinnen und Bürgern
in modernen Demokratien aus. Zu seinen bekanntesten auf Deutsch erschienenen
Werken gehören neben dem Klassiker *Starke Demokratie* die Bücher *Coca Cola und
Heiliger Krieg* (2001), *Imperium der Angst. Die USA und die Neuordnung der Welt*
(2007) sowie *Consumed: Wie der Markt Kinder verführt, Erwachsene infantilisiert und
die Demokratie untergräbt* (2008). Wie aus den Buchtiteln unschwer ersichtlich, geht
es Barber in diesen Büchern um die Kritik eines entfesselten globalen Kapitalismus im
Hinblick auf seine zerstörerischen Folgen für moderne Demokratien. Barber gehörte
zu den schärfsten intellektuellen Kritikern der Politik von George W. Bush in den
USA und kritisiert die Reformpolitik des Präsidenten Barack Obama als zu defensiv
und zögerlich.

Barbers Buch *Starke Demokratie* erschien im Original 1984. Barbers Überlegungen beginnen mit der Diagnose eines „Motivationsverlustes der Bürger" (11 ff., vgl. auch Buchstein/Schmalz-Bruns 1994, 297 ff.). Barber befürchtet, dass die soziomoralischen Ressourcen für ein gemeinwohlorientiertes staatsbürgerliches Engagement der Menschen in modernen kapitalistischen Gesellschaften zunehmend dahinschmelzen und durch privatistische und egoistische Orientierungen ersetzt werden. Als Gegenmittel sieht er zum einen eine starke Gemeinschaft, die den vorpolitischen Zusammenhalt der demokratischen Ordnung gewährleisten soll, zum anderen ein stärkeres Engagement der Bürgerinnen und Bürger in zivilgesellschaftlichen und politischen Gruppen und Organisationen. Barber steht damit in der Tradition republikanischer Theoretiker wie Thomas Jefferson, Alexis de Tocqueville, Walt Whitman, John Dewey und Hannah Arendt. Benjamin Barbers „Starke Demokratie" ist in ihrem Ansatz radikal-demokratisch und zeichnet sich durch einen vorwärts gewandten optimistischen Duktus aus: Es geht Barber um die Aussöhnung eines demokratischen Republikanismus mit der modernen Gesellschaft. Er will die Idee eines republikanischen politischen Gemeinwesens mit dem Ideal breiter Partizipation in Einklang bringen. Hierfür entwirft er eine demokratische Reformagenda, die die Assoziationsformen auf der Ebene der Zivilgesellschaft besser für die Aufgaben der politischen Willensbildung erschließen soll.

Das Buch „Starke Demokratie" ist in den USA sehr schnell zu einem Klassiker der modernen Demokratie avanciert. Die deutsche Übersetzung, in der Barbers Ausführungen zur Wissenschaftstheorie fortgelassen wurden, erschien 1994. Der Argumentationsgang Barbers zur Entwicklung seiner demokratisch-partizipatorischen Demokratietheorie auf liberaler Grundlage folgt dem Dreischritt: „Krisendiagnose" – „alternative Begrifflichkeit" – „demokratische Reformagenda" und soll entsprechend hier dargestellt werden (vgl. Buchstein/Schmalz-Bruns 1994, 313 ff.).

Im ersten Teil seines Buches (31-95) stellt Barber unter der Überschrift „Magere Demokratie – Die Kritik am Liberalismus" seine *Krisendiagnose* der heutigen westlichen Demokratien vor und führt die bestehenden Probleme auf Denkfehler in der liberalen Tradition zurück. Barber bemängelt, dass die Mittel, die die liberale Theorie als zentrale Sicherheitsbedingungen der Demokratie für notwendig hält, die Demokratie letztlich zerstören: vom Recht auf Privatheit sei nur der Egoismus geblieben, Toleranz degeneriere zur Apathie, aus Rechten werde Indifferenz, die Institutionen haben die politische Beteiligung der Bürgerinnen und Bürger ausgetrocknet. Barber skizziert eine regelrechte Untergangsvision, wenn er erklärt, die derzeitige demokratische Stabilität sei nur vordergründig und das sozialpsychologische Potenzial für autoritäre Lösungen habe eine riskante Schwelle überschritten, sodass kollektive Autoritarismen drohten. Er folgert daraus, das zentrale politische Anliegen der heutigen Zeit dürfe angesichts des modernen Kapitalismus nicht mehr der weitere Schutz des Privatbereiches sein, sondern die Ausweitung der Grenzen des öffentlichen Raumes (87 ff.).

Im zweiten Teil (99-232), dem der hier wiedergegebene Textauszug entnommen ist, entwickelt Barber unter der Überschrift „Starke Demokratie – Für ein Leben als

Bürger" seine *alternative Begrifflichkeit*. Zunächst formuliert er einen normativ sehr bescheidenen Politikbegriff: Barber grenzt sich von dem Anspruch ab, eine philosophische Letztbegründung für seine politische Theorie liefern zu müssen. Politik beginnt für ihn dort, wo Entscheidungszwang besteht, obwohl keine allgemein anerkannte Wahrheit mehr zu erkennen ist (104 ff.). Für die Legitimität demokratischer Werte und Normen ist nicht ihre Genealogie entscheidend, sondern ihr Status als Resultat einer demokratischen Wahl. Gegen eine rein proceduralistische Begründung von Normen und Werten setzt Barber allerdings die Einbindung des Einzelnen in eine ethisch integrierte Gemeinschaft. Die an der Staatsbürgerrolle stilisierten normativen Verhaltenserwartungen und Tugenden dürfen allerdings nicht auf kleinräumige Gemeinschaftsbildungen zurückgeführt werden – diese republikanische Option hält Barber für riskant, weil sie die Gefahr birgt, individuelle Freiheitsrechte aufzuheben. Gemeinschaften sind bei Barber immer nur politische Gemeinschaften in dem Sinne, dass sie erst durch die Partizipation und Interaktion der Bürgerinnen und Bürger entstehen und keines unhinterfragbaren Hintergrundkonsenses oder gar einer Homogenität ihrer Mitglieder bedürfen. Die ethische Integration der Bürgerinnen und Bürger erfolgt durch die Transformation der Privatinteressen in gemeinwohlorientierte Interessen in der Gemeinschaft selbst (147).

Inbegriff der Politik ist bei Barber zudem die Existenz unhintergehbarer politischer Konflikte. Anders als in der „mageren Demokratie" sollen diese Konflikte im politischen Prozess aber nicht durch das Aushandeln eines Interessenausgleichs, sondern durch ein „anhaltendes Gespräch" (127) gelöst werden. Die Konfliktaustragung soll durch gegenseitiges Verständnis und wechselseitige Anerkennung geprägt sein. Zum sogenannten „democratic talk" gehört auf jeden Fall ein affektives Moment: Empathie als die Fähigkeit, sich in den anderen hineinzuversetzen, wird zur wesentlichen Motivationsbasis für eine erweiterte politische Urteilskraft. Nur so können private Interessen im „democratic talk" des politischen Prozesses letztlich zu gemeinwohlorientierten Interessen – oder, wie es in der deutschen Übersetzung heißt, „öffentlichen Gütern" (147) – transformiert werden. Barber gibt der politischen Urteilskraft somit eine kommunikative Deutung. Die Qualität des politischen Urteils ist angewiesen auf die Einbeziehung möglichst vieler divergenter Perspektiven und auf qualitative Mindestanforderungen wie die Fähigkeit der Bürgerinnen und Bürger zur Selbstreflexion und ihren Willen, ihre Interessen neu zu definieren. Erst diese Standards machen es Barber möglich, politische Urteilskraft von den Meinungen der Masse zu unterscheiden; nur so kann er demokratische Praxis von Populismus abgrenzen.

Im letzten Kapitel expliziert Barber unter der Überschrift „Die reale Gegenwart: Starke Demokratie in der modernen Welt institutionalisieren" seine *demokratische Reformagenda*. Barber geht es in seinem pragmatischen Ansatz anders als den bundesrepublikanischen Radikaldemokraten der 70er-Jahre oder auch dem kommunitaristischen Programm eines Amitai Etzioni nicht um einen direkten Appell an die

Bürgerinnen und Bürger sowie an die politischen Eliten. Er zielt vielmehr auf die institutionellen Ermöglichungsbedingungen politischen Handelns: Wie müssen Institutionen gebaut sein, die die Beteiligung der Bürgerinnen und Bürger bei der politischen Entscheidungsfindung erleichtern? In seinen Vorschlägen geht es Barber darum, eine unrealistische Überbeanspruchung der Bürgerinnen und Bürger zu vermeiden und ihnen zugleich eine Chance zu geben, „wenigstens eine Zeit lang an zumindest einigen öffentlichen Angelegenheiten teilzuhaben".[1] Insofern legt Barber die Idee demokratischer Selbstregierung nicht auf die Utopie permanenter politischer Partizipation hin aus, sondern lediglich auf ein höheres, zu bestimmten Anlässen besonders zu aktivierendes Niveau (240).

Barber präsentiert im letzten Kapitel zwölf konkrete institutionelle Reformvorschläge, die er ausführlich einzeln erläutert (241-289). Vorab warnt er jedoch: „Werden sie nacheinander in Angriff genommen, so steigt ihre Anfälligkeit für Mißbrauch und die Aussichten auf eine erfolgreiche Neuorientierung des demokratischen Systems sinken" (236). Barber will seine Reformagenda also als systematisches Programm verstanden wissen, das als Ganzes verwirklicht werden soll. Barbers zusammenfassender Überblick über dieses Programm ist im Textauszug im Original wiedergegeben.

Auch wenn Barber im ersten Teil seines Buches eine fundamentale und polemisch formulierte Liberalismuskritik vorlegt, zeigen seine konkreten politischen Vorschläge, dass er letztlich das liberal-demokratische Institutionengefüge nicht abschaffen, sondern ergänzen will. Seine basisdemokratisch gemeinten Beteiligungsrechte und Verantwortlichkeiten sollen dazu dienen, die liberale Demokratie partizipatorisch anzureichern, um gerade dadurch die individuelle Freiheit der Bürger aufrecht zu erhalten. Barbers Liberalismuskritik liest sich vor diesem Hintergrund wie ein rhetorischer Versuch, die Menschen wachzurütteln und sie über die politischen Gefahren, die vom gegenwärtigen gesellschaftlichen System für die Demokratie ausgehen, aufzuklären und um sie für seine „starkdemokratische" Therapie empfänglich zu machen.

Anmerkung

1 Vorwort zur vierten amerikanischen Auflage von Strong Democracy, Berkeley/Los Angeles 1990, S. XVII, zitiert nach: Buchstein/Schmalz-Bruns 1994, S. 320.

Literatur

Hubertus Buchstein/Rainer Schmalz-Bruns: Nachwort: Republikanische Demokratie. In: Barber 1994, S. 297-323
Walter Reese-Schäfer: Was ist Kommunitarismus? Frankfurt/M. 1994

Anne Phillips

Ausgewählt und interpretiert von Bernd Ladwig

Was stimmt nicht mit der liberalen Demokratie? (1995)

Von Individuen zu Gruppen   1

Die provozierendsten Thesen der feministischen Theorie betreffen den Universa-
lismus. Eine Reihe neuerer Beiträge bezweifelt die Richtigkeit der Vorstellungen,
Demokratie bedeute, gleich behandelt zu werden, und Staatsbürger hätten ihre
Körper – und damit ihr Selbst – zu Hause zu lassen, wenn sie die öffentliche Arena   5
betreten. Wie Carol Pateman, Zillah Eisenstein, Iris Young und andere gezeigt haben, *gibt* es kein geschlechtsneutrales Individuum. Wenn Liberale versuchen, uns
nur in unserer Eigenschaft als abstrakte Staatsbürger zu behandeln, verleugnen sie
nicht nur geflissentlich jeden Klassenunterschied, sondern auch die möglicherweise
unversöhnlichen Unterschiede des Geschlechts. Die liberale Demokratie will lokale   10
Identitäten und Differenzen ignorieren (der staatsbürgerliche Republikanismus
will sie überwinden); tatsächlich haben beide Traditionen den männlichen Körper
und die männliche Identität in ihre Bestimmung der Norm hineingeschmuggelt.
Besonders die liberalen Demokraten glaubten, den Frauen alle notwendigen Rechte
und Freiheiten gegeben zu haben, als sie ihnen das gleiche Wahlrecht wie den   15
Männern zubilligten. Wie jedoch schon aus den gröbsten Indikatoren (z.B. der
Zahl der Frauen in der Politik) hervorgeht, ist das ganz einfach unzureichend. Die
Demokratie kann nicht über die Geschlechterdifferenz erhaben sein, vielmehr muß
sie mit einem deutlichen Bewußtsein dieser Differenz neu bestimmt werden. Eine
offensichtliche Konsequenz ist, daß die Demokratie uns nicht nur als Individuen,   20
sondern auch als Gruppen behandeln muß.
[...]
Die ökonomischen und politischen Strukturen zeitgenössischer Gesellschaften
weisen ein hohes Maß an Geschlechter- und Rassentrennung auf, und wo es genau
bestimmbare Gruppen gibt, sind auch Gruppeninteressen nicht weit. Das Prinzip,   25
an dem sich die demokratische Praxis orientieren sollte, lautet daher, daß die Repräsentanten die geschlechtliche, rassische und – falls von Belang – die nationale
Zusammensetzung der Gesellschaft insgesamt widerspiegeln sollten und daß es
Verfahren mit entsprechender Wirkung geben muß. Eine solche Verhältnismäßigkeit

1 würde sich ohne persönliche Interessen und ohne Strukturen, die den Machterhalt
bestimmter Gruppen sichern, von selbst ergeben: Bei ausreichend großer Zahl der
Gewählten würden die Prinzipien der Zufallsverteilung genügen, um zu propor-
tionalen Ergebnissen zu kommen. Daß dies bislang noch nie erreicht wurde, zeigt
5 die Notwendigkeit einer Veränderung. Ist eine Gruppe ständig unterrepräsentiert,
dann bekommt eine andere Gruppe mehr, als ihr zusteht. Das Spiegel-Prinzip kann
natürlich auch auf andere Bereiche angewendet werden, die gesellschaftlich separiert
sind, und es gehört zum Wesen der Politik, daß über die relevanten Gruppen gestritten wird. Am offenkundigsten müssen wir mit jenen Beschränkungen beginnen,
10 die eine biologische Grundlage haben, denn es gibt nichts, was eine Verbindung
zwischen der Rasse und dem Geschlecht eines Menschen und seiner Eignung für die
politische Arbeit rechtfertigen könnte. Wenn Frauen nicht weitgehend im gleichen
Verhältnis wie Männer und Menschen asiatischer oder afrikanischer Abstammung
nicht entsprechend ihrem Anteil an der Gesamtwählerschaft gewählt werden, dann
15 ist hier etwas faul (wenn auch nicht unklar). Die schwierigere Frage ist jedoch, wie
weit wir die Betonung der Gruppe treiben sollten.
[...]
Ich habe an anderer Stelle bemerkt, wir sollten uns von unserer Forderung für die
Gleichberechtigung der Geschlechter nicht durch jene *reductio ad absurdum* abhalten
20 lassen, die die Auswirkung dieses Prinzips auf eine unbegrenzte Zahl aller möglichen
Gruppen verlangt. Eine gewisse Ausweitung ist jedoch durchaus angebracht, und
es wäre ein brauchbarer Grundsatz, daß gewisse Mechanismen zur Sicherung einer
verhältnismäßigen Repräsentation einer Gruppe vorhanden sein sollten, sobald ein
bestimmtes Merkmal bedeutsam geworden ist (d.h. entscheidenden Einfluß auf
25 das Wohlergehen der davon betroffenen Menschen hat). Hat das Merkmal seine
entscheidende Bedeutung verloren, sollten auch diese Mechanismen außer Kraft
treten. Denkbare Verfahren wären dabei etwa aktive Förderungsmaßnahmen und
Quotenregelungen seitens der politischen Parteien; in akuten Fällen könnten sie
auch auf Regierungsebene wirksam werden und proportional zum Anteil an der
30 Gesamtwählerschaft Ämter garantieren.
[...]
Bei allen Anwärtern auf Gruppenrepräsentation herrscht freilich eine besondere
Schwierigkeit: daß jeder von uns im Prinzip vielen verschiedenen Gruppen zuge-
rechnet werden kann. Die Dichterin June Jordan meint, „jede/r einzelne von uns
35 ist mehr als die Rasse, die er/sie repräsentiert oder verkörpert, und mehr als das
Geschlecht, dem er/sie angehört. Wir haben noch andere Bindungen, andere Träume"
[…]. Wir unterliegen nicht einfach nur einer Definition; in der Politik durchläuft
jeder von uns gewöhnlich eine ganze Reihe von Identitäten. Wir versuchen es mit
immer neuen Bündnissen, die ihren Anlaß wahrscheinlich nicht überdauern. Und
40 schließlich sollten wir auch nicht vergessen, daß Sexismus, Rassismus, Nationa-
lismus und religiöser Fanatismus dadurch miteinander verbunden sind, daß sie
sich selbst und andere über ein einziges Merkmal definieren und darüber hinaus

nicht wahrnehmen. Meist leben die Menschen jedoch in vielfachen Identitäten,   1
und jede von ihnen kann zeitweise vorherrschend werden.
[...]
Daraus folgt, jedes System, das den Anspruch erhebt, demokratisch zu sein, sollte
zwar garantieren können, daß seine Repräsentanten die ethnische und geschlechtsspe-   5
zifische Zusammensetzung der Bevölkerung spiegeln, gleichwohl sollten diese nicht
als „Vertreter" ihrer ethnischen Gruppe oder ihres Geschlechts betrachtet werden.
[...]
Die Feministinnen haben zweifellos zu Recht verlangt, die Menschen sollten ihre
Geschlechtsidentität nicht vor der Tür lassen müssen, wenn sie die politische Büh-   10
ne betreten. Sie sollten freilich auch nicht genötigt sein, sich selbst anhand eines
einzigen Kriteriums – in diesem Falle des Geschlechts – zu definieren.

Der Fluch der Versammlung

Ich habe behauptet, die geschlechtsspezifische Ordnung unserer Gesellschaften sei
dergestalt, daß Frauen eine Politik der Umwandlung und der Veränderung brauchen,   15
und weil ihre Unterordnung auf so infame Weise in ihre Selbstwahrnehmung und in
die Wahrnehmung ihrer Bedürfnisse einfließt, haben Diskussion und Gespräch ein
besonderes Gewicht. Liberale Demokratien funktionieren auf der Grundlage einer
begrenzten und gelegentlichen Partizipation, und die Wähler sind gewöhnlich auf-
gefordert, zwischen zwei oder mehr Parteien undeutlichen Profils zu wählen, die sich   20
hinter anbiedernd formulierten Standpunkten verstecken. Es ist gewiß kein Zufall,
daß man die glühendsten Verfechter der liberalen Demokratie unter den Gegnern
eines radikalen Wandels findet. Die isolierte Stimmabgabe schwächt die politische
Vorstellungskraft; in Versammlungen hingegen könnten wir ein breiteres Spektrum
an Möglichkeiten wahrnehmen und unsere potentielle Stärke erproben. Menschen   25
ändern ihre Meinungen im Laufe von Versammlung und Diskussion, und das nicht
etwa, weil sie, vom Enthusiasmus anderer mitgerissen, Dingen zustimmen, von denen sie nicht wahrhaft überzeugt sind. Dieser Gesinnungswandel ist meist durchaus
„real". Unbehagen und Bedenken können zum Ausdruck gebracht werden, während
zuvor unvermeidlich erscheinende Sachverhalte ihre Veränderbarkeit offenbaren.   30
Eine Politik unter dem Vorzeichen des Geschlechts verleiht denen zusätzliches
Gewicht, die meinen, die isolierte Stimmabgabe biete nicht genug Möglichkeiten,
die Tagesordnung zu beeinflussen und neue Anliegen vorzubringen. Solche Klagen
sind vor allem von jenen Gruppen zu hören, die aus dem politischen Mainstream
herausfallen.   35
[...]
Zieht man darüber hinaus eine Verbindung zu den Problemen, die sich aus der
relativen Isolierung der Frau im häuslichen Bereich ergeben, so zielt der Feminismus
auf eine stärker partizipatorische Demokratie, als sie die liberale Norm vorsieht.
[...]   40
Einen gewichtigen Punkt kann die liberale Demokratie jedoch für sich verbuchen:

1 Indem sie die Anforderungen an die Partizipation auf eine derart niedrige Stufe
heruntersetzt, wird diese wirklich allen zugänglich.
[...]
Je höher die Anforderungen sind, desto weniger umfassend ist die Beteiligung;
5 je partizipatorischer die Politik, desto weniger ist sie den Passiven oder Trägen
Rechenschaft schuldig. Demokraten scheinen sich ständig zwischen den exakten
Gleichheiten der minimalen Demokratie und den potentiellen Risiken einer
intensiveren Partizipation entscheiden zu müssen. Dies *ist* in vielerlei Hinsicht
utopisch und schwerfällig, am meisten beunruhigt jedoch ihre Anfälligkeit für
10 Voreingenommenheiten und nichtrepräsentative Ergebnisse. Wenn Interessen
gegeneinander stehen oder – was weitaus häufiger geschieht – eine Minderheit
zuviel Macht erlangt hat, gibt es nur ein einziges faires Verfahren, den Disput
beizulegen: Jedem Individuum das gleiche Gewicht und jedem Staatsbürger eine
Stimme zu geben. Es ist nicht etwa so, daß sich die liberale Demokratie in puncto
15 Rechenschaftspflicht besonders ausgezeichnet hätte. Sie arbeitet, wie wir bereits
mehrfach festgestellt haben, mit einem oberflächlichen Konsens, der unter Umständen nur in der Entscheidung besteht, welcher unter den Bewerbern regieren
soll. Ihr größtes Verdienst ist, daß sie diese Gunst gleichmäßig an alle verteilt.
Durch ein erneutes Nachdenken über Demokratie unter geschlechtsspezifischen
20 Gesichtspunkten verändert sich der Rahmen einer Entscheidung zwischen minimaler
Gleichheit und gesteigerter Partizipation nicht wesentlich, und der Feminismus
verfügt über keine frappierende neue Erkenntnis, um diesem Dilemma zu entgehen.
Er unterstützt die aktive Demokratie, unterstreicht jedoch zugleich, wie wichtig
es ist, jedem einzelnen eine Stimme zu geben.
25 [...]
Demokratische Gleichheit kann eigentlich nur bedeuten, daß eine Gesellschaft
ihre „letztgültigen" Entscheidungen einem Forum überlassen muß, an dem alle
teilhaben können. Realistisch betrachtet ist dies die Stimmabgabe bei Wahlen auf
nationaler oder kommunaler Ebene und – in einigen Fragen – durch Volksabstim-
30 mungen. Vielleicht ist eine zukünftige Entwicklung denkbar, in der die zeitliche
Belastung von Männern und Frauen ausgeglichen sein wird und die Gesellschaft
es sich leisten kann, den Standard der Partizipation zu erhöhen. Da jedoch das
Geschlecht nicht der einzige bestimmende Faktor für das Partizipationsniveau
ist, würde dies zusätzliche, umfangreiche Veränderungen voraussetzen. Für die
35 unmittelbare Zukunft muß die Demokratie in den für grundsätzlich erachteten
Entscheidungen auf den liberalen Minimalismus zurückgreifen; sie kann nur in
sog. untergeordneten Fragen durch eine Partizipation auf Versammlungsbasis
erweitert werden. Daß wir in möglichst vielen Kontexten auf diese Erweiterung
dringen sollten, ist – wie ich hoffe – aus den im vorliegenden Buch entwickelten
40 Begründungen deutlich geworden.

Anne Phillips: Geschlecht und Demokratie. Hamburg 1995, S. 240-266 (Auszüge).
Hervorhebungen im Original

Interpretation

Anne Phillips (geb. 1950) ist Professorin für politische Theorie und Gender-Theorie an der London School of Economics. Ihre Forschungsinteressen umfassen Demokratietheorien und Fragen der Repräsentation, Gleichheit, Multikulturalismus und Feminismus. Für ihr Buch *Engendering Democracy* (deutsch: *Geschlecht und Demokratie*), aus dem wir hier Auszüge dokumentieren, erhielt sie 1992 von der American Political Science Association den *Victoria Schuck Award* für das beste Buch zu Frauenfragen und Politik.

Phillips vertritt innerhalb des akademischen Feminismus eine eher liberale Position. Doch sie wendet sich gegen das liberale Verständnis von Staatsbürgerschaft, in dem Unterschiede zwischen Gruppen keine Rolle spielen. Phillips argumentiert, das liberale Ideal des Bürgers, der von seinen besonderen Merkmalen abstrahiert, verschleiert die Bedeutung, die einige dieser Merkmale, darunter das Geschlecht, für die Machtverteilung auch in liberalen Demokratien haben. Sie betrachtet die äußerst ungleiche Vertretung verschiedener Gruppen im öffentlichen Raum als deutlichen Hinweis auf Hintergrundungerechtigkeiten: In einer wahrhaft gerechten Gesellschaft müssten die Anteile der Frauen an den Abgeordneten in etwa ihrem Anteil an der gesamten Wählerschaft entsprechen.

Auf dieser kontrafaktischen Annahme (was wäre, wenn …) beruht Phillips' Parteinahme für die 'Spiegel'-Repräsentation *('mirror'-representation)*: Die Zusammensetzung der repräsentativen Körperschaften sollte die Zusammensetzung der Gesamtbevölkerung im richtigen Verhältnis wiedergeben. Dabei ist Phillips' Argument nicht, dass nur Frauen für Frauen, nur Schwarze für Schwarze und nur Arbeiter für Arbeiter sprechen könnten. Zwar werden unsere Interessen und Sichtweisen von Erfahrungen beeinflusst, die gruppenspezifisch voneinander abweichen. Aber keine Gruppe ist homogen und spricht mit einer Stimme. Und wie wollten diffuse Gruppen wie Frauen oder auch Schwarze 'ihre' Vertreterinnen und Vertreter zur Rechenschaft ziehen?

Phillips teilt auch nicht die differenzfeministische Ansicht, dass Frauen als solche besondere Sensibilitäten, Neigungen und gedankliche Vorlieben hätten. Außerdem gehört jeder von uns mehreren Gruppen an: Frauen sind beispielsweise auch Arbeiterinnen oder Angestellte, auch weiß oder schwarz, auch mehr oder weniger gebildet. Die proportionale Vertretung von Frauen darf also nicht dazu führen, diese auf das Merkmal ihrer Weiblichkeit zu reduzieren. Die proportionale Vertretung ist ein Gebot der Gerechtigkeit, aber sie rechtfertigt nicht die Zerlegung der Bürgerschaft in lauter unverbundene Teile. Auch in einer nach Gruppen differenzierten Gesellschaft tragen die Gruppenangehörigen in den Vertretungskörperschaften Verantwortung für das Gemeinwesen als Ganzes.

Allerdings ist unklar, warum Repräsentantinnen, die weiterhin Vertreterinnen des ganzen Volkes sind, dann in ihrer Zusammensetzung die gesamte Wählerschaft genau spiegeln sollen. Die Idee der Spiegel-Repräsentation scheint am besten verständlich zu werden, wenn man einer von zwei Ansichten folgt: Entweder man argumentiert differenzfeministisch mit Besonderheiten weiblicher Sichtweisen und Sensibilitäten; oder man reduziert poststrukturalistisch die demokratische Politik auf einen Kampf um die Macht, in dem die Güte von Argumenten, die alle überzeugen könnten, keine Rolle spiele. Phillips hingegen bekennt sich zu einem eher androgynen Menschenbild und zu einer eher verständigungsfreundlichen Deutung der Demokratie. Beides aber spricht eher für eine Schwellenwert-Konzeption von besonderen Repräsentationsrechten als für die Idee der Spiegelung: Die besondere Vertretung von Frauen sollte so weit gehen, dass ihre Erfahrungen und Ansprüche nicht länger von anderen Gruppen übergangen oder fehlrepräsentiert werden können. Verlangt wäre demnach eine Art „Mainstreaming": Frauen sollten selbstverständlicher Teil repräsentativer Körperschaften, ihre spezifischen Belange selbstverständlicher Gegenstand öffentlicher Beratungen sein. Es ist eine empirische Frage, wie hoch deshalb der Frauenanteil sein müsste; aber es ist alles andere als klar, dass er dem Anteil der Frauen an der Gesamtbevölkerung gleichzukommen hätte.

Das Eintreten für gruppenspezifische Belange in der Absicht größerer Geschlechtergerechtigkeit ist ein Merkmal feministischer Demokratietheorien. Ihre Vorliebe für partizipatorische Demokratiemodelle ist ein weiteres. Phillips erläutert, woher diese Vorliebe rührt: Der neuere Feminismus ist Teil der neuen sozialen Bewegungen, die schon als solche einen auf direkte Beteiligung zielenden Politikstil verkörpern. Auch machten Frauen die Erfahrung, in den zur Abstimmung gestellten Pauschalangeboten der politischen Parteien nicht angemessen vorgesehen zu sein. Ohnehin mussten viele Frauen erst einmal lernen, ihre Interessen zu erfassen und selbstbewusst zu vertreten. Dazu dienten Versammlungen, die Frauen dazu verhalfen, das Typische und für die Machtverhältnisse in der Gesellschaft Symptomatische an ihrer Lage zu erkennen. Phillips zieht daraus den gleichen Schluss, den auch die Vertreterinnen deliberativer Demokratietheorien gezogen haben: Interessen bedürfen der kommunikativen Klärung und politische Präferenzen gehen oft verwandelt aus gemeinsamer Beratschlagung hervor.

Dennoch hält Phillips das feministische Verlangen nach mehr direkter Demokratie für zweischneidig. Je höher nämlich die Ansprüche an demokratische Teilnahme geschraubt werden, umso stärker kommen Ungleichheiten, auch und gerade in den Geschlechterverhältnissen, zum Tragen: Wer sehr viel Zeit aufwendet, hoch gebildet und informiert ist, besonders selbstbewusst aufzutreten und geschliffen zu reden versteht, kann in einer Versammlungsdemokratie unverhältnismäßig viel Einfluss erlangen. Alleinerziehende Mütter zum Beispiel hätten in ihr kaum Möglichkeiten der Mitwirkung. Was ihre Inklusivität angeht, ist folglich eine minimalistische Demokratie mit gleichem Wahlrecht für alle einer partizipatorischen Demokratie überlegen. Phillips verwirft darum nicht die Suche nach Mitteln und Wegen, die bürgerschaftliche Beteiligung zu erhöhen und zu verbessern. Aber sie will die zentralen und grundlegenden Entscheidungen nicht der Versammlungsdemokratie überlassen. Diese soll nur bei eher untergeordneten Fragen bemüht werden. Für alle übergeordneten Angelegenheiten sollte dagegen die liberale Demokratie des Stimmzettels und der formalen Vorkehrungen gegen unverantwortliches Regieren zuständig bleiben.

Niklas Luhmann

Ausgewählt und interpretiert von Michael Hein

Systemtheorie der Demokratie (2000)

1   In der politischen Semantik entwickelt sich „Demokratie" zum Führungsbegriff,
ja zu einer normativen Anforderung an alle Gebilde, die als Staat auftreten und
Anerkennung finden wollen. Damit konnte eine beträchtliche Erweiterung des
Zugangs zur Politik eingefangen und benannt werden, die mit dem Übergang von
5   der stratifikatorischen zur funktional differenzierten Gesellschaft[1] eingetreten war.
Man nannte die prinzipielle *Inklusion der Gesamtbevölkerung* in alle Funktionssysteme im Sonderfalle des politischen Systems jetzt *Demokratie.*[2] [...]
Was als Ergebnis dieser Entwicklung auffällt, läßt sich als *Recodierung der politischen
Macht* beschreiben. Für die Spitze des Systems wird ein neuer Code bereitgestellt:
10   der von *Regierung und Opposition.* Wir können deshalb dazu ansetzen, mit Hilfe
eines genauer gefaßten Begriffs des Codes zu analysieren, was Demokratie, strukturell gesehen, bedeutet [...]. Die Einrichtung eines basalen Codes machtüberlegen/
machtunterlegen für die Ausdifferenzierung eines politischen Systems hatte zunächst
alle Aufmerksamkeit auf die Herstellung und Sicherung der Machtüberlegenheit
15   für alle Fälle gelenkt. Jede Schwächung der „höchsten Macht" im System mußte
als Nachteil, als Moment der Unsicherheit, als Anreiz zu Versuchen zur Stürzung
des Machthabers erscheinen. Deren Regierungszeit war denn auch, nach modernen
Berechnungen, recht kurz. Ämter allein boten dagegen keine Sicherheit, sondern im
Gegenteil: eine Sichtbarkeit des Ortes der Macht, die dem Machthaber gefährlich
20   werden konnte. Demokratisierung revertiert dieses Problemverständnis; sie begreift
die Spitze des Systems, gerade weil hier (und das bleibt natürlich) die maßgebenden Entscheidungen getroffen werden, als Ausgangspunkt für den Einbau anderer
Möglichkeiten, für ein Kontingentwerden des gesamten Systems. Und deshalb ist
dies der Punkt, an dem die gegenwärtig regierenden oder auch andere Machthaber
25   in Betracht gezogen werden können. Es kommt nur darauf an, den Wechsel in
der Amtsführung kampflos zu gestalten, ihn durch Verfahren zu regulieren. [...]
In der Praxis hat sich daraus jedoch ein strikter binärer Code entwickelt, nämlich
eine stets gleichzeitige Präsenz von Regierung und Opposition in allen politischen
Entscheidungen. Der Code erfüllt alle Merkmale einer Präferenzcodierung: Man

ist lieber an der Regierung beteiligt als an der Opposition. Nur die Regierung   1
besetzt die Ämter, in denen kollektiv verbindlich entschieden werden kann. Die
Opposition kann nur lamentieren, Kritik üben, Forderungen artikulieren und
generell: die Kontingenz aller politischen Entscheidungen reflektieren. Der positive
Wert „Regierung" ist der Designationswert des Systems, der negative Wert „Op-   5
position" ist der Reflexionswert des Systems. […] Die Überformung des basalen
Codes machtüberlegen/machtunterlegen durch den Code Regierung/Opposition
ermöglicht demnach eine „Technisierung" des Codes im Sinne einer erleich-
terten, quasi automatischen Umformung des einen Wertes in den anderen – so
wie in den Fällen Recht/Unrecht, wahr/unwahr oder bei den Transaktionen des   10
Wirtschaftssystems, bei denen es bloß eines Vertrages bedarf, um Nichteigentümer
zu Eigentümern zu machen und umgekehrt. Die Macht selbst ist, auch wenn sie
auf Ämter bezogen ist, nicht in diesem Sinne technisierbar, da es nicht so ohne
weiteres möglich ist, den Herrn als Knecht oder den Knecht als Herrn operieren
zu lassen. Die Recodierung im Schema Regierung/Opposition bedeutet dagegen,   15
daß jeder Pluspunkt für die Regierung ein Minuspunkt für die Opposition ist und
umgekehrt. Das bedeutet natürlich nicht, daß es in der Politik *nur darum geht.*
Programme haben, wie überall so auch hier, ihr eigenes Gewicht und schränken
die Beliebigkeit im Umgang mit den positiv/negativ-Werten des Codes ein. Gerade
das ermöglicht es aber auch, jede Programmpolitik im Lichte des Codes Regierung/   20
Opposition zu lesen und von daher jeweils gegenläufig zu bewerten.
Mit der Metacodierung der politischen Macht durch das Schema Regierung/
Opposition verbindet sich ein grundlegender Stilwandel der politischen Entscheidungen, der sehr genau widerspiegelt, daß die *Politik ihre gesellschaftliche*
Zentralstellung verloren bzw. aufgegeben hat. In der alten Ordnung war […] mit   25
dem Innehaben des Amtes die Prätention verbunden, Gerechtigkeit walten zu
lassen und das Wohl der Untertanen (der Nation und ihres Staates) zu fördern.
Der askriptive[3] Rekrutierungsmodus spiegelte sich in den Erwartungen, die an
das Amt gerichtet waren. Nur die Legitimität der Amtsführung konnte bestritten
werden, und in einem solchen Falle konnten sich die durchsetzungsfähigen Kreise   30
auf ein Widerstandsrecht berufen. Unter dem Regime der Codierung Regierung/
Opposition ändert sich dies, da sich sowohl die Regierung als auch die Opposition
auf die alten Werte der Gerechtigkeit und des Wohls des Volkes berufen können.
[…] In diesem Bereich der Entscheidungen für oder gegen bestimmte Werte und
Interessen werden alle Erscheinungen offensichtlich kontingent und in diesem   35
Sinne politisch verantwortungsfähig. […]
Andererseits gehen gerade von dieser Codierung auch *eigentümliche Effekte der Dis-*
ziplinierung der Opposition aus, die man mitsehen muß. (…) Schon das Entweder/
Oder der Codierung wirkt einschränkend – und sei es nur durch Ausschluß dritter
(unabhängiger und doch politischer) Positionen oder auch durch Beschränkung   40
der Möglichkeit, an der Regierung teilzunehmen und zugleich Opposition zu
treiben. Erst recht verliert jeder Politikvorschlag an Glaubwürdigkeit, wenn offen

1 zu Tage liegt, daß auch die Vorschlagenden selbst ihn nicht verwirklichen könnten. Dieses Dilemma der durch die Enge des überhaupt Möglichen (vor allem auch: finanziell Möglichen) erzwungenen Annäherung von Regierung und Opposition verlagert Politik zu großen Teilen in nur noch verbale Auseinandersetzungen, die

5 nur zufallsbedingt noch zu kreativen Innovationen führen. Viele Sachanliegen und Interessen bleiben im politischen Spektrum von Regierung und Opposition dann unvertreten und suchen sich „voice" auf anderen Wegen oder versinken in die gerade von engagierten Demokraten gefürchtete Apathie, die allenfalls durch eine übertreibende Rhetorik wiederbelebt werden kann. Das Problem der Demokratie

10 ist: wie breit das Themenspektrum sein kann, das im Schema von Regierung und Opposition und in der Struktur der Parteiendifferenzierung tatsächlich erfaßt werden kann.

Im klassischen Verständnis politischer Demokratie steht die politische Wahl im Zentrum der Aufmerksamkeit. Sie soll die *Herrschaft des Volkes über sich selbst* ge-

15 währleisten. Zwar nicht unmittelbar als Selbstbeherrschung [...], wohl aber indirekt in der Form der Wahl von Repräsentanten, die, so nimmt man an, den Willen des Volkes erahnen und durchzusetzen versuchen, weil sie anderenfalls nicht wiedergewählt werden würden. Hiergegen gibt es bekannte Einwände. Die Versuche von Gremien nach der französischen Revolution, sich selbst als die volonté générale[4]

20 zu begreifen, sind gescheitert – nicht zuletzt an der Frage, wie diese Prätention kontrolliert werden könnte. Im übrigen muß man fragen, ob es einen solchen Volkswillen überhaupt gibt, oder ob es sich nur um ein semantisches Korrelat der Inszenierung politischer Wahlen handelt. [...] Was bleibt nach all dem von der mit dem Begriff der Demokratie verbundenen Vorstellung von der Herrschaft des

25 Volkes – abgesehen von der unaufgelösten *Paradoxie* der Herrschaft über sich selbst? Im Rahmen der Theorie selbstreferentieller Systeme ergeben sich ganz andersartige Möglichkeiten, den *Sinn der politischen Wahl* zu begreifen. Ein erster Schritt liegt in der Neudefinition von *Demokratie als Austauschverhältnis von Regierung und Opposition*, also als Zweitcodierung politischer Amtsmacht. Darüber muß

30 in der politischen Wahl entschieden werden. Auch nach diesem Konzept bleibt also die politische Wahl der Kern des Demokratieverständnisses. Dazu gehört, daß die politische Wahl politisch nicht kontrolliert werden kann, also frei und geheim durchgeführt wird. Das Verhindern einer politischen Kontrolle der politischen Wahl durch die regierenden Parteien erzeugt einen *Strukturbruch, eine*

35 *Selbstreferenzunterbrechung im politischen System.* Dadurch wird gesichert, daß das politische Geschäft nicht einfach in der Kontinuität bisheriger Politik weiterläuft. Statt dessen wird, und das ist die Funktion der regelmäßig zu wiederholenden politischen Wahl, die Politik mit einer für sie unbekannten Zukunft konfrontiert. Das schließt es nicht schlechthin aus, daß man zu erraten versucht, welche

40 politischen Entscheidungen eine positive Resonanz finden und eine Wiederwahl bzw. eine Übernahme der Regierung durch die bisherige Opposition begünstigen könnten. Es geht also nicht um eine Art Blindflug ohne Geräte und auch nicht,

in alter Weise gesprochen, um die Reduktion von Politik auf fortune. Aber es gibt,   1
schon wegen der Vielfalt der Themen und Interessen, keinen sicheren Schluß von
Machtausübung auf Machterhaltung oder von Machtkritik auf Machtgewinn. Die
Institutionalisierung politischer Wahl garantiert dem System eine im System selbst
erzeugte Ungewißheit. Es gibt natürlich nach wie vor auch die Unsicherheit, die   5
aus einer turbulenten, übermäßig komplexen Umwelt resultiert, also etwa aus der
Eigendynamik von Wirtschaft und Wissenschaft, aber diese Unsicherheit wird
zunächst aufgefangen dadurch, daß *das System selbst eigene Ungewißheit produziert*
und sich insofern nicht (oder nur mit Vorbehalt von Änderungen) festlegen kann.
[…] Was wir „Demokratie" nennen und auf die Einrichtung politischer Wahlen   10
zurückführen, ist demnach nichts anderes als die *Vollendung der Ausdifferenzierung*
eines politischen Systems.

Niklas Luhmann: Die Politik der Gesellschaft.
Frankfurt/M. 2000, S. 96-105 (Auszug).
Hervorhebungen im Original

Interpretation

Niklas Luhmann (1927-1998) gehört zu den wichtigsten Soziologen und Gesell-
schaftstheoretikern des 20. Jahrhunderts. Nach einem Studium der Rechtswissenschaft
arbeitete er bis Anfang der 1960er-Jahre als Verwaltungsbeamter in seiner Heimatstadt
Lüneburg. Mit der Soziologie als universitärer Wissenschaftsdisziplin kam er erst 1960/61
in Verbindung, als er dank eines Fortbildungsstipendiums an der Harvard-Universität
(USA) studieren konnte. Daraufhin verließ Luhmann den Verwaltungsdienst und
wechselte als Referent an die Deutsche Hochschule für Verwaltungswissenschaften
in Speyer, ehe er 1965 an die in Dortmund angesiedelte Sozialforschungsstelle der
Universität Münster ging. Dort promovierte er und habilitierte sich innerhalb eines
Jahres (1966) mit zum Teil schon zuvor publizierten Arbeiten und wurde schließlich
1968 zum Professor für Soziologie an die neu gegründete Universität Bielefeld berufen.
Dort lehrte er bis zu seiner Emeritierung 1993. Luhmanns Werk entfaltet bis heute
eine breite Wirkung in nahezu allen sozial- und geisteswissenschaftlichen Disziplinen.
Sein Gesamtwerk umfasst mehr als 30 Bücher und mehrere Hundert Aufsätze. Kern
seiner Überlegungen ist die sogenannte funktional-strukturelle Systemtheorie, die er in
Anknüpfung an die Systemtheorie des US-amerikanischen Soziologen Talcott Parsons
(1902-1979) entwickelte. Zeitlebens beschäftigte sich Luhmann auch intensiv mit dem
politischen System der Gesellschaft, wovon mehr als 70 einschlägige Schriften zeugen,
darunter einige Monografien.[5] Unter Politik versteht Luhmann dabei ein Teilsystem

der Gesellschaft, das mit dem „Bereithalten der Kapazität zu kollektiv bindendem Entscheiden" befasst ist.[6]

Typisch für Luhmanns Herangehensweise an gesellschaftliche Phänomene – und so auch für seine Beschäftigung mit Demokratie – ist die Ablehnung der Entwicklung normativer Maßstäbe. Luhmann hält es für „ebenso billig wie unverantwortlich, Ideale aufzustellen, denen die Verhältnisse nicht genügen", und sieht in einem solchen Vorgehen daher auch „keine Theorie, geschweige denn kritische Theorie". Stattdessen ist die Demokratie für ihn „eine höchst voraussetzungsvolle, evolutionär unwahrscheinliche, aber reale politische Errungenschaft".[7] Luhmanns Vorgehen gleicht dabei einem Dreischritt: Wie hat sich die moderne Demokratie herausgebildet? Wodurch ist sie gekennzeichnet? Und: Welchen Gefahren sieht sie sich gegenüber?

Seine erste Beobachtung im historischen Vergleich ist daher, dass in modernen Demokratien prinzipiell alle Bürger am politischen System ihrer Gesellschaft teilnehmen können. Diese *Inklusion der gesamten Bevölkerung* ist jedoch kein Alleinstellungsmerkmal der Politik, sondern typisch für alle Teilsysteme der modernen Gesellschaft. Prinzipiell kann jede Person beispielsweise am Rechtssystem teilhaben (etwa als Vertragsnehmer oder Angeklagter), wirtschaftlich tätig werden (zum Beispiel als Käufer oder Kreditnehmer) und eben auch am politischen System partizipieren (beispielsweise als Wähler, Amtsinhaber oder Entscheidungsunterworfener). Dies unterscheidet die Demokratie und mit ihr die gesamte moderne Gesellschaft von vormodernen Gesellschaftsformen. Dort gab es für verschiedene Personengruppen spezifische Zugangsregeln wie etwa die Herkunft oder das Zunftprinzip. Selbstverständlich behauptet Luhmann keine Gleichberechtigung im Sinne von Gleichbeteiligung. Zweifellos gibt es zum Teil gravierende Ungleichverteilungen etwa entlang von Einkommen oder Bildungsniveau. Doch diese sind zum einen „nur" statistischer Natur, und zum anderen sind sie für das Funktionieren moderner Gesellschaften keine notwendigen Voraussetzungen. Sie stehen in den öffentlichen politischen Auseinandersetzungen daher immer wieder unter Rechtfertigungszwang.[8]

Zweitens sieht Luhmann die moderne Demokratie durch ihren *Code Regierung/ Opposition* charakterisiert. Wie alle Funktionssysteme der Gesellschaft besitzt auch die Politik ein spezifisches Kommunikationsmedium: das Medium Macht. Das Wirtschaftssystem etwa arbeitet mit Geld, das Rechtssystem mit dem Medium Recht und die Wissenschaft mit Wahrheit. All diese Medien haben die Form eines zweiseitigen (binären) Codes, im Fall der Politik machtüberlegen/machtunterlegen. Alle politischen Ereignisse lassen sich diesem Code zuordnen. Damit kann sich das politische System von den anderen Teilsystemen der Gesellschaft unterscheiden. Ursprünglich besetzte das Zentrum des politischen Systems – der Staat bzw. die Staatsspitze – die präferierte, machtüberlegene Seite, während die Peripherie – die Untertanen – machtunterlegen waren. Mit der Entstehung der modernen Demokratie wurde diese Situation zwar nicht abgelöst, aber überformt durch die Einrichtung einer machtunterlegenen Opposition gegenüber der machtüberlegenen Regierung innerhalb des politischen Zentrums. Demokratie ist daher laut Luhmann gekennzeichnet durch „die Spaltung der Spitze des ausdifferenzierten politischen Systems durch die Unterscheidung von Regierung und Opposition".[9] Damit ging auch eine erhebliche Steigerung der Kapazität des politischen Systems einher, denn mit der Einrichtung der Möglichkeit eines regulären Machtwechsels wurden die Amtsinhaber von der Notwendigkeit befreit, fortwährend für ihre physische Überlegenheit gegenüber politischen Gegnern und den Untertanen (bzw. Bürgern) sorgen zu müssen. In der Folge konnte die Politik viele ursprünglich vom Gewaltapparat benötigte Ressourcen für die Bearbeitung politischer Probleme jenseits des bloßen Machterhalts einsetzen. Demokratien haben daher gegenüber Autokratien den Vorteil, gesellschaftliche Probleme besser bearbeiten zu können.

Diese Technisierung des politischen Codes hat eine dritte wichtige Folge für das politische System. Im Gegensatz zu vormodernen Gesellschaftsformen kann die Politik heute *keine gesellschaftliche Zentralstellung* oder gar eine hierarchische Position über den anderen Teilsystemen mehr beanspruchen. Die moderne Gesellschaft ist vielmehr dadurch gekennzeichnet, dass ihre Teilsysteme nach ihren jeweils eigenen Regeln funktionieren. Die Wirtschaft etwa kann nur auf Signale reagieren, die sich im Medium Geld ausdrücken, und das Rechtssystem wird nur tätig, wenn Verfassungen, Gesetze oder andere Rechtsnormen beansprucht werden. Durch diese wechselseitige Unabhängigkeit der Teilsysteme steigen auf der einen Seite die Anforderungen an die Politik, die anderen gesellschaftlichen Bereiche zu beeinflussen. Denn nur sie besitzt die Fähigkeit, kollektiv bindende Entscheidungen zu treffen. Prinzipiell kann jede gesellschaftliche Frage so zu einem Problem politischer Entscheidung gemacht werden. Nur: Über die Effekte solcher Eingriffe wird nicht im politischen System, sondern in den jeweils betroffenen Bereichen entschieden. Als Folge sind immer wieder Steuerungsdefizite zu beobachten, besonders augenfällig in der Wirtschaft oder dem Gesundheitswesen. Diese fehlende hierarchische Überordnung der Politik über die anderen Gesellschaftsbereiche birgt die *Gefahr der Selbstüberforderung der Demokratie* und ist eine zentrale Ursache der in vielen demokratischen Ländern zu beobachtenden Unzufriedenheit der Bevölkerungen mit den Ergebnissen politischer Entscheidungen.[10]

Viertens weist Luhmann auf ein weiteres großes Problem heutiger Demokratien hin: die *Selbstdisziplinierung der Opposition*. Dieses Problem ergibt sich unmittelbar aus der Einrichtung einer Opposition zur Regierung im Zentrum des politischen Systems. Diese zieht die Ausrichtung des Oppositionshandelns auf die Perspektive der Regierungsübernahme nach sich. Daher dominiert eine Orientierung an politisch machbar Erscheinendem und bereits von der Regierung vorgegebenen Themen, so-dass sich das Spektrum der im politischen Zentrum thematisierten gesellschaftlichen Probleme und ihrer Lösungsansätze spürbar verengt. Luhmann nennt diesen Effekt „Selbstdespontaneifikation".[11] Als eine Folge dieses Prozesses lässt sich häufig beob-achten, dass politische Akteure von der Ebene programmatischer Kontroversen auf die persönliche bzw. moralische Ebene wechseln. Diese Strategie der *Moralisierung politischer Auseinandersetzungen* mag zuweilen zwar auch im Mangel an sachlichen Alternativen begründet sein. Sie wird aber vor allem durch die Offenheit des Regierung/ Opposition-Codes ermöglicht, da dieser die politische Auseinandersetzung inhaltlich in keiner Weise festlegt. Eine Strategie ist dabei die Missbilligung politischer Gegner mit dem Verweis auf ihre (vermeintlichen) moralischen Verfehlungen, verbunden mit dem Ziel, die Gegner als nicht wählbar darzustellen. Dadurch kommt es zu einer Verengung politischer Auseinandersetzungen auf persönliche Kontroversen, in denen die Lösung von Problemen keine oder nur noch eine geringe Rolle spielt. Eine andere Strategie ist die moralische Missbilligung der Programme politischer Gegner als „ungerecht", „unchristlich", „dekadent" etc. Damit wird versucht, die Debatte von den Details der wirtschaftlichen, juristischen oder sonstigen Folgen eines politischen Programms abzulenken und stattdessen auf einer allgemein moralischen Ebene einen Erfolg zu verbuchen. Beide Strategien versprechen zwar kurzfristigen politischen Erfolg; sie bergen jedoch die Gefahr einer „Entpolitisierung". Das heißt: Programmatischen Kontroversen – und damit den Folgen politischer Entscheidungen für die jeweils betroffenen Teilsysteme der Gesellschaft – wird in der politischen Auseinandersetzung eine schrumpfende Bedeutung beigemessen. Niklas Luhmann ist die Einsicht zu verdanken, dass dieses Problem „zu den Kosten [gehört], mit denen für die Ausdifferenzierung des politischen Systems und, so paradox es klingen mag, für die Demokratie bezahlt werden muß".[12] Auf das Moralisierungsproblem der Demokratie selbst mit moralischer Kritik zu reagieren, wie es viele normative Demokratietheorien tun, ist daher fehl am Platze.

Ein weiteres wichtiges Element in der Demokratietheorie Luhmanns ist fünftens die These, dass die *moderne Demokratie nicht* in der klassischen Bedeutung des Wortes *als Volksherrschaft* verstanden werden kann. Hiergegen sprechen zwei Argumente. Zum einen beinhaltet dieser traditionelle Demokratiebegriff das unauflösbare Problem, dass eine Identität von Herrschern und Beherrschtem behauptet wird – das Volk herrscht über sich selbst. Mit diesem Paradox lassen sich jedoch die Phänomene der politischen Wirklichkeit nicht erklären. Zum anderen wird ein Kollektivsubjekt unterstellt („das Volk"), dessen Existenz im Sinne einer willensbildenden und handelnden, mithin demokratisch über sich selbst bestimmenden Einheit kaum plausibel zu machen ist.

Sechstens schließlich schreibt die systemtheoretische Perspektive auf Demokratie den *politischen Wahlen drei Funktionen* zu. Zum ersten sorgen die Wahlen für die immer wiederkehrende Möglichkeit, Regierung und Opposition auszutauschen. Zum zweiten sorgen die Wahlen für einen regelmäßigen „Strukturbruch" im politischen System – das heißt die Öffnung des politischen Systems gegenüber gesellschaftlichen Einflüssen. Durch die Wahlen muss sich die Politik auf die politischen Interessen der Gesellschaft einlassen. Die interessante Erkenntnis der Luhmann'schen Demokratietheorie ist hier jedoch zum dritten, dass die Wahlen das politische System nicht nur

zur Wahrnehmung seiner Umwelt zwingen (Luhmann nennt dies „kognitive Offenheit"), sondern im Gegenzug überhaupt erst ein unabhängiges, nach eigenen Regeln
operierendes politisches System hervorbringen (in Luhmanns Worten: „operative
Geschlossenheit").[13] Denn zwischen den Wahlen ist die Politik zwar beeinflussbar,
aber gesellschaftliche Ereignisse und Entwicklungen können sie nicht in bestimmte
Richtungen steuern. Und auch bei den Wahlen und Abstimmungen selbst ist die Art
der Beeinflussung strikt vorgegeben. Das politische System sorgt damit gleichsam
selbst dafür, dass es seine Zukunft nicht planen kann, denn Wahlen finden regelmäßig
statt – also auch dann, wenn die Gesellschaft dies gerade nicht unbedingt fordert.
Demgegenüber kann sich die Politik vor einer schier unendlichen Vielzahl anderer
denkbarer Einflussmöglichkeiten erfolgreich schützen. In der demokratietheoretischen
Diskussion wird dieser Effekt der Schließung des politischen Systems häufig kritisiert,
so zum Beispiel das Phänomen, dass aktuelle politische Entscheidungen oft mit mehrere
Jahre zurückliegenden Wahlergebnissen gerechtfertigt werden. Doch dabei wird gerade
verkannt – so die Pointe der Luhmann'schen Sichtweise –, dass es ohne die operative
Schließung des politischen Systems durch Wahlen gar kein selbstständiges politisches
System gäbe, das sich nach eigenen Gesetzen strukturieren und auf die Gesellschaft
einwirken könnte. Kurz: Ohne die Schließung des politischen Systems mit all ihren
Problemen gäbe es keine Demokratie, und die Demokratie ist umgekehrt die Form,
mit der sich das politische System schließt.

Die Systemtheorie Niklas Luhmanns wurde und wird in vielen Wissenschaftsdis-
ziplinen rezipiert. In der politikwissenschaftlichen Diskussion wird sie jedoch häufig
ohne eine intensive argumentative Auseinandersetzung pauschal kritisiert. So spricht
etwa Klaus von Beyme von „soziologischer Theoriebildung auf der Makroebene,
bei der alle Katzen grau werden und individuelle politische Prozesse und Systeme
im Licht der autopoietischen Götterdämmerung ohne Gott in einem subjektlosen
Evolutionsprozeß verschwimmen".[14] Daneben gibt es jedoch auch eine Reihe seriöser
Einwände. Claus Offe bspw. wirft Luhmann vor, unnötigerweise „einen normativ bis
auf die Knochen abgemagerten Demokratiebegriff zum Ausgangspunkt zu wählen".[15]
Stattdessen plädiert Offe dafür, an zwei Kernbestandteilen eines normativen Demokratiebegriffs festzuhalten: der Gleichheit politischer Freiheitsrechte der Bürger und
der Bindung politischer Entscheidungen an den Willen des Volkes, auch wenn diese
Bindung oftmals nur „gebrochen" oder gar in Form eines „für den Augenblick erträg-
lichen" Kompromisses möglich sein sollte.[16] Ohne diese Ausgangspunkte hält Offe
es im Gegensatz zu Luhmann für schlechterdings unmöglich, Probleme und Defizite
realer Demokratien zu identifizieren. Eine weitere intensive Debatte entstand um die
Frage nach der Möglichkeit einer politischen Steuerung anderer Gesellschaftsbereiche,
vor allem des Wirtschaftssystems. Hier bestehen namentlich Renate Mayntz und Fritz
W. Scharpf mit Verweis auf die immer wieder zu beobachtenden Steuerungserfolge
der Politik darauf, dass politische Steuerung „zwar schwierig, aber nicht grundsätzlich

ausgeschlossen und unter bestimmten Bedingungen durchaus möglich sei".[17] Im Besonderen kritisieren sie, dass es im Rahmen des Luhmann'schen Theorieansatzes unmöglich sei, die Bedingungen erfolgreicher Steuerung empirisch zu erforschen. Diese sehen sie weniger in bestimmten Wirtschaftsstrukturen, sondern vorrangig in der Verfasstheit politischer Institutionen selbst.

Auch im Lichte dieser Kritikpunkte bleibt jedoch deutlich, dass die Überlegungen Luhmanns eine Reihe wichtiger Einsichten in die Funktionsweise und Probleme von Demokratien liefern. Gerade durch den Verzicht auf normative Vorannahmen und die Annahme der Unabhängigkeit der gesellschaftlichen Teilsysteme voneinander wird zweierlei erkennbar: Die Demokratie ist eine „evolutionär unwahrscheinliche, aber reale politische Errungenschaft",[18] die es zu schützen gilt. Und: Demokratischer Politikgestaltung sind immanente Grenzen gesetzt, deren Überschreitung auf Dauer zu Frustration führt und die Demokratie selbst gefährdet.[19]

Anmerkungen

1 „Stratifikatorisch" bezeichnet eine nach Schichten (zum Beispiel Adel, Bürger, Bauern) gegliederte Gesellschaft; „funktional differenziert" bezeichnet demgegenüber eine nach Aufgabenbereichen (zum Beispiel Politik, Recht, Wirtschaft) gegliederte Gesellschaft.
2 Hervorhebungen M.H.
3 Lat. „zugeschrieben", das heißt: nicht erworben.
4 Frz. „Allgemeiner Wille".
5 Insbesondere: Legitimation durch Verfahren. Neuwied u.a. 1969; Macht. Stuttgart 1975; Politische Theorie im Wohlfahrtsstaat. München/Wien 1981; Die Politik der Gesellschaft. Frankfurt/M. 2000; Politische Soziologie. Frankfurt/M. 2010 (entstanden ca. 1967/68).
6 Niklas Luhmann: Die Politik der Gesellschaft (Anm. 5), S. 84.
7 Niklas Luhmann: Die Zukunft der Demokratie. In: Berliner Akademie der Künste (Hrsg.): Der Traum der Vernunft. Vom Elend der Aufklärung. Zweite Folge. Darmstadt/Neuwied 1986, S. 207-217, hier S. 215 f.
8 Vgl. Niklas Luhmann: Die Politik der Gesellschaft (Anm. 5), S. 97; ders.: Politische Theorie (Anm. 5), S. 27.
9 Niklas Luhmann: Die Zukunft der Demokratie (Anm. 7), S. 208.
10 Vgl. Kai Arzheimer: Politikverdrossenheit. Bedeutung, Verwendung und empirische Relevanz eines politikwissenschaftlichen Begriffs. Wiesbaden 2002.
11 Niklas Luhmann: Die Zukunft der Demokratie (Anm. 7), S. 212.
12 Niklas Luhmann: Die Politik der Gesellschaft (Anm. 5), S. 149.
13 Ebd., S. 105 ff.
14 Klaus von Beyme: Systemwechsel in Osteuropa. Frankfurt/M. 1994, S. 43.
15 Claus Offe: Demokratie und „höhere Amoralität". Eine Erwiderung auf Niklas Luhmann. In: Berliner Akademie der Künste (Hrsg.): Der Traum der Vernunft. Vom Elend der Aufklärung. Zweite Folge. Darmstadt/Neuwied 1986, S. 218-232, hier S. 218.
16 Ebd., S. 220.
17 Renate Mayntz/Fritz W. Scharpf: Politische Steuerung – Heute? In: Zeitschrift für Soziologie 34 (2005) 3, S. 236-243, hier S. 236; siehe auch Fritz W. Scharpf: Politische Steuerung und Politische Institutionen.

In: Politische Vierteljahresschrift 30 (1989) 1, S. 10-21. Vgl. zur politikwissenschaftlichen Kritik der Luhmann'schen Systemtheorie im Überblick Michael Hein: Systemtheorie und Politik(wissenschaft) – Missverständnis oder produktive Herausforderung? In: Christina Gansel (Hrsg.): Zu Aspekten der Systemtheorie in den Fachwissenschaften. Göttingen 2011, i.E.

18 Niklas Luhmann: Die Zukunft der Demokratie (Anm. 7), S. 216.

19 Zur weiteren Beschäftigung mit der Demokratietheorie Niklas Luhmanns sei empfohlen: Edwin Czerwick: Systemtheorie der Demokratie. Begriffe und Strukturen im Werk Luhmanns. Wiesbaden 2008.

Fritz W. Scharpf

Ausgewählt und interpretiert von Peter Massing

Input-orientierte und output-orientierte Demokratie (1998)

1 [...] In der Demokratie wird die Ausübung von Herrschaftsgewalt als Ausdruck
kollektiver Selbstbestimmung legitimiert. Aber wie Demokratie selbst, ist auch
Selbstbestimmung ein wertbehafteter, umstrittener und komplexer Begriff. Dennoch
lassen sich in der Geschichte der normativen politischen Theorien zwei unterschied-
5 liche, aber komplementäre Perspektiven feststellen – eine betont den ersten Teil, eine
andere den zweiten des Kompositums „Demokratie". In meinen eigenen Arbeiten
habe ich sie als „input-orientierte" und „output-orientierte" Legitimitätsargumente
bezeichnet. Die input-orientierte Perspektive betont die „Herrschaft *durch das
Volk*". Politische Entscheidungen sind legitim, wenn und weil sie den „Willen des
10 Volkes widerspiegeln" – das heißt, wenn sie von den authentischen Präferenzen
der Mitglieder einer Gemeinschaft abgeleitet werden können. Im Unterschied
dazu stellt die output-orientierte Perspektive den Aspekt der „Herrschaft *für das
Volk*" in den Vordergrund. Danach sind politische Entscheidungen legitim, wenn
und weil sie auf wirksame Weise das allgemeine Wohl im jeweiligen Gemeinwesen
15 fördern. Obwohl beide Argumente komplementär verwendet werden, sind sie
analytisch zu unterscheiden und sie beruhen bei separater Betrachtung auf höchst
unterschiedlichen Vorbedingungen. [...]
Input-orientierte Argumente stützen sich häufig gleichzeitig auf die Formeln der
„Partizipation" und des „Konsenses". Das ist plausibel, wenn der empirische Schwer-
20 punkt bei lokalen Problemen liegt, bei denen die von einer Entscheidung betroffenen
Personen oder mit ihnen eng verbundene Vertreter zur Beratung über Lösungen
zusammenkommen, die im gemeinsamen Interesse liegen, und denen deshalb alle
zustimmen können. Die Überzeugungskraft der Partizipations-Formel schwindet
jedoch in dem Maße, wie sich die Distanz zwischen den direkt betroffenen Personen
25 und ihren Vertretern vergrößert; und die Konsens-Formel versagt, wenn Lösungen
zum Nutzen aller nicht möglich sind und demzufolge Mehrheitsentscheidungen
getroffen werden müssen. Deswegen muß unter pragmatischen Gesichtspunkten
die Rechtfertigung der Mehrheitsherrschaft als Zentralproblem input-orientierter
Theorien demokratischer Legitimation angesehen werden.

Wenn man unterstellt, daß sich die „Herrschaft durch das Volk" auf Individuen   1
und nicht auf kollektive Organismen bezieht, dann folgt daraus logischerweise, daß
die Konsens-Formel – die ihre Rechtfertigung in der römischen Maxime *„volenti*
non fit iniuria" hat – nicht zur Rechtfertigung einer Mehrheitsentscheidung, die
der dissentierenden Minderheit aufgezwungen wird, herangezogen werden kann.   5
Nicht viel besser steht es um die Partizipationsformel der gleichen Teilnahme am
politischen Entscheidungsprozeß. [...] Deren Legitimationskraft beruht auf der
Logik des Duells – der in einem fairen Kampf Unterlegene kann sich über das
Ergebnis nicht beklagen. Aber welche Überzeugungskraft hätten solche Argumente
für den einzelnen Bürger in der modernen Massen-, Parteien- und Mediende-   10
mokratie? Angesichts der Gefahr, daß feindselige Mehrheiten die Minderheit
vernichten könnten, und Beispiele dafür gibt es genug, reicht das formale Partizi-
pationsargument keineswegs aus, um die moralische Pflicht zur Respektierung des
Mehrheitsvotums zu begründen. Mehr noch: Es läßt sich analytisch nachweisen,
daß die Mehrheitsregel auch dann zu normativ nicht vertretbaren Entscheidungen   15
führt, wenn die Mitglieder der Mehrheit der Minderheit nicht feindselig gegenüberstehen, sondern lediglich ihre Eigeninteressen rational verfolgen, und wenn
das Abstimmungsverfahren diese Präferenzen unverzerrt aggregiert. [...] Unter
den Standardprämissen des normativen Individualismus lassen sich überzeugend
Legitimitätsrechtfertigungen nicht auf rein input-orientierte – „populistische" oder   20
„dezisionistische" – Demokratiekonzepte stützen.
Um die Gehorsamspflicht rein input-orientiert zu begründen, bedarf es also zu-
sätzlicher, und nicht rein formaler Argumente, die das Vertrauen der Minderheit
in die Mehrheit – *„the people can do no wrong"* – begründen könnten. Letztlich
fordert dies die begründete Unterstellung, daß die Präferenzfunktion jedes einzel-   25
nen Mitglieds des Gemeinwesens die Wohlfahrt aller Mitglieder als ein Argument
enthält. Meine Pflicht, so Claus Offe (1998), zur Akzeptanz der Opfer, die mir im
Namen der Allgemeinheit auferlegt werden, setzt mein Vertrauen auf den guten
Willen meiner Mitbürger voraus. Soziopsychische Grundlage dieses Vertrauens ist
ein *„Gemeinsamkeitsglauben"* (Max Weber), der sich auf präexistente geschichtli-   30
che, sprachliche, kulturelle und ethnische Gemeinsamkeiten gründet. Kann diese
starke kollektive Identität vorausgesetzt werden, so verliert die Mehrheitsherrschaft
in der Tat ihren bedrohlichen Charakter und kann dann auch Maßnahmen der
interpersonellen und interregionalen Umverteilung legitimieren, die anderenfalls
nicht akzeptabel sind.   35
Innerhalb etablierter Nationalstaaten, in denen die sozio-kulturellen Vorbedingungen
kollektiver Identität mehr oder minder gesichert sind, mögen diese Erwägungen
eher akademisch erscheinen. Für die Europäische Union dagegen erklären sie die
Sorge um ein „demokratisches Defizit", die nicht geringer, sondern noch größer
wird, obwohl die Kompetenzen des Europäischen Parlaments durch die Einheitliche   40
Europäische Akte und die Verträge von Maastricht und Amsterdam beträchtlich
erweitert wurden. In Anbetracht der historischen, linguistischen, kulturellen, eth-

nischen und institutionellen Unterschiede in ihren Mitgliedstaaten besteht kein
Zweifel darüber, daß die Union noch weit von einer starken kollektiven Identität
entfernt ist, wie sie in den Nationalstaaten als selbstverständlich vorausgesetzt wird
– und solange eine solche fehlt, können harte Entscheidungen auch nicht durch
Mehrheitsvoten des Europäischen Parlaments legitimiert werden.

Diese Implikationen wurden im vielkritisierten Maastricht-Urteil des Bundesverfassungsgerichts (BVerfG 1993) auf recht überzeugende Weise entwickelt. Darin war
die Frage zu klären, ob das Zustimmungsgesetz zum Vertrag über die Europäische
Union die Garantie einer demokratischen Regierungsform des deutschen Grundgesetzes verletzte. Dabei ging das Gericht davon aus, daß der Vertrag einen auf ein
„Staatsvolk" gegründeten Staat nicht konstituieren sollte. Hätte er dies allerdings
tun wollen, dann wäre in der Tat die demokratische Legitimität des Vorhabens
zweifelhaft gewesen. Diese erforderte – so die rein input-orientierte Argumentation
des Gerichts – Prozesse politischer Willensbildung und Kontrolle, welche „*eine
vom Volk ausgehende Legitimation und Einflußnahme*" gewährleisten. Unter den
gegebenen Umständen seien diese Voraussetzungen auf der europäischen Ebene
nicht gegeben, so daß vorderhand die demokratische Legitimation europäischer
Entscheidungen weiterhin von den Völkern und Parlamenten der Mitgliedstaaten
abzuleiten sei. Originäre europäische Legitimation möge zwar künftig in dem Maße
entstehen, wie europaweite politische Kommunikations- und Meinungsbildungs-
prozesse durch europäische Parteien, Verbände und Medien erleichtert würden. Da
jedoch gegenwärtig Demokratie tatsächlich nur auf nationaler Ebene existiere, seien
europäische Kompetenzen eng auszulegen, und ihre Ausübung müsse weiterhin
von der Zustimmung demokratisch verantwortlicher nationaler Regierungen im
Ministerrat abhängen. Aus einer input-orientierten Perspektive scheint mir diese
Schlußfolgerung nach wie vor völlig überzeugend. [...]

Während die Input-Perspektive, indem sie die demokratische Legitimität von
einer präexistenten kollektiven Identität abhängig macht, die nicht veränderbare
Aspekte des Demokratiedefizits der europäischen Politik betont, erlaubt die
Output-Perspektive die Berücksichtigung einer größeren Zahl legitimierender
Mechanismen. Eben deshalb ist ihre legitimierende Kraft jedoch im Vergleich zur
identitätsgestützten Mehrheitsdemokratie in höherem Maße von Zusatzbedingungen
abhängig und in ihrer Reichweite enger begrenzt.

Die „Herrschaft für das Volk" leitet Legitimität von der Lösung von Problemen
ab, die kollektiver Lösungen bedürfen, weil sie weder durch individuelles Handeln
noch durch den Markt und auch nicht durch freiwillig-gemeinsames Handeln in der
Zivilgesellschaft gelöst werden könnten. Da solche Probleme häufig aus Bedingungen
entstehen, die viele Personen in ähnlicher Weise betreffen oder ihre Ursache in der
Interdependenz individueller Handlungen haben, erfordert ihre Lösung typischer-
weise nicht einmalige und eng spezialisierte, sondern dauerhafte und multifunktio-
nale Strukturen. Aus praktischen Gründen setzt deswegen auch output-orientierte
Legitimität die Existenz einer politischen Einheit mit abgrenzbarer Mitgliedschaft

voraus. Aber diese Anforderungen sind geringer als die Voraussetzungen input- 1
orientierter Legitimität. Nötig ist lediglich ein Bestand gemeinsamer Interessen,
der hinreichend groß und dauerhaft erscheint, um institutionelle Arrangements
für kollektives Handeln zu rechtfertigen. Legitimität kann also auch in politischen
Einheiten erreicht werden, deren schwache Identität keinerlei organismische In- 5
terpretation zuließe. Darüber hinaus sind solche politische Einheiten auch nicht
auf die ausschließliche, oder auch nur auf die primäre Loyalität ihrer Mitglieder
angewiesen. Im Prinzip jedenfalls erlaubt die output-orientierte Legitimität eine
problemlose Koexistenz multipler – hierarchisch gegliederter oder überlappender
– kollektiver Identitäten, deren Reichweite jeweils durch bestimmte Kategorien 10
von Problemen definiert wird, und deren Organisation entweder territorialen oder
funktionalen Kriterien entsprechen kann. Deshalb kann man hier die Europäische
Union auch ohne konzeptionelle Skrupel als die geeignete politische Einheit für
die kollektive Lösung bestimmter Arten von gemeinsamen Problemen definieren.
So weit, so gut. Jedoch koexistieren in demokratischen Nationalstaaten input- und 15
output-orientierte Legitimität Seite an Seite, und sie verstärken, ergänzen und
ersetzen sich gegenseitig – was erklärt, warum die hier eingeführte theoretische
Unterscheidung in der Praxis politischen Diskurses kaum eine Rolle spielt. Im
Nationalstaat soll und kann Demokratie Herrschaft durch das Volk und für das
Volk zugleich sein. Für die Europäische Union hat dies die bedauerliche Konse- 20
quenz, daß die Legitimität ihrer institutionellen Praxis, wenn sie überhaupt explizit
diskutiert wird, fast automatisch unter Bezugnahme auf die für nationale Debatten
kennzeichnende Vermengung input- und output-orientierter Kriterien beurteilt
und dementsprechend als unzureichend abgelehnt wird. Gleichzeitig scheint jedoch
das angeblich grundlegende demokratische Defizit eine eher akademische Sorge 25
zu bleiben, während die europäische Politik ihren Lauf nimmt, so als ob es auf
Legitimität nicht ankäme.
Das ist in doppelter Hinsicht bedauerlich, da es eine klare Wahrnehmung und
überzeugende öffentliche Darstellung sowohl der grundlegenden Legitimität europäischer Politik als auch ihrer notwendigen Beschränkungen verhindert. Nach meiner 30
Überzeugung können die Verwirrungen und Enttäuschungen der gegenwärtigen
Diskussion nur überwunden werden, wenn die Unterscheidung zwischen input-
und output-orientierter demokratischer Legitimität anerkannt wird und wenn sich
die Einsicht durchsetzt, daß das europäische politische System sich grundlegend
von nationalen Demokratien unterscheidet, da es derzeit nur Output-Legitimation 35
erreichen kann. Unverzichtbar ist insbesondere die Erkenntnis, daß diese zwar im
Vergleich zur identitätsgeschützten Input-Legitimation eine höhere Toleranz für
schwache kollektive Identitäten ermöglicht, aber zugleich höhere institutionelle
Anforderungen stellt und in ihrer sachlichen Reichweite begrenzter ist als jene.
Beide Implikationen folgen aus dem Postulat, daß output-orientierte Legitimität 40
zwar auf ein gemeinsames Interesse, aber nicht auf eine gemeinsame Identität
gegründet sei. Hier gibt es also keinen Grund für mich, auf den guten Willen

1 meiner Mitbürger zu vertrauen oder zu glauben, daß das Volk kein Unrecht begehen könne; ebensowenig plausibel wäre deshalb die Unterstellung einer aus der
Prämisse wesensmäßiger Gemeinsamkeiten abgeleiteten Pflicht, solidarische Opfer
zu akzeptieren. Daraus lassen sich zwei Folgerungen ableiten.

5 Wenn es keinen Grund gibt, auf die Solidarität zwischen den Mitgliedern des
Gemeinwesens zu vertrauen, dann gibt es auch keinen Grund, die direkte Demokratie den Formen repräsentativer Demokratie vorzuziehen. Aber wenn schon auf
die Solidarität zwischen den Mitgliedern des Gemeinwesens kein Verlaß ist, dann
gibt es erst recht keinen Grund anzunehmen, daß die mit kollektiv verbindlichen

10 Entscheidungen beauftragten Akteure ausschließlich und effektiv das öffentliche
Interesse verfolgen. Statt dessen beruht output-orientierte Legitimität auf institu-
tionellen Normen und Anreizmechanismen, die zwei potentiell widersprüchlichen
Zwecken zugleich dienen müssen: Sie sollen einerseits den Mißbrauch öffentlicher
Macht verhindern und andererseits effektive Problemlösungen erleichtern – was

15 auch bedeutet, daß bei der Definition des öffentlichen Interesses alle Interessen
berücksichtigt werden sollen und daß Kosten und Nutzen von Maßnahmen im
öffentlichen Interesse nach überzeugenden Normen distributiver Gerechtigkeit
aufzuteilen sind. [...]

Fritz W. Scharpf: Regieren in Europa.
Frankfurt/M. 1999, S. 16-26 (Auszüge)

Interpretation

Eine der wesentlichen und bisher als selbstverständlich vorausgesetzten Existenzbedingungen der Demokratie ist ihre Stabilisierung und Entfaltung in einem staatlich
fixierten territorialen Rahmen. Demokratietheorien beziehen sich daher bisher auch
in der Regel auf das politische System des Nationalstaates. Die Auflösung des Nationalstaates und die Auszehrung seiner staatlichen Zuständigkeit stellt die Demokratie
jedoch vor ein völlig neues Problem, das sie bisher nur ungenügend aufgegriffen hat.
Die zunehmende inter- und transnationale Auslagerung klassischer nationaler Regie-
rungsfunktionen in internationale Regime und im Falle der Europäischen Union sogar
in transnationales Regieren wird häufig im Modus normativer bzw. demokratischer
Defizite interpretiert. Sie werden nur selten zum Gegenstand demokratietheoretischer
Überlegungen gemacht, und nur gelegentlich wird die Frage gestellt, auf welche Weise
auch das internationale Leben nach der Idee der Demokratie gestaltet werden könnte
und von welchem Demokratieverständnis sinnvollerweise auszugehen ist, um diese

Entwicklungen demokratietheoretisch zu erfassen. Der hier abgedruckte Beitrag von Fritz Scharpf versucht am Beispiel der Europäischen Union die Richtung aufzuzeigen, in die ein solcher Versuch gehen könnte.

Fritz W. Scharpf ist seit 1986 Direktor des Max-Planck-Instituts für Gesellschaftsforschung in Köln. 1959 legte er sein Erstes Juristisches Staatsexamen in Recht und Politischer Wissenschaft an der Universität Freiburg i. Br. ab. Von 1955-1956 studierte er Politikwissenschaft an der Universität Yale in New Haven, Connecticut. 1961 erwarb er dort den Master of Law und 1964 machte er sein zweites Staatsexamen und promovierte zum Dr. jur. an der Universität Freiburg. Von 1964 bis 1966 war Scharpf Assistant Professor an der Yale Law School und 1968 wurde er Ordinarius am Fachbereich Politikwissenschaft der Universität Konstanz. Zwischen 1973 und 1984 war er Direktor am Internationalen Institut für Management und Verwaltung des Wissenschaftszentrums Berlin. Von 1984 bis 1986 hatte er am selben Institut eine Forschungsprofessur inne.

Seine bisherigen Forschungsschwerpunkte lagen u.a. im Bereich Organisationsprobleme und Entscheidungsprozesse in der Ministerialverwaltung, Politikverflechtung zwischen Bund, Ländern und Gemeinden, Föderalismus und europäische Integration sowie vergleichende Untersuchungen zur politischen Ökonomie von Inflation und Arbeitslosigkeit in Westeuropa.

Innerhalb der demokratietheoretischen Diskussion wurde Fritz W. Scharpf im Wesentlichen bekannt durch seine Arbeit *Demokratie zwischen Utopie und Anpassung* (Konstanz 1970). Sie war die überarbeitete Fassung seiner 1969 gehaltenen Antrittsvorlesung an der neu gegründeten Konstanzer Universität. „Komplexe Demokratietheorie" nennt Scharpf das Kapitel, in dem er im Anschluss an die Arbeiten von Frieder Naschhold und Niklas Luhmann zentrale Elemente seiner Demokratietheorie entwickelt, in der er, ähnlich wie Sartori, versucht empirische und normative Elemente miteinander zu verknüpfen. Wie Sartori stellt auch Scharpf zunächst fest, dass „Demokratie" wie kaum ein anderer Begriff der politischen Theorie zum Signalwort für positive Wertungen geworden sei, aber auch kaum ein anderer Begriff schillere so sehr in seiner Bedeutung und diene sehr viel weniger der Verständigung als der Auseinandersetzung.

Ausgangspunkt seiner eigenen Überlegungen sind Forderungen, die in der damaligen demokratietheoretischen Diskussion erhoben wurden. Danach gehörte es zur Aufgabe einer adäquaten Theorie der Demokratie, die überkommenen Vorstellungen der Demokratie in Einklang zu bringen mit der tatsächlichen gesellschaftlichen Entwicklung. Dazu bedürfe es, wenn richtig sei, dass wir in einer stark differenzierten, gruppenmäßig gegliederten, hochgradig komplexen Industriegesellschaft lebten, einer dieser Gesellschaft angemessenen Demokratietheorie. Die herrschende westliche Demokratietheorie befinde sich jedoch in einer Krise. Sie sei in einem sterilen dichotomen Denken verhaftet, das sich in Begriffspaaren konkretisiere wie: Identität oder Repräsentation, Partizipation oder Effizienz, demokratische Gleichheit oder bürgerliche Freiheit, Mehrheitsprinzip oder gewaltenteilender Rechtsstaat, politische Teilnahme oder Elitenkonkurrenz, Klassenantagonismus oder Gruppenpluralismus. Scharpf versucht diese Dichotomien aufzubrechen. Der Untertitel seiner Demokratietheorie heißt denn auch „Zwischen Utopie und Anpassung". Mit Utopie meinte er den Teil der Theorie, der den Istzustand der partizipatorischen Möglichkeiten in westlichen Ländern normativ überschreiten sollte, und mit Anpassung den Realitätsbezug der Theorie. Damit begegnet Scharpf dem Vorwurf, die Demokratietheorie habe es versäumt, auf die Komplexität politischer und sozialer Prozesse zu reagieren. Die komplexe Demokratietheorie versucht nun, disparate Anforderungen der Gesellschaft zu berücksichtigen, die formal unter die Begriffe Partizipation, Transparenz und Effizienz gefasst werden können. Diese drei Begriffe sind weniger analytisch, sondern als normative Kategorien zu verstehen, die, auf alle Bereiche der Gesellschaft angewandt, nach Optimierung verlangen. Jede politische Theorie lässt sich nach ihrer Komplexität – und ihrem Demokratisierungspotenzial – befragen, und zwar unter Anwendung folgender Kriterien: der ihr zugrunde liegenden normativen Annahmen, der angewandten analytischen Modelle und der Komplexität der im Rahmen von normativen Annahmen und analytischen Modellen entwickelten Konzepte. Im Hinblick auf die analytischen Modelle lässt sich im Anschluss an die Organisationssoziologie zwischen Zielmodellen, Systemüberlebensmodellen und Systemzielmodellen unterscheiden.

Zielmodelle sind Maximierungsmodelle, die den Erfolg als eine vollständige oder wenigstens teilweise Realisierung des Organisationsziels definieren, ohne Rücksicht auf andere Funktionen. Die entscheidende Frage beim Systemüberlebensmodell ist, wie das System, bei gegebenen Normen, seine Ressourcen optimal in dem Sinne auf seine verschiedenen Aktivitäten verteilen kann, dass es in seinen wichtigsten Strukturen zu überleben vermag. Dagegen besteht das Problem im Systemzielmodell darin, wie die Ressourcen so verteilt werden können, dass unter Aufrechterhaltung, wenn nicht sogar Leistungssteigerung seiner Überlebensfunktionen ein bestimmtes Organisationsziel, z.B. Demokratie, optimal erreicht wird. Der komplexen Demokratietheorie von Fritz Scharpf liegt als analytisches Modell ein multidimensionales Systemzielmodell zugrunde. Multidimensionale Systemzielmodelle sind Optimierungsmodelle, bei denen mehrere Zielvariablen in Relation zueinander gebracht werden, um bei Akzentuierung einer Norm zu untersuchen, wie und unter welchen Bedingungen sie unter Berücksichtigung der übrigen Zielvariablen optimal verwirklicht werden kann.

Die komplexe Demokratietheorie analysiert die Eingabeseite des politischen Prozesses, die Inputs. Inputs sind die Eingaben in ein politisches System aus seiner Umwelt. Dazu gehören die artikulierten und aggregierten Interessen, Wünsche, Bedürfnisse und Forderungen. Zum anderen analysiert sie auch die Produktionsseite des politischen Prozesses, die Outputs. Outputs sind die verbindlichen Entscheidungen, die Politikergebnisse in Reaktion auf die Inputs. Im Unterschied allerdings zu Sartori, plädiert Scharpf in den 70er-Jahren für ein Mehr an Partizipation. Zu den normativen Anforderungen, die eine komplexe Demokratietheorie berücksichtigen muss, zählt vor allem das Partizipationspostulat und das zugrunde liegende Axiom des Eigenwertes individueller Selbstentfaltung und Selbstbestimmung, der Mäßigung der Macht, des Minderheitenschutzes, die institutionalisierte Suche nach Konsens, die „bessere Vertretung der Unterschichtsinteressen in den Entscheidungsprozessen", sodann die Stabilisierungsleistung einer vitalen demokratischen politischen Kultur. In späteren Veröffentlichungen zu Beginn der 90er-Jahre nennt Scharpf zusätzlich die Kombination von kollektiver Wohlfahrt, Wahrung der Authentizität und Gewährleistung signifikanter Beteiligungschancen und Wahlmöglichkeiten.

Scharpfs komplexe Demokratietheorie in den 70er-Jahren plädiert jedoch nicht nur für ein Mehr an Partizipation, sondern auch für ein Mehr an Effizienz, durch intelligente, vorausschauende politisch administrative Steuerung. Er versucht damit, eine Balance zwischen partizipatorischer und realistischer Demokratietheorie zu halten. An der partizipatorischen Demokratie kritisiert er vor allem ihre unrealistischen Voraussetzungen, ihre Beschränkung auf kleine politische Gemeinwesen, auf eine geringe Zahl zu entscheidender politischer Angelegenheiten und die Vorstellung, dass das Zeitbudget des einzelnen Bürgers groß genug für eine dauernde Partizipation sei. In der Regel würde es sich jedoch um große Staaten, um viele zu entscheidende Fragen und um ein knappes Zeitbudget handeln, das dem einzelnen Bürger zur Verfügung stände. Man könne also keineswegs von einer ausreichenden Motivation der Bürger zu einer umfassenden politischen Beteiligung ausgehen. Daraus folgt jedoch – anders als in den realistischen Demokratietheorien – nicht die Entscheidung für eine „Elitedemokratie", sondern Scharpf sieht, über die Realität pluralistischer Demokratie hinaus, durchaus die Möglichkeit, die Chancen politischer Partizipation zu erweitern und aufzustocken: die Schaffung gleicher Beteiligungschancen für alle, die fähig und bereit sind zu aktivem Engagement. Ähnlich wie Dahrendorf setzt er auf eine aktive Öffentlichkeit und wie die liberale Demokratie auf den ständigen personellen Austausch der Eliten zwischen Wissenschaft, Wirtschaft und Politik.

Die komplexe Demokratietheorie will, wie schon erwähnt, nicht nur die Input-Seite stärken, sondern auch die Output-Seite, d.h. die Steuerungsleistung der politischen Systeme. In diesem Aspekt unterscheidet sie sich von den gängigen pluralistischen Theorien, wenn sie fordert, dass politische Entscheidungen weitgehend unabhängig von der Einflussnahme und dem Druck organisierter Interessengruppen allein in den politischen Institutionen getroffen und durchgesetzt werden müssen und dass, zweitens, „die Politik auf dieser Ebene gerade auf jene Bedürfnisse, Interessen, Probleme und Konflikte reagieren kann, die innerhalb der pluralistischen Entscheidungsstruktur nicht ausreichend berücksichtigt werden" (1970, 75): Autonomie der Politik und der Verwaltung also, trotz zunehmender Partizipation.

Die komplexe Demokratietheorie Scharpfs von 1970 wirkte in der damaligen Phase der Dichotomisierung und der demokratietheoretischen Stagnation wie eine Befreiung und sie gab bedeutsame Anstöße zu normativen *und* empirischen Weiterentwicklungen.

Scharpf selbst hat die grundlegende Struktur, die Verknüpfung von Input- und Output-Orientierung, beibehalten und später in der Theorie der Politikverflechtung und der Theorie der Verhandlungssysteme fortentwickelt.

Seine neueren Beiträge zur Demokratietheorie lassen sich in den Bereich der vergleichenden Demokratieforschung einordnen. Unter Berücksichtigung des Rückgangs staatlicher Souveränität einmal durch „interne Differenzierung", das heißt durch die Ausweitung der Verhandlungen zwischen staatlichen Institutionen und Verbänden und durch Verlagerung wichtiger politischer Entscheidungen in den vorstaatlichen Raum, zum anderen durch Internationalisierung, die dazu führt, dass die autonomen Entscheidungsbefugnisse der nationalstaatlichen Instanzen immer weiter eingeschränkt werden, hat Scharpf den Gedanken einer erweiterten Partizipation ziemlich zurückgestellt. Dagegen hebt er sehr viel stärker die Bedrohung der Demokratie durch diese Prozesse hervor, die dazu führen, dass dem Nationalstaat „mehr und mehr die Kontrolle über das kollektive Schicksal seiner Bürger" entgleite. Damit stehe aber die Demokratie auf dem Spiel, die er jetzt definiert als die Selbstbestimmung der Mitglieder eines „Wir-Identität-besitzenden" Gemeinwesens über das eigene kollektive Schicksal.

Die Prozesse der internen Differenzierung und der Internationalisierung haben ein System entstehen lassen, das unter dem Begriff „Verhandlungsdemokratie" diskutiert wird. Wenn es richtig ist, dass die Input-Seite des politischen Prozesses dann demokratische Legitimität beanspruchen kann, wenn sie die Anforderungen der Transparenz und der Partizipationsmöglichkeiten erfüllt und in Verhandlungsdemokratien diese erheblich eingeschränkt sind, dann stehen die Legitimitätsdefizite von Verhandlungsdemokratien außer Frage. Wenn es andererseits aber auch richtig ist, dass ohne Verhandlungen auf der vorstaatlichen und der internationalen Ebene keine effektiven Entscheidungen zustande kommen, ineffektive Entscheidungen bzw. unzureichende Outputs des politischen Prozesses zu einem Mangel an Akzeptanz durch die Bürger führen und ebenfalls Legitimitätsprobleme hervorrufen, dann kommt es zu dem, was Manfred Schmidt als „Effektivitäts-Legitimitäts-Dilemma" bezeichnet. Für einen Ausweg aus diesem Dilemma finden sich bei Scharpf zwei Vorschläge. Anfang der 90er-Jahre plädiert er für eine autonomieschonende Gestaltung der internationalen Verhandlungen, für die Respektierung der nationalstaatlichen Souveränität, für weitgehende Entflechtung, für eine eindeutige Zuordnung der Verantwortlichkeiten, für bilaterale statt multilateraler Verhandlungen usw. Insgesamt ist er zu dieser Zeit von einer tiefen Skepsis geprägt hinsichtlich der Chancen und der Zukunft der Demokratie. „Wenn nicht alle Anstrengungen unternommen werden, um die praktizierte Politikverflechtung immer wieder auf ihr notwendiges Maß zu reduzieren, so laufen wir heute Gefahr, dass die Demokratie, die alle konkurrierenden Legitimationsprinzipien überlebt hat, entweder an der weltweit zunehmenden Interdependenz der Probleme scheitert oder in einem immer dichteren Gestrüpp von interorganisatorischen, föderalen und transnationalen Verflechtungen erstickt wird" (Scharpf 1993).

Fünf Jahre später, in dem hier abgedruckten Text, klingt Scharpf weit weniger skeptisch und resignativ.

Ausgangspunkt in diesem Text ist die schon in der komplexen Demokratietheorie getroffene Unterscheidung zwischen zwei komplementären Perspektiven, die er als „input-orientierte" und „output-orientierte" Legitimitätsargumente bezeichnet. Die input-orientierte Perspektive betont die Herrschaft *durch das Volk,* die output-orientierte Perspektive die Herrschaft *für das Volk.* „Obwohl beide Argumente komplementär verwendet werden, sind sie analytisch zu unterscheiden und sie beruhen auf höchst unterschiedlichen Vorbedingungen" (16). Vor allem aber unterscheiden sie sich in ihren Implikationen für die demokratische Legitimität der Herrschaft in Europa. Bezogen auf Europa kommt Scharpf demokratietheoretisch zu folgenden Ergebnissen.

Input-orientierte Legitimität stützt sich sowohl auf Partizipation als auch auf Konsens. Die Konsensformel sei dann plausibel, wenn es um Probleme gehe, bei denen die von der Entscheidung betroffenen Personen oder mit ihnen eng verbundene Vertreter zur Beratung über Lösungen zusammenkommen, die im gemeinsamen Interesse liegen und denen deshalb alle zustimmen können. Sobald aber in größeren Einheiten Mehrheitsentscheidungen getroffen werden müssten, schwindet sowohl die Plausibilität der Partizipationsformel als auch der Konsensformel. Warum sollten in größeren Einheiten Minderheiten die Entscheidungen der Mehrheit akzeptieren? Scharpf verweist in diesem Zusammenhang auf Claus Offe, der deutlich macht, dass die Akzeptanz von Mehrheitsentscheidungen und die damit u.U. verbundenen Opfer durch die Minderheit Vertrauen in den guten Willen der Mitbürger voraussetze. Grundlage dieses Vertrauens, so Scharpf dann weiter, sei ein „Gemeinsamkeitsglauben", der sich auf präexistente geschichtliche, sprachliche, kulturelle Gemeinsamkeiten gründe. Eine solche starke kollektive Identität kann unter Umständen im Nationalstaat vorausgesetzt werden, nicht aber innerhalb der Europäischen Union, die noch weit von einer starken kollektiven Identität entfernt sei. Daraus zieht er den Schluss, dass aus einer Input-Perspektive erhebliche Demokratiedefizite zu konstatieren seien und dass eine „Input-Legitimität" für europäische Entscheidungen weder gegeben noch in der nächsten Zeit zu erwarten sei. Allerdings ist er jetzt der Meinung, die Effektivität oder die „Output-Legitimität" könne dieses Defizit vollständig ausgleichen. Zum einen hätten Verhandlungslösungen auf der europäischen Ebene eine „indirekte" demokratische Qualität, da die Ausübung staatlicher Gewalt von einer aufmerksamen Öffentlichkeit verfolgt und von öffentlichen Debatten begleitet würden, die in der Lage wären, das Ergebnis anstehender Wahlen zu beeinflussen und die von den Entscheidungsträgern antizipiert würden. Zum anderen könne durch die ausreichende Interessenvertretung jegliche interessenschädigende Politik verhindert werden. Zusammenfassend geht Scharpf davon aus, dass das europäische politische System sich grundlegend von nationalen Demokratien unterscheide. Während im demokratischen Nationalstaat nach wie vor input-orientierte und output-orientierte Legitimität Seite an Seite koexistieren und sich gegenseitig verstärken und ergänzen und Demokratie Herrschaft durch das Volk und für das Volk zugleich sein könne, gälte dies nicht für die Europäische Union, die derzeit nur in der Lage sei, eine Output-Legitimität zu erreichen. Die Diskussion um das Demokratiedefizit der Europäischen Union ließe sich daher sinnvoll nur in output-orientierten Kategorien führen.

Die Bedeutung der komplexen Demokratietheorie von Fritz W. Scharpf liegt demokratietheoretisch vor allem in der Kombination von empirischer und normativer Analyse und in der weitgehenden Überwindung des bis in die 70er-Jahre vorherrschenden dichotomen Denkens. In der demokratietheoretischen Diskussion hat sie den Blick geschärft für die Inputs und die Outputs des politischen Prozesses, insbesondere auch für die Bedeutung der Outputs hinsichtlich der Legitimität von Demokratien. Vielleicht liegt auch eine besondere Stärke der komplexen Demokratietheorie darin, „dass sie besser als die meisten anderen modernen Demokratietheorien einen klaren Blick für die Gefährdungen der Demokratie behält", wie Manfred G. Schmidt formuliert.[1]

Inwieweit die Auflösung der Verknüpfung von input-orientierter und output-orientierter Perspektive zugunsten einer reinen Output-Orientierung im Zusammenhang der Europäischen Union demokratietheoretisch zu einem Komplexitätsverlust führt, bleibt abzuwarten. Dieser Perspektivenwechsel kann aber auch dazu führen, dass die vor allem auf „Demokratiedefizite" fixierte Diskussion zur europäischen Integration neue Impulse dadurch erhält, dass deutlich wird, dass die Schwäche europäischer Politik nicht, wie immer wieder behauptet, in ihrer mangelnden Legitimität liege, sondern in der geringen Problemlösungsfähigkeit der europäischen Institutionen. Die Rede vom „europäischen Demokratiedefizit" gehe an den Problemen vorbei, es gebe vielmehr ein europäisches Problemlösungsdefizit. Vor allem das müsse in Zukunft durch institutionelle Reformen beseitigt werden, um nicht auch noch die output-orientierte Legitimität der Europäischen Union zu gefährden.

Anmerkung

1 Manfred G. Schmidt: Demokratietheorien. Eine Einführung. 5. Auflage Wiesbaden 2010, S. 287.

Jürgen Habermas

Ausgewählt und interpretiert von Hubertus Buchstein

Deliberative Demokratietheorie (1994)

So ist es nicht erstaunlich, daß die Theorien des Vernunftrechts die Legitimations-   1
frage einerseits mit dem Hinweis auf das Prinzip der *Volkssouveränität* und andererseits mit Bezugnahme auf die durch Menschenrechte garantierte *Herrschaft der
Gesetze* beantwortet haben. Das Prinzip der Volkssouveränität drückt sich in den
Kommunikations- und Teilnahmerechten aus, die die öffentliche Autonomie der   5
Staatsbürger sichern; die Herrschaft der Gesetze in jenen klassischen Grundrechten, die die private Autonomie der Gesellschaftsbürger gewährleisten. Das Recht
legitimiert sich auf diese Weise als Mittel zur gleichmäßigen Sicherung privater
und öffentlicher Autonomie. Allerdings hat die politische Philosophie die Spannung zwischen Volkssouveränität und Menschenrechten, zwischen der ‚Freiheit   10
der Alten' und der ‚Freiheit der Modernen', nicht ernstlich zum Ausgleich bringen
können. Die politische Autonomie der Bürger soll sich in der Selbstorganisation
einer Gemeinschaft verkörpern, die sich durch den souveränen Willen des Volkes
ihre Gesetze selber gibt. Die private Autonomie der Bürger soll andererseits in
Grundrechten Gestalt annehmen, die die anonyme Herrschaft der Gesetze ge-   15
währleisten. Wenn die Weichen erst einmal so gestellt sind, kann die eine Idee nur
auf Kosten der anderen zur Geltung gebracht werden. Die intuitiv einleuchtende
Gleichursprünglichkeit beider Ideen bleibt auf der Strecke. [...]
Der auf Aristoteles und den politischen Humanismus der Renaissance zurückreichende
Republikanismus hat stets der öffentlichen Autonomie der Staatsbürger Vorrang vor   20
den vorpolitischen Freiheiten der Privatleute eingeräumt. Der auf Locke zurückge-
hende *Liberalismus* hat die Gefahr tyrannischer Mehrheiten beschworen und einen
Vorrang der Menschenrechte postuliert. Im einen Fall sollten die Menschenrechte
ihre Legitimität dem Ergebnis der ethischen Selbstverständigung und souveränen
Selbstbestimmung eines politischen Gemeinwesens verdanken; im anderen Fall sollten   25
sie von Haus aus legitime Schranken bilden, die dem souveränen Willen des Volkes
den Übergriff auf unantastbare subjektive Freiheitssphären verwehren. Rousseau und
Kant haben zwar das Ziel verfolgt, im Begriff der Autonomie der Rechtsperson beides,
den souveränen Willen und die praktische Vernunft, so vereinigt zu denken, daß sich

1 Volkssouveränität und Menschenrechte wechselseitig interpretieren. Aber selbst sie sind der Gleichursprünglichkeit der beiden Ideen nicht gerecht geworden; Rousseau legt eher eine republikanische, Kant eher eine liberale Lesart nahe. Sie verfehlen die Intuition, die sie auf den Begriff bringen sollten: die Idee der Menschenrechte, die
5 sich im Recht auf gleiche subjektive Handlungsfreiheiten ausspricht, darf weder dem souveränen Gesetzgeber als äußere Schranke bloß auferlegt noch als funktionales Requisit für dessen Zwecke instrumentalisiert werden.

Um diese Intuition richtig auszudrücken, empfiehlt es sich, das demokratische Verfahren, das dem Prozeß der Rechtsetzung unter Bedingungen des gesellschaft-
10 lichen und weltanschaulichen Pluralismus erst seine legitimitätserzeugende Kraft verleiht, unter diskurstheoretischen Gesichtspunkten zu betrachten. Dabei gehe ich von dem hier nicht näher zu erörternden Grundsatz aus, daß genau die Regelungen Legitimität beanspruchen dürfen, denen alle möglicherweise Betroffenen als Teilnehmer an rationalen Diskursen zustimmen könnten. Wenn nun Diskurse
15 und Verhandlungen – deren Fairneß wiederum auf diskursiv begründeten Verfahren beruhen – den Ort bilden, an dem sich ein vernünftiger politischer Wille bilden kann, muß sich jene Vermutung auf Vernünftigkeit, die das demokratische Verfahren begründen soll, letztlich auf ein kunstvolles kommunikatives Arrangement stützen: es kommt auf die Bedingungen an, unter denen die für eine legitime Rechtsetzung
20 notwendigen Kommunikationsformen ihrerseits rechtlich institutionalisiert werden können. Der gesuchte interne Zusammenhang zwischen Menschenrechten und Volkssouveränität besteht dann darin, daß das Erfordernis der rechtlichen Institutionalisierung einer staatsbürgerlichen Praxis des öffentlichen Gebrauchs kommunikativer Freiheiten eben durch die Menschenrechte selbst erfüllt wird.
25 Menschenrechte, die die Ausübung der Volkssouveränität *ermöglichen*, können dieser Praxis nicht als Beschränkung von außen auferlegt werden.

Diese Überlegung leuchtet freilich unmittelbar nur für die politischen Bürgerrechte, also die Kommunikations- und Teilnahmerechte ein, die die Ausübung der politischen Autonomie sichern, nicht jedoch für die klassischen Menschenrechte, die die
30 private Autonomie der Bürger gewährleisten. Hier denken wir in erster Linie an das fundamentale Recht auf das größtmögliche Maß gleicher subjektiver Handlungsfreiheiten, aber auch an Grundrechte, die den Status eines Staatsangehörigen sowie umfassenden individuellen Rechtsschutz konstituieren. Diese Rechte, die jedem allgemein eine chancengleiche Verfolgung seiner privaten Lebensziele garantieren
35 sollen, haben einen intrinsischen Wert, jedenfalls gehen sie in ihrem instrumentellen Wert für die demokratische Willensbildung nicht auf. Der Intuition der *Gleichursprünglichkeit* der klassischen Freiheitsrechte mit den politischen Bürgerrechten werden wir erst dann gerecht, wenn wir unsere These, daß die Menschenrechte die Selbstbestimmungspraxis der Bürger *ermöglichen*, […] präzisieren.

Jürgen Habermas: Über den internen Zusammenhang von Rechtsstaat und Demokratie (1994).
In: Jürgen Habermas: Philosophische Texte. Band 4, Politische Theorie. Frankfurt/M. 2009,
S. 140-153 (Auszüge). Hervorhebungen im Original

Interpretation

Jürgen Habermas (geb. 1929) gilt als wichtigster Vertreter einer zweiten Generation der „Kritischen Theorie" der „Frankfurter Schule". Es ist dies eine Denkrichtung in der linken Sozialwissenschaft, die auf Max Horkheimer (1895-1973) und Theodor W. Adorno (1903-1969) zurückgeht und in der Weimarer Republik, der amerikanischen Emigration und später in der jungen Bundesrepublik eine Gesellschafts- und Kulturkritik vertrat, die aus einer eigenständigen disziplinären Mischung aus westlichem Marxismus, Psychoanalyse, Philosophie, Ökonomie und empirischer Sozialwissenschaft bestand.

Seit 1956 war Habermas Assistent von Adorno in Frankfurt und arbeitete dort an einer empirischen Studie über das demokratische Bewusstsein Frankfurter Studenten.[1] In den Folgejahren verfasste er seine Habilitationsschrift über den *Strukturwandel der Öffentlichkeit* (1961)[2], die heute als Klassiker der modernen Demokratietheorie gilt. Habermas zeichnet in diesem Buch ein eher dunkles Bild der Transformation von Öffentlichkeit, das noch stark von den Motiven der älteren Frankfurter Schule Adornos geprägt ist: Im Zuge der Etablierung des modernen Sozial- und Interventionsstaats seit dem Ende des 19. Jahrhunderts und der damit verbundenen Verflechtung von Staat und bürgerlicher Gesellschaft sei die ehemals freie Sphäre einer kritischen Öffentlichkeit zunehmend vermachtet worden. Für die späten fünfziger Jahre stellte Habermas die These auf, dass eine politische Öffentlichkeit, in der vernunftgeleitet und frei argumentiert würde, nur noch in Nischen existiere und das öffentliche Leben stattdessen von interessegeleiteten „Öffentlichkeitsarbeitern" dominiert sei. Gegen diese Entwicklung verteidigt Habermas seinen emphatischen Begriff von demokratischer Öffentlichkeit und beschließt das Buch mit Überlegungen, wie diese in der modernen Gesellschaft wieder zum Leben erweckt werden könne.

1961 übernahm Habermas eine Professur für Philosophie in Heidelberg und wurde 1964 Nachfolger von Max Horkheimer als Professor für Philosophie und Soziologie in Frankfurt. Er beteiligte sich in diesen Jahren engagiert aufseiten der Studenten für eine Hochschul- und Gesellschaftsreform. Nach Konflikten mit der Studentenschaft kehrte Habermas Frankfurt 1971 den Rücken, um zusammen mit Carl-Friedrich von Weizsäcker in Starnberg das Max-Planck-Institut zur Erforschung der Lebensbedingungen in der wissenschaftlich-technischen Welt zu leiten. In den folgenden zehn Jahren arbeitete er eine eigenständige Version der Kritischen Theorie aus, deren philosophische, gesellschaftstheoretische und demokratietheoretische Grundlinien er 1981 in seiner zweibändigen *Theorie des kommunikativen Handelns*[3] zusammenfasste. 1983 kam Habermas nach Frankfurt zurück und lehrte dort bis zu seiner Emeritierung im Jahre 1994. Seitdem hat er verschiedene Gastprofessuren in den USA wahrgenommen, unter anderem in New York, Cambridge/Mass. und Chicago.

Auch in seinem neunten Lebensjahrzehnt ist Jürgen Habermas ein ungemein produktiver Autor. Er hat seine theoretischen Konzepte und Ansätze in Reaktion auf kritische Nachfragen in wichtigen Aspekten immer wieder revidiert, korrigiert oder weiterentwickelt. Inzwischen sind von ihm über 20 Bücher und über 100 Aufsätze publiziert worden. Sein Werk umfasst eine außergewöhnliche thematische Breite und ist in über dreißig Sprachen übersetzt. Habermas hat in Deutschland und den USA, aber auch in anderen Ländern Europas und in Lateinamerika schulbildend gewirkt und es finden sich von ihm beeinflusste Professorinnen und Professoren auf philosophischen, politikwissenschaftlichen, soziologischen und juristischen Lehrstühlen an in- und ausländischen Universitäten. Mittlerweile ist auch eine Reihe von Einführungen und Überblicksdarstellungen zum Werk von Habermas erschienen.[4]

Mit Beginn seines Wirkens hat Habermas auch Einfluss auf aktuelle politische Kontroversen genommen: sei es in den 50er-Jahren in seiner Kritik an der Wiederaufrüstung der Bundesrepublik, in den 60er-Jahren aufseiten der studentischen Protestbewegung, in den 70er-Jahren als Verteidiger der Prinzipien des demokratischen Rechtsstaats gegen die politischen Repressionen im Zuge der staatlichen Terroristenhatz, in den 80er-Jahren als Gegner der Versuche, den Holocaust zu relativieren (sog. „Historikerstreit"), in den 90er-Jahren als Kritiker eines einfachen ‚Anschlusses' der ehemaligen DDR an die Bundesrepublik sowie in den letzten Jahren als Gegner des Klonens von Menschen oder als Befürworter einer stärker integrierten und reformierten EU.

Seinem Selbstverständnis nach hat Habermas dieses öffentliche Engagement nicht in seiner Rolle als Wissenschaftler, sondern als Intellektueller und Bürger betrieben. Dies führt zurück zu seinem Verständnis von Öffentlichkeit und Demokratie. Denn trotz aller Wandlungen in seiner Theorie hat er am normativen Begriff einer Öffentlichkeit, in der interessenfrei, vernunftgeleitet und fair argumentiert wird, um zu einer gerechten und problemadäquaten Lösung politischer Konflikte zu gelangen, festgehalten. Im philosophischen Teil seiner Theorie bemüht er sich um eine umfassende Fundierung dieses Prinzips in einer Diskursethik; in seinen gesellschafts- und politiktheoretischen Arbeiten skizziert er die Randbedingungen, institutionellen Formen sowie die Gefährdungen einer solchen Öffentlichkeit.

In dem Textauszug diskutiert Habermas das Verhältnis von Volkssouveränität und Freiheit in der Demokratie. In der liberalen Tradition der modernen Demokratietheorie – etwa der *Federalist Papers* oder von Alexis de Tocqueville – werden diese beiden Werte in Konkurrenz zueinander gestellt. Hintergrund dieser Konkurrenz ist die Angst vor Mehrheitsentscheidungen im Namen der Demokratie, mit denen die Freiheitsrechte von Minderheiten beschnitten, wenn nicht sogar ihr Leib und Leben vernichtet werden. Die liberale Antwort auf diese Angst ist die Begrenzung der Demokratie und die institutionelle Garantie in Form der Herrschaft des Gesetzes in Form klassischer Grundrechte. Habermas möchte nun zeigen, dass diese Konkurrenz auf einem Missverständnis der demokratischen Grundwerte von Volkssouveränität und Freiheit beruht. Bedenklich ist dieses Missverständnis deshalb, weil dann „die eine Idee nur auf Kosten der anderen zur Geltung gebracht werden" (299) kann. Habermas will dagegen die „intuitiv einleuchtende Gleichursprünglichkeit beider Ideen" (299) begründen. Er betrachtet daher den politischen Prozess „unter diskurstheoretischen Gesichtspunkten" (299). Dies geschieht in drei Schritten:

In einem ersten Schritt erinnert Habermas an den von ihm an anderer Stelle entfalteten diskurstheoretischen Grundsatz, dass „genau die Regelungen Legitimität beanspruchen dürfen, denen alle möglicherweise Betroffenen als Teilnehmer an rationalen Diskursen zustimmen könnten" (299, 300). Zu diesem Grundsatz gibt es in einer pluralen Welt keine Alternative. Denn: Keine besondere Sicht der Dinge, Heilslehre, Religion oder Ideologie kann für andere Menschen legitimerweise den Anspruch erheben, ‚die Wahrheit' zu wissen und zu vertreten. Wenn dem aber so ist, dann bleibt in einer pluralen Gesellschaft nur der freie Austausch von Argumenten und die Hoffnung auf einen Konsens oder Kompromiss als Quelle der Legitimitätserzeugung.

In einem zweiten Schritt führt Habermas die Bedingungen eines „rationalen Diskurses" ein. Dazu gehört die Öffentlichkeit im weitesten Sinne, also die Offenheit für die Ansichten aller möglicherweise Betroffenen und die Offenheit der gleichberechtigten und freien Rede für alle Beteiligten.

Im dritten Schritt sieht Habermas den „internen Zusammenhang zwischen Menschenrechten und Volkssouveränität" durch das „Erfordernis einer rechtlichen Institutionalisierung einer staatsbürgerlichen Praxis des öffentlichen Gebrauchs kommunikativer Freiheiten eben durch die Menschenrechte selbst" (300) hergestellt. Die Menschenrechte stehen der Volkssouveränität nicht entgegen, sondern ermöglichen deren Ausübung erst. Beide bedingen einander wechselseitig.

Habermas begründet mit diesem Dreischritt eine Sicht demokratischer Werte, die zwei Konsequenzen hat. Erstens hebt er dadurch die Stellung der politischen Bürgerrechte, also der Kommunikations- und Teilhaberechte, innerhalb des liberalen Grundrechtekatalogs hervor. Andere liberale Rechte – wie z.B. das Recht auf Eigentum – sind demgegenüber nachgeordnet; so lässt sich ein unverletzliches Eigentumsrecht nur schwerlich als Bedingung der gleichberechtigten politischen Teilhabe behaupten, wohingegen ein Mindestmaß an sozialstaatlicher Aktivität zu den Ermöglichungsbedingungen politischer Teilhabe gerechnet werden muss.

Zweitens redet Habermas – entgegen der bundesrepublikanischen Tradition – einer Beschränkung der Verfassungsgerichtsbarkeit das Wort. In der traditionellen Begründung für Verfassungsgerichte gelten diese als „Hüter der Verfassung", die vor allem aktiv werden müssen, wenn der demokratisch gewählte Gesetzgeber (also das Parlament) „gegen die Verfassung verstößt". Nun ist die Frage, ob ein bestimmtes Gesetz die Verfassung verletzt, innerhalb des Bundesverfassungsgerichts keine eindeutig zu beantwortende Frage. Und so hat sich im Laufe der Zeit eine Kritik an der Institution der deutschen Verfassungsgerichtsbarkeit formiert, die in vielen ihrer Entscheidungen (unabhängig von ihrem Inhalt) eine Art Ersatzgesetzgeber sieht, die das demokratisch gewählte Parlament entmachtet.

Folgt man den skizzierten Überlegungen von Habermas, dann lassen sich die Fragen, die dem Bundesverfassungsgericht zur Entscheidung vorgelegt werden dürfen, auf jenen Themenbereich beschränken, der unmittelbar und mittelbar die politischen Teilhaberechte und die Existenz einer demokratischen Öffentlichkeit umfasst. In allen anderen Fragen hat die Verfassungsauslegung des gewählten Parlaments Vorrang. In seinem Buch *Faktizität und Geltung*[5] hat Habermas 1992 nicht nur die These der Gleichursprünglichkeit von Volkssouveränität und Menschenrechten ausführlicher dargelegt, sondern auch seine Vorstellung demokratischer Öffentlichkeiten weiter entwickelt. Summa summarum gelangt er dabei zu einem positiveren Bild als noch dreißig Jahre zuvor im *Strukturwandel der Öffentlichkeit*. Für seine gegenwärtige Öffentlichkeitsvorstellung hat er in „Faktizität und Geltung" den Begriff ,deliberative Demokratie' übernommen. Die Bezeichnung deliberative Demokratie stammt aus der amerikanischen Rechtstheorie der 80er-Jahre. Unter Deliberation wird zunächst einmal nur die öffentliche Kommunikation über politische Fragen auf Versammlungen, in Gremien oder den Institutionen der Medienöffentlichkeit verstanden. Doch die Erwartungen, die an deliberative Prozesse adressiert werden, sind hoch. Vom Medium des Gesprächs wird erwartet, dass es – wenn es „nur" auf richtige Weise institutionalisiert ist – zu einem rationalen Umgang miteinander beiträgt; von deliberativen Prozessen wird angenommen, dass sie die beteiligten Personen in der Entwicklung ihrer Fähigkeiten und Kompetenzen als Bürger animieren; und von den Ergebnissen deliberativer Prozesse wird deshalb angenommen, dass sie eine größere Rationalität und damit eine höherrangige Legitimität beanspruchen dürfen.

Die deliberative Demokratietheorie ist nicht zuletzt im Anschluss an die kritischen Überlegungen von Schumpeter und Downs über die Kompetenzen von „rationalen" Bürgern entwickelt worden. Wie Rational Choice geht sie davon aus, dass viele Bürger heute in der Regel über keine informierten, vollständigen und logisch konsistenten politischen Überzeugungen verfügen. Politische Entscheidungen allein von derartigen Ansichten abhängig zu machen, sei unverantwortlich. Doch anders als Schumpeter, der aus diesen Überlegungen eine Elitentheorie der Demokratie ableitet, postuliert die deliberative Demokratietheorie: die politischen Überzeugungen von Bürgern sind nicht nur aufklärungsbedürftig, sondern in großem Maße auch aufklärungsfähig. Als wirksamstes Mittel sehen sie die politische Kommunikation der Bürger untereinander an.

Habermas richtet noch weitergehende Erwartungen an die deliberative Demokratie. In seiner Konzeption fungiert die deliberative Demokratie nicht als Mittel der Erhöhung des sachlichen Informationsgrades politischer Entscheidungen, sondern auch als eine Art moralischer Filter. Im öffentlichen Diskurs speisen die Beteiligten laut Habermas nicht nur ihre Eigeninteressen in den politischen Prozess ein, sondern auch ihre Vorstellung von dem, was sie für das Gemeinwohl halten. Es ist jenes gemeinwohlorientierte Verhalten, das an die Stelle des egoistischen und egozentrischen tritt; es wird dem Element der Öffentlichkeit der Deliberation zugeschrieben.

Von hier aus lässt sich wiederum eine Brücke zum philosophischen Ansatz von Habermas schlagen. Danach können nur solche Normen Geltung beanspruchen, die für alle direkt oder indirekt Beteiligten zustimmungsfähig sind. Zustimmungsfähigkeit ist näher qualifiziert als das Resultat eines Deliberationsprozesses, der den Bedingungen der Gleichheit aller Teilnehmer, der Offenheit einer Agenda und der Möglichkeit der Infragestellung geltender Diskursregeln unterliegt. Das Ziel des demokratischen Deliberationsprozesses ist es nicht, eine feststehende moralisch richtige Lösung freizulegen, sondern gemeinsam all die Argumente aus dem politischen Prozess herauszuhalten, die allein der Verfolgung privaten Nutzens dienen.

Habermas setzt in seiner konkreten institutionellen Umsetzung auf eine Mischstrategie: Zum einen reklamiert er eine Wiedergewinnung der Formen des argumentativen Austausches in den etablierten politischen Institutionen des Parlaments, der politischen Parteien und der Verbände. Zum anderen sieht er in den Institutionen der Bürger- oder Zivilgesellschaft – also Bürgerinitiativen, sozialen Bewegungen und sonstigen aktiven Bürgervereinigungen – eine unverzichtbare Ressource moderner Politik. Schließlich fordert er eine weniger kommerziell organisierte Medienöffentlichkeit zur Unterstützung deliberativer Prozesse in westlichen Demokratien.

Jürgen Habermas hat sich von einem skeptischen Kritiker der westdeutschen Nachkriegsdemokratie zu einem optimistischen Kritiker der etablierten Demokratie der gegenwärtigen Bundesrepublik gewandelt. Er selbst führt diesen Rollenwandel nicht allein auf Anpassungen seiner Theorie, sondern auch auf positive Veränderungen in der bundesrepublikanischen politischen Kultur der vergangenen dreißig Jahre zurück.

In seinen politischen Schriften seit Mitte der 90er-Jahre setzt sich Habermas insbesondere für eine verstärkte Integration Deutschlands in die Europäische Union ein und fordert in diesem Zusammenhang eine europäische Verfassung, die diesen Namen auch wirklich verdient. Die aktuellen Gefährdungen der Demokratie – so führt er in einem Beitrag zur europäischen Finanzkrise des Jahres 2010 aus[6] – sieht er vor allem in den Folgen einer ungebremsten Globalisierung der Wirtschaft, der die Politik bislang keinen entsprechenden Aufbau internationaler Institutionen zur Seite stellt.

Anmerkungen

1   Zur Biografie von Habermas vgl. Rolf Wiggershaus: Jürgen Habermas. Rowohlt-Monographie. Reinbek 2004.
2   Jürgen Habermas: Strukturwandel der Öffentlichkeit. Neuauflage. Frankfurt/M. 1990.
3   Jürgen Habermas: Theorie des Kommunikativen Handelns. 2 Bände. Frankfurt/M. 1981.
4   Den besten einführenden Überblick über das Werk von Habermas gibt: Mattias Iser/David Strecker: Jürgen Habermas zur Einführung. Hamburg 2010. Zu empfehlen ist des Weiteren: Hauke Brunkhorst/ Regina Kreide/Christina Lafont (Hrsg.): Habermas-Handbuch. Stuttgart 2009.
5   Jürgen Habermas: Faktizität und Geltung. Frankfurt/M. 1992.
6   Jürgen Habermas: Wir brauchen Europa! In: Die Zeit (Nr. 21) vom 20. Mai 2010, S. 47.

Colin Crouch

Ausgewählt und interpretiert von Dirk Jörke

Postdemokratie (2004)

1 Die relativ niedrigen Anforderungen, die im Rahmen des liberalen Demokratieverständnisses an das Funktionieren des politischen Systems gestellt werden, führen zu einer Zufriedenheit, die uns blind machen kann für ein neuartiges Phänomen, das ich als „Postdemokratie" bezeichnen möchte. Der Begriff bezeichnet ein Gemein-
5 wesen, in dem zwar nach wie vor Wahlen abgehalten werden, Wahlen, die sogar dazu führen, daß Regierungen ihren Abschied nehmen müssen, in dem allerdings konkurrierende Teams professioneller PR-Experten die öffentliche Debatte während der Wahlkämpfe so stark kontrollieren, daß sie zu einem reinen Spektakel verkommt, bei dem man nur über eine Reihe von Problemen diskutiert, die die
10 Experten zuvor ausgewählt haben. Die Mehrheit der Bürger spielt dabei eine passive, schweigende, ja sogar apathische Rolle, sie reagieren nur auf die Signale, die man ihnen gibt. Im Schatten dieser politischen Inszenierung wird die reale Politik hinter verschlossenen Türen gemacht: von gewählten Regierungen und Eliten, die vor allem die Interessen der Wirtschaft vertreten. Genau wie das maximalistische
15 Ideal ist auch dieses Modell eine Übertreibung. Man kann in der gegenwärtigen politischen Landschaft allerdings so viele seiner Elemente ausmachen, daß es sich lohnt zu untersuchen, wo wir heute auf dem Kontinuum zwischen den Polen stehen und in welche Richtung sich die Politik entwickelt. Ich bin davon überzeugt, daß wir uns dem postdemokratischen Pol immer mehr annähern.
20 Falls diese Beobachtung zutrifft, werden jene Faktoren, die ich im folgenden als Ursachen dieser Veränderung diskutieren werde, uns möglicherweise auch dabei helfen, etwas zu erklären, das für Sozialdemokraten und alle anderen Menschen, die an das Ideal der politischen Gleichheit glauben, von großem Interesse ist; für sie ist dieses Buch in erster Linie gedacht. In einer Postdemokratie, in der immer mehr
25 Macht an die Lobbyisten der Wirtschaft übergeht, stehen die Chancen schlecht für egalitäre politische Projekte zur Umverteilung von Wohlstand und Macht sowie die Eindämmung des Einflusses mächtiger Interessengruppen.
Mir ist aber ein weiterer Punkt wichtig: Wenn sich die Politik tatsächlich in Richtung der Postdemokratie bewegt, dann könnte die Linke Zeuge einer grundlegenden

Veränderung werden, im Zuge derer viele Errungenschaften des 20. Jahrhunderts   1
rückgängig gemacht werden könnten. In diesem Jahrhundert haben Linke auf der
ganzen Welt – zum Teil friedlich und Schritt für Schritt, zum Teil aber auch im
Angesicht von Gewalt und Repression – dafür gekämpft, den normalen Menschen
auf der politischen Bühne Gehör zu verschaffen. Werden diese Stimmen nun   5
wieder aus der öffentlichen Arena verdrängt, da die ökonomischen Eliten ihre
Einflußmöglichkeiten weiterhin nutzen, während diejenigen des *demos* geschwächt
werden? Das heißt nicht, daß wir wieder dort stünden, wo wir am Anfang des 20.
Jahrhunderts angefangen haben; auch wenn wir uns in diese Richtung bewegen
mögen, befinden wir uns schließlich an einem ganz anderen Punkt der historischen   10
Entwicklung und wir tragen die Erbschaft der jüngsten Vergangenheit mit uns
herum. Ein geeignetes Bild für die Geschichte der Demokratie scheint mir vielmehr
die geometrische Form der Parabel zu sein: Skizziert man eine Parabel in einem
Koordinatensystem, in dem die x-Achse den Zeitaufwand darstellt, so wird der Stift
diese Achse zweimal berühren: einmal auf dem Weg hin zum Scheitel, ein zweites   15
Mal auf dem Weg vom Scheitelpunkt weg. Dieses Bild ist für vieles, was ich über
die komplexen Charakteristika der Postdemokratie zu sagen habe, relevant. […]
Der Niedergang der traditionellen Klasse der (Industrie-)Arbeiter ist jedoch nur
ein Aspekt (wenngleich ein sehr wichtiger) der parabelförmigen Lebenskurve der
Demokratie. Die beiden Phänomene, die Krise des egalitären, an politischer und   20
ökonomischer Gleichheit ausgerichteten Projekts und der Substanzverlust der
Demokratie, sind nicht notwendigerweise ein und dasselbe. Aus der Perspektive
der Egalitaristen könnte man behaupten, daß es nicht darauf ankommt, ob eine
Regierung die demokratischen Verfahren manipuliert, solange sie den Reichtum
und die Macht in der Gesellschaft gleichmäßiger verteilt. Konservative Demokraten   25
werden darauf hingewiesen, daß ein höheres Niveau in öffentlichen Diskussionen
nicht unbedingt zu einer gerechteren Politik führen muß. Doch an einer Reihe
ganz entscheidender Punkte berühren sich diese Probleme, und es sind gerade diese
Punkte, auf die ich mich in diesem Buch konzentrieren möchte. Dabei kommt
es mir vor allem auf eine These an: Während die demokratischen Institutionen   30
formal weiterhin vollkommen intakt sind (und heute sogar in vielerlei Hinsicht
weiter ausgebaut werden), entwickeln sich politische Verfahren und die Regierungen zunehmend in eine Richtung zurück, die typisch war für vordemokratische
Zeiten: Der Einfluß privilegierter Eliten nimmt zu, in der Folge ist das egalitäre
Projekt zunehmend mit der eigenen Ohnmacht konfrontiert. Eine Implikation   35
dieser These ist es, daß es zu kurz greift, wenn man die Krise der Demokratie allein
auf die Massenmedien und die wachsende Rolle von PR-Profis und *spin doctors*
zurückführt. Damit vernachlässigt man einige tiefer greifende Prozesse, die sich
in der Gegenwart vollziehen.

Colin Crouch: Postdemokratie (2004).
Aus dem Englischen von Nikolaus Gramm. Bonn 2009, S. 10–13 (Auszüge).
Hervorhebungen im Original

Interpretation

Der Begriff der „Postdemokratie" hat in den vergangenen Jahren eine erstaunliche Konjunktur erlebt. War er zu Beginn des neuen Jahrhunderts nur wenigen professionellen Beobachtern der politischen Theorie vertraut, so verbreitet er sich zumindest im deutschen Sprachraum spätestens seit der Übersetzung des Buches von Colin Crouch (2008) immer mehr. Er findet sich nicht nur häufiger im politischen Feuilleton, sondern verfügt mittlerweile auch über einen Eintrag bei ‚Wikipedia' und die Trefferquote in Online-Suchmaschinen wächst täglich. Der Begriff besitzt offensichtlich das Potenzial, ein vielfach verbreitetes Unbehagen an der gegenwärtigen demokratischen Realität zu bündeln.

Allerdings ist der Terminus „Postdemokratie" alles andere als trennscharf, was auch daran liegt, dass er aus unterschiedlichen politischen und wissenschaftlichen Zusammenhängen entstammt.[1] Eine positive Verwendungsweise von „Postdemokratie" findet sich im lateinamerikanischen Kontext bei dem argentinischen Sozialwissenschaftler Norberto Ceresole, der ihn Ende der 1990er-Jahre mit Blick auf das neopopulistische Regime in Venezuela gebraucht. Für Ceresole stellt die plebiszitär gesicherte Regierungsgewalt von Hugo Chávez eine begrüßenswerte Alternative zur traditionellen liberal-repräsentativen Demokratie dar. Im akademischen Kontext handelt es sich jedoch um die einzige positiv besetzte Verwendungsweise. Stattdessen überwiegt ein negativer Begriffsgebrauch, mit dem eklatante Defizite etablierter Demokratie benannt und auch beklagt werden sollen, so bei Sheldon Wolin am Ende seines Buches über Tocqueville (2001).[2] Dort aktualisiert er die Kritik des französischen Denkers am Verfall der demokratischen Sitten zur Zeit der ‚Jacksonian Democracy' in den 1820er- und 30er-Jahren des 19. Jhs. Auch heute wieder – so Wolin – herrsche in den USA eine Kultur, in der Freiheit mit dem Recht auf Konsum gleichgesetzt werde, mit der Folge, dass politische Handlungen nur noch als Artikulation individueller Vorlieben und Meinungen wahrgenommen werden. Ganz wie Tocqueville es prophezeit hat, handelt es sich im gegenwärtigen postdemokratischen Zeitalter laut Wolin um einen milden Despotismus. Die Bürger werden nicht gezwungen, sondern auf sanfte Weise in ihrer Konsumentenorientierung bestätigt.

Im europäischen Zusammenhang findet sich die Rede von der „Postdemokratie" erstmals 1995 bei Jacques Rancière in dem Essay *La Mésentente* (dt. 2002).[3] Dort entwickelt der französische Philosoph die These, dass in modernen Gesellschaften demokratische Politik durch die „Herrschaft der Meinungsbefragung" sowie einem routinierten politischen Betrieb, der sich auf Expertenwissen stützt, ersetzt worden sei. Der Raum des politischen Streits, welcher laut Rancière für die Demokratie konstitutiv ist, sei mithin verschwunden. Politik bestünde nur noch aus der Verwaltung gesellschaftlicher Interessen: „Die Post-Demokratie ist die Regierungspraxis und die begriffliche Legitimierung *nach* dem *Demos*, einer Demokratie, die die Erscheinung, die Verrechnung und den Streit des Volks liquidiert hat" (2002, 111, Herv. i. O.). Mit Wolin teil Rancière einen melancholischen, mitunter gar zornigen Blick auf eine vergangene Epoche der Demokratie.

Diese Einschätzung trifft auch auf die Diagnose des britischen Politikwissenschaftlers Colin Crouch (*1944) zu, von dem der abgedruckte Textauszug stammt. Crouch hat nach Ende seines Schulbesuchs zunächst als Journalist gearbeitet und 1965 ein Soziologiestudium an der London School of Economics (LSE) begonnen. Seine Dissertation schrieb er in Oxford. Crouch erlebte die englischen Studentenunruhen als gewählter Funktionär der Studierendenschaft. Seine Erfahrungen bilanzierte er in seinem ersten Buch *The Student Revolt* (1970). Später arbeitete Crouch als Dozent an den Universitäten in Bath, der LSE (1973-83), Oxford (1984-94) und am europäischen Hochschulinstitut in Florenz (1995-2004). Seit 2005 ist Crouch Professor für ‚Governance and Public Management' an der Universität Warwick. Zu seinen Forschungsschwerpunkten gehören die Verbändeforschung und die Analyse staatlicher und industrieller Regulierungspolitiken. 2001 hat er zunächst auf Italienisch, dann 2004 auf Englisch seinen zu einem Essay ausgebauten Vortrag über „Postdemokratie" veröffentlicht. Zeitgeschichtlich kommt in dem Buch nicht zuletzt seine Enttäuschung über die damalige Politik des „Dritten Weges" der Labourpartei von Tony Blair in Großbritannien, zu dessen Stichwortgebern er neben Anthony Giddens einst selbst gehört hatte, zum Ausdruck. Obwohl der Band seinen essayistischen Charakter auch in sprachlicher Hinsicht nicht verleugnet, handelt es sich um den bislang systematischsten Beitrag zur gegenwärtigen Postdemokratiedebatte.

Laut Colin Crouch zeichnet sich ein postdemokratisches Regime durch folgende Struktur aus: Die Institutionen der parlamentarischen Demokratie – periodische Wahlen, Wahlkämpfe, Parteienkonkurrenz, Gewaltenteilung – sind auf der einen Seite formal gesehen völlig intakt; und eben dadurch unterscheidet es sich grundlegend von prädemokratischen Gesellschaften. Doch auf der anderen Seite stimmt die dahinterstehende Figur der Legitimation politischen Handelns durch die Partization des Volkes nicht mehr mit den realen Gegebenheiten überein. Der öffentliche Wahlkampf ist Crouch zufolge ein von rivalisierenden Teams professioneller „Spin Doctors" kontrolliertes Spektakel. Sie bestimmen die politische Agenda durch die Auswahl und anschließende Inszenierung von wenigen Themen, die zudem immer stärker personalisiert werden. Die meisten Bürger spielten dabei lediglich eine passive, stille, bisweilen gar apathische Rolle, unfähig zur eigenen Gestaltung der politischen Auseinandersetzung. Im Rücken dieser Inszenierung des ‚Wahlspiels' fände der tatsächliche politische Prozess statt, und zwar in Form einer privatisierten Interaktion zwischen gewählten Regierungen und Eliten, die größtenteils die Interessen wirtschaftlich starker Akteure vertreten würden. An die Stelle einer durch Wahlen vermittelten Teilhabe der Bürgerinnen und Bürger an den politischen Entscheidungen sind also laut Crouch intransparente Verhandlungen getreten und der demokratische Prozess diene einzig der Erzeugung von Massenloyalität.

Für Crouch wird der Übergang von der Demokratie zur Postdemokratie von der Schwächung der Arbeiterbewegung und ihrer Organisationsformen begleitet. Die Institutionen der Demokratie leisten insbesondere nicht mehr das, was sie einst versprochen haben, nämlich nicht nur die Einbeziehung möglichst der ganzen Bevölkerung in die Politik, sondern über dieses Vehikel auch die Angleichung der Lebensverhältnisse. Nicht zuletzt die Orientierung von sozialdemokratischen Parteien zur „neuen Mitte" habe zu einer Vernachlässigung der Interessen der unteren sozialen Schichten geführt. Diese Parteien würden dadurch insbesondere darauf verzichten, dem Machtzuwachs global agierender Firmen, die sich nicht mehr einzelnen Gemeinwesen verpflichtet fühlen, eine an den Interessen und Bedürfnissen ihrer einstigen Stammwähler ausgerichtete Politik entgegenzusetzen. Die Folge hiervon sei eine wachsende Politikverdrossenheit und der Verfall der politischen Kultur zu einer bloß noch inszenierten Demokratie.

Nun kann diesem Bild vom Niedergang der politischen Kultur und des Machtzuwachses global agierender Firmen im postdemokratischen Zeitalter entgegengehalten werden, dass es romantisierende Züge aufweist. Der Postdemokratie stellt Crouch eine Epoche voran, in der die demokratische Erzählung von der Souveränität des Volkes noch mit der Realität übereinstimmte. Die „goldenen Jahre" der Sozialdemokratie – für Crouch, der vornehmlich mit Blick auf Großbritannien und die USA schreibt, die 50er- und 60er-Jahre des 20. Jahrhunderts – werden von ihm aber nicht nur hinsichtlich der sozialen Inklusion, sondern auch mit Blick auf vermeintlich demokratischere Formen kollektiver Entscheidungen verklärt. Folgt man nämlich dem Bild, welches von den Elitetheoretikern und von der „realistischen Demokratietheorie" bereits in der ersten Hälfte des 20. Jahrhunderts gezeichnet wurde, dann stellen die Mechanismen der Manipulation – oder schwächer formuliert der Beeinflussung – der Wähler kein wirklich neuartiges Phänomen dar. Zwar mag Crouch diesem Einwand entgegenhalten, dass in den westlichen Gesellschaften nach dem Zweiten Weltkrieg eine breitere soziale Inklusion der Bevölkerung festzustellen gewesen sei; doch dies ist nicht zwangsläufig mit einem höheren Grad an Demokratie gleichzusetzen. Diese Einwände ändern aber wenig an dem Umstand, dass Crouchs Konzept der ‚Postdemokratie' wie kein zweites einige der gegenwärtigen Krisenphänomene der westlichen Demokratie zu beschreiben erlaubt. Die Diagnose der Postdemokratie, wie sie von Crouch entwickelt wird, kann sich auf vielerlei empirische Evidenz berufen. Der Begriff der „Postdemokratie" erweist sich daher als ein Stachel in der politischen Kultur westlicher Gesellschaften. Er verweist darauf, dass die große demokratische Erzählung von der Souveränität des Volkes nicht oder zumindest immer weniger mit der Realität eines globalen Finanzmarktkapitalismus übereinstimmt.

Anmerkungen

1 Vgl. zum Folgenden Hubertus Buchstein/Frank Nullmeier: Einleitung: Die Postdemokratie-Debatte. In: Forschungsjournal Neue Soziale Bewegungen 19 (4) 2006, S. 16-22.
2 Sheldon S. Wolin: Tocqueville between two Worlds. The Making of a Political and Theoretical Life. Princeton/Oxford 2001.
3 Jacques Rancière: Das Unvernehmen. Frankfurt/M. 2002.

Heidrun Abromeit

Ausgewählt und interpretiert von Ingo Take

Überlegungen zur Demokratisierung der EU (1997)

Offenkundig ist die regionale Dimension ein wichtiges Strukturmerkmal europäischer Entscheidungsprozesse; was jedoch fehlt, ist die angemessene regionale Repräsentation. Sowohl vom Gesichtspunkt demokratischer Legitimation als auch von dem der Effizienz erscheint eine Vertretung der Regionen allein durch ihre Regierungen/Verwaltungen unzureichend. [...] Soll den regionalen Identitäten und Diversitäten sowie dem Verfassungsstatus der betreffenden Einheiten in Bundesstaaten tatsächlich Gerechtigkeit widerfahren, muss das „Verfassungsmonopol" der Nationalstaaten gebrochen werden; d.h. man muss nach Methoden direkter regionaler Repräsentation suchen [...].

Das zweite Strukturmerkmal europäischer Politik ist ihre *sektorale Dimension:* Die ubiquitären politischen Netzwerke sind in aller Regel funktional bzw. sektoral bestimmt. Auch hier fehlt die angemessene Repräsentation [...]. Die Netzwerke selbst schon als Form sektoraler Repräsentation anzusehen, wäre legitimatorisch wie empirisch vorschnell, wenn nicht verfehlt; denn niemand – am wenigsten die Mitglieder sektoraler Referenzgruppen an den Peripherien – weiß so recht, welche Interessenvertreter warum in welchen Netzwerken mehr oder weniger zentrale Positionen einnehmen, weswegen sie möglicherweise kaum jemand anderen vertreten als sich selbst. Um europäische Politik zu legitimieren, ist es daher dringend erforderlich, auch nach einer effektiven und direkten sektoralen Vertretung zu suchen [...].

Was wir suchen, ist eine Entscheidungsstruktur, die die regionale und die sektorale Dimension verbindet, demokratische Legitimität erzeugt und sich trotzdem nicht in Fallstricken wie denen des *„log-rolling"* [Aushandlung über verschiedene Themenfelder hinweg, I.T.] und anderer Entscheidungs-Ineffizienzen verfängt [...]. Was die Entscheidungsregel betrifft, so lehren uns die Vertragstheorie sowie die Föderalismustheorie, dass die Regel umso näher an die Einstimmigkeit heranrücken muss, je heterogener die Gesellschaft ist. Je größer allerdings die nötigen Mehrheiten sind, umso wahrscheinlicher sind – normalerweise – eben das *„log-rolling"* oder die Nicht-Entscheidung [...]. [...] Einstimmigkeit kann definiert werden als die Abwesenheit von Dissens; das heißt, (Fast-)Einstimmigkeit kann auch *ex negativo* erzielt werden, indem man nämlich Gruppen bzw. Untereinheiten mit direktdemokratischen Veto-Rechten ausstattet. Mittels des Einbaus solcher Rechte in den Entscheidungsprozeß ließen sich gleich mehrere Fliegen mit einer Klappe schlagen: Sie ermöglichen sowohl regionale als auch sektorale Repräsentation [...]; sie garantieren Flexibilität; und vor allem können sie Entscheidungen der Gemeinschaft legitimieren, ohne dass vorweg ein „Staat" und staatsähnliche Institutionen geschaffen werden müssen [...].

Generell lässt sich die Funktionsweise direktdemokratischer Widerspruchsrechte folgendermaßen vorstellen: Wann immer die bestehenden Entscheidungsinstitutionen der EU eine europäische Regelung (oder „Richtlinie") beschlossen haben, sollten vorweg definierte Gruppen/Einheiten das Recht haben, ein Veto dagegen einzulegen, sofern eine (ggf. qualifizierte) Mehrheit ihrer Mitglieder in einem Referendum entsprechend votiert. In dem Fall würde die widersprechende Gruppe oder Region nicht etwa sich selbst ausklinken („*opt out*"-Lösung); die betreffende Regelung wäre vielmehr auf europäischer Ebene blockiert, d.h. die entsprechende Frage wäre von den Mitgliedstaaten separat zu regeln. Das negative Referendum ist dabei eine vermutlich recht effektive Blockade [...].

Um ein solches direktdemokratisches Widerspruchsverfahren plausibel zu machen, sind die verschiedensten Fragen zu klären [...]: (1) Wie können die respektiven Einheiten definiert und abgegrenzt werden? (2) Welche Arten von Entscheidungen sollen dem Referendum unterliegen? (3) Wer soll diese Referenden initiieren und welche Mehrheiten auf welchen Ebenen sollten darüber entscheiden? [...].

(1) Auf der regionalen Dimension ist die Frage, welche Einheiten ein Vetorecht zugesprochen bekommen sollten, vergleichsweise leicht zu beantworten: Es ist quasi ein „angeborenes" Recht der Mitgliedstaaten von Föderationen. Sie sind selbst „Staaten"; und sie sind dies nicht zuletzt deshalb, weil ihre jeweilige Bevölkerung sich innerhalb des Gesamtstaats als Minderheit versteht, die der nationalstaatlichen Mehrheit gegenüber des Schutzes bedarf. Diesen Schutz gilt es gegenüber den Mehrheiten auf noch höheren Ebenen zu erhalten. Alle anderen Regionen – d.h. jene ohne Autonomie-Status – würden sich (in einem ersten Schritt) dagegen nur dann für das Vetorecht qualifizieren, wenn der je eigene Nationalstaat ihnen dieses Recht zugesteht. Für eine geraume Zeit bestünde demnach eine Art Zwei-Klassen-System von Regionen. Eben diese Asymmetrie mag immerhin innenpolitisch als Anreiz wirken, die Dezentralisierung auch in den bisherigen Einheitsstaaten voranzutreiben [...].

Weit schwerer sind die sektoralen Einheiten zu identifizieren. Systematisch betrachtet, ist die Definition zwar einfach: Wie die Regionen sollten die sektoralen Gruppen sich durch eine bestimmte „kollektive Identität" auszeichnen, die sich in diesem Fall weniger an gemeinsamen Traditionen oder gar an faktischer Bereichsautonomie festmachen würde, sondern an gemeinsamen (wenn auch ggf. kontradiktorischen) Regelungsinteressen, an „geteilten Risiken" und/oder am Bewusstsein gegenseitiger Abhängigkeit. Leider sind Umfang und Mitgliedschaft entsprechender sektoraler Einheiten nicht nach objektiven Kriterien vorweg bestimmbar, zumal sie je nach den

konkret zur Entscheidung anstehenden Fragen variieren können. Auch empirisch   1
dürfte nicht leicht herauszufinden sein, wer sich jeweils „identifiziert". Es liegt
nahe, die Basis sektoraler Netzwerke schlicht mit der (formalen) Mitgliedschaft
der Interessenverbände des betreffenden Sektors gleichzusetzen. [...] Zumindest
sollte man bei der Konzeptualisierung sektoraler Einheiten (a) statt von einzelnen   5
Interessengruppen von marktähnlichen Konstellationen ausgehen, die in der Regel
eine „zweite Seite" umfassen (die in vielen Fällen die der Konsumenten ist), und
(b) die Referenzgruppe (oder „latente Gruppe") der respektiven Organisationen
einbeziehen – d.h. diejenigen, die von den letzteren mobilisiert werden können [...].
(2) Es erscheint unklug, die Einstimmigkeitsregel – bzw. das Widerspruchsrecht   10
– auf jede Entscheidung anzuwenden. Der Vertragstheorie zufolge sind ihr mindestens all jene Entscheidungen zu unterwerfen, die die Entscheidungsregeln
ändern. In Föderationen kommt ein weiterer Entscheidungstyp hinzu, nämlich all
jene Entscheidungen, die die Kompetenzverteilung zwischen den verschiedenen
Ebenen von Staatlichkeit ändern (118). Wiederum ist es schwieriger, entspre-   15
chende Interventionspunkte für sektorale Einheiten anzugeben. Sofern sektorale
Autonomiesphären bestehen (wie auf nationaler Ebene z.B. die Tarifautonomie),
ist es logisch, jeden Eingriff in diese Sphären für referendumswürdig zu erklären
(119). Darüber hinaus sollten sowohl regionale wie sektorale Gruppen das Recht
haben, ihr Veto gegen jede europäische Politik einzulegen, die ihre (sozio-)kultu-   20
relle Identität und Integrität, sektorale Organisationsrechte sowie – generell – die
Menschenrechte tangiert [...].
(3) Was die Verfahrensfragen anbelangt, sollten die hier skizzierten, blockierenden
Referenda im Fall der regionalen Einheiten von jedem initiiert werden können, der
ein noch zu definierendes Quorum für das Begehren mobilisieren kann. Da die   25
Mitgliedschaft in sektoralen Einheiten sehr viel weniger eindeutig und offenkundig
ist, scheint es überlegenswert, in ihrem Fall den organisierten Gruppen (bzw. Teilen
von ihnen) die Aufgabe zuzuweisen, hinreichende Teile ihrer jeweiligen Referenzgruppe zu mobilisieren. Die letztere sollte allerdings stets und grundsätzlich als
grenzüberschreitende Gruppe konzeptualisiert werden (119).   30
Das hier skizzierte Modell ermöglicht Partizipation sowohl auf regionaler wie auf
sektoraler Basis und reflektiert so die Mehrdimensionalität europäischer Politik;
es stellt sich den spezifischen Erfordernissen eines „Nicht-Staates" mit inkongru-
enten territorialen und funktionalen Domänen. [...] Um Missverständnisse zu
vermeiden, ist an dieser Stelle im Übrigen darauf hinzuweisen, dass das Modell   35
keine Veränderung der bestehenden europäischen Entscheidungsinstitutionen und
schon gar nicht deren Abschaffung erfordert. Die letzteren würden schlicht um
die nicht-gouvernementalen Vetorechte ergänzt (120).

Heidrun Abromeit: Überlegungen zur Demokratisierung der Europäischen Union (1997).
In: Klaus D. Wolf (Hrsg.): Projekt Europa im Übergang? Staat und Demokratie in der
Europäischen Union. Baden-Baden, S. 115-120 (Auszug).
Hervorhebungen im Original

Interpretation

Die bis 2007 an der TU Darmstadt als Professorin für die Vergleichende Analyse politischer Systeme lehrende Heidrun Abromeit konzentrierte sich im letzten Jahrzehnt zunehmend auf theoretische und praktische Probleme der Demokratie. Das Interesse Abromeits am Mehrebenensystem der Europäischen Union (EU) gründet sich auf die Beobachtung, dass dieses Gebilde „sui generis" immer stärker in den Kompetenzbereich der Nationalstaaten (und damit auch das Leben ihrer Bürger) eingreift und deren politische Systeme beeinflusst. Theoretisch interessant ist die EU für Abromeit, weil diese sowohl einen föderativen als auch einen sektoralen[1] Charakter aufweist und so ihre beiden bis dahin dominierenden Forschungsstränge – Unternehmensverbände als sektorale Einheiten und föderale politische Systeme – miteinander verband.

Die mangelnde demokratische Legitimität und Effektivität der EU veranlassten Heidrun Abromeit zur Ausarbeitung eines eigenen Reformvorschlags, wie diesen Defiziten beizukommen sei. Die von ihr vorgeschlagenen regionalen und sektoralen Vetos bilden ihrer Auffassung nach einen Weg der Demokratisierung, der dem Mehrebenencharakter der EU und ihrer variablen Geometrie angemessen ist. Dabei verknüpft Abromeit das vertragstheoretische Grundprinzip der einmütigen Zustimmung mit dem der direkten politischen Beteiligung der Bürger und versucht dies auf die Probleme der territorialen sowie der sektoralen Repräsentation anzuwenden. Mit ihrem Plädoyer für die Einführung direktdemokratischer – regionaler und sektoraler – (transnational organisierter) Vetos verbinden sich verschiedene Annahmen.

Zum einen eröffnen sie den verfassten Regionen in den Mitgliedstaaten und zum anderen sektoralen Betroffenengruppen Einspruchsmöglichkeiten. Damit würde zumindest teilweise ausgeglichen, dass es keine EU-Regierung gibt, die abwählbar ist, und dass das Europäische Parlament (EP) das Kongruenzprinzip[2] nur unzureichend erfüllt. Gerade die Übertragung von Vetorechten an transnationale Gruppierungen würde dem Kongruenzprinzip entsprechen, welches auf nationalstaatlicher Ebene aufgrund der Zunahme europäischer Entscheidungen mit Auswirkungen auf die nationalstaatliche Ebene allmählich ausgehöhlt wird. Abromeit zufolge sind direktdemokratische Instrumente zudem geeignet, die funktionale Dimension von Politik auch abseits von Organisationen zu erfassen, indem sie auch der nicht organisierten Seite, wie beispielsweise den Konsumenten, ein Widerspruchsrecht einräumt. Ein solches Verfahren sei nicht nur mit den liberalen Prinzipien der Freiheit und Gleichheit vereinbar, sondern bilde auch ein zusätzliches Instrument, die Verantwortlichkeit politischer Entscheidungsträger weiteren Referenzgruppen gegenüber zu sichern. Dieses Instrument sei zudem flexibel, berücksichtige die enorme gesellschaftliche Heterogenität in Europa, befördere Transparenz und Öffentlichkeit in Sachfragen europäischer Politik, stelle die Reversibilität europäischer Entscheidungen sicher und sorge schließlich für interne Verantwortlichkeit innerhalb der Sektoren. Des Weiteren könne man davon ausgehen, dass mit der Zunahme von Bürgerrechten und der gemeinsamen Erfahrung ihrer Nutzung möglicherweise eine Stärkung des Bewusstseins einer gemeinsamen europäischen Identität einhergehe. Darüber hinaus besäße die direkte Bürgerbeteiligung ein gewisses deliberatives Potenzial, erhöhe das Interesse an der europäischen Politik und evtl. sogar die Wahlbeteiligung bei den Wahlen zum Europäischen Parlament. Abromeit sieht als Hauptargument gegen ihren Vorschlag seinen Mangel an Entscheidungseffizienz. Dem Vorwurf, dass auf diese Weise allenfalls wenige Probleme auf europäischer Ebene lösbar wären, entgegnet sie, dass die Vielzahl und Detailliertheit der bisherigen Regelungen viel zu tief in die Mitgliedsstaaten eingreifen und dort für Unzufriedenheit sorgen würden. „Das Veto würde die EU veranlassen, eine weniger aktive Rolle zu spielen und europäische Regulierung auf weniger Politikfelder und vor allem auf Rahmen-Richtlinien zu beschränken" (120). Außerdem bestünde die Möglichkeit, dass die Entscheidungsträger innerhalb der EU bestimmte Vetos antizipieren und sich schon aus diesem Grund Zurückhaltung auferlegen. Eine solche Autonomie schonende Politik würde zu mehr Akzeptanz und damit auch zu einer „höheren Regeleinhaltung und damit Effektivität führen" (120). Was die Effizienzproblematik anbelangt, so lässt sich mit Abromeit festhalten, dass mit den vorgeschlagenen Referenden der negativen Integration[3] und der zwanghaften Harmonisierung Einhalt geboten würde.

Nun ist andererseits festzuhalten, dass eine positive Integration nur schwer und allenfalls auf dem kleinsten gemeinsamen Nenner möglich wäre. Mit der Einführung von Vetorechten würde deshalb auch, so ließe sich deshalb einwenden, wichtiges Potenzial für einen ebenfalls vorstellbaren konstruktiven Beitrag von Regionen und insbesondere von sektoralen Gruppierungen zur positiven Integration verschenkt. So könnten einzelne Regionen bestimmte Politikkonzepte oder Lösungen im Kleinen ausprobieren und ihre Erfahrungen damit an die europäische Ebene weitergeben. Ohne das Ziel der Harmonisierung besteht für die anderen Regionen jedoch eventuell nicht genügend Anreiz, sich mit diesen neuen Politikkonzepten auseinanderzusetzen. Sektorale Gruppierungen wiederum könnten ihr spezifisches Know-how in die europäischen Entscheidungsfindungsprozesse einbringen und so nicht nur die Tragfähigkeit von Problemlösungen bzw. Entscheidungen, sondern auch deren Akzeptanz erhöhen.

Abromeit gesteht zu, dass die meisten offenen Fragen ihres Reformvorschlages das Problem der sektoralen Repräsentation betreffen. Sowohl die Abgrenzung sektoraler Einheiten als auch die Identifizierung ihrer Mitglieder sei theoretisch wie empirisch schwierig, da die einschlägigen Kriterien für die Zugehörigkeit zu einer sektoralen Einheit subjektiver Natur seien. Zugehörig seien all jene, die sich betroffen fühlen, die gleichen Risiken teilen und sich dessen auch bewusst sind. Ist das Zugehörigkeitsgefühl bzw. die Intensität eines Interesses stark genug ausgeprägt, schlägt sich dies in der entsprechenden Handlung, nämlich der Stimmabgabe nieder. Ob die subjektive Betroffenheit jedoch ausreicht, eine gemeinsame grenzüberschreitende Identität entstehen zu lassen, bleibt dahingestellt, zumal die Zusammensetzung sektoraler Einheiten von Problemfeld zu

Problemfeld variieren wird. Gerade wenn die Betroffenheit so diffus ausgeprägt ist wie beispielsweise bei Konsumenten ist es fraglich, ob Betroffenheiten überhaupt als solche wahrgenommen und als Anlass zum Handeln gesehen werden. Abromeit verteidigt ihren Vorschlag mit dem Hinweis, dass Entscheidungen der EU zunehmend Teile der europäischen Gesellschaft beträfen, die nicht territorial zu definieren sind und dass diese nichtterritorialen *Demoi* das Recht auf politische Partizipation haben sollten. Darüber hinaus gäbe es nun einmal machtvolle sektorale politische Netzwerke, deren Basis sichtbar gemacht und aktiviert werden müsse. Des Weiteren fehle es an genuin „europäischen Mehrheiten". Vielmehr bestünde Europa aus einer großen Zahl von Minderheiten, deren Rechte nur durch ein direktdemokratisches Veto geschützt werden könnten. Drittens weisen die sektoralen Gruppen einen grundsätzlich europäischen Charakter auf, so Abromeit. Ihre quasi-offizielle Anerkennung als neue transnationale Akteure auf der politischen Ebene erfahre mithilfe des Instruments des sektoralen Referendums eine Bestätigung bzw. eine eigene politische Legitimation (122).

Die von Abromeit selbst angesprochenen Probleme weisen darauf hin, dass in ihnen möglicherweise mehr steckt als lediglich ein praktisches Umsetzungsproblem ihres Reformvorschlages. So dürften zahlreiche Regionen selbst einen kulturell und sozial sehr heterogenen Charakter aufweisen und damit nicht die kollektive Identität entwickeln, die notwendig wäre, um als eigenständige und einheitliche Akteure auf europäischer Bühne aufzutreten. Hier spielen beispielsweise das Vorhandensein und die Intensität von Konflikten innerhalb der Region sowie die Ausprägung des regionalen Zusammengehörigkeitsgefühls eine Rolle. Dies dürfte in noch stärkerem Maße für sektorale Akteure gelten, die sich meist durch einen antagonistischen Charakter auszeichnen (Arbeitgeber vs. Arbeitnehmer, Produzenten vs. Konsumenten etc.). Wie sich für solche Einheiten mit zum Teil diffusem, zum Teil heftig umstrittenem Charakter spezifische Rechte und Pflichten demokratietheoretisch begründen lassen, ist eine weitere offene Frage, ohne deren Beantwortung das Recht dieser Einheiten auf Selbstbestimmung sich nicht näher bestimmen lässt.

Trotz der vielen offenen Fragen an den Vorschlag von Heidrun Abromeit bleibt ihre Konzeption doch eine der konkretesten, die aus den Reihen der Zunft der EU-Forscher zur Behebung des Demokratiedefizits auf europäischer Ebene bislang vorgelegt wurde. Sowohl für die Wissenschaft wie für die Politik lohnt sich deshalb das Weiterdenken und Fortentwickeln dieses Entwurfs für eine Demokratisierung der Europäischen Union.

Anmerkungen

1 Sektoral beinhaltet in diesem Zusammenhang eine Untergliederung der Europäischen Union in themenspezifische Kompetenzbereiche, wie zum Beispiel die Binnenmarktpolitik, die Umweltpolitik oder die Gemeinsame Außen- und Sicherheitspolitik.

2   Gemäß dem Kongruenzprinzip sind alle von einer Entscheidung Betroffenen am Zustandekommen
    dieser Entscheidung zu beteiligen. Dieses Prinzip rechtfertigt sich aus dem Verständnis von Menschen
    als selbstbestimmte Akteure, die Mitsprache bei den Angelegenheiten haben sollten, die sie betreffen
    und deshalb gleichberechtigt am Zustandekommen kollektiver Entscheidungen mitwirken sollten
    bzw. deren Interessen bei der Entscheidungsfindung gleichgewichtig berücksichtigt sein sollten. Das
    Kongruenzprinzip ist ein Kernprinzip der Demokratie.
3   Der Begriff der negativen Integration bezeichnet die Aufhebung bestehender Regulierungen und
    Hemmnisse (z.b. die Herstellung des freien Wirtschaftsverkehrs) auf dem Weg zu einem Binnenmarkt.
    Sie zielt somit auf Marktöffnung und Wettbewerbsgleichheit und die Beschränkung nationalstaat-
    licher Handlungsmöglichkeiten. Demgegenüber verweist die positive Integration auf die politische
    Gestaltungsaufgabe im Sinne der politischen Intervention in ökonomische, soziale und auch regionale
    Entwicklungen. Im EU-Rahmen meint positive Integration die Formulierung von Politiken auf euro-
    päischer Ebene. Mit keinem der beiden Begriffe ist ein Werturteil verbunden.

V. Anhang

Auszüge aus Verfassungstexten
ausgewählt von Gotthard Breit

MAGNA CHARTA LIBERTATUM (1215)

1215 trotzten weltliche und geistliche Feudalherren dem englischen König Johann Ohne-
land Rechte ab. Sie wurden in der „Magna Charta" verbrieft. Seit dem 16. Jahrhundert
wird dieses Dokument als der Beginn einer Entwicklung angesehen, in der die Macht
der Krone und damit der Exekutive Schritt für Schritt vertraglich eingegrenzt wurde.
Die „Magna Charta" steht daher am Anfang des demokratischen Verfassungsrechts.

1.

An erster Stelle Gott gelobt und durch diese Unsere hier vorliegende Urkunde für
Uns und all Unsere Nachfolger auf ewig bestätigt haben, daß die englische Kirche
frei und im Besitz ihrer vollen Rechte und unangetasteten Freiheiten sein soll.
[…] Wir haben weiterhin allen freien Männern Unseres Königreiches für Uns und
Unsere Erben auf ewig alle nachstehend aufgezeichneten Freiheiten zugestanden,
die sie von Uns und Unseren Nachfolgern auf ewig haben und behalten sollen. […]

20.

Ein freier Mann soll für ein geringes Vergehen nicht mit einer Geldstrafe belegt
werden, es sei denn entsprechend dem Grade seines Vergehens; und für ein schweres
Vergehen soll er mit einer der Schwere des Vergehens entsprechenden Geldstrafe
belegt werden, jedoch stets unter Wahrung seines Lebensunterhaltes; desgleichen
soll ein Kaufmann sein Warenlager und ein Bauer sein Inventar behalten dürfen,
wenn sie Unserer Strafe verfallen sind: Und keine der erwähnten Strafen soll auferlegt werden, es sei denn auf Grund des Eides ehrlicher Männer der Nachbarschaft.

21.

Grafen und Barone sollen nur durch ihresgleichen und einzig gemäß dem Grade
ihres Vergehens bestraft werden. […]

23.

Kein Dorf und kein einzelner sollen gezwungen werden, an Flußufern Brücken
zu bauen; hiervon ausgenommen sind diejenigen, die von alters her rechtlich dazu
verpflichtet waren. […]

28.

Kein Vogt und keiner Unserer sonstigen Amtsleute soll irgend jemandes Getreide
oder sonstige Vorräte beschlagnahmen, ohne dafür sogleich Geld zu bieten oder
vom Verkäufer Zahlungsaufschub bewilligt zu bekommen. […]

30.

Keiner Unserer Vizegrafen oder Amtsleute oder irgend jemand sonst sollen irgend-
eines freien Mannes Pferde oder Wagen gegen den Willen des besagten freien
Mannes zu Transportdiensten beschlagnahmen. […]

38.
Kein Amtmann soll in Zukunft jemanden allein auf seine eigene Anklage hin und
ohne die Beibringung glaubwürdiger Zeugen vor Gericht stellen.

39.
Kein freier Mensch soll ergriffen, gefangengenommen, aus seinem Besitz vertrieben,
verbannt oder in irgendeiner Weise zugrunde gerichtet werden, noch wollen Wir
gegen ihn vorgehen oder ihm nachstellen lassen, es sei denn auf Grund eines ge-
setzlichen Urteiles seiner Standesgenossen und gemäß dem Gesetz des Landes. [...]

45.
Wir wollen nur solche Männer zu Richtern, Vögten, Vizegrafen und Amtsleuten
erheben, die das Recht des Königreiches kennen und die gewillt sind, es zu beachten.

Zit. nach Wolfgang Heidelmeyer (Hrsg.): Die Menschenrechte. Erklärungen,
Verfassungsartikel, Internationale Abkommen. 2. Aufl., Paderborn 1977, S. 49-52.
In: Hagen Schulze/Ina U. Paul (Hrsg.): Europäische Geschichte.
Quellen und Materialien. München 1994, S. 449-450

HABEAS-CORPUS-AKTE (1679)

Die Habeas-Corpus-Akte schützte die Untertanen der englischen Krone vor willkürlicher Verhaftung. Der hier zum Ausdruck kommende Schutz der persönlichen Freiheit des einzelnen vor staatlicher Willkür findet sich in allen modernen demokratischen Verfassungen und in den Erklärungen der Menschenrechte und Grundfreiheiten wieder. (Zur Erklärung: „Habeas corpus ad subiciendum" [Du habest die Person, um sie dem Gericht zuzuführen] – mit diesen Worten wurde im Mittelalter ein Haftbefehl eingeleitet.)

1. Wann immer eine oder mehrere Personen einen an einen Sheriff, Kerkermeister, Beamten oder an eine sonstige Person, in deren Gewahrsam sie sich befinden, gerichteten Habeas-Corpus-Erlaß vorweisen und der besagte Erlaß dem besagten Beamten überreicht oder im Kerker oder Gefängnis bei irgendeinem Unterbeamten oder Unterkerkermeister oder bei den Stellvertretern der besagten Beamten oder Kerkermeister hinterlassen wird, so sollen der besagte Beamte oder die besagten Beamten oder seine oder ihre Unterbeamten, Unterkerkermeister und Stellvertreter innerhalb von 3 Tagen nach der vorerwähnten Überreichung des Erlasses (sofern es sich bei der besagten Verhaftung nicht um Verrat oder Treubruch handelt und dies im Haftbefehl klar und besonders zum Ausdruck kommt) den Erlaß sowie den so Verhafteten oder Eingesperrten leibhaftig zu dem oder vor den derzeitigen Lordkanzler oder Lordsiegelbewahrer von England oder die Richter oder Barone des besagten Gerichtshofes, von dem der besagte Erlaß ergangen war, oder vor eine solche andere Person oder vor solche andere Personen, denen der Erlaß gemäß den darin enthaltenen Vorschriften wieder zugestellt werden muß, bringen oder bringen lassen – und zwar gegen Zahlung oder Angebot der Zahlung der Unkosten der Überführung des Gefangenen (welche durch den Richter oder Gerichtshof, die sie zuerkannten, festgestellt und auf dem Erlaß vermerkt werden müssen und 12 Pence pro Meile nicht übersteigen dürfen) und gegen Sicherheitsleistung durch einen von dem Gefangenen selbst in Höhe der Kosten für seine Rückführung ausgestellten Schuldschein (falls er von dem Gerichtshof oder Richter, vor den er gemäß der wahren Absicht dieses Gesetzes gebracht wird, in die Haft zurückgesandt wird) sowie gegen die Versicherung, daß er auf dem Wege keinen Fluchtversuch unternehmen werde; und sie sollen dann auch die wahren Gründe seiner Haft oder Einkerkerung bescheinigen, es sei denn, die Verhaftung der besagten Person sei an einem Orte erfolgt, der mehr als 20 Meilen von dem Ort oder den Orten entfernt ist, an dem ein solches Gericht oder eine solche Person wohnt oder wohnen wird; und wenn die Entfernung größer als 20 Meilen ist, jedoch 100 Meilen nicht überschreitet, soll dies innerhalb von spätestens 10 Tagen, wenn sie größer ist als 100 Meilen, innerhalb von spätestens 20 Tagen, nach der oben erwähnten Überreichung (des Erlasses) geschehen. […]

5. Durch die vorerwähnte Autorität wird zur Verhütung von ungerechter Schikane durch wiederholte Verhaftung wegen desselben Vergehens weiterhin verordnet, daß niemand, der auf Grund eines Habeas-Corpus-Erlasses freigegeben und auf freien Fuß gesetzt wird, zu irgendwelcher Zeit danach von irgend jemandem wegen desselben Vergehens erneut eingekerkert oder in Haft genommen werden darf, es sei denn auf Grund eines gesetzmäßigen (Gerichts-) Befehls und eines Verfahrens vor dem Gerichtshof, vor dem zu erscheinen er auf Grund schriftlicher Verpflichtung gebunden ist, oder vor einem anderen zuständigen Gerichtshof; wenn irgend jemand diesem Gesetz zuwider jemanden, der auf die vorerwähnte Weise freigegeben und auf freien Fuß gesetzt wurde, wissentlich wegen desselben Vergehens oder angeblichen Vergehens erneut verhaftet oder einkerkert oder dafür sorgt oder veranlaßt, daß er wieder verhaftet oder eingekerkert wird oder Hilfe oder Beistand dazu leistet, so verwirkt er – ungeachtet irgendwelcher Vorspiegelungen oder Veränderungen des oder der Haftbefehle – an den Gefangenen oder die beschwerte Person die Summe von 500 Pfund, die auf die vorerwähnte Weise einzuklagen ist.

Zit. nach Wolfgang Heidelmeyer (Hrsg.): Die Menschenrechte. Erklärungen,
Verfassungsartikel, Internationale Abkommen. 2. Aufl., Paderborn 1977, S. 52 ff.
In: Hagen Schulze/Ina U. Paul (Hrsg.): Europäische Geschichte.
Quellen und Materialien. München 1994, S. 487 f.

BILL OF RIGHTS (1689)

Die Bill of Rights von 1689 bedeuteten den Sieg des englischen Parlaments über den König und den Beginn der konstitutionellen Monarchie in England.

Und daraufhin haben sich jetzt die geistlichen und weltlichen Lords und die Gemeinen [...] versammelt und erklären nach ernsthafter Erwägung der besten Mittel zur Erreichung der vorerwähnten Ziele (wie es ihre Vorfahren in solchen Fällen zu tun pflegten) zur Verteidigung und Behauptung ihrer alten Rechte und Freiheiten vor allem das Folgende:

1. daß die angemaßte Befugnis, kraft königlicher Autorität und ohne die Zustimmung des Parlamentes Gesetze vorübergehend außer Kraft zu setzen oder ihre Vollstreckung auszusetzen, ungesetzlich ist;

2. daß die in der letzten Zeit angemaßte und ausgeübte Befugnis, kraft königlicher Autorität von der Befolgung oder Vollstreckung von Gesetzen zu entbinden, ungesetzlich ist;

3. daß die Weisung zur Errichtung des ehemaligen Gerichtshofes der Kommissare für kirchliche Angelegenheiten sowie alle Weisungen und Gerichtshöfe ähnlicher Art ungesetzlich und verderblich sind;

4. daß die Erhebung von Geldern für und zum Nutzen der Krone unter dem Vorwand der Prärogative und ohne Zustimmung des Parlaments insoweit ungesetzlich ist, als sie nur für kürzere Zeit oder in anderer Form bewilligt wurde oder bewilligt werden wird;

5. daß die Untertanen das Recht haben, Petitionen an den König zu richten, und daß eine jede Verhaftung oder gerichtliche Verfolgung wegen der Einreichung solcher Petitionen ungesetzlich ist;

6. daß die ohne die Zustimmung des Parlamentes in Friedenszeiten erfolgende Aushebung oder Unterhaltung eines stehenden Heeres innerhalb des Königreiches unrechtmäßig ist;

7. daß die Untertanen protestantischen Glaubens, ihrer Stellung gemäß und soweit das Gesetz es erlaubt, Waffen zu ihrer Verteidigung besitzen dürfen;

8. daß die Wahl der Parlamentsmitglieder frei sein solle;

9. daß die Freiheit der Rede sowie der Inhalt von Debatten oder Verhandlungen im Parlament an keinem anderen Gerichtshof oder Orte außerhalb des Parlamentes unter Anklage oder in Frage gestellt werden solle;

Zit. nach Wolfgang Heidelmeyer (Hrsg.): Die Menschenrechte. Erklärungen,
Verfassungsartikel, Internationale Abkommen. 2. Aufl., Paderborn 1977, S. 54 ff.
In: Hagen Schulze/Ina U. Paul (Hrsg.): Europäische Geschichte.
Quellen und Materialien. München 1994, S. 488 ff.

GRUNDRECHTSERKLÄRUNG VIRGINIAS (1776)
(Virginia Bill of Rights)

Die Virginia Bill of Rights nimmt die Menschen- und Grundrechte der amerikanischen Verfassung von 1789 voraus. In ihnen wird die Freiheit des Individuums garantiert. Die Virginia Bill of Rights hat alle späteren demokratischen Verfassungen und Menschenrechtserklärungen beeinflußt. Der Anspruch der Bürger auf Selbstregierung wird hier mit dem Schutz der Menschen- und Grundrechte und dem Prinzip der Gewaltenteilung verbunden.

Eine Erklärung der Rechte, verkündet von den Vertretern der rechtschaffenen Bevölkerung von Virginia, die sich in vollzähliger und freier Versammlung zusammengefunden haben, welche Rechte für sie und ihre Nachkommenschaft als Grundlage und Rechtsquelle ihrer Regierung Geltung besitzen.

Artikel 1: Alle Menschen sind von Natur gleichermaßen frei und unabhängig und besitzen gewisse angeborene Rechte, deren sie ihre Nachkommenschaft bei der Begründung einer politischen Gemeinschaft durch keinerlei Abmachungen berauben oder zwingen lassen können, sich ihrer zu begeben; nämlich das Recht auf Leben und Freiheit und dazu die Möglichkeit, Eigenbesitz zu erwerben und zu behalten und Glück und Sicherheit zu erstreben und zu erlangen.

Artikel 2: Alle Macht ruht im Volke und leitet sich daher von ihm ab; alle Amtspersonen sind seine Treuhänder und Diener und ihm jederzeit verantwortlich.

Artikel 3: Die Regierung ist eingesetzt oder soll eingesetzt werden um des gemeinsamen Wohles, Schutzes und der Sicherheit des Volkes, der Nation oder des Gemeinwesens willen; von all den verschiedenen Regierungen und Regierungsformen ist diejenige die beste, die ein Höchstmaß an Glück und Sicherheit zu bieten vermag und die am wirksamsten gegen die Gefahr des Machtmißbrauchs gesichert ist; und wenn irgendeine Regierung sich als dieser Aufgabe nicht gewachsen erweist oder ihr zuwiderhandelt, so soll die Mehrheit der Gemeinschaft ein unleugbares, unveräußerliches und unverletzliches Recht haben, sie zu reformieren, umzugestalten oder zu beseitigen, so wie es für das allgemeine Wohl für am zweckmäßigsten erachtet wird.

Artikel 4: Kein Mensch und keine Gruppe von Menschen hat ein Recht auf alleinige oder besondere Zuwendungen oder Vergünstigungen seitens der Allgemeinheit; es sei denn in Anerkennung von der Allgemeinheit geleisteten Diensten; und so wie diese nicht übertragbar sind, so sollen auch Beamtenstellen und die Ämter von Abgeordneten und Richtern nicht erblich sein.

Artikel 5: Die gesetzgebende und die ausführende Gewalt des Staates sollen von der richterlichen Gewalt getrennt und klar geschieden sein, und damit die Angehörigen der beiden ersteren dadurch vor Machthunger bewahrt werden, daß sie die Lasten der Bevölkerung ebenfalls zu fühlen bekommen und an ihnen mittragen, sollen sie in regelmäßigen Abständen ins Privatleben zurückkehren, und zwar in diejenige Gemeinschaft, aus der sie ursprünglich kamen. Und die frei gewordenen Stellen sollen durch häufige im voraus bestimmte und regelmäßig stattfindende Wahlen wiederbesetzt werden, bei denen die vormaligen Amtspersonen sämtlich oder zum Teil nach Maßgabe der Gesetze wiedergewählt werden dürfen oder nicht.

Artikel 6: Die Wahlen der Männer, die als Abgeordnete des Volkes in die Volksvertretung entsandt werden, sind frei; alle Männer, die ihr ständiges Interesse an der Gemeinschaft und ihre dauernde Anhänglichkeit an sie hinlänglich unter Beweis gestellt haben, genießen das Wahlrecht und können ohne ihre Einwilligung oder die ihrer so gewählten Vertreter weder zugunsten der öffentlichen Hand besteuert oder enteignet noch irgendeinem Gesetz unterworfen werden, dem sie nicht in gleicher Weise in Ansehung des öffentlichen Wohls zugestimmt haben.

Artikel 7: Die Ausübung irgendeiner Gewalt seitens irgendeiner Behörde, insbesondere der Vollzug oder die Suspendierung von Gesetzen, ohne Zustimmung der Volksvertretung verletzt die Rechte des Volkes und ist daher unstatthaft.

Artikel 8: Bei allen schwerwiegenden Amtsvergehen und in Strafsachen hat jedermann das Recht, Grund und Art der Anklage zu erfahren, Anklägern und Zeugen gegenüber gestellt zu werden und Entlastendes vorzubringen, und auf die unverzügliche Durchführung des Verfahrens vor einem unparteiischen Gerichtshof von zwölf Geschworenen aus den Reihen seiner Mitbürger, ohne deren einstimmigen Spruch er nicht für schuld befunden werden kann; auch kann er nicht gezwungen werden, gegen sich selbst auszusagen; kein Mensch kann seiner Freiheit beraubt werden, außer auf Grund der Landesgesetze oder eines Urteilsspruchs von seinesgleichen. […]

Artikel 12: Die Pressefreiheit ist eines der stärksten Bollwerke der Freiheit und kann niemals, außer durch despotische Regierungen, eingeschränkt werden. […]

Artikel 16: Religion oder die Ergebenheit, die wir unserem Schöpfer schuldig sind, und die Art, wie wir sie erfüllen, kann lediglich durch Vernunft oder Überzeugung bestimmt werden, nicht durch Zwang oder Gewalt, und deshalb haben alle Menschen einen gleichen Anspruch auf freie Ausübung der Religion nach den

Geboten ihres Gewissens. Und alle haben die Pflicht, christliche Vergebung, Liebe und Barmherzigkeit untereinander zu üben.

Zit. nach Angela Adams/Willi Paul (Hrsg.): Die Amerikanische Revolution und die Verfassung 1754-1791. München 1971, S. 259-260

Unabhängigkeitserklärung der Vereinigten Staaten
EINSTIMMIGE ERKLÄRUNG DER DREIZEHN VEREINIGTEN STAATEN VON AMERIKA

Die von Thomas Jefferson verfasste amerikanische Unabhängigkeitserklärung leitet von der Idee des Naturrechts die Aufgabe des Staates und seiner Regierungen ab. Die Erklärung geht von der Annahme aus, dass alle Menschen gleich geschaffen und mit gewissen unveräußerlichen Rechten ausgestattet sind und „daß dazu Leben, Freiheit und das Streben nach Glück gehören". In den wenigen, leicht verständlichen Sätzen zu Beginn der Erklärung hat die Idee der Demokratie als Herrschaftsform in unübertroffener Weise ihren bleibenden Ausdruck gefunden. Diese Erklärung hat eine Tradition begründet, in der bis heute die Menschenrechtsdeklarationen und Verfassungen von demokratischen Staaten stehen. Danach stellt der Schutz der Gleichheit und Freiheit der Menschen und ihrer unveräußerlichen Rechte die wichtigste Aufgabe des Staates und seiner Regierungen dar. Nur durch die Erfüllung dieser Aufgaben erhalten der demokratische Staat, seine Regierung ebenso wie staatliche Institutionen, die Legitimation zu Macht- und Herrschaftsausübung.

Mit der Proklamation erklärten sich die 13 vereinigten Kolonien von Amerika am 4. Juli 1776 zu freien und unabhängigen Staaten. Damit wurde die Trennung vom englischen Mutterland vollzogen.

Wenn es im Zuge der Menschheitsentwicklung für ein Volk notwendig wird, die politischen Bande zu lösen, die es mit einem anderen Volke verknüpft haben, und unter den Mächten der Erde den selbständigen und gleichberechtigten Rang einzunehmen, zu dem Naturrecht und göttliches Gesetz es berechtigen, so erfordert eine geziemende Rücksichtnahme auf die Meinung der Menschheit, daß es die Gründe darlegt, die es zu der Trennung veranlassen.

Folgende Wahrheiten erachten wir als selbstverständlich: daß alle Menschen gleich geschaffen sind; daß sie von ihrem Schöpfer mit gewissen unveräußerlichen Rechten ausgestattet sind; daß dazu Leben, Freiheit und das Streben nach Glück gehören; daß zur Sicherung dieser Rechte Regierungen unter den Menschen eingesetzt werden, die ihre rechtmäßige Macht aus der Zustimmung der Regierten herleiten; daß, wenn immer irgendeine Regierungsform sich als diesen Zielen abträglich erweist, es Recht des Volkes ist, sie zu ändern oder abzuschaffen und eine neue Regierung einzusetzen und diese auf solchen Grundsätzen aufzubauen und ihre Gewalten in der Form zu organisieren, wie es ihm zur Gewährleistung seiner Sicherheit und seines Glückes geboten zu sein scheint. Gewiß gebietet die Weisheit, daß von alters her bestehende Regierungen nicht aus geringfügigen und vorübergehenden Anlässen geändert werden sollten; und demgemäß hat jede Erfahrung gezeigt, daß die Menschen eher geneigt sind, zu dulden, solange die Mißstände noch erträglich sind, als sich unter Beseitigung altgewohnter Formen Recht zu verschaffen. Aber wenn eine lange Reihe von Mißbräuchen und Übergriffen, die stets das gleiche Ziel verfolgen, die Absicht erkennen läßt, sie absolutem Despotismus zu unterwerfen, so ist es ihr Recht und ihre Pflicht, eine solche Regierung zu beseitigen und neue Wächter für ihre künftige Sicherheit zu bestellen.

So haben diese Kolonien geduldig ausgeharrt, und so stehen sie jetzt vor der zwingenden Notwendigkeit, ihre bisherige Regierungsform zu ändern. Die Regierungszeit des gegenwärtigen Königs von Großbritannien ist von unentwegtem Unrecht und ständigen Übergriffen gekennzeichnet, die alle auf die Errichtung einer absoluten Tyrannei über diese Staaten abzielen. Zum Beweise dessen seien der gerecht urteilenden Welt Tatsachen unterbreitet:

Er hat Gesetzen seine Zustimmung verweigert, die für das Wohl der Allgemeinheit äußerst nützlich und notwendig sind.

[...]

In jedem Stadium dieser Bedrückung haben wir in der untertänigsten Form um Abhilfe nachgesucht: Unser wiederholtes Bitten ist lediglich durch wiederholtes Unrecht beantwortet worden. Ein Monarch, dessen Charakter durch jede seiner Handlungen in dieser Weise gekennzeichnet wird, die einem Tyrannen zuzutrauen ist, kann nicht geeignet sein, über ein freies Volk zu herrschen.

[...]

Zit. nach Ernst Fraenkel, Das amerikanische Regierungssystem.
Opladen 1960. Quellenbuch, S. 28-31

DIE FRANZÖSISCHE VERFASSUNG

Die französische Verfassung vom 3. September 1791 enthält eine Erklärung der Rechte des Menschen und des Bürgers, die universalen Charakter besitzt. Wie in den amerikanischen Vorbildern (Virginia Bill of Rights, Unabhängigkeitserklärung, Verfassung) werden entsprechend dem Naturrecht allen Menschen die gleichen Rechte zuerkannt.

Erklärung der Rechte des Menschen und Bürgers

Daher erkennt und erklärt die Nationalversammlung, in Gegenwart und unter dem Schutze des höchsten Wesens, folgende Rechte des Menschen und des Bürgers:

1. Die Menschen werden frei und gleich an Rechten geboren und bleiben es. Die gesellschaftlichen Unterschiede können nur auf den gemeinsamen Nutzen gegründet sein.

2. Der Endzweck aller politischen Vereinigung ist die Erhaltung der natürlichen und unabdingbaren Menschenrechte. Diese Rechte sind die Freiheit, das Eigentum, die Sicherheit, der Widerstand gegen Unterdrückung.

3. Der Ursprung aller Souveränität liegt seinem Wesen nach beim Volke. Keine Körperschaft, kein einzelner kann eine Autorität ausüben, die nicht ausdrücklich hiervon ausgeht.

4. Die Freiheit besteht darin, alles tun zu können, was einem anderen nicht schadet. Also hat die Ausübung der natürlichen Rechte jedes Menschen keine Grenzen als jene, die den übrigen Gliedern der Gesellschaft den Genuß dieser nämlichen Rechte sichern. Diese Grenzen können nur durch das Gesetz bestimmt werden.

5. Das Gesetz hat nur das Recht, solche Handlungen zu verbieten, die der Gesellschaft schädlich sind. Alles, was durch das Gesetz nicht verboten ist, kann nicht verhindert werden, und niemand kann genötigt werden, zu tun, was das Gesetz nicht verordnet.

6. Das Gesetz ist der Ausdruck des allgemeinen Willens. Alle Staatsbürger sind befugt, zur Feststellung desselben persönlich oder durch ihre Repräsentanten mitzuwirken. Es soll für alle das gleiche sein, es mag beschützen oder bestrafen. Da alle Bürger vor seinen Augen gleich sind, so können sie gleichmäßig zu allen Würden, Stellen und öffentlichen Ämtern zugelassen werden auf Grund ihrer Fähigkeit und ohne anderen Unterschied, als den ihrer Tugenden und ihrer Talente.

7. Kein Mensch kann angeklagt, in Haft genommen oder gefangengehalten werden, als in den durch das Gesetz bestimmten Fällen und in den Formen, welche es vorgeschrieben hat. Diejenigen, welche willkürliche Befehle erlassen, ausfertigen,

vollziehen oder vollziehen lassen, sollen bestraft werden; jeder Bürger hingegen, vorgeladen oder festgenommen kraft des Gesetzes, soll sogleich gehorchen; er macht sich durch Widerstand strafbar.

8. Das Gesetz soll nur solche Strafen festsetzen, welche unbedingt und offenbar notwendig sind, und niemand kann bestraft werden, als kraft eines vor Begehung des Verbrechens eingesetzten, verkündeten und rechtlich angewandten Gesetzes.

9. Da jeder Mensch so lange für unschuldig erachtet wird, bis er für schuldig erklärt ist, so soll, wenn seine Verhaftung für unumgänglich gehalten wird, alle Härte, die nicht notwendig wäre, um sich seiner Person zu versichern, durch das Gesetz streng unterbunden werden.

10. Niemand soll wegen seiner Ansichten, auch nicht wegen der religiösen, beunruhigt werden, sofern ihre Äußerung die durch das Gesetz errichtete öffentliche Ordnung nicht stört ... (3. September 1791)

Zit. nach Fritz Hartung (Hrsg.): Die Entwicklung der Menschen- und Bürgerrechte von 1776 bis zur Gegenwart. Göttingen 1954, S. 28 ff. In: Janko Musulin (Hrsg.): Proklamationen der Freiheit. Dokumente von der Magna Charta bis zum Ungarischen Volksaufstand. 3. Aufl., Frankfurt/M. 1961, S. 74-78

VERFASSUNG DES DEUTSCHEN REICHES
VOM 28. MÄRZ 1849
(Paulskirchenverfassung)

1848/49 versuchte das Bürgertum in Deutschland, den Gedanken der Volkssouveränität zu verwirklichen, und scheiterte dabei. Die deutsche Nationalversammlung hat aber mit der Paulskirchenverfassung vom 28. März 1849 einen Katalog von Grundrechten geschaffen, auf den die späteren freiheitlichen Verfassungen in Deutschland Bezug genommen haben. Die Grundrechte haben die Aufgabe, staatliche Bevormundung und Willkür von den Bürgerinnen und Bürgern abzuwehren.

Abschnitt VI

Die Grundrechte des deutschen Volkes.

§ 130. Dem deutschen Volke sollen die nachstehenden Grundrechte gewährleistet sein. Sie sollen den Verfassungen der deutschen Einzelstaaten zur Norm dienen, und keine Verfassung oder Gesetzgebung eines deutschen Einzelstaates soll dieselben je aufheben oder beschränken können.

Artikel I.

§ 131. Das deutsche Volk besteht aus den Angehörigen der Staaten, welche das deutsche Reich bilden.

§ 132. Jeder Deutsche hat das deutsche Reichsbürgerrecht. Die ihm kraft dessen zustehenden Rechte kann er in jedem deutschen Lande ausüben. Über das Recht, zur deutschen Reichsversammlung zu wählen, verfügt das Reichswahlgesetz [...]

§ 133. Jeder Deutsche hat das Recht, an jedem Orte des Reichsgebietes seinen Aufenthalt und Wohnsitz zu nehmen, Liegenschaften jeder Art zu erwerben und darüber zu verfügen.

§ 135. Die Strafe des bürgerlichen Todes soll nicht stattfinden, und da, wo sie bereits ausgesprochen ist, in ihren Wirkungen aufhören, soweit nicht hierdurch erworbene Privatrechte verletzt werden.

§ 136. Die Auswanderungsfreiheit ist von Staats wegen nicht beschränkt; Abzugsgelder dürfen nicht erhoben werden.

Artikel II.

§ 137. Vor dem Gesetze gilt kein Unterschied der Stände. Der Adel als Stand ist aufgehoben.
Alle Standesvorrechte sind abgeschafft.
Die Deutschen sind vor dem Gesetze gleich [...]

Artikel III.

§ 138. Die Freiheit der Person ist unverletzlich [...]

§ 139. Die Todesstrafe, ausgenommen wo das Kriegsgericht sie vorschreibt, oder das Seerecht im Falle von Meutereien sie zuläßt, sowie die Strafen des Prangers, der Brandmarkung und der körperlichen Züchtigung sind abgeschafft.

§ 140. Die Wohnung ist unverletzlich
[…]

§ 141. Die Beschlagnahme von Briefen und Papieren darf, außer bei einer Verhaftung oder Haussuchung, nur in Kraft eines richterlichen, mit Gründen versehenen Befehls vorgenommen werden, welcher sofort oder innerhalb der nächsten vierundzwanzig Stunden den Beteiligten zugestellt werden soll.

§ 142. Das Briefgeheimnis ist gewährleistet […]

Artikel IV.

§ 143. Jeder Deutsche hat das Recht, durch Wort, Schrift, Druck und bildliche Darstellung seine Meinung frei zu äußern. Die Preßfreiheit darf unter keinen Umständen und in keiner Weise durch vorbeugende Maßnahmen, namentlich Zensur, […] beschränkt, suspendiert oder aufgehoben werden […]

§ 158. Es steht einem Jeden frei, seinen Beruf zu wählen und sich für denselben auszubilden, wie und wo er will.

Artikel V.

§ 144. Jeder Deutsche hat volle Glaubens- und Gewissensfreiheit. Niemand ist verpflichtet, seine religiöse Überzeugung zu offenbaren […]

Artikel VI.

§ 152. Die Wissenschaft und ihre Lehre ist frei […]

Artikel VII.

§ 159. Jeder Deutsche hat das Recht, sich mit Bitten und Beschwerden schriftlich an die Behörden, an die Volksvertretungen und an den Reichstag zu wenden […]

Artikel VIII.

§ 161. Die Deutschen haben das Recht, sich friedlich und ohne Waffen zu versammeln; einer besonderen Erlaubnis dazu bedarf es nicht […]

Artikel IX.

§ 164. Das Eigentum ist unverletzlich […]

Artikel X.

§ 174. Alle Gerichtsbarkeit geht vom Staate aus. Es sollen keine Patrimonialgerichte bestehen […]

§ 177. Kein Richter darf, außer durch Urteil und Recht, von seinem Amte entfernt oder an Rang und Gehalt beeinträchtigt werden […]

Artikel XIII.

§ 188. Den nicht deutsch redenden Volksstämmen Deutschlands ist ihre volkstümliche Entwicklung gewährleistet, namentlich die Gleichberechtigung ihrer Sprachen, soweit deren Gebiete reichen, in dem Kirchenwesen, dem Unterrichte der inneren Verwaltung und der Rechtspflege.

Artikel XIV.

§ 189. Jeder deutsche Staatsbürger steht unter dem Schutze des Reiches […]

Zit. nach Informationen zur politischen Bildung 239 „Grundrechte". Bonn 1993, S. 9

ATLANTIK-CHARTA
(14. August 1941)

Im August 1941 sah es um die Zukunft der Demokratie, der Menschenrechte und Grundfreiheiten auf der Welt nicht gut aus. Totalitäre Staaten schienen dabei zu sein, die Weltherrschaft zu erringen. Die Atlantik-Charta erinnerte die Menschen daran, was demokratische Herrschaft für sie bedeutete. Auch wenn seitdem demokratische Staaten bzw. deren Regierungen oftmals gegen die 1941 verkündeten Grundsätze verstoßen haben, so bleibt für die Menschen weltweit mit der Demokratie die Hoffnung auf Frieden und ein „Leben in Freiheit von Furcht und Not" verbunden.

Der Präsident der Vereinigten Staaten von Amerika und Ministerpräsident Churchill als Vertreter der Regierung Seiner Majestät im Vereinigten Königreich, die zusammengetroffen sind, halten es für angebracht, gewisse allgemeine Prinzipien der Politik ihrer Länder bekanntzugeben, Prinzipien, auf die sie ihre Hoffnung auf eine bessere Zukunft der Welt gründen.

Erstens: Ihre Länder erstreben keine Bereicherung in territorialer und anderer Hinsicht.

Zweitens: Sie wünschen keine territorialen Veränderungen, die nicht im Einklang stehen mit den frei ausgesprochenen Wünschen der betroffenen Völker.

Drittens: Sie achten das Recht der Völker, sich diejenige Form der Regierung zu wählen, unter der sie leben wollen; und sie wollen souveräne Rechte und Selbstregierung für jene, die ihrer gewaltsam beraubt worden sind, wiederhergestellt sehen.

Viertens: Sie werden bestrebt sein – unter gebührender Beachtung ihrer bestehenden Verpflichtungen – zu fördern, daß alle Staaten, ob groß oder klein, Sieger oder Besiegte, unter gleichen Bedingungen Zutritt zum Handel genießen und zu den Rohstoffen der Welt, die für ihren wirtschaftlichen Wohlstand benötigt werden.

Fünftens: Sie erstreben engste Zusammenarbeit aller Nationen auf wirtschaftlichem Gebiet mit dem Ziel, für alle verbesserte Arbeitsbedingungen, wirtschaftlichen Ausgleich und soziale Sicherheit zu gewährleisten.

Sechstens: Nach der endgültigen Vernichtung der Nazi-Tyrannei erhoffen sie die Schaffung eines Friedens, der allen Völkern ermöglicht, innerhalb ihrer Grenzen in Sicherheit zu leben, und der allen Menschen in allen Ländern die Sicherheit gewährleistet, ihr Leben in Freiheit von Furcht und Not zu verbringen.

Siebentens: Ein solcher Friede soll allen Menschen freie Schifffahrt auf den Meeren und Ozeanen ermöglichen.

Achtens: Sie sind der Meinung, daß alle Völker der Welt aus praktischen wie aus sittlichen Gründen von der Anwendung von Gewalt abkommen müssen. Da kein Friede in Zukunft aufrechterhalten werden kann, solange Land-, See- oder Luftstreitkräfte weiterhin von solchen Staaten benutzt werden, welche mit Angriffskriegen drohen oder drohen könnten, halten sie bis zur Schaffung eines umfassenden und dauerhaften Systems einer allgemeinen Sicherheit die Entwaffnung solcher Staaten für sehr wesentlich.

Sie wollen in gleicher Weise alle anderen tunlichen Maßnahmen unterstützen und ermutigen, die die erdrückenden Rüstungslasten für friedliebende Völker erleichtern.

Franklin Delano Roosevelt
Winston Churchill

Zit. nach Fritz Hartung (Hrsg.): Die Entwicklung der Menschen- und Bürgerrechte von 1776
bis zur Gegenwart. Göttingen 1954, S. 155 ff. In: Janko Musulin (Hrsg.):
Proklamationen der Freiheit. Dokumente von der Magna Charta bis zum
Ungarischen Volksaufstand. 3. Aufl., Frankfurt/M. 1961, S. 142 ff.

PRÄAMBEL ZUR
CHARTA DER VEREINTEN NATIONEN

Im Sommer 1945, noch während des Zweiten Weltkrieges, wurde die UNO gegründet. Die Unterzeichnung der UN-Charta am 26. Juni 1945 in San Francisco eröffnete die Aussicht auf eine friedvolle Zukunft. Überall auf der Welt sollten die Würde des Menschen und die Menschenrechte Anerkennung finden. Auch wenn die Erwartungen seitdem oftmals enttäuscht wurden, so bleibt bis heute mit der UNO die Hoffnung für alle Menschen auf Frieden und Freiheit verbunden.

Wir, die Völker der Vereinten Nationen, entschlossen,

die kommenden Generationen vor der Geißel des Krieges zu bewahren, die zweimal zu unseren Lebzeiten unsägliches Leid über die Menschheit gebracht hat, und

den Glauben an grundlegende Menschenrechte, an Würde und Wert der menschlichen Person und an die Gleichberechtigung von Mann und Frau und von großen und kleinen Nationen erneut zu bekräftigen und

Bedingungen zu schaffen, unter denen Gerechtigkeit und Achtung der Verpflichtungen, die auf Verträgen oder anderen Quellen des Völkerrechts beruhen, gewährleistet werden können und

Sozialen Fortschritt und bessere Lebensbedingungen bei größerer Freiheit zu fördern

und für diese Zwecke

Toleranz zu üben und als gute Nachbarn in Frieden miteinander zu leben und

Unsere Macht zu vereinen, um den Weltfrieden und die internationale Sicherheit aufrechtzuerhalten und

durch die Annahme von Grundsätzen und die Schaffung entsprechender Methoden sicherzustellen, daß Waffengewalt nicht zur Anwendung komme, es sei denn im Interesse des Gemeinwohles, und

Internationale Organisationen heranzuziehen, um den wirtschaftlichen und sozialen Fortschritt aller Völker zu fördern,

haben beschlossen, unsere Anstrengungen zu vereinen, um diese Absichten zu erreichen.

Dementsprechend haben sich unsere Regierungen durch ihre in der Stadt San Francisco versammelten Vertreter, die ihre in guter und gehöriger Form befundenen Vollmachten vorgewiesen haben, auf die vorliegende Satzung der Vereinten Nationen geeinigt und errichten hiermit eine internationale Organisation, die den Namen Vereinte Nationen tragen soll.

(26. Juni 1945)

*Zit. nach Informationsabteilung der Vereinten Nationen (Hrsg.):
Die Charta der Vereinten Nationen. Bonn 1948. In: Janko Musulin (Hrsg.):
Proklamationen der Freiheit. Dokumente von der Magna Charta bis zum
Ungarischen Volksaufstand. 3. Aufl., Frankfurt/M. 1961, S. 150*

ALLGEMEINE ERKLÄRUNG DER MENSCHENRECHTE
DURCH DIE VEREINTEN NATIONEN (1948)

Die Idee der Menschenrechte und Grundfreiheiten, die in der amerikanischen Unabhängigkeitserklärung in so unvergleichlicher Weise auf den Begriff gebracht worden war, fand in der Allgemeinen Erklärung der Menschenrechte durch die UN am 10. Dezember 1948 ihre weltweite Proklamation.
Die Wirkung ist begrenzt. Seit dieser Erklärung haben sich zahlreiche Menschenrechtsverletzungen ereignet. Doch wenden sich überall auf der Welt die Menschen gegen Unterdrückung und Diktatur und es besteht die Hoffnung, dass die Idee der Menschenrechte und Grundfreiheiten sich global durchsetzt.

Artikel 1. Alle Menschen sind frei und gleich an Würde und Rechten geboren. Sie sind mit Vernunft und Gewissen begabt und sollen einander im Geiste der Brüderlichkeit begegnen.

Artikel 2. Jeder Mensch hat Anspruch auf die in dieser Erklärung verkündeten Rechte und Freiheiten ohne irgendeine Unterscheidung, wie etwa nach Rasse, Farbe, Geschlecht, Sprache, Religion, politischer oder sonstiger Überzeugung, nationaler und sozialer Herkunft, nach Eigentum, Geburt oder sonstigen Umständen. Weiters darf keine Unterscheidung gemacht werden auf Grund der politischen, rechtlichen oder internationalen Stellung des Landes oder Gebietes, dem eine Person angehört ohne Rücksicht darauf, ob es unabhängig ist, unter Treuhandschaft steht, keine Selbstregierung besitzt oder irgendeiner anderen Beschränkung seiner Souveränität unterworfen ist.

Artikel 3. Jeder Mensch hat das Recht auf Leben, Freiheit und Sicherheit der Person.

Artikel 4. Niemand darf in Sklaverei oder Leibeigenschaft gehalten werden; Sklaverei und Sklavenhandel sind in allen ihren Formen verboten.

Artikel 5. Niemand darf der Folter oder grausamer, unmenschlicher oder erniedrigender Behandlung oder Strafe unterworfen werden.

Artikel 6. Jeder Mensch hat überall Anspruch auf Anerkennung als Rechtsperson.

Artikel 7. Alle Menschen sind vor dem Gesetze gleich und haben ohne Unterschied Anspruch auf gleichen Schutz durch das Gesetz. Alle haben Anspruch auf gleichen Schutz gegen jede unterschiedliche Behandlung, welche die vorliegende Erklärung verletzen würde, und gegen jede Aufreizung zu einer derartigen unterschiedlichen Behandlung.

Artikel 8. Jeder Mensch hat Anspruch auf wirksamen Rechtsschutz vor den zuständigen innerstaatlichen Gerichten gegen alle Handlungen, die seine ihm nach der Verfassung oder nach dem Gesetz zustehenden Grundrechte verletzen.

Artikel 9. Niemand darf willkürlich festgenommen, in Haft gehalten oder des Landes verwiesen werden.

Artikel 10. Jeder Mensch hat in voller Gleichberechtigung Anspruch auf ein der Billigkeit entsprechendes und öffentliches Verfahren vor einem unabhängigen und unparteiischen Gericht, das über seine Rechte und Verpflichtungen oder über irgendeine gegen ihn erhobene strafrechtliche Beschuldigung zu entscheiden hat.

Artikel 11. (1) Jeder Mensch, der einer strafbaren Handlung beschuldigt wird, ist so lange als unschuldig anzusehen, bis seine Schuld in einem öffentlichen Verfahren, in dem alle für seine Verteidigung nötigen Voraussetzungen gewährleistet waren, gemäß dem Gesetz nachgewiesen ist.
(2) Niemand kann wegen einer Handlung oder Unterlassung verurteilt werden, die im Zeitpunkt, da sie erfolgte, auf Grund des nationalen oder internationalen Rechts nicht strafbar war. Desgleichen kann keine schwerere Strafe verhängt werden als die, welche im Zeitpunkt der Begehung der strafbaren Handlung anwendbar war.

Artikel 12. Niemand darf willkürlichen Eingriffen in sein Privatleben, seine Familie, sein Heim oder seinen Briefwechsel noch Angriffen auf seine Ehre und seinen Ruf ausgesetzt werden. Jeder Mensch hat Anspruch auf rechtlichen Schutz gegen derartige Eingriffe oder Anschläge.

Artikel 13. (1) Jeder Mensch hat das Recht auf Freizügigkeit und freie Wahl seines Wohnsitzes innerhalb eines Staates.
(2) Jeder Mensch hat das Recht, jedes Land, einschließlich seines eigenen, zu verlassen sowie in sein Land zurückzukehren.

Artikel 14. (1) Jeder Mensch hat das Recht, in anderen Ländern vor Verfolgungen Asyl zu suchen und zu genießen.
(2) Dieses Recht kann jedoch im Falle einer Verfolgung wegen nichtpolitischer Verbrechen oder wegen Handlungen, die gegen die Ziele und Grundsätze der Vereinten Nationen verstoßen, nicht in Anspruch genommen werden.

Artikel 15. (1) Jeder Mensch hat Anspruch auf eine Staatsangehörigkeit.
(2) Niemandem darf seine Staatsangehörigkeit willkürlich entzogen noch ihm das Recht versagt werden, seine Staatsangehörigkeit zu wechseln.

Artikel 16. (1) Heiratsfähige Männer und Frauen haben ohne Beschränkung durch

Rasse, Staatsbürgerschaft oder Religion das Recht, eine Ehe zu schließen und eine Familie zu gründen. Sie haben bei der Eheschließung, während der Ehe und bei deren Auflösung gleiche Rechte.

(2) Die Ehe darf nur auf Grund der freien und vollen Willenseinigung der zukünftigen Ehegatten geschlossen werden.

(3) Die Familie ist die natürliche und grundlegende Einheit der Gesellschaft und hat Anspruch auf Schutz durch Gesellschaft und Staat.

Artikel 17. (1) Jeder Mensch hat allein oder in Gemeinschaft mit anderen Recht auf Eigentum.

(2) Niemand darf willkürlich seines Eigentums beraubt werden.

Artikel 18. Jeder Mensch hat Anspruch auf Gedanken-, Gewissens- und Religionsfreiheit; dieses Recht umfaßt die Freiheit, seine Religion oder seine Überzeugung zu wechseln, sowie die Freiheit, seine Religion oder seine Überzeugung allein oder in Gemeinschaft mit anderen, in der Öffentlichkeit oder privat, durch Lehre, Ausübung, Gottesdienst und Vollziehung von Riten zu bekunden.

Artikel 19. Jeder Mensch hat das Recht auf freie Meinungsäußerung; dieses Recht umfaßt die Freiheit, Meinungen unangefochten anzuhängen und Informationen und Ideen mit allen Verständigungsmitteln ohne Rücksicht auf Grenzen zu suchen, zu empfangen und zu verbreiten.

Artikel 20. (1) Jeder Mensch hat das Recht auf Versammlungs- und Vereinigungsfreiheit zu friedlichen Zwecken.

(2) Niemand darf gezwungen werden, einer Vereinigung anzugehören.

Artikel 21. (1) Jeder Mensch hat das Recht, an der Leitung der öffentlichen Angelegenheiten seines Landes unmittelbar oder durch frei gewählte Vertreter teilzunehmen.

(2) Jeder Mensch hat unter gleichen Bedingungen das Recht auf Zulassung zu öffentlichen Ämtern in seinem Lande.

(3) Der Wille des Volkes bildet die Grundlage für die Autorität der öffentlichen Gewalt; dieser Wille muß durch periodische und unverfälschte Wahlen mit allgemeinem und gleichem Wahlrecht bei geheimer Stimmabgabe oder in einem gleichwertigen freien Wahlverfahren zum Ausdruck kommen.

Artikel 22. Jeder Mensch hat als Mitglied der Gesellschaft Recht auf soziale Sicherheit; er hat Anspruch darauf, durch innerstaatliche Maßnahmen und internationale Zusammenarbeit unter Berücksichtigung der Organisation und der Hilfsmittel jedes Staates in den Genuß der für seine Würde und die freie Entwicklung seiner Persönlichkeit unentbehrlichen wirtschaftlichen, sozialen und kulturellen Rechte zu gelangen.

Artikel 23. (1) Jeder Mensch hat das Recht auf Arbeit, auf freie Berufswahl, auf angemessene und befriedigende Arbeitsbedingungen sowie auf Schutz gegen Arbeitslosigkeit.

(2) Alle Menschen haben ohne jede unterschiedliche Behandlung das Recht auf gleichen Lohn für gleiche Arbeit.

(3) Jeder Mensch, der arbeitet, hat das Recht auf angemessene und befriedigende Entlohnung, die ihm und seiner Familie eine der menschlichen Würde entsprechende Existenz sichert und die, wenn nötig, durch andere soziale Schutzmaßnahmen zu ergänzen ist.

(4) Jeder Mensch hat das Recht, zum Schutz seiner Interessen Berufsvereinigungen zu bilden und solchen beizutreten.

Artikel 24. Jeder Mensch hat Anspruch auf Erholung und Freizeit sowie auf eine vernünftige Begrenzung der Arbeitszeit und auf periodischen, bezahlten Urlaub.

Artikel 25. (1) Jeder Mensch hat Anspruch auf eine Lebenshaltung, die seine und seiner Familie Gesundheit und Wohlbefinden, einschließlich Nahrung, Kleidung, Wohnung, ärztlicher Betreuung und der notwendigen Leistung der sozialen Fürsorge, gewährleistet; er hat das Recht auf Sicherheit im Falle von Arbeitslosigkeit, Krankheit, Invalidität, Verwitwung, Alter oder von anderweitigem Verlust seiner Unterhaltsmittel durch unverschuldete Umstände.

(2) Mutter und Kind haben Anspruch auf besondere Hilfe und Unterstützung. Alle Kinder, eheliche und uneheliche, genießen den gleichen sozialen Schutz.

Artikel 26. (1) Jeder Mensch hat das Recht auf Bildung. Der Unterricht muß wenigstens in den Elementar- und Grundschulen unentgeltlich sein. Der Elementarunterricht ist obligatorisch. Fachlicher und beruflicher Unterricht soll allgemein zugänglich sein; die höheren Studien sollen allen nach Maßgabe ihrer Fähigkeiten und Leistungen in gleicher Weise offen stehen.

(2) Die Ausbildung soll die volle Entfaltung der menschlichen Persönlichkeit und die Stärkung der Achtung der Menschenrechte und Grundfreiheiten zum Ziele haben. Sie soll Verständnis, Duldsamkeit und Freundschaft zwischen allen Nationen und allen rassischen oder religiösen Gruppen fördern und die Tätigkeit der Vereinten Nationen zur Aufrechterhaltung des Friedens begünstigen.

(3) In erster Linie haben die Eltern das Recht, die Art der ihren Kindern zuteil werdenden Bildung zu bestimmen.

Artikel 27. (1) Jeder Mensch hat das Recht, am kulturellen Leben der Gemeinschaft frei teilzunehmen, sich der Künste zu erfreuen und am wissenschaftlichen Fortschritt und dessen Wohltaten teilzuhaben.

(2) Jeder Mensch hat das Recht auf Schutz der moralischen und materiellen Interessen, die sich aus jeder wissenschaftlichen, literarischen oder künstlerischen Produktion ergeben, deren Urheber er ist.

Artikel 28. Jeder Mensch hat Anspruch auf eine soziale und internationale Ordnung, in welcher die in der vorliegenden Erklärung angeführten Rechte und Freiheiten voll verwirklicht werden können.

Artikel 29. (1) Jeder Mensch hat Pflichten gegenüber der Gemeinschaft, in der allein die freie und volle Entwicklung seiner Persönlichkeit möglich ist.
(2) Jeder Mensch ist in der Ausübung seiner Rechte und Freiheiten nur den Beschränkungen unterworfen, die das Gesetz ausschließlich zu dem Zwecke vorsieht, um die Anerkennung und Achtung der Rechte und Freiheiten der anderen zu gewährleisten und den gerechten Anforderungen der Moral, der öffentlichen Ordnung und der allgemeinen Wohlfahrt in einer demokratischen Gesellschaft zu genügen.
(3) Rechte und Freiheiten dürfen in keinem Fall im Widerspruch zu den Zielen und Grundsätzen der Vereinten Nationen ausgeübt werden.

Artikel 30. Keine Bestimmung der vorliegenden Erklärung darf so ausgelegt werden, daß sich daraus für einen Staat, eine Gruppe oder eine Person irgendein Recht ergibt, eine Tätigkeit auszuüben oder eine Handlung zu setzen, welche auf die Vernichtung der in dieser Erklärung angeführten Rechte und Freiheiten abzielen. (10. Dezember 1948)

Zit. nach Informationsabteilung der Vereinten Nationen (Hrsg.):
Die Charta der Vereinten Nationen. Bonn 1949. In: Janko Musulin (Hrsg.):
Proklamationen der Freiheit. Dokumente von der Magna Charta bis zum
Ungarischen Volksaufstand. 3. Aufl., Frankfurt/M. 1961, S. 150 ff.

GRUNDGESETZ FÜR DIE
BUNDESREPUBLIK DEUTSCHLAND (1949)

Seit dem Zweiten Weltkrieg bildet in Deutschland die Unantastbarkeit der Menschenwürde die Grundlage der Verfassung und damit das Fundament des Staates. In Art. 1 GG kommt zum Ausdruck, dass der Staat für den Menschen da ist und nicht umgekehrt, wie zu Zeiten des Obrigkeitsstaates, der Mensch für den Staat. Mit dem Bekenntnis „zu unverletzlichen und unveräußerlichen Menschenrechten als Grundlage jeder menschlichen Gemeinschaft, des Friedens und der Gerechtigkeit in der Welt" (Art. 1 Abs. 2 GG) steht das Grundgesetz vom 23. Mai 1949 in der naturrechtlichen Tradition der westlichen Verfassungsentwicklung (vgl. Virginia Bill of Rights).

PRÄAMBEL

Im Bewußtsein seiner Verantwortung vor Gott und den Menschen, von dem Willen beseelt, als gleichberechtigtes Glied in einem vereinten Europa dem Frieden der Welt zu dienen, hat sich das Deutsche Volk kraft seiner verfassungsgebenden Gewalt dieses Grundgesetz gegeben.

Die Deutschen in den Ländern Baden-Württemberg, Bayern, Berlin, Brandenburg, Bremen, Hamburg, Hessen, Mecklenburg-Vorpommern, Niedersachsen, Nordrhein-Westfalen, Rheinland-Pfalz, Saarland, Sachsen, Sachsen-Anhalt, Schleswig-Holstein und Thüringen haben in freier Selbstbestimmung die Einheit und Freiheit Deutschlands vollendet. Damit gilt dieses Grundgesetz für das gesamte Deutsche Volk.

I. Die Grundrechte

Artikel 1

(1) Die Würde des Menschen ist unantastbar. Sie zu achten und zu schützen ist Verpflichtung aller staatlichen Gewalt.

(2) Das Deutsche Volk bekennt sich darum zu unverletzlichen und unveräußerlichen Menschenrechten als Grundlage jeder menschlichen Gemeinschaft, des Friedens und der Gerechtigkeit in der Welt.

(3) Die nachfolgenden Grundrechte binden Gesetzgebung, vollziehende Gewalt und Rechtsprechung als unmittelbar geltendes Recht.

Grundgesetz für die Bundesrepublik Deutschland. Textausgabe, Bonn 2010

KONVENTION ZUM SCHUTZ DER MENSCHENRECHTE UND GRUNDFREIHEITEN (1950)

Die vom Europarat am 4. November 1950 beschlossene Konvention garantiert Menschenrechte und Grundfreiheiten. Die Bürgerinnen und Bürger der EU besitzen die Möglichkeit, bei Menschen- und Grundrechtsverstößen den Europäischen Gerichtshof anzurufen. Menschenrechte und Grundfreiheiten gehören damit in Europa ebenso wie in der Bundesrepublik zum unmittelbar einklagbarem Recht.

PRÄAMBEL

Die vertragschließenden Regierungen, die Mitglieder des Europarates sind, sind unter Bedachtnahme auf die von der Generalversammlung der Vereinten Nationen am 10. Dezember 1948 verkündete Allgemeine Erklärung der Menschenrechte, in der Erwägung, daß diese Erklärung darauf hinzielt, die allgemeine und wirksame Anerkennung und Einhaltung der darin niedergelegten Rechte zu sichern,

in der Erwägung, daß die Aufgabe des Europarates in der Schaffung einer stärkeren Verbindung seiner Mitglieder besteht und eine der Methoden zur Verfolgung dieses Zieles die Einhaltung und fortschreitende Verwirklichung der Menschenrechte und Grundfreiheiten ist,

indem sie ihren tiefen Glauben an diese Grundfreiheiten neuerlich bekunden, die die Grundlage von Gerechtigkeit und Frieden in der Welt sind und am besten erhalten werden einerseits durch eine wirksame politische Demokratie und andererseits durch eine gemeinsame Auffassung der Menschenrechte und gemeinsame Einhaltung dieser Rechte, von denen sie sich ableiten,

entschlossen, als Regierungen vom gleichen Geiste beseelter europäischer Länder, die ein gemeinsames Erbe politischer Traditionen, Ideale, Freiheiten und der Herrschaft des Rechtes besitzen, die ersten Schritte zur kollektiven Sicherheit gewisser in der Allgemeinen Erklärung angeführter Rechte zu tun,

übereingekommen, wie folgt:

Artikel 1
Die Hohen Vertragsschließenden Parteien sichern allen Personen innerhalb ihres Hoheitsbereiches die in Abschnitt I dieser Konvention niedergelegten Rechte und Freiheiten zu.
[...]

Zit. nach Europa-Archiv 1 (1951), Bonn, S. 3620-3623.
In: Hagen Schulze/Ina U. Paul (Hrsg.): Europäische Geschichte.
Quellen und Materialien. München 1994, S. 602 f.

SCHLUSSAKTE DER KSZE-KONFERENZ
VON HELSINKI (1975)

Die Mitglieder der NATO und des Warschauer Pakts nahmen 1973 Verhandlungen auf, die am 1. August 1975 zu der Unterzeichnung der Schlußakte der Konferenz von Helsinki (Konferenz über Sicherheit und Zusammenarbeit in Europa) führte. Alle Teilnehmerstaaten verpflichteten sich darin zu der Achtung der Menschenrechte und Grundfreiheiten. Viele Menschen wurden dadurch in ihrer Hoffnung auf Freiheit gestärkt. Die „Wende" in den Ostblockstaaten und insbesondere die Ereignisse in der DDR 1989, stehen in einem direkten Zusammenhang mit der Schlußakte von Helsinki.

Die Teilnehmerstaaten der Konferenz über Sicherheit und Zusammenarbeit in Europa haben [...].
folgendes angenommen:
[...]

VI. Nichteinmischung in innere Angelegenheiten
Die Teilnehmerstaaten werden sich ungeachtet ihrer gegenseitigen Beziehungen jeder direkten oder indirekten, individuellen oder kollektiven Einmischung in die inneren oder äußeren Angelegenheiten enthalten, die in die innerstaatliche Zuständigkeit eines anderen Teilnehmerstaates fallen.

VII. Achtung der Menschenrechte und Grundfreiheiten, einschließlich der Gedanken-, Gewissens-, Religions- oder Überzeugungsfreiheit
Die Teilnehmerstaaten werden die Menschenrechte und Grundfreiheiten, einschließlich der Gedanken-, Gewissens-, Religions- oder Überzeugungsfreiheit für alle ohne Unterschied der Rasse, des Geschlechts, der Sprache oder der Religion achten.
Sie werden die wirksame Ausübung der zivilen, politischen, wirtschaftlichen, sozialen, kulturellen sowie der anderen Rechte und Freiheiten, die sich alle aus der dem Menschen innewohnenden Würde ergeben und für seine freie und volle Entfaltung wesentlich sind, fördern und ermutigen.
In diesem Rahmen werden die Teilnehmerstaaten die Freiheit des Individuums anerkennen und achten, sich allein oder in Gemeinschaft mit anderen zu einer Religion oder einer Überzeugung in Übereinstimmung mit dem, was sein Gewissen ihm gebietet, zu bekennen und sie auszuüben.
Die Teilnehmerstaaten, auf deren Territorium nationale Minderheiten bestehen, werden das Recht von Personen, die zu solchen Minderheiten gehören, auf Gleichheit vor dem Gesetz achten; sie werden ihnen jede Möglichkeit für den tatsächlichen Genuß der Menschenrechte und Grundfreiheiten gewähren und werden auf diese Weise ihre berechtigten Interessen in diesem Bereich schützen.

Die Teilnehmerstaaten anerkennen die universelle Bedeutung der Menschenrechte und Grundfreiheiten, deren Achtung ein wesentlicher Faktor für den Frieden, die Gerechtigkeit und das Wohlergehen ist, die ihrerseits erforderlich sind, um die Entwicklung freundschaftlicher Beziehungen und der Zusammenarbeit zwischen ihnen sowie zwischen allen Staaten zu gewährleisten.

Sie werden diese Rechte und Freiheiten in ihren gegenseitigen Beziehungen stets achten und sich einzeln und gemeinsam, auch in Zusammenarbeit mit den Vereinten Nationen, bemühen, die universelle und wirksame Achtung dieser Rechte und Freiheiten zu fördern.

Sie bestätigen das Recht des Individuums, seine Rechte und Pflichten auf diesem Gebiet zu kennen und auszuüben.

Auf dem Gebiet der Menschenrechte und Grundfreiheiten werden die Teilnehmerstaaten in Übereinstimmung mit den Zielen und Grundsätzen der Charta der Vereinten Nationen und mit der Allgemeinen Erklärung der Menschenrechte handeln. Sie werden ferner ihre Verpflichtungen erfüllen, wie diese festgelegt sind und in den internationalen Erklärungen und Abkommen auf diesem Gebiet, soweit sie an sie gebunden sind, darunter auch in den Internationalen Konventionen über die Menschenrechte.

[…]

Zit. nach Wolfgang Heidelmeyer (Hrsg.): Die Menschenrechte. Erklärungen, Verfassungsartikel,
Internationale Abkommen. 2. Aufl., Paderborn 1977, S. 270-273.
In: Hagen Schulze/Ina U. Paul (Hrsg.): Europäische Geschichte.
Quellen und Materialien. München 1994, S. 283 f.

Literaturempfehlungen

Ausgewählt und kommentiert von Hubertus Buchstein

Als ergänzende Einführungsliteratur zum Thema Demokratie sind folgende sechs Titel besonders zu empfehlen.

Hans Vorländer: Demokratie. Geschichte – Formen – Theorien. 128 Seiten. München 2003: Beck Verlag.
Das Buch von Vorländer bietet die derzeit beste unter den knappen Einführungen in die Demokratietheorie. Das Buch ist besonders für solche Einsteiger geeignet, die auch etwas über die jeweiligen geschichtlichen Zusammenhänge und demokratischen Praktiken erfahren wollen.

Manfred G. Schmidt: Demokratietheorien. Eine Einführung. 5. Auflage. 574 Seiten. Wiesbaden 2010: VS Verlag.
Dieses Buch hat sich im Fach Politikwissenschaft als das führende deutschsprachige Lehrbuch durchgesetzt. Es bietet neben einem Überblick über die wesentlichen demokratietheoretischen Ansätze der Vergangenheit und Gegenwart vor allem auch eine umfangreiche und instruktive Zusammenfassung der wichtigsten Befunde aus der aktuellen empirischen Demokratieforschung.

Richard Saage: Demokratietheorien. Historischer Prozess – Theoretische Entwicklung – Soziotechnische Bedingungen. 325 Seiten. Wiesbaden 2005: VS Verlag.
Auf dem Buchmarkt bietet dieser Band von Saage den derzeit besten deutschsprachigen Überblick über die gesamte ideengeschichtliche Entwicklung der Demokratietheorie.

John Keane: The Life and Death of Democracy. 958 Seiten. New York 2010: Norton.
Der umfangreiche Band von Keane liefert den besten international orientierten geschichtlichen, ideengeschichtlichen und institutionellen Überblick über die Entwicklung des Demokratiegedankens von der Antike bis zu Westeuropa, den USA und Australien sowie die heutigen Gefährdungstendenzen.

Gerhard Göhler/Mattias Iser/Ina Kerner (Hrsg.): Politische Theorie. 25 umkämpfte Begriffe zur Einführung. 2. Auflage. 462 Seiten. Wiesbaden 2011: VS Verlag.
In diesem Sammelband werden 25 Schlüsselbegriffe aus der aktuellen demokratietheoretischen Debatte – u.a. Freiheit, Institution, Gemeinwohl, Globalisierung, Macht, Performanz, Recht, Staat oder System – von verschiedenen theoretischen Ansätzen her ausführlich erläutert.

Ernst Fraenkel: Deutschland und die westlichen Demokratien. 9. Auflage. 374 Seiten. Baden-Baden 2011: Nomos/UTB.
Der erstmals 1964 erschienenen Aufsatzsammlung von Ernst Fraenkel lassen sich die wichtigsten demokratietheoretischen Argumente für das Selbstverständnis der bundesrepublikanischen Demokratie entnehmen.

Für den schulischen Unterricht in der Sekundarstufe II ist folgendes Heft aus der Reihe des Wochenschau Verlages besonders geeignet:

Themenheft „Politische Theorien" der Wochenschau für politische Erziehung, Sozial- und Gemeinschaftskunde (Heft 5/07). Schwalbach/Ts.: Wochenschau Verlag.
In diesem Heft finden Lehrerinnen und Lehrer Materialien und für den Unterricht geeignete Textauszüge zu den verschiedenen Richtungen der Politischen Theorien und der Demokratietheorie.

Autorinnen und Autoren

Prof. Dr. Gotthard Breit
Em. Professor für Didaktik des Politikunterrichts an der Universität Magdeburg,
E-Mail: angelika.breit@t-online.de

Prof. Dr. Hubertus Buchstein
Professor für Politische Theorie und Ideengeschichte am Institut für Politik- und
Kommunikationswissenschaft der Universität Greifswald,
E-Mail: buchstei@uni-greifswald.de

Antonia Geisler, MA
Wissenschaftliche Mitarbeiterin am Institut für Politik- und Kommunikationswissenschaft der Universität Greifswald, E-Mail: antonia.geisler@uni-greifswald.de

Prof. Dr. Philipp Harfst
Juniorprofessor für Methoden der Politikwissenschaft/Politisches System der BRD
am Institut für Politik- und Kommunikationswissenschaft der Universität Greifswald,
E-Mail: pharfst@uni-greifswald.de

Michael Hein, M.A.
Wissenschaftlicher Mitarbeiter am Institut für Politik- und Kommunikationswissenschaft der Universität Greifswald, E-Mail: michael.hein@uni-greifswald.de

PD Dr. Dirk Jörke
Vertretungsprofessur für Politische Theorie und Ideengeschichte am Institut für Politikwissenschaft der Universität Hamburg, E-Mail: joerke@uni-greifswald.de

Prof. Dr. Bernd Ladwig
Professor für Politische Theorie am Otto-Suhr-Institut der Freien Universität Berlin,
E-Mail: ladwig@zedat.fu-berlin.de

Prof. Dr. Peter Massing
Professor für Sozialkunde und Didaktik der Politik am Otto-Suhr-Institut der Freien
Universität Berlin, E-Mail: massingr@zedat.fu-berlin.de

Dr. Volker Pesch
Freier Texter und Autor, E-Mail: pesch@marktstrategien.com

Kerstin Pohl
Wissenschaftliche Mitarbeiterin am Otto-Suhr-Institut der Freien Universität Berlin,
E-Mail: kpohl@zedat.fu-berlin.de

Prof. Dr. Klaus Roth
Professor für Politische Theorie und Ideengeschichte am Otto-Suhr-Institut für
Politikwissenschaft an der Freien Universität Berlin, E-Mail: klaus.roth11@web.de

PD Dr. Rudolf Speth
Privatdozent am Otto-Suhr-Institut für Politikwissenschaft der Freien Universität
Berlin, E-Mail: rudolf.speth@web.de

PD Dr. Ingo Take
Vertretungsprofessur für Internationale Beziehungen am Seminar für Politikwissenschaft
der Georg-August-Universität Göttingen, E-Mail: take@uni-greifswald.de

WOCHEN SCHAU VERLAG
... ein Begriff für politische Bildung

Grundlagen Politische Wissenschaft

Bernd Ladwig

Moderne politische Theorie

Fünfzehn
Vorlesungen
zur Einführung

Dieses Lehrbuch bietet Studierenden und allen Interessierten eine Einführung in die moderne politische Theorie. Es behandelt Theorien für und über die moderne Gesellschaft und trägt zu deren besserem Verständnis bei. In 15 Kapiteln wird der Bogen von ökonomischen Theorien der Demokratie (Mancur Olson und Anthony Downs) über Theorien von Jürgen Habermas und Niklas Luhmann bis hin zum Feminismus gespannt. Nicht nur politische, sondern auch soziologische und gesellschaftstheoretische Theorien werden somit aufgegriffen.

Um dem Charakter eines Einführungswerkes gerecht zu werden, verzichtet der Autor dabei bewusst auf die Darstellung der Theorien in ihrer eigenen Ausdrucksweise, sondern bedient sich einer leicht verständlichen, an der Spontaneität seiner Vorlesungen orientierten Sprache. Der Band ist ein idealer Einstieg in moderne politische Theorie auch für jene, die nicht über Vorkenntnisse verfügen.

ISBN 978-3-89974454-5, 334 S., € 12,80

Bachelor- und Masterstudiengänge verlangen neue Lehr- und Lernformen und ein präzises zeitliches und inhaltliches Studienmanagement. Die Modularisierung führt auch unter didaktischen Gesichtspunkten zu einer Neuorientierung bei der verwendeten Fachliteratur. Die Reihe GRUNDLAGEN POLITISCHE WISSENSCHAFT bietet kompakte wissenschaftliche Grundlagenliteratur. Die Bücher orientieren sich an zentralen Themen der Wissenschaft, an relevanten Wissensbeständen benachbarter Sozial- und Geisteswissenschaften sowie an inter- und transdisziplinären Zugängen. Sie präsentieren wissenschaftliche Sachverhalte in einer für Studierende verständlichen Sprache und bilden die Voraussetzung für eine weitergehende vertiefende Lektüre.

www.wochenschau-verlag.de

Adolf-Damaschke-Str. 10, 65824 Schwalbach/Ts., Tel.: 06196/86065, Fax: 06196/86060, info@wochenschau-verlag.de

Wörterbuch

Werner Pfennig

Definitionen Moderne Politikwissenschaft

Werner Pfennig hat die junge Politikwissenschaft in Deutschland von Anfang an begleitet und in zahlreichen Vorlesungen Definitionen und zentrale Aussagen der wichtigsten Politikwissenschaftler zusammengetragen: nicht Fachvokabeln, sondern in erster Linie Realdefinitionen, solche, die oft benutzt werden und in verschiedensten Kommunikationszusammenhängen Verwendung finden. Zu besonders facettenreichen Begriffen wie „Demokratie" verdeutlichen verschiedene Definitionen die unterschiedlichen Erklärungen und Sichtweisen.

Der Autor legt eine umfangreiche und in dieser Form einzigartige Sammlung von Definitionen aus dem Feld der Politikwissenschaft vor.

ISBN 978-3-89974660-0, ca. 250 S., Hardcover, € 16,80

Aus dem Inhalt: Abhängigkeit | Aggression | Akkulturation | Bedürfnis | Bildung | Bürgerinitiative | Community | Demokratie | Deprivation | Elite | Entwicklung | Faschismus | Föderalismus | Frieden | Gender | Gerechtigkeit | Gesellschaftsordnung | Gewalt | Globalisierung | Herrschaft | Hierarchie | Identität | Ideologie | Kanzlerdemokratie | Kolonialismus | Konsolidierung | Kultur | Legitimation | Liberalisierung | Macht | Mediation | Minderheit | Multilateralismus | Nationalismus | Normen | Ökosystem | Ordnung | Partizipation | Pluralismus | Politik | Populismus | Radikalisierung| Rassismus | Rechtsextremismus | Regime | Repräsentation | Revolution | Säkularismus | Schurkenstaaten | Souveränität | Sozialkapital | Staat | System | Technokratie | Terrorismus | Transition | Utopie | Verfassung | Vertrauensbildung | Volkspartei | Wahl | Warlord | Wert | Zivilgesellschaft | Zweckrational

www.wochenschau-verlag.de

A.-Damaschke-Str. 10, 65824 Schwalbach/Ts., Tel.: 06196/8 60 65, Fax: 06196/8 60 60, E-Mail: info@wochenschau-verlag.de